U0029896

小部經典｜本生經｜

生生菩薩世世佛

生死流轉的宿世因緣，

歷劫累世的修行證道

【編輯人語】

在古代印度文學裡，流行九種或十二種文體，作為軸心時期的新興宗教，佛教在宣說敷衍教法時，也沿襲了傳統的文體，而有十二分教和九分教（九部經）之說。它們是：「契經、應頌、記別、諷頌、自說、緣起、譬喻、本事、本生、方廣、希法、論議聖教。」

關於佛教經律的集成，印順導師在《原始佛教聖典之集成》裡如是說：『法（經）與律，原始結集是分別結集的，卻同樣的以『修多羅』（散文）為主體，稱為『相應』；附以偈頌的『祇夜』，名為『雜』。律部方面，波羅提木叉（五部——八部，即《戒經》）為修多羅，附以『法隨順偈』（雜頌）。到第二結集時，波羅提木叉的分別，解說，是『記說』。『祇夜』部分，漸獨立為『雜誦』（摩得勒伽）。依『雜誦』而類集為『七法』、『八法』，或『大品、小品』，成為犍度部，那是以後的事，上座部律師的業績。經部（法）方面：原始結集的，是修多羅（相應）四大部，祇夜（雜）八部。接著，有『弟子所說』，『如來所說』——『記說』。『修多羅』，『祇夜』，『記說』，這三部分的綜合，成為根本的『相應教』。與『記說』同時，不屬於（相應教的）祇夜的偈頌，如『伽陀』，『優陀那』，都成立了。『本事』，『本生』，『方廣』，『希法』，也先後集成。到了再結集的時代，以『修多羅相應』為取捨的最高準繩，綜合傳誦於佛教界的聖教，共同審定而再為結集。本著『弟子所說』的意趣，集為『中部』；本著『祇夜』的意趣，集為『長部」；本著『如來所說」的意趣，而集為

『增一部』；固有的相應教，稱為『相應部』。四部、四阿含的成立，是再結集的時代，部派還沒有分化的時代。」

在九部經（或十二部經）當中，佛陀的本生故事（jātaka），也就是記載菩薩證道之前累世歷劫的因緣故事，散見於經藏和律藏裡。《瑜伽師地論》說：「本生者：謂宣說己身，於過去世行，菩薩行時，自本生事。」木村泰賢在《小乘佛教思想論》裡說：「佛教，是以佛陀的自覺與人格為基礎而成立的，在原始佛教，元是佛法一如。……然去佛時漸遠，直接親近佛陀的佛弟子們，也陸續的圓寂，因而追慕教祖之情，也就更為緊切，於此欲集合至某種程度的佛傳，自是必然之理了。……因為佛陀的人格太偉大，認為總歸不是唯於今生所修養得來，加以佛陀在說法時，大概曾利用當時流行於世的童話一樣的故事，以明關於自己過去的因緣，善巧說示一切不是偶然的，所以那些終被視為佛傳的一要素，漸次而增其數，更被加以整理，結果，是就成為本生譚或所行讚。」佛滅百年於毗舍離的第二結集，除了《四阿含經》外，也把其他經偈集為《小部》，其中就包括了的《本生經》。南傳佛教的「小部」經典裡的本生經，蒐集了五百四十七則故事，是所有本生部裡最完整的，於西元前三世紀第三次結集時成形，由摩哂陀（Mahendra, Mahinda）傳到錫蘭，到了西元五世紀，由佛音論師整理流傳而成為膾炙人口的佛教文學經典。

於是，對於佛陀的無限懷念，就成了本生經的動機，以故事甚或寓言的形式，敘述佛陀在成正覺之前累世的事蹟。其中更雜揉了當時的民間傳說、社會風俗以及稗官野史。本生經的主題不外乎因果輪迴的業報思想，勸人諸惡莫作，眾善奉行，行菩薩道救度一切諸有情。故事裡的人物角色眾多，從國王、大臣、婆羅門、仙人、比丘到盜賊，從天人、阿修羅、鬼神到蟲魚鳥獸。一方面談到菩薩的德行，另一方面也談到種種逆行菩薩（提婆達多的前世）的宿世因果。其中的〈因緣總序〉更是世上各種佛陀傳記的主要藍本。在《本生經》裡，我們看不到深奧的教法如十二因緣或是三十七道品，更不用說真空妙有的學說，而只有以生動的故事演說為人處世的道理，讓人明白生死流轉是相續不斷的，「欲知前世因，今生受者是，欲知後世果，今生作者是」，多生在輪迴中輾轉受生死之苦，唯有精進求道，才得以能滅的心把諸苦滅盡。

本生經傳對於佛教文化影響甚大，它促成了以本生故事為題材的大量文學和繪畫。本生譚的文體也出現後來印度、錫蘭的文學裡，例如《五卷書》；在《伊索寓言》裡甚至看得到本生經的影子；中國的說唱文學和章回小說也受到了本生經的啟發。在文學史裡，本生經更被認為是最早的「fairy tales」，可以說是世界文學的重要瑰寶。

現在版本的本生經原典裡，有丹麥東方學者浮斯培奧爾（Viggo Fausböll, 1821-1908）的七卷《本生經》（*Jātaka*, 7 vols, London, 1877-1897），夏丏尊依據日本大藏出版株式會社發行之日譯南傳大藏經本重譯出其中的一百五十則本生因緣，文筆典雅優美，和引人入勝且發人深省的故事相映成趣，極具欣賞價值，也是佛教經典譯著的逸品佳作。

凡例

本經據日本大藏出版株式會社發行之日譯南傳大藏經本重譯。日譯所用之原本為浮斯培奧爾氏（V. Fausböll）之校訂本。原本中之偈語注釋則省略未譯云。

文中加〔〕之語句為日譯者所插入，以助理解者，漢譯時間亦仍之，但因行文之便，不強為一一保存。

文中附於右肩之數字為日譯本所加注釋之番號，注文則附於每段落之末。日譯本由多人執筆，其注釋間有重出或觀點不同者，漢譯時不無刪略之處。

文中附於右肩之「＊」符為漢譯者加注之符號，其注列於章末，標明漢譯者注以與原注釋相區別。

日譯本於人名地名頗能儘力採取斯土舊譯經典所用之名辭，今一一沿用。其無舊譯可據之原名，除用日譯者所加之意譯外，直用音譯。

日譯本長行用語體譯，偈語則用新詩歌體譯，今於長行沿用語體之外，偈語亦以長短不等之句譯之，不拘守詩歌句式，以便理解。

中華民國三十三年九月漢譯者夏丏尊謹識

目次

因緣總序

歸命彼世尊、應供、正等覺者。

一、序偈

（一）救護世間的大仙，曾百億次轉生，　為世間作無限饒益。

（二）禮拜大仙的尊足，向法合掌作禮，　并敬禮一切可敬的僧。

（三）如是禮敬三寶，　藉此功德的威光，免除一切障礙。

（四）光明的大仙，曾將多生經歷，　從無戲論本生因緣起，一一自敘。

（五）這以救世為念的教主導師，　於永劫間成就了如是無量的菩提資糧。

（六）法藏集成者把這結集起來，　名曰本生因緣。

（七）大寺的長老利見，願佛種永住，　乞我演作釋義[1]來闡明。

（八）那不與眾雜處、寂靜有上智的弟子覺友，　也向我作此勸請。

（九）那通曉方便、有清淨智的化地部[2]比丘覺天，　也這樣請求我。

（一〇）大士行跡之威光不可思議，　這本生因緣的釋義。

（一一）我將隨順了大寺住者[3]的意旨來說，　善良人士請諦聽。

---

1 此釋義為佛音（Buddhaghosa）所作，於西紀四一二年至四三四年間在錫蘭阿㝹羅陀菩羅大寺精舍著述者。

2 化地部（Mahimsāska〔彌沙塞〕）為小乘二十部之一派，由上座部分出者。

3 大寺住者（Mahāviharavā-sin）為錫蘭三分派之一。

二、遠因緣

【三種因緣】

在此釋義中將本生因緣分為三種，一曰遠因緣；二曰不遠因緣；三曰近因緣。從大士伏在燃燈佛足下發「將來必當成佛」的誓願起，至現一切度身轉生兜率天的事蹟，為「遠因緣」。從兜率天身死起，至在菩提道場得一切智的事蹟，為「不遠因緣」。「近因緣」則是佛在各處所說的事蹟。聽者須把這三種分別明瞭。故於說本生因緣之前，先說這三種因緣的段落。以下就說遠因緣。

【善慧婆羅門】

相傳，去今四阿僧祇十萬劫以前有一都城，名曰不死。一個婆羅門名曰善慧，住在那裡。他父母都是好出身，家系清淨，七代以來，相承不雜，在族姓上無可指摘。容貌生得美麗俊偉絕倫。他不做別的，只一心學習婆羅門的學藝。

他在還未長大時就喪了父母。替他家理財的管事拿出用鐵製成的簿據來，把那滿藏著金、銀、摩尼、真珠等珍物的寶庫打開，對他說道：「哥兒，這是你母親的，這是你父親的，這是你祖父的，你曾祖的。」這樣把七代以來的財物報告以後，說：「仍由我保管著吧。」聰明的善慧想：「我父親、祖父他們積了這麼多的財產，並沒有一文帶到那個世界去。但我非造出能把這些帶走的種子不可。」於是陳明國王，叫人敲著大鼓巡行城內，向大眾廣行布施，自己就出家修苦行去了。這故事詳記在《佛種姓經》[4]中，但全是偈語，不容易懂。所以這裡改用談話，隨處把偈語插入了來敘述。

【不死城】

去今四阿僧祇十萬劫以前，有一個都城名曰不死。城中充滿著十種聲音。《佛種姓經》中這樣說：

（一二）四阿僧祇百千劫以前，有一個美而快樂的都城名曰不死，
食物飲料俱豐富，城中充滿十種聲[5]。
（一三）象聲、馬聲、鼓、螺與車聲，　「喫啊喝啊」的待客讌饗聲。
（一四）城中凡百都完備，一切業務所集中，七種之寶無不齊，各種人才皆薈萃。
善業之人皆來住，繁榮得如天堂一般。
（一五）其中有一個名曰善慧的婆羅門，　蓄積著數億的寶，有許多的財與穀。
（一六）他是一個學生，　熟諳神咒，精通三吠陀，於相術、史傳等也擅長。

【善慧的冥想】

一日，賢者善慧在宮殿的樓臺上趺跏獨坐了，自己忖道：「賢者啊，在來世受生是苦痛的。轉一次生要毀壞一次軀體，也同〔是苦痛的〕。我此身是生、老、病、死之質，要以此

4 《佛種姓經》（*Buddhavaṃsa*）為經藏五部中小部經典之一，經中敘述過去二十八佛之事蹟。

5 所謂「十種聲」者，於十三偈所舉六種聲以外，尚有小鼓、笛、鐃鈸、銅鑼四種聲。

劣質去求不生不死、不老不病、無苦無樂、清涼不滅的大涅槃。凡是脫離生死、歸趨涅槃者，想必都走這一道路的。」經中這樣說：

（一七）我獨坐了如是思惟，　再轉生是苦痛，此身毀壞亦然。
（一八）我將以此有生、老與病的劣質，　去求不老、不死的平穩安樂。
（一九）我將捨棄這充滿著各種屍體的腐爛之身，　成為無求無欲者而逝。
（二〇）這道路是有的、應有的、非有不可的。　為了想脫離生存，我將努力去到達此道。

【有與非有生死與涅槃】

他更這樣想：「世間有與苦痛相反的安樂。同樣，既有有〔生存〕，也必有與此相反的非有〔非生存〕。有熱就有全無熱態的寒；同樣，既有貪欲，那全無貪欲的涅槃也非有不可。有與邪賤之道相反的善良無過之道。同樣，既有邪的生，那捨棄一切之生的涅槃也非有不可。」經中這樣說：

（二一）恰如有苦必有樂的樣子，　有有，亦應有非有可期。
（二二）恰如有熱必有寒的樣子，　有三火[6]，亦應有涅槃可期。
（二三）恰如有邪惡亦有善良的樣子，　在生時，亦應有不生可期。

6　三火，喻貪、嗔、癡三毒之煩惱。

【過在人不求道】

他又想：「譬如有人埋居在糞堆之中，望見遠處有一大池，五色蓮華覆蓋其上。這時那人當然會想：『向哪條道兒走，才能到達那裡呢？』急急去尋求可通那池的道兒。如果他不去尋求，這不是池之過。同樣，雖有洗淨煩惱之垢的不滅的大涅槃池，而不自去找尋，這不是不滅的大涅槃池之過。又譬如有人被盜賊四面包圍，雖有逃遁之路，而不逃遁，這不是路之過。同樣，人被煩惱四面包圍，雖有到達涅槃的安全之道，而不自去找尋，這不是道之過，是那人自己之過。又譬如人為病所困，雖有能治病的醫師而不去尋求，請其療治，這不是醫師之過。同樣，人為煩惱之病所困，雖有深知除煩惱之道的教師，而不去尋求，這是其人自己之過，不是滅除煩惱的教師之過。」經中這樣說：

（二四）譬如陷在糞裡的人見到湛然的池，若不自邁往，不是池之過。
（二五）明明有不滅之池可以洗淨煩惱之垢，若不自邁往，過不在不滅之池。
（二六）譬如人被敵圍困，尚有一條出路，若不自去投奔，不是路之過。
（二七）明明有安全之路可以解脫煩惱，若不自去投奔，過不在安全之路。
（二八）譬如人患病，有醫師可為療治，若不自去求治，不是醫師之過。
（二九）明明有導師可以救治煩惱之病，若不自去尋訪，過不在導師。

【捨棄腐爛之身】

他又想：「譬如喜清潔的人，若見自己頭上惹著腐臭的死東西，必要去掉了心才爽快；

我也該棄此腐爛之身，成為無欲者，而入涅槃之城。譬如男或女入廁排洩便溲，厭惡穢濁，急忙走開，毫無繫戀，不想把排洩物裝入袋中或用衣襟承兜了帶回自己那裡去；我也該棄此腐爛之身，成為無欲者而入不滅的涅槃之城。譬如船夫捨棄破漏的船，無所顧惜；我也該毫不可惜地棄去此九孔有漏之身，入涅槃之城。又譬如有人攜帶種種珍寶，與眾賊同行，為想保全珍寶，自然要離棄眾賊，另覓安全之道。此易毀之身，猶如劫掠珍寶之賊。我若對他起愛著心，我的尊貴的道的法寶就會失去。故我該棄卻這賊一般的肉身，而入涅槃之城。」經中這樣說：

（三〇）譬如行人在頭上發見了腐臭的屍肉，　必要棄掉了，才安樂自由地前進。

（三一）我也將這宛如滿惹腐屍的腐爛之身捨棄，　成為無求無欲之身而逝。

（三二）譬如男或女入廁排洩了便溲，　就無所繫戀地走開。

（三三）我也將捨棄這充滿腐屍的肉身而逝，　像便溲者離開廁所一般。

（三四）譬如船主棄卻破漏的船，　毫不顧惜地走開。

（三五）我也將捨棄這九孔漏水的肉身，　像船主棄卻破漏之船一般。

（三六）譬如有人攜帶珍寶與賊同行，　恐失卻珍寶捨賊他去。

（三七）我這肉身宛如大賊，　為恐失卻幸福，將捨之而逝。

【善慧出家修行】

如是，善慧用了種種譬喻，聯想出離之意義，像上面所說過的樣子，把家裡的無量數的財寶向乞丐、旅人以及其他的人們喜捨，大行布施，棄卻了物質與煩惱之欲，離開那不死城了。他獨自在雪山地方的有法山附近設一道院，葺木葉以為小舍，復闢成經行處。此經行處無五種不便[7]，具八種便利[8]，可以寂心。為欲獲得神通力之故，在道院中脫卻了有九不便[9]的俗服，改著那具十二種德[10]的樹皮之衣，出家而為道士。既出家後，復把有八種不便[11]的木葉之小舍棄卻，改在具有十種便利[12]的樹林下居住，辟除五穀，只喫拾來的果實。有時坐，有時立，有時經行，精進努力，在七日之中，就得八定與五力，他所希望的神通力，果然得到了。經中這樣說：

---

7 所謂「五種不方便」者，一、地面硬而不平；二、場中有樹木；三、矮樹叢生；四、太狹；五、太廣。

8 所謂「八種便利」者，一、無財物與穀物可取；二、適於行無過的托缽；三、可以安然餐食托缽所得之食物；四、不擾人民；五、無求於人之欲；六、不患盜賊；七、不與王或大臣親近；八、四方無障礙。此八者亦稱沙門之樂。

9 所謂「九種不便」者，一、高價；二、由他人製成；三、易污，須洗染；四、破舊後須綴補；五、不易再得；六、不適於苦行出家者；七、外敵者亦可著用，有被攫奪之憂；八、服之則為身之裝飾；九、旅行時起攜帶行李之欲念。

10 所謂「十二種便利」者，一、廉價而且適當；二、可自己手製；三、不易受污，污亦易洗；四、破舊以後不須綴補；五、再得再造皆易；六、適於苦行出家者；七、外敵者得之亦無用；八、服之亦不成為身之裝飾；九、服之輕而不重；十、不致引起對衣服受用品之欲念；十一、製作時無過；十二、失之也不可惜。

11 木葉小舍，並非定是粗劣之小屋，乃行者住處之通稱。所謂「八種不便」者，一、須費力集取材料建造；二、草與木葉、泥土等墮下時，須重新加置，常有修繕之勞；三、僅適於老人坐臥，不時須起行者居之，則心不能住於一境；四、防護寒署，反使身體虛弱；五、有屋者易招在內作惡之疑謗；六、可以引起佔有之執著心；七、有屋就有第二人；八、屋中有蚤蝨、守宮、蚊虻等類，居住其中，即有無數居者。

12 所謂「十種便利」者，一、不須勞力，到處即是；二、無掃拂之勞，便利可居；三、無起而他往之必要；四、洞敞無蔽，恥於為惡；五、無內外之隔；六、不起執著；七、對屋內生活無愛著心；八、不與他人同處，無排阻他人之事；九、居之快適；十、樹下隨處可得坐臥之處，對坐臥處無愛惜之心。

（三八）我這樣想了，把數億之財施給貧者與富者，　　獨自入雪山去。
（三九）離雪山不遠，有山名曰「有法」，　　我在那裡設立道院，造成小舍。
（四〇）我闢成經行處，無五種不便，具八種便利。　　就在那裡獲得了神通之力。
（四一）在那裡，我脫卻了那有九種不便的俗服，　　改著具十二種便利的樹皮之衣。
（四二）把有八種不便的木葉小舍棄了，　　住到有那十種便利的樹林之下。
（四三）辟除耕種所得的穀類，　　摘拾林間現成的果子。
（四四）我在那裡坐立經行，精進努力，　　未到七日就獲得了神通之力。

【燃燈佛出世】

在行者善慧獲得了神通力，享著禪定之樂而度日的當兒，燃燈佛出世了。當這位佛入胎、出生以及得菩提、轉法輪的時候，大千世界原曾各起震動，發過吼聲，現過三十二種的前兆。行者善慧因為在禪定中，卻未曾聽到那聲音，也未曾見到那前兆。經中這樣說：

（四五）當我達到完成之境，於法獲得自在時，　　燃燈佛出世了。
（四六）佛雖曾入胎、出生、開覺、說法，　　我因專心於禪定，未曾見到這四種相。

【燃燈佛到喜樂城】

這時，十力者燃燈由四十萬名的漏盡比丘隨伴著次第遊行。到了喜樂城，住在善現大精舍。喜樂城中的住民得到「沙門的長者燃燈得最上開悟，為轉法輪故，次第遊行，今已到喜樂城，住在善現大精舍」的消息，就大家手執香華，攜提了熟酥、生酥與藥品、衣服之類，到佛的地方來，向佛禮拜，供上香華後，退下坐在一旁。大家聽過了佛的說法，請佛於明日去受供養，然後起身回去。

【城民迎佛】

次日，他們作大施食之準備，把全城裝飾起來。修理十力者所經過的道路，有被水隔斷的地方，則用土填滿，將地面弄得平平坦坦，鋪上一層銀色的沙，又把炒熟的穀物與鮮花拋在路上。沿路到處掛起種種顏色的旗幟，排列芭蕉樹與滿裝著水的瓶。

【善慧空中見聞】

這時，善慧行者正從道院飛昇到空中，在那些城民的頂上經過。見大眾如此高興，驚訝起來，便向他們問道：「你們把路裝飾起來，為了誰？」經中這樣說：

（四七）邊鄙的城市接待如來，　以歡喜心清除著道路。

（四八）我此時正從道院出來，　拂著樹皮的衣在空中飛行。

（四九）見大眾歡喜若狂，　便下來向他們詢問：

（五〇）「許多人狂喜興奮，　清除道路，是為了誰？」

人們回答他說：「善慧尊者，你不知道嗎？燃燈十力者成正等覺，轉無上法輪，遊行四方，到我們喜樂城來了，現在就住在善現大精舍中。我們為了接待這位世尊，所以修理著佛世尊所經過的道路。」善慧行者想：「在世得聞佛名，已是很難，要親見到佛，不消說更難了。我也應加入他們之中修理佛所經過的道路。」於是就向大眾懇請道：「劃一段地方給我，我也來與你們一同修理道路吧。」大眾贊成他的話，說：「知道了。」他們早就知道善慧行者是有神通力的，便把那有水隔斷的一段劃了給他，說：「請你擔任這段的修理。」

【善慧伏身土上】

善慧對佛起歡喜心，自己想道：「我原能以神通力修好此道路，但如此修理，猶覺不足。今日我應以肉身來服役。」於是就去搬了土來投入缺處。他尚未把道路修好，十力者燃燈率領了四十萬個有大威力、具六神通、得漏盡智的人到來了。天人們捧著天界的花環與香，奏著天樂，人們捧著人界的花環與香，隨之而行。十力者以無限的佛力，跨行新修的道路，那樣子好像獅子在雄黃山頂跳躍。善慧行者張開眼來，見十力者具三十二種大人之相，以八十種隨相而為莊嚴。佛體放六金色濃光，長達一尋，或形如花冠，或成對發射，好像電光以種種形態，在摩尼色之天空中出現。他目睹著這無上的妙相，想道：「我今日應對佛作身命的喜捨。佛啊，請勿走泥上，與四十萬諸阿羅漢在我的背上踏著走，把我的身體當作一座摩尼珠的板橋。這在我將是永遠的利益與安樂吧。」於是他就解散了頭髮，把羚羊之皮、樹皮之衣、連同解散的頭髮鋪在漆黑的泥上，伏著身子，好像一座摩尼珠的板橋。經中這樣說：

（五一）他們回答我說：「無比倫的勝者、導師、燃燈佛出世了，
我們在為這位佛清除道路。」

（五二）我聽到「佛」字立刻起歡喜心，　　唱著「佛佛」，表示滿腔的喜悅。

（五三）我立在那裡高與地這樣想，　　「應下種子在這裡，不應讓這機會錯過。

（五四）你們如果為佛清除道路，也請分一段給我。　　我也要加入來清除。」

（五五）於是他們劃出一段道路來給我，　　我一心地念著佛，把道路清除。

（五六）我還未清除完畢，大牟尼、勝者燃燈佛邁著步來了，
四十萬的具六神通、得漏盡智離垢者隨伴著。

（五七）大家在鼓樂聲中，迎接禮拜，　　人天出聲歡呼。

（五八）天人見到人間，人間見到天人，　　一同合掌跟隨在如來之後。

（五九）天人用天界的樂器，人間用人界的，　　一同在如來之後演奏著走。

（六〇）空中的天人們把天華散下，　　曼陀羅[13]、蓮、跛里耶多羅迦[14]，

（六一）地上的人們把華投上，　　瞻匐[15]、賽剌剌[16]、尼波[17]、那伽[18]、奔那伽[19]、
開多迦[20]。

---

13 曼陀羅（mandārava），圓花、適意花、珊瑚樹花。
14 跛里耶多羅迦（pāricchattaka）亦作波利質多羅、晝度、天遊，忉利天中第一樹。
15 瞻匐（campaka）亦作瞻波、占婆、金色花、黃花，白黃色有香氣之花。
16 賽剌剌（salala），香花之一種。
17 尼波（nipa），輸迦花之一種。
18 那伽（nāga），龍之意。
19 奔那伽（punāga），龍樹花。
20 開多迦（kotaka），香花之一種。

（六二）於是我解散了頭髮，　把樹皮之衣與獸皮鋪在泥上，俯身而臥。

（六三）「請佛與諸弟子不踏泥土，從我身上踏過，　這是我的利益。」

【善慧的誓願】

他俯伏在泥土上，重新把眼張開，拜觀燃燈十力者的尊嚴佛相，想道：「如果我希望的話，我可以燒盡一切煩惱，作為僧團的後進者而入喜樂城去吧。但我何必故作偽相，燒盡了自己的煩惱而入涅槃呢？像燃燈佛的樣子，成了無上正等覺者，以法為舟，把大眾從輪迴之海度脫，然後入大涅槃吧。這才於我相應。」他這樣想了，就定下了結合八法[21]來成佛的決心，臥在那裡。經中這樣說：

（六四）我臥在地上作是意念：　「我現在如果希望，可以把煩惱燒盡。

（六五）但我何必作此偽相？　我將達一切智，在人天世界成佛。

（六六）我有了力量，獨自得度，有什麼用？　要達一切智去度人天世界。

（六七）我將成為有此大力量者，　達一切智，去度許許多多的人。

（六八）斷輪迴之流，滅絕三有，　乘正法之船，度盡人天世界。」

但希望成佛，要具有種種條件。

（六九）要為人，為男子，有因緣，見佛，出家，具德，還要奉事與願心，

21 八法，見第六九偈。

他定下了結合八法去成佛的決心。

【燃燈佛豫言】

燃燈世尊來到善慧行者的頭旁就止了步，像把雕有摩尼珠的獅欄開放似地，張開了具五色淨光的眼睛，看著臥在泥土上善慧行者，想道：「這行者決心成佛，臥在這裡，但他的心願能成就不能呢？」向未來方面觀察，知道「這行者經四阿僧祇十萬劫以後，將成名曰瞿曇的佛的」，於是就立著對群眾作這樣的豫言：「你們不見一個作極度的苦行的行者在泥土上臥著嗎？」群眾道：「世尊，的確見到。」佛道：「他決心成佛，這樣臥著。他的心願必將成就。從今四阿僧祇十萬劫後，將成為佛，名曰瞿曇。迦毘羅衛是他的都城，母曰摩耶妃，父曰淨飯王。弟子以長老舍利弗為最上首，目犍連次之，阿難陀為他的侍者。女弟子以長老尼讖摩為最上首，長老尼蓮華色次之。智慧成熟以後，出家行大精進，在榕樹之下受了乳糜供養，至尼連禪河畔去啜食，登菩提道場，就於阿說他樹下，成無上正覺。」經中這樣說：

（七〇）知世間、應供者燃燈，　　立在我的頭邊如是說：
（七一）「看這大苦行的結髮行者啊，　　他將在無量劫後出世成佛。
（七二）這位如來從歡樂的迦毘羅衛遁出，　　去修難能的精進努力之行。
（七三）如來坐於羊牧樹下，　　接受了乳糜的供養，走到尼連禪河畔。
（七四）勝者在河畔把乳糜啜食了。　　經過平坦大路，到了菩提樹下。
（七五）最上者向菩提道場右繞作禮，　　就在阿說他樹下成了正覺。

（七六）這位佛名曰瞿曇，　生他的母曰摩耶，父曰淨飯。
（七七）那無漏離貪、寂心得定的目犍連與舍利弗，　是他的上首弟子。
（七八）阿難陀為侍者、隨侍勝者，　讖摩與蓮華色為上首女弟子。
（七九）皆是無漏離貪、寂心得定者。　這位世尊的菩提樹曰阿說他。」

【人天歡喜】

善慧行者想：「佛說我的願望會成就哩，」滿腔歡喜。大眾聽了燃燈十力者的話說「佛說善慧行者是佛的種子，是佛的幼芽」，也都快樂。他們又這樣想：「譬如人渡河時，如不能就在對過的渡頭上岸，則當在下游次一渡頭上岸。我們之中，不及因燃燈十力者之教入向果的，將來會在你成佛的時候，當面入向果吧。」當下就立起了如此的志願。燃燈佛稱讚著菩薩，捧了八束花，作右繞之禮而去了，四十萬的漏盡者也把香與花環向菩薩奉獻，右繞而去。人間、天人也各獻了供物，向菩薩作禮而去。

【你必成佛】

菩薩於大眾去後，立起身來說：「把波羅蜜來檢點吧。」就在花堆上趺跏而坐。這時，一萬大世界[22]的天人們都集了攏來，發出歡呼之聲道：「尊者善慧行者啊，從前每逢諸菩薩說著『把波羅蜜來檢點吧』作趺跏坐的時候，必有許多前兆。今天這些前兆一一都現出了。

22 大世界為（cakkavāla，鐵圍山）之譯語。原語指圍繞四大洲及其周圍之大海而連峙的山脈。然亦指被此山脈所圍之世界，故譯作「大世界」。

你必成佛。我們知道，一個人如果有這樣的前兆，他必成佛的。請你堅定自己的精進心而努力啊。」他們復以種種言語稱讚菩薩。經中這樣說：

（八〇）人天聽了這無上大仙的話，　歡喜地說：「他是佛的種子與幼芽。」

（八一）十千世界的人天，　歡呼拍手，合掌作禮，含笑相語。

（八二）「如果我們未能於斯世瞭解今佛的教，　來世當與此行者相值。

（八三）恰如渡河者不在對過的渡頭上岸，　會在下一段的渡頭登陸。

（八四）我們在今世若虛過了這尊勝者，　來世尚有這位行者可遇到。」

（八五）知世間、應供者燃燈，　稱讚了我的行動，跨舉起右足去了。

（八六）在場的佛弟子都對我作右繞之禮，　人、龍、乾闥婆亦向我禮拜而去。

（八七）導者與弟子眾去遠不見了，　我就從地起來。

（八八）我以樂為樂，以悅為悅，　滿腔歡喜，趺跏而坐。

（八九）我坐了作是思惟，　「我專修禪定，已達上智的彼岸。

（九〇）在一千世界中，任何仙士都不及我，　神通絕倫，我曾得到此樂。」

（九一）我趺跏而坐時，十千世界之住者發出大聲，　說「你必成佛。

（九二）從前諸菩薩趺跏莊坐時，必有種種前兆，　這些前兆今日都應現了。

（九三）寒會消，暑會退，　這些今日應現了，你必成佛。

（九四）十千世界會肅靜無譁，　這些今日應現了，你必成佛。

（九五）大風會不吹，大雨會不下，　這些今日應現了，你必成佛。

（九六）水陸的花都會頓時開放，　這些今日應現了，你必成佛。

（九七）蔓草樹木都會頓時結果，　這些今日應現了，你必成佛。

（九八）空中地上之寶，會頓時放光，　這些今日應現了，你必成佛。

（九九）人間天界的樂器，會頓時發聲，　這些今日應現了，你必成佛。

（一〇〇）各種顏色的花會頓時從空中散下，　這些今日應現了，你必成佛。

（一〇一）大海會高漲，十千世界會震動，　這些今日應現了，你必成佛。

（一〇二）地獄中諸火會頓時消歇，　這些今日應現了，你必成佛。

（一〇三）太陽會無翳障，星光會一齊顯露。　這些今日應現了，你必成佛。

（一〇四）不消下雨，地上會突然湧出水來，　今日地上湧出水來了，你必成佛。

（一〇五）星群星斗會在其座發彩，　今日氐星與月相合了，你必成佛。

（一〇六）一切棲在穴中的東西，會隨意出來，　今日他們都從棲處出來了，你必成佛。

（一〇七）一切有生的東西會毫無不平，頓覺滿足，　今日他們都滿足了，你必成佛。

（一〇八）疾病會痊癒[23]，嫌惡之念會消滅，　這些今日應現了。你必成佛。

---

23 原文作「全愈」（編者按）。

（一〇九）那時貪、嗔、癡會消滅，　今日這些都消滅了，你必成佛。
（一一〇）那時會無有恐怖，　今日果然無有，我們由這前兆，知道你必成佛。
（一一一）那時灰塵會不上揚，　今日果見是事，由這前兆，知道你必成佛。
（一一二）天香會吹來，一切可厭的氣味齊消失，　今日這天香吹來了，你必成佛。
（一一三）除了無色界天，一切天人會出現，　今日他們一齊出現了，你必成佛。
（一一四）下至地獄，一切的眾生會頓時出現，　今日他們一齊出現了，你必成佛。
（一一五）牆壁門戶與石塊，在那時會不成障礙，　今日這些都如空了，你必成佛。
（一一六）死與生在那剎那間會都不起來，　今日復見是事了，你必成佛。
（一一七）請堅持精進，勿中止，勿退轉，　我們知道你必成佛。」

【佛語無虛妄】

菩薩因了燃燈十力者與十千世界的天人的話，越得到助力，這樣想道：「佛語無虛妄，不會有錯過。譬如投在空中的土塊必定落下來，有生的必定有死，夜盡了太陽必定昇起，獅子從棲處出來必定作獅子吼，懷妊的女人必定產兒，這都是決定的，不能搖動。佛語也如此，決無虛偽。我必成佛吧。」經中這樣說：

（一一八）我聽了佛與十千世界天人的話，　滿腔歡喜，作是思惟：
（一一九）「佛不作不了義語，勝者之言無虛妄，　佛無有不誠，我必成佛。
（一二〇）譬如投土空中必落地上，　佛的尊言亦如此確實不變。

（一二一）譬如一切有生者必有死，　佛的尊言亦如此確實不變。

（一二二）譬如夜盡必繼以日，　佛的尊言亦如此確實不變。

（一二三）譬如獅子從棲處出來必作獅子吼，　佛的尊言亦如此確實不變。

（一二四）譬如胎中的嬰兒必出生，　佛的尊言亦如此確實不變。」

【布施波羅蜜】

「我必成佛吧，」菩薩如是斷定以後，就把成佛之基礎來找尋。「成佛的基礎之法何在？在上方嗎？下方嗎？四方嗎？抑是四方之隅嗎？」他找遍了全法界，找出了從前諸菩薩第一步所修行的布施波羅蜜。自己教誡道：「賢者善慧啊，你從今要完成這第一的布施波羅蜜，如果能像倒置水瓶不留滴水的樣子，把財產、名譽、妻子、肢體毫無吝惜地盡施與求乞者，你會坐在菩提樹下成佛吧。」他決心堅持這第一的布施波羅蜜。經中這樣說：

（一二五）於是我到處找尋成佛的基礎之法，　從上方、下方乃至十方。

（一二六）我在這時找得了第一的布施波羅蜜，　這是古來諸大仙曾所經由的大道。

（一二七）「你若欲得菩提，　先堅持這第一波羅蜜，把布施行完成啊。

（一二八）譬如滿貯著水的瓶傾倒了，　水即瀉盡，不留涓滴。

（一二九）遇有求乞者，你應不問貴的、賤的或中間的，　盡施所有，像傾瓶瀉水啊。」

【護戒波羅蜜】

既而他覺得「成佛的基礎之法不應只是這個」。於是更去找尋，找得了第二的護戒波羅蜜。自己想道：「賢者善慧啊，你從今要完成護戒波羅蜜。如果能像犛牛愛護尾巴、不顧生命的樣子，鄭重守護戒行，不惜身命，你會成佛吧。」他決心堅持這第二的護戒波羅蜜。經中這樣說：

（一三〇）成佛的基礎之法，不應只是這個，　若別有成就菩提之法，我應找尋。

（一三一）我在這時找得了第二的護戒波羅蜜，　這是古來諸大仙所曾行的。

（一三二）「你若欲得菩提，　要堅持這第二波羅蜜，在戒上成滿啊。

（一三三）譬如犛牛在尾巴將遭損害時，　寧犧牲生命不使尾巴受損害。

（一三四）要在四階級中把戒成滿，　護戒如犛牛之護尾巴啊。」

【出離波羅蜜】

既而他覺得「成佛的基礎之法不應只是這些」，於是更去找尋，找得了第三的出離波羅蜜。自己想道：「賢者善慧啊，你從今要完成出離波羅蜜。譬如久處牢獄者對牢獄無愛著心，厭憎其處，不想留在那裡。你應把一切生、有，認作牢獄，厭憎生、有，但求出離。這樣，你會成佛吧。」於是決心堅持第三的出離波羅蜜。經中這樣說：

（一三五）成佛的基礎之法，不應只是這些，　若別有成就菩提之法，我應找尋。

（一三六）我在這時找得了第三的出離波羅蜜，　這是古來諸大仙所曾行的。

（一三七）「你若欲得菩提，　要堅持這第三波羅蜜在出離上成滿啊。

（一三八）譬如久在牢獄受苦者，　對牢獄不起愛著，但求脫出。

（一三九）你應把一切生、有，視同牢獄，　為脫出生、有故，趣向出離啊。」

【智慧波羅蜜】

既而他又覺得「成佛的基礎之法不應只是這些」，於是更去找尋，找得了第四的智慧波羅蜜。自己想道：「賢者善慧啊，你從今要完成智慧波羅蜜。不論賤的、貴的或是中等的人都不應鄙視，要接近一切賢人去問詢啊。譬如比丘托鉢巡行，對卑微的或其他各種各樣的人家概不鄙視，次第行乞，但求獲取自己的資糧。你如果能這樣地去接近一切賢人，詢問他們，你會成佛吧。」於是決心堅持第四的智慧波羅蜜。經中這樣說：

（一四〇）成佛的基礎之法，不應只是這些，　若別有成就菩提之法，我應找尋。

（一四一）我在這時，找得了第四的智慧波羅蜜，　這是古來諸大仙所曾行的。

（一四二）「你若欲得菩提，　要堅持這第四波羅蜜，在智慧上成滿啊。

（一四三）乞食的比丘，不管門第的卑微、高貴或尋常，　按戶不漏，行乞以獲取資糧。

（一四四）你若能如是遍詢智者，成滿智慧波羅蜜，　就會達到上菩提吧。」

【精進波羅蜜】

既而他又覺得「成佛的基礎之法不應只是這些」，於是更去找尋，找得了第五的精進波羅蜜。自己想道：「賢者善慧啊，你從今要完成精進波羅蜜。譬如百獸之王的獅子，在一切動作[24]上都非常精進，你在生存上一切動作如果都能高強地精進，就會成佛吧。」於是決心堅持第五的精進波羅蜜。經中這樣說：

（一四五）成佛的基礎之法，不應只是這些，　若別有成就菩提之法，我應找尋。

（一四六）我在這時找得了第五的精進波羅蜜，　這是古來諸大仙所曾行的。

（一四七）「你若欲得菩提，　要堅持這第五波羅蜜，在精進上達到成滿。

（一四八）百獸之王的獅子或坐或立或經行，　都非常精進，昂奮其心。

（一四九）你在生存中能如是堅持精進，成滿精進波羅蜜，　就會成佛吧。」

【堪忍波羅蜜】

既而他又覺得「成佛的基礎之法不應只是這些」，於是更去找尋，找得了第六的堪忍波羅蜜。自己想道：「賢者善慧啊，你從今要完成堪忍波羅蜜。不論他人稱譽你或鄙薄你，要一概容忍。我們把東西向大地投擲，不論清淨的或不淨的，大地一律忍受，不分恩怨。你若能把他人對你的毀譽如此容忍，就會成佛吧。」於是決心堅持第六的堪忍波羅蜜。經中這樣說：

（一五〇）成佛的基礎之法，不應只是這些，　若別有成就菩提之法，我應找尋。

24　動作（iryāpatha）通常譯作「四威儀」，即行、住、坐、臥四者。

（一五一）我在這時找得了第六的堪忍波羅蜜，　這是古來諸大仙所曾行的。

（一五二）「你今若能堅持這第六波羅蜜，心不捨離，　就會達到上菩提。

（一五三）大地不論投下的東西淨與不淨，　一律容受，不生瞋喜。

（一五四）你若能對一切毀譽如此容忍，把堪忍波羅蜜成滿，　就會達到上菩提吧。」

【真實波羅蜜】

既而他又覺得「成佛的基礎之法不應只是這些」，於是更去找尋，找得了第七的真實波羅蜜。自己想道：「賢者善慧啊，你從今要完成真實波羅蜜。任憑天雷將落到頭上來，不要因了財寶或其他利欲的緣故，明知故犯地說謊語啊。那向曉的明星，終年四季老是循著自己的道路運行，決不改走他途。你如果能如是堅守真實，不說謊語，就會成佛吧。」於是決心堅持第七的真實波羅蜜。經中這樣說：

（一五五）成佛之法，不應只是這些，　若別有成就菩提之法，我應找尋。

（一五六）我在這時找得了第七的真實波羅蜜，　這是古來諸大仙所曾行的。

（一五七）「你從今要堅持這第七的波羅蜜，　你若守此弗失，能得菩提。

（一五八）那人天界明亮無比的曉星，　無論在何時季，從不越出自己的軌道。

（一五九）你若能如是堅守真實，把真實波羅蜜成滿，　就會達到上菩提吧。」

【決定波羅蜜】

既而他又覺得「成佛的基礎之法不應只是這些」，於是更去找尋，找得了第八的決定波羅蜜。自己想道：「賢者善慧啊，你從今要完成決定波羅蜜。既經決定以後，不可搖動。譬如山岳，不論風從任何方向吹襲，兀立原處，毫不搖震。你若能守持自己所決定之處而不改動，就會成佛吧。」經中這樣說：

（一六〇）成佛之法，不應只是這些，　若別有成就菩提之法，我應找尋。

（一六一）我在這時找得了第八的決定波羅蜜，　這是古來諸大仙所曾行的。

（一六二）「你從今要堅持這第八波羅蜜，　你若於決定不起搖動，能得菩提。

（一六三）山岳兀立不移，　不受狂風的震撼。

（一六四）你若於所決定如是不動，成滿決定波羅蜜，　就會達到上菩提。」

【慈波羅蜜】

既而他又覺得「成佛的基礎之法不應只是這些」，於是更去找尋，找得了第九的慈波羅蜜。自己想道：「賢者善慧啊，你今後要完成慈波羅蜜。凡於己有利益者與無利益者都應以同樣的心去對付。譬如那水，對於善人與惡人同樣予以清涼之感。你對於一切有生之物能如是以慈愛之情平等相待，就會成佛吧。」於是決心堅持第九的慈波羅蜜。經中這樣說：

（一六五）成佛之法，不應只是這些，　若別有成就菩提之法，我應找尋。

（一六六）我在這時找得了第九的慈波羅蜜，　這是古來諸大仙所曾行的。

（一六七）「你若欲得菩提，　應堅持這第九波羅蜜，慈愛無比。

（一六八）水不論人之善惡，　平等地給予清涼，為除塵垢。

（一六九）你若能對有利與不利者，具慈愛平等心，成滿慈波羅蜜，　就會達到上菩提。」

【捨波羅蜜】

既而他又覺得「成佛的基礎之法不應只是這些」，於是更去找尋，找得了第十的捨波羅蜜。自己想道：「賢者善慧啊，你今後要完成捨波羅蜜。對樂與苦都平等。大地對投擲下來的東西，不論清淨的或是不淨的，一律平等。你若對樂與苦也平等如是，就會成佛吧。」於是決心堅持第十的捨波羅蜜。經中這樣說：

（一七〇）成佛之法，不應只是這些，　若別有成就菩提之法，我應找尋。

（一七一）我在這時找得了第十的捨波羅蜜，　這是古來諸大仙所曾行的。

（一七二）「你從今要堅持這第十波羅蜜，　你若把這持至堅固無比，能得菩提。

（一七三）大地不論落下的東西淨與不淨，　不起愛憎，平等相對。

（一七四）你若對於樂苦也常能如是平靜，把捨波羅蜜成滿，　就會達到上菩提。」

【三種波羅蜜】

於是他想：「在這世界之中，菩薩所能實行、成就菩提而成佛的基礎之法，就只是這些，十波羅蜜以外再沒有別的了。又，這十波羅蜜上不在空，下不在地，也不在東西南北各方，只存在自己的心內。」他既認定十波羅蜜在心內，又再三審察，反覆把這來思考。從尾到頭，從頭到尾，無所不通。從兩端到中間，從中間到兩端，也無所不通。捨肢體是波羅蜜，捨自然物是近小波羅蜜，捨生命是最上義波羅蜜。他試想，十個波羅蜜，十個近小波羅蜜，十個最上義波羅蜜，各各相對，流出油來，混在一起。又試想，以大須彌山為攪棒，把大世界內的大海來攪旋。他這樣地想著十波羅蜜時，因了法的威力，這四那由他[25]二十萬由旬[26]的厚土大地，好像被象踏著的蘆束，又好像榨蔗機的樣子，發出大音震動起來了。好像陶車或榨油機的碾輪般旋動起來了。經中這樣說：

（一七五）「成就菩提之法，斯世只是這些，別無更勝的了。
把這些來堅持吧。」

（一七六）把這些法的性質、精髓與形相合併參究時，
清淨的十千世界因了法的威力震動了。

（一七七）大地像榨蔗機似地震且叫了，
像榨油的碾輪似地旋動了。

【大地震動】

大地一震動，喜樂城的住民都立不住了，像大颶風中的樹木似地一一昏倒。瓶等陶製器物也翻磕得粉碎了。群眾慌張起來，跑到燃燈佛世尊的地方，說道：「世尊，是龍起來了呢？還是鬼怪、夜叉或天人起來了呢？我們不知道，大家惶恐著。這對於世界是禍是福。請

25 那由他（nahuta）是一千萬的四乘冪，一下加零二十八個。
26 由旬（yojana）約九哩。

詳細告訴我們。」燃燈佛聽了他們的話，說道：「你們不必恐怖，別耽心。你們不會因此遭到可怕的事。原來這是因為今天我豫言了『善慧賢者於未來世將成名曰瞿曇的佛』的緣故。他現在正想念著波羅蜜。當他想念時，因了法的威力，十千世界就都震吼了。」經中這樣說：

（一七八）隨侍佛的群眾都震驚不知所措，　當場倒臥在地上了。

（一七九）陶工所製的數百數千的瓶，　互相磕碰，碎成粉末了。

（一八〇）群眾戰戰兢兢地集在一起，　齊到燃燈佛的地方去請問。

（一八一）「這個世界怎麼了，是福抑是禍？　大家都因此煩惱，請具眼者救援。」

（一八二）這時[27]，大牟尼燃燈佛告示他們：　「安心吧，不要因大地震動而起恐怖。

（一八三）我今天豫言『當於未來世成佛』的那青年，　思惟著古來諸勝者所踐行之法。

（一八四）他把成佛的基礎之法，一一思惟，　因之這大地、十千人天世界都震動起來了。」

【群眾歡喜】

群眾聽了如來的話大為歡喜，大家攜了花環、香、塗香出喜樂城到菩薩那裡去，把花環

27 原典「sada」（常），別本作「tada」（這時），今依別本。

等捧獻，禮拜畢，作右繞之禮而歸。菩薩正思惟著十種的波羅蜜，堅固地發了精進之誓，從座立起身來。經中這樣說：

（一八五）聽了佛的話群眾方才心安，　大家再到我這裡來禮拜。

（一八六）我堅決了守持佛德的心願，　這時就從座起身，禮拜燃燈佛。

【天人讚祝】

菩薩從座起身以後，一萬世界全部的天人，齊集到來，捧獻天界的花環與香，作種種的祝讚道：「尊上的善慧行者啊，你今天在燃燈十力者的足下發過大願了，願你成就此願，毫無障礙。願你沒有恐怖，不受驚駭。願你毫無病患。願你完成波羅蜜，速證正等菩提。那會開花結實的樹木，時期一到，就開花結實，願你亦得如此，不失時機，速證最上菩提。」他們祝讚畢，才各自回到天界去。菩薩既大受諸天人的稱讚，便決心堅持精進：「我實行十種波羅蜜，在四阿僧祇十萬劫之後成佛吧。」於是飛昇空中到雪山地方去。經中這樣說：

（一八七）天人與人們各取了天界或人界的花，　於我從座起身時把花投撒。

（一八八）他們都確知我的幸運，而作是言：　「你的願大，願你能圓滿成就。

（一八九）願你有禍皆消除，有病得痊癒。　不遭障礙，速證最上菩提。

（一九〇）時期一到，樹木就開花，　大雄者啊，願你從佛智開出花來亦如是。

（一九一）一切正覺者都曾實行十種波羅蜜，　大雄者啊，願你實行十種波羅蜜亦如是。

（一九二）一切正覺者都曾在菩提場上開悟，　大雄者啊，願你於勝者之菩提開悟亦如是。

（一九三）一切正覺者曾轉法輪，　大雄者啊，願你能轉法輪亦如是。

（一九四）二五之夜，月輪滿放清輝，　願你的心圓滿無缺，遍照十千世界亦如是。

（一九五）日輪從羅睺[28]之口脫出，以熱照耀，　願你以尊嚴使世人解脫亦如是。

（一九六）一切河水齊入大海，　願人天兩界歸趨於你亦如是。」

（一九七）他們如是稱讚我，　於是我就堅持實行十種的法，入森林中去。

（上來善慧事蹟竟）

【以後的燃燈佛】

喜樂城的住民回去以後，就向佛及比丘僧眾行大施食。佛為他們說法，給許多人授三歸戒畢，就出喜樂城而去。在生存中順次作種種佛事，然後入無餘涅槃。其情形詳見於《佛種姓經》中。那經中這樣說：

（一九八）這時他們供養世間的導者與比丘眾，　歸依於燃燈佛。

（一九九）如來教某等人住於三歸依，　某等人住於五戒或十戒。

（二〇〇）對某等人授以沙門道的四種最上果，　對某等人則授以無比妙法的四種的

28 羅睺（Rāhu）為阿修羅王之一，昔人信日蝕月蝕乃因日月被阿修羅王吞噬之故。

解說[29]。

（二〇一）對某等人使有八種的勝禪定[30]，　對某等人則使得三明[31]與六神通[32]。

（二〇二）大牟尼如是次第教導群眾，　世間導者之教，因牟尼而遂詳宣。

（二〇三）豐頰廣肩的燃燈佛，　曾度許許多多的人使脫出苦界。

（二〇四）大牟尼見到有可悟的，就去悟他，　十萬由旬，剎那可到。

（二〇五）於第一說教，佛使十億人悟。　於第二說教，所依者使一兆人悟。

（二〇六）於第三說教，佛在天宮中說法，　悟者有九千億人。

（二〇七）燃燈佛有三度集會，　於第一集會，曾有億萬有情來集。

（二〇八）其次，勝者在那羅陀峰安居時，　有十萬漏盡離垢者來集。

（二〇九）大雄者住在善現山時，　有九千億人隨侍牟尼。

（二一〇）我那時是個激切苦行的結髮行者，　往來空中，深達五種的神通。

（二一一）悟法者二十萬人，　略悟一二者其數無量。

（二一二）當時燃燈祥者的說教，清靜微妙，有不思議之力，　其詳明足使眾生了

---

29 解說（paṭasambhida）普通稱四無礙辯。即「attha」義（意味）、「dhamma」法（道理、條件）、「nirutti」語（語法）與「patibhāna」智（才智）四者。在《增一》譯中作法、義、詞、樂說四者。

30 等至（samāpatti）為一種禪觀。有四色界（四禪）與四無色界之八種。即所謂八定。

31 三明（vizzā）謂宿住智證明（知過去之智）、死生智證明（知有情死生之智）、漏盡智證明（盡煩惱之智）。

32 六神通（abhiññā）謂天眼通、天耳通、他心通、宿命通、神足通、漏盡通。

悟。

（二一三）四十萬具六神通有大威神力者，　常隨侍世間解者燃燈佛。

（二一四）那捨棄人界而未得志的有學之徒，　這時猶未免於非難。

（二一五）燦爛如花的佛語，　因此等無煩惱、無垢穢的阿羅漢，光耀於人天界。

（二一六）燃燈佛師的國都曰有喜樂，　父王曰善慧[33]，母亦曰善慧。

（二一七）善吉祥與帝沙，是燃燈佛師弟子中的長者，　其侍者曰善來。

（二一八）喜悅與善喜悅，是女弟子中的長者，　此世尊的菩提樹曰畢波羅。

（二一九）大牟尼燃燈身長八十肘，　美如燈臺，又如絢爛著花的沙羅樹王。

（二二〇）此大仙壽量百千歲，　一生濟度眾生。

（二二一）闡明正法，濟度多人，光明猶如火聚，　然後與弟子眾同入涅槃。

（二二二）他的通力、名譽與足下輪寶悉歸於無，　諸行不空嗎[34]？

（二二三）燃燈佛之後，有佛出世曰憍陳如，　光明名譽無量，難測不可及。

【憍陳如佛】

燃燈世尊之後，經過一阿僧祇劫，有佛出世名曰憍陳如。這位佛亦有三度的弟子集會，

33 善慧為燃燈佛之父。

34 別譯作：「諸行總成空。」（編按）

第一集會有一兆人，第二集會有百億人，第三集會有九億人。那時菩薩為轉輪王[35]，名曰甚勝者，對佛與一兆的比丘作大施食。佛豫言菩薩「在未來世當成佛」，為他說法。他聽了佛的說法，就把國事委託了大臣們而出家。學習三藏，獲得八定與五神通，修禪不懈，轉生於梵天界。

憍陳如佛的國都曰有喜樂，父曰善吉悅，是剎帝利族人，母曰善生妃，賢與善賢二人是他的上首弟子，阿㝹樓陀是侍者，帝沙與優婆帝沙是女弟子中的上首，沙羅迦利耶尼是他的菩提樹。佛身長八十八肘，壽量十萬歲。

【吉祥佛】

這位佛之後，經過一阿僧祇劫，在一劫中，有四位佛出世，名曰吉祥、善意、離曰與所照佛。在吉祥世尊時，曾行三度的弟子集會，第一集會有一兆比丘來集，第二集會有百億，第三集會有九億。佛有異母弟名曰慶喜王子，為要與九億群眾共聽說法，也到佛的地方來。佛為他次第說法，他與大眾皆得四種解說與阿羅漢果。佛洞見這些良家子弟前世的行跡，知道他們有根機可以得那由通力而現的衣缽。便伸出右手說道：「善來，比丘們，」一瞬間，

35 轉輪王（cakkavatti）是「轉車輪者」之意，謂其能發命令普遍施行如轉車輪，故名。依一般所信，謂王以其所有之輪寶（武器）投出，就其轉回還之範圍而統治之，故稱轉輪王或轉輪聖王。其中有統治四洲即全世界者，支配一洲與一洲之一部分者三者。轉輪王乃「正直平等治國」、「使此世轉勝、無刑罰、無兵戈、以法導民」的王者，為理想政治的施行者。常與佛並稱，就世間說則云轉輪聖王，就出世間說則云佛。

許多人身上就都帶上了通力所現的衣缽，威儀具足，儼如六十歲的長者，向佛禮拜，追隨佛後。這是這位佛的第三度集會。其他諸佛的身光，不過四方八十肘，這位佛不然，他的身光充滿一萬世界。樹木、大地、山海與炊釜之類都像包上了黃金之葉的樣子。佛的壽命九萬歲，在這期間，日月顯不出自己的光來。夜與晝全然無別。人畜日間在佛光中來往行動，宛如在太陽光中一般。世間的人但因傍晚花開與天明鳥啼以分晝夜。那麼，「其他諸佛無此威神力嗎？」不然。其他諸佛如果希望，也可以使光明充滿一萬世界或一萬世界以上。其他諸佛各以願力，身光一尋。吉祥佛亦因了夙昔的願力，身光常滿一萬世界。

【吉祥佛的大施】

這位佛昔時作菩薩行，有一世，受著近於一切度之生，與其妻子居於類似梵迦山的山間。這時有一夜叉，名曰剛牙，聞大士有志布施，就現形為婆羅門，來到大士的地方說道：「請把你的兩個小孩給我。」大士說：「把孩子們給婆羅門吧，」就歡喜地把兩個小孩給他。立時大地震動，直達海邊。菩薩立在經行處路口察看，夜叉當場把兩個小孩一口氣吞食了。夜叉的口一開，就有血潮迸出，像火燄一般。菩薩見了這情形也絲毫未起不快之念，反全身感到大大的喜悅，覺得「真是行了好布施了」。他立下了一個願：「願我因此功德，在未來世放光明也如是。」這位佛因這夙願，成佛後就從身體發出光明，照得如是廣遠。

【燒身供養】

這位佛還有一件往事。相傳，佛在為菩薩時，見到某佛的塔，說道：「我應為此佛捨棄生命。」於是取火炬包紮全身，用價值十萬以寶玉作把手的金鉢，盛了熟酥，加入千根燈心，點著了火，頂在頭上，全身燃著，在塔的周圍右繞一夜，直至太陽昇起，毫不覺熱，宛如身登蓮華之上。這因為法是護佑護法者的緣故。經中這樣說：

（二二四）真的[36]，法護佑奉法者，所奉之法給予安樂，奉法者不墮惡趣，這是所奉之法的功效。

因了斯行的功力，這位世尊的身光遂充滿於一萬世界。

【善喜婆羅門】

那時，我們的菩薩為婆羅門，名曰善喜。有一次，想供養佛，到佛的地方，聽畢那甘美如蜜的說法，請求說道：「世尊啊，明日請來受我們的供養。」佛問：「婆羅門啊，你豫備招請幾個比丘呢？」善喜道：「尊師啊，隨從你的比丘有幾多？」這時這位佛才行過第一度的集會，便答道：「一兆人。」善喜道：「尊師啊，請諸位大家到我家來受供養。」佛應允了。婆羅門回家去豫備次日的招待，中途想道：「對這許多比丘施給粥飯與衣服之類倒不難，可是坐處怎麼辦呢？」他這樣思忖時，那在八萬四千由旬高處的天王，忽然覺得他那赤黃色如毛氈的石座帶有溫味了。帝釋天道：「誰呀，想來把我從這座搖下的？」他用天眼遍看，見到大士，想道：「原來善喜婆羅門為了招待佛與比丘眾，正思忖著座席的事。我也應

36 見《法句經釋義》第一卷、第四卷。

該到那裡去分擔這善業。」便現身為木工，手拿斧斤，來到大士的面前說道：「有誰肯出工錢雇我嗎？」大士見了，問道：「你是做什麼的？」木工道：「我什麼都會，不論房屋，假舍[37]，凡是人所能造的我都會造。」大士道：「那麼，我這裡有工作。」木工道：「主人，那是什麼工作？」大士道：「明日我要招待一兆個比丘眾，容得下這許多人坐的假舍，你能造嗎？」木工道：「如果主人肯給工錢，我就造吧。」大士道：「那當然給你。」木工道：「好，就造吧。」這位現身為木工的帝釋天去看基地，見十二三由旬大的地面，平坦得可以修遍處定[38]。他作念道：「要在這上面用七寶建起假舍來，」立時假舍就衝破了地面湧出來了。金的柱上架著銀的斗，銀的柱上架著金的斗，摩尼的柱上架著珊瑚大斗，珊瑚的柱上架著摩尼大斗，七寶的柱上各架著七寶的大斗。他又作念道：「每間假舍之間要掛鈴的網，」那網立刻就掛好了。鈴網受微風吹動，好似五種樂器齊奏，那聲音的微妙，宛如許多大人們在吟誦。他又作念道：「裡面要掛香的繩束與花環的繩束，」那繩束就立刻掛好了。又作念道：「要把一兆比丘所需要的坐席與椅櫈從地上湧出，」這些立刻湧出了。又作念道：「每一室隅角要放好一個水瓶，」水瓶立刻現出了。

他完成這許多工程以後，走到婆羅門那裡說道：「主人，請來看你的假舍，然後給我工

37　假舍（maṇḍapa）是舉行祭典與供養時所建的臨時壇場，有柱與柱頂的裝飾，而無屋頂。

38　遍處定（kasiṇa）是觀法之一種，又稱十遍處定或十一切處，是一即一切的觀法。觀的對象有地、水、火、風、青、黃、赤、白、空、識十種。行此觀時須擇板石與土地平坦之所，名曰「遍處定道場」（kasiṇamaṇḍapa）

錢。」大士過去看那假舍時，全身就充滿五種喜悅。對著假舍想道：「這假舍非人所造，大概是帝釋天的世界因了我的志與德，感到溫味，帝釋天王給造成的。有了這樣的假舍，不該只施供一日，我就施供七日吧。」卻說，僅只外物之施，無論隆重到怎樣，不能使菩薩滿足，須切了有飾物的頭、挖了炯炯有光的眼睛或剖了心來作施捨時，才會因了施與感到歡喜。如〈尸毘本生因緣〉〔第四九九〕中所說，我們的菩薩每日在城的中央與四門，施捨五阿末那[39]的迦渥波奈貨幣[40]，仍不自以為滿足，後來帝釋天現身為婆羅門向他索取兩眼，他挖出給與以後，這才生出歡喜的心情來。菩薩的心毫不向外，於施捨如是不知饜足。故這位大士覺得「非施供一兆比丘眾至七日不可」，就在此假舍中設座招待七日，施供乳糜。僅只用人侍候，是不夠的，天人也加入半數來服務。十二、三由旬大的場所，容不下這許多比丘，諸比丘眾各以自己的威神力得到坐席。到了最末的一日，把比丘眾的缽一一洗滌，各為盛入醍醐味、熟酥、蜜糖與其他的東西以為藥料，此外復加施三衣。比丘眾之中，最年輕的比丘所受的法衣，也值十萬兩。佛為說隨喜之辭，查察「此人何以作如是大施」，知道他「將於未來二阿僧祇十萬劫之後成佛，名曰瞿曇」。於是就呼喚大士到面前去，給他作豫言道：「你經過這許多年當成佛，名曰瞿曇。」大士聽了這豫言，想道：「佛說我當成佛。家族生活於我毫無必要，我就出家吧。」於是唾棄了一身的榮華，隨佛出家。出家以後，修習

---

39 阿末那是衡量名，等於十陀那。

40 迦渥波奈是金銀貨幣名，梵語曰「迦爾沙波那」。

佛教，獲得了神通與禪定，命終轉生在梵天世界中。

吉祥世尊的國都名曰上勝，父曰上勝王，是剎帝利族人，母曰上勝妃。善天與法軍二人是他的上首弟子，侍者曰所護，悉婆利與無憂二人是他女弟子之上首。菩提樹曰那伽。佛身長八十八肘。在世九萬年，入涅槃後十千大世界頓時黑暗，各大世界的人都悲哀痛哭。

（二二五）憍陳如佛之後，有導者名曰吉祥，　　拂去世間的黑暗，揭起法的炬火。

【善意佛】

佛讓一萬世界黑暗而入涅槃之後，有佛出世，名曰善意。這位佛也有三度的弟子集會，第一集會有一兆比丘，第二集會於黃金山，有九十兆，第三集會是八十兆。這時大士為龍王，名曰無比，有著大神通與大威力。他聞知「有佛出世」，帶領了親族大眾從龍界出來，以天上的音樂，供養這位率領著一兆比丘的世尊，每一比丘施法衣一件，受三歸戒。這位佛也給他豫言說：「你當於未來世成佛。」

這位佛的國都名曰安穩，父曰善施王，母曰有瑞者妃。歸依與修身是他的上首弟子，侍者曰上昇，輸那與優婆輸那是女上首弟子，那伽是菩提樹。佛身長九十肘，壽量一千歲。

（二二六）吉祥佛之後，有導師名曰善意，　　於一切法無等倫，是一切有情之首。

【離曰佛】

這以後有佛出世，名曰離曰。這位佛也有三度的弟子集會，第一集會人數不詳，第二集會是一兆人，第三集會也是一兆人。這時菩薩為婆羅門，名曰越天，聽佛說法，受三歸戒，合掌到頂，對這位佛的能祛棄煩惱，發聲讚歎，以中衣獻奉。這位佛也給他豫說：「你當成佛。」

這位佛的國都曰有善穀，父曰廣大王，母曰廣大妃。婆樓那與梵天是他的上首弟子，侍者曰出生，賢與善賢是女上首弟子，那伽是菩提樹。佛身長八十肘，壽量六萬歲。

（二二七）善意佛之後，有導師名曰離曰。是無譬無等無比的最上勝者。

【所照佛】

這以後有佛出世，名曰所照。這位佛也有三度的弟子集會，第一集會有十億比丘，第二度是九億，第三度是八億。這時菩薩為婆羅門，名曰未降，聽佛說法，受三歸戒，對佛與比丘而作大施。這位佛也給他豫言說：「你當成佛。」

這位佛的國都曰善法，父曰善法王，母曰善法妃。無等與善眼是他的上首弟子，侍者曰非卑，諾酤羅與善生是女上首弟子，那伽是菩提樹。佛身長五十八肘，壽量九萬歲。

（二二八）離曰佛之後，有導師名曰所照。得定而心寂，無人能比倫。

【高見佛】

這以後經過一阿僧祇劫，一劫中有三位佛出世，名曰高見、蓮華、那羅陀。高見佛有三度的弟子集會，第一集會比丘來集的八十萬，第二度是七十萬，第三度是六十萬。這時菩薩為夜叉軍的首領，有大神通與大威力，是數兆夜叉之長。他聞知「有佛出世」，來對佛與比丘眾行大施。佛也給他豫言說：「你當於未來世成佛。」

高見佛的國都曰有月，父曰有稱王，母曰持稱妃。人主與非卑是他的上首弟子，侍者曰婆樓那，孫陀利與善意是女上首弟子，阿耆那是菩提樹。佛身長五十八肘，壽量十萬歲。

（二二九）所照佛之後的正覺者兩足尊是高見，　名譽無限，威光難更勝。

【蓮華佛】

這以後，有佛出世，名曰蓮華。這位佛也有三度的弟子集會，第一集會有一兆比丘來集，第二集會是三十萬，第三集會不在村落中，是在森林中舉行的，大森林中集合著比丘眾二十萬人。如來在森林時，菩薩生為獅子，見佛入滅盡定[41]，發信心而拜，右繞作禮，滿懷歡喜愉悅發獅子吼三次。七日之間，以得見佛故，自喜不止，連食物也不去尋求，犧牲了自己的生命去奉侍佛。佛於七日終了出滅定時，見到獅子，想道：「他對於比丘眾也會發生信心一同禮拜吧。」就念：「比丘眾，來。」比丘眾立即到來了。獅子對比丘眾果也發了信心。佛知道他的心，給他豫言說：「你於未來世當成佛。」

蓮華世尊的國都曰膽蔔迦，父曰蓮華王，母曰無等。沙羅與優婆沙羅是他的上首弟子，侍者曰婆樓那，羅摩與優婆羅摩是女上首弟子，輸那是菩提樹。佛身長五十八肘，壽量十萬歲。

（二三〇）高見佛之次的正覺者兩足尊名曰蓮華，　無可比類，無有等倫者。

---

41 滅盡定（nirodhasamāpatti）又稱滅受想定（saūnnāvedayilanirodha）。入此定者，一切精神活動呈停止狀態，所與死人異者唯有壽與煖二者而已，聖者能入此定至七日間。

【那羅陀佛】

這以後有佛出世，名曰那羅陀。這位佛也有三度的弟子集會，第一集會有一兆比丘來集，第二集會是九千億，第三集會是八千億。這時菩薩出家入仙人道，於五神通與八定，深得自在，對佛與比丘眾作大施，以赤旃檀獻奉。這位佛也給他豫言，說：「你於未來世當成佛。」

這位世尊的國都曰有穀，父曰善慧，是剎帝利族，母曰非卑妃。賢沙羅與勝友是他的上首弟子，侍者曰婆悉陀，上勝與巴古尼是女上首弟子，摩訶沙那是他的菩提樹。佛身長八十八肘，壽量九萬歲。

（二三一）蓮華以後的正覺者兩足尊名曰那羅陀。　無可比類，無有等倫者。

【蓮華上佛】

那羅陀之後，距今十萬劫前，一劫中只出了一位佛，名曰蓮華上。這位佛有三度的弟子集會，第一集會有一兆比丘來集，第二度在毘婆山上集會，比丘來集者九千億，第三集會有比丘八千億。這時菩薩生於摩訶羅多國，名曰結髮，對佛與比丘眾作法衣之施。這位佛也給他豫言，說：「你於未來世當成佛。」在蓮華上世尊的時代，沒有外道，人間與天人所歸依的就是佛。

這位佛的國都曰有鵝，父曰慶喜，是剎帝利族人，母曰善生。執天與善生是他的上首弟子，善意是侍者，無量與無等是女上首弟子，沙羅是他的菩提樹。佛身長八十八肘，他的身光達四十二由旬，壽量十萬歲。

（二三二）那羅陀以後的正覺者兩足尊是名曰蓮華上的勝者。　不動不亂如大海。

【善慧佛】

這以後經過三萬劫，一劫中出了兩位佛，名曰善慧與善生。善慧佛有三度的弟子集會，第一集會於善現城，有十億漏盡者來集，第二集會有九億人，第三集會有八億人。這時菩薩為一青年，名曰上勝，把所蓄藏的八億財寶捨棄了，向佛與比丘眾作大施，聞佛說法，歸依三寶，出家得度。這位佛也給他豫言，說：「你於未來世當成佛。」

善慧世尊的國都曰善現，父曰善施王，母曰善施妃。歸依與一切欲二人是上首弟子，侍者曰海，羅摩與須羅摩二人是女上首弟子，摩訶尼婆是他的菩提樹。佛身長八十八肘，壽量九萬歲。

（二三三）蓮華上佛之後有導師名曰善慧。　威光大無比，是一切世間的最上者牟尼。

【善生佛】

這以後，有佛出世，名曰善生。這位佛在世時，也有三度的弟子集會，第一集會有六萬比丘，第二集會有五萬，第三集會有四萬。這時，菩薩為轉輪王，聞知「有佛出世」，便到佛的地方來聽說法，以七種的寶與四大洲的主權施給佛與大眾，隨佛出家。國中人民，以佛到來其國為榮，乘機各服園丁之勞，對佛與比丘眾，常作大施。這位佛也曾給他豫言。

這位世尊的國都曰善吉祥，父曰上行王，母曰發光。善現與天是他的上首弟子，侍者曰那羅陀，龍與那迦沙摩勒是女上首弟子，大竹是他的菩提樹。據說，這樹筒孔細小而幹身粗大，上方出葉，全體好像束著的孔雀尾羽，會發光的。這位世尊身長五十肘，壽量九萬歲。

（二三四）那同一精好劫中，有導師名曰善生。　頰如獅子，肩如牛王，難測無比倫。

【喜見佛】

在這位之後，距今一千八百劫以前，一劫中有三位佛出世，名曰喜見、義見與法見。喜見佛也有三度的弟子集會，第一集會有一兆比丘來集，第二集會有九億，第三集會有八億。這時，菩薩為一青年，名曰迦葉。他通曉三吠陀，聽佛說法，捨棄了一兆的財寶，建造伽藍，受三歸、五戒。佛給他豫言說：「經過一千八百劫，你當成佛。」

這位世尊的國都曰非卑，父曰善與王，母曰月。所護與一切見是他的上首弟子，所照是侍者，善生與法與是女上首弟子，畢揚格是他的菩提樹。佛身長八十肘，壽量九萬歲。

（二三五）善生佛之後，一個有大名譽的自存者、世界導者，　就是那難及無比的喜見。

【義見佛】

這以後，有佛出世，名曰義見。這位佛也有三度的弟子集會，第一集會有九百八十萬比丘來集，第二集會有八百八十萬，第三集會也有此數。這時菩薩是一個苦行者，名曰善界，有大威力。曾從天界取了用曼陀羅華製造的大傘來獻給佛。這位佛也給他豫言。

這位世尊的國都曰所照，父曰海王，母曰善現。息與安息是他的上首弟子，無畏是他的侍者，法與善法二人是女上首弟子，契闍婆是他的菩提樹。佛身長八十肘，身光常充滿四方一由旬，他的壽量一萬歲。

（二三六）在同一精好劫中，有名曰義見的人中牛王，拂去大黑暗，達最上菩提。

【法見佛】

這以後，有佛出世，名曰法見。這位佛也有三度的弟子集會，第一集會有十億比丘來集，第二集會有七億，第三集會有八億。這時，菩薩為帝釋天王，以天上的香華與音樂來供養佛。這位佛也給他豫言。這位世尊的國都曰歸依，父曰歸依王，母曰善慶。蓮華與觸天是他的上首弟子，善眼是他的侍者，安穩與一切名是女上首弟子，赤色的克羅浮伽（一名頻毘迦羅樹）是他的菩提樹。佛身長八十肘，壽量一萬歲。

（二三七）在同一精好劫中，有名曰法見的大名譽者。拂去了黑暗，在人天世界放光。

【義成就佛】

這以後，距今九十四劫之前，一劫中只有一佛出世，名曰義成就。這位佛也有三度的弟子集會，第一集會有一兆比丘來集，第二集會有九億，第三集會有八億。這時，菩薩為行者，名曰吉祥。有大威光，具神通力，以大閻浮果供獻如來。佛喫了這果實，給他豫言說：

「你經過九十四劫當成佛。」

這位佛的國都曰毘婆羅，父曰勝軍王，母曰善觸。水與善友是他的上首弟子，離曰是侍者，悉婆利與善樂是女上首弟子，迦尼割羅是他的菩提樹。佛身長六十肘，他的壽量一萬歲。

（二三八）法見佛之後，有導師曰義成就。破一切黑暗，宛如日昇空。

【帝沙佛】

這以後，距今九十二劫之前，一劫中有二佛出世，名曰帝沙與弗沙。帝沙世尊也有三度的弟子集會，第一集會有十億比丘來集，第二集會有九億，第三集會有八億。這時佛為一刹帝利族人，名曰善生。有大財產與大名譽，出家入仙人道，具大威力。聞知「有佛出世」，取天界的曼陀羅華、蓮華、婆利闍多迦華來獻給被四種佛弟子圍繞的佛，又在空中張起花的天蓋。這位佛也給他豫言說：「你在去今九十二劫之後當成佛。」

這位世尊的國都曰安穩，父曰結民，是刹帝利族人，母曰蓮華。梵天與上昇是他的上首弟子，上生是他的侍者，觸與善與是女上首弟子，阿沙那是他的菩提樹。佛身長六十肘，他的壽量一萬歲。

（二三九）義成就以後，有導師曰帝沙。無等無對無界限，無量名稱世第一。

【弗沙佛】

這以後，有佛出世，名曰弗沙。這位佛也有三度的弟子集會，第一集會有六百萬比丘來集，第二集會有五百萬，第三集會有三百二十萬。這時菩薩為國王，名曰已勝者。他捨棄大國，隨佛出家，學習三藏，為大眾說法，又完全行持戒波羅蜜。這位佛也同樣地給他豫言。

這位佛的國都曰迦尸，父曰勝軍，母曰有瑞者。善所護與法軍是他的上首弟子，沙毘耶是他的侍者，動與近動是女上首弟子，阿末羅是他的菩提樹。佛身長五十八肘，他的壽量九萬歲。

（二四〇）在同一精好劫中，有一個無上的佛，　那就是無比無等的世界第一導者弗沙。

【毘婆尸佛】

這以後，距今九十一劫之前，有世尊出世，名曰毘婆尸。這位佛也有三度的弟子集會，第一集會有六百八十萬比丘來集，第二集會有十萬，第三集會有八萬。這時，菩薩為龍王，名曰無比，有大神通力與大威神力，以嵌七寶之黃金椅子獻奉世尊。這位佛也給他豫言說：「從今經過九十一劫，你當成佛。」這位佛的國都曰有親，父曰有親王，母曰有親妃。破片與帝沙二人是他的上首弟子，無憂是他的侍者，月與月友是女上首弟子，波吒梨是他的菩提樹。佛身長八十肘，身光常滿七由旬，他的壽量八萬歲。

（二四一）弗沙之後，有正覺者兩足尊出世，　那是名曰毘婆尸的具眼者。

【尸棄佛】

這以後，距今三十一劫之前，有二佛出世，名曰尸棄與毘沙浮。尸棄佛有三度的弟子集會，第一集會有十萬比丘來集，第二集會有八萬，第三集會有七萬。這時菩薩為國王，名曰伏敵，對佛與比丘眾作大施，一一加施法衣，復以七寶嚴飾之寶象獻奉佛，其所施與比丘眾之用具，高與象身相等。這位佛也給他豫言，說：「從今經過三十一劫，你當成佛。」

這位佛的國都曰有日，父曰阿洛那，是剎帝利族人，母曰有光。勝者與出生二人是他的上首弟子，作安穩是他的侍者，摩棄羅與蓮華是女上首弟子，白蓮是他的菩提樹。佛身長三十七肘，身光滿三由旬，他的壽量三萬七千歲。

（二四二）毘婆尸之後，有正覺者兩足尊曰尸棄，　無可比類無有等倫者。

【毘沙浮佛】

這以後，有佛出世，名曰毘沙浮。這位佛也有三度的弟子集會，第一集會有八百萬比丘來集，第二集會有七百萬，第三集會有六百萬。這時，菩薩為國王，名曰善現，對佛與比丘眾作大施，一一加施法衣，隨佛出家，行德具足，念佛寶而得甚大的喜悅。這位佛也給他豫言說：「從今經過三十一劫，你當成佛。」這位佛的國都曰無譬，父曰善悅，母曰有稱。輸那與上勝是他的上首弟子，近寂是他的侍者，調伏與共鬘是女上首弟子，沙羅是他的菩提樹。佛身長六十肘，他的壽量六萬歲。

（二四三）在同一精好劫中，有勝者出世曰毘沙浮，　無可比類、無有等倫者。

【拘留孫佛】

這以後，即在此劫中有四位佛出世，就是拘留孫佛、拘那含牟尼佛、迦葉佛與我世尊。

拘留孫佛只有一度的弟子集會，來集的比丘有四萬人。這時菩薩為國王，名曰安穩，對佛與比丘眾作大施，一一加施衣鉢，復獻塗眼藥與其他藥品，聞佛說法，隨佛出家。這位佛也曾給他豫言。

拘留孫佛的國都曰安穩，父曰火旋，是婆羅門，母曰毘沙佉，是婆羅門女。甚遠與共活是他的上首弟子，覺生是他的侍者，黑與詹葡迦是女上首弟子，摩阿悉利沙是他的菩提樹。佛身長四十肘，壽量四萬歲。

（二四四）毘沙浮之後，有正覺者兩足尊，　名曰拘留孫，難測無比類。

【拘那含牟尼佛】

這以後，有佛出世，名曰拘那含牟尼。這位佛也只有一度的弟子集會，來集的比丘三萬人。這時菩薩為國王，名曰山。他率領了大臣們來聽佛說法，招待佛與比丘眾而作大施，獻奉織好的上布、支那布、絹布、毛布、杜克羅布、金布，隨佛出家。這位佛也曾給他豫言。

這位世尊的國都曰有彩，父曰祭施，是婆羅門，母曰上勝，是婆羅門女。漸多與上勝是他的上首弟子，吉祥生是他的侍者，海與上勝是女上首弟子，優曇鉢羅是他的菩提樹。佛身長二十肘，壽量三萬歲。

（二四五）拘留孫後的正覺者兩足尊曰拘那含牟尼，　是勝者、世界之長者、人中之牛王。

【迦葉佛】

這以後，有佛出世，名曰迦葉。這位佛也只有一度的弟子集會，來集的比丘三萬人。這時菩薩為一青年，名曰光護，通達三吠陀的奧義，深為地上天界所知，是陶器師名曰作瓶者之友。他與這位友人同到佛的地方去聽法話，隨佛出家，精進努力，學習三藏，實行大小義務，替佛的教增加光輝。這位佛也曾給他豫言。

這位世尊誕生的國都曰波羅奈，父曰梵施，是婆羅門，母曰陀那波帝，是婆羅門女。帝沙與婆羅墮闍是他的上首弟子，一切友是他的侍者，阿㝹羅與優樓頻羅是女上首弟子，榕是他的菩提樹。佛身長二十肘，壽量二萬歲。

（二四六）拘那含牟尼之後，有正覺者兩足尊，　那勝者名曰迦葉，是法王，發揚大光輝。

【一切佛】

在那燃燈佛出世的一劫中，曾還有別的三位佛出世。可是菩薩未曾從這三位佛受到豫言，所以這裡不提。釋義書上為要列舉那一劫以後的一切佛名，像下面樣地寫在那裡：

（二四七）作欲、作慧、作依、　正覺者燃燈、兩足尊憍陳如、

（二四八）吉祥、善意、離曰、聖者所照、　高見、蓮華、那羅陀、蓮華上、

（二四九）善慧、善生、大名譽者喜見、　義見、法見、世指導者義成就、

（二五〇）帝沙、弗沙、正覺者毘婆尸、尸棄、毘沙浮、　拘留孫、拘那含與導師迦

葉。

（二五一）此諸正覺者離欲得定，以無限光明出現，
拂去大黑暗，光耀如火聚，終與弟子們共入涅槃。

【菩提資糧的成滿】

這時，我們的菩薩，從在燃燈佛以下二十四佛處立誓以來，已過了四阿僧祇十萬劫。燃燈佛以下二十四佛都給菩薩豫言，說迦葉佛之後，成佛者就只是這位等正覺者。「要為人[42]，為男子，有因緣，見佛，出家，具德，還要奉事與願心，」他曾結合八種之法伏在燃燈佛的足下發如是願：「於是我到處找尋成佛的基礎之法，」努力找尋：「我在這時找得了第一的施波羅蜜，」[43]於是從施波羅蜜為始，順次找得了成佛的要件，把這些要件完全成滿，轉生為一切度身。在這轉生期間，曾對諸菩薩如是發願之德加以讚美。

（二五二）成就菩提者，
雖輪迴在一億劫的長途，必完具如是肢體。

（二五三）不墮無間獄、世界中間獄與大渴、飢渴、黑繩等獄，
不為微小的昆蟲，不生惡趣，

（二五四）生在人界中，還要不生而為盲人，
聽覺無缺，不成聾啞者。

（二五五）成就菩提者，必須生而為男，
不為女人與兩性者、根不具者。

42 參照前六九偈。
43 參照前一二六偈。

（二五六）不犯五無間業[44]，行處清淨，不懷邪見，　因為他是深解業作之理的。

（二五七）即使居於天界，不生在無想天，　也無生於淨心天的因緣。

（二五八）善人傾心出離，於生不起執著，　行一切波羅蜜，饒益世間。

【布施波羅蜜的成滿】

為了完成布施波羅蜜，他曾生為阿克帝婆羅門、桑伽婆羅門、陀難闍王、摩訶須陀沙那王、摩訶瞿文陀王、尼彌大王、月王子、毘舍赫長者、尸毘王，直至一切度身，完全修行布施波羅蜜之生，多至無數。實則如〈兔本生因緣〉〔第三一六〕所說：

（二五九）見有乞食者走近身來，就把身捨給他，　能施世無匹，這是我的布施波羅蜜。

他如是捨給自己的身命時，布施波羅蜜成就為最上波羅蜜了。

【護戒波羅蜜的成滿】

同樣，他生為尸羅浮龍王、詹比耶龍王、菩利達多龍王、車怛多龍王，乃至生為伽耶提沙王的兒子阿利那須多王子，完全修行護戒波羅蜜之生，多至無數。實則如〈桑迦波羅龍王本生因緣〉〔第五二四〕所說：

（二六〇）任憑用叉刺，用刀割，　我對巴伽普多不怒，這是我的護戒波羅蜜。

44 五無間業，是殺父、殺母、害阿羅漢、破和合僧、出佛身血，即五逆罪。

他如是捨棄自己的身命時，護戒波羅蜜成就為最上波羅蜜了。

【出離波羅蜜的成滿】

同樣，他生為沙摩那舍王子、哈帝婆羅王子、阿姚伽羅賢者，捨棄廣大的國土而完全修行出離波羅蜜的生，多至無數。實則如〈小須多沙摩王本生因緣〉〔第五二五〕所說：

（二六一）我唾棄掌握中的大權位，　棄了更不執著，這是我的出離波羅蜜。

他如是無欲無執，捨棄王位而出家時，出離波羅蜜成就為最上波羅蜜了。

【智慧波羅蜜的成滿】

同樣，他生為毘都羅賢者、摩訶哥芬陀賢者、克陀羅賢者、阿羅迦賢者、菩提普行沙門、大藥賢者，完全修行智慧波羅蜜之生，多至無數。實則如〈果子袋本生因緣〉〔第四〇二〕中，他生為舍那迦賢者，發見果子袋中有蛇。

（二六二）我以智慧探索，把婆羅門從苦患救出，　智慧世無匹，這是我的智慧波羅蜜。

他如是從果子袋中發見蛇時，智慧波羅蜜成就為最上波羅蜜了。

【精進波羅蜜的成滿】

同樣，他完全修行精進等波羅蜜，其生亦多至無數。實則如〈摩訶迦那迦本生因緣〉〔第五三九〕所說：

（二六三）在水之中央雖不見邊岸與人影，　我心不變動，這是我的精進波羅蜜。

他如是渡大海時，精進波羅蜜成就為最上波羅蜜了。

【堪忍波羅蜜的成滿】

如〈堪忍宗本生因緣〉〔第三一三〕所說。

（二六四）迦尸王用利斧把我斬切到人事不知，我也不怒，這是我的堪忍波羅蜜。

他如是在不省人事的狀態中能忍受劇烈苦痛時，堪忍波羅蜜成就為最上波羅蜜了。

【真實波羅蜜的成滿】

如〈大須陀須摩本生因緣〉〔第五三七〕所說：

（二六五）我守持真實語，捨棄自己的身命，去救一百個剎帝利族人，這是最上的真實波羅蜜。

他如是捨棄身命守持真實時，真實波羅蜜成就為最上波羅蜜了。

【決定波羅蜜的成滿】

如〈啞躄本生因緣〉〔第五三八〕所說：

（二六六）我不厭憎父母，也不厭憎榮譽，我愛一切智，故從事修行。

他如是捨棄身命從事修行時，決定波羅蜜成就為最上波羅蜜了。

【慈波羅蜜的成滿】

如〈一王本生因緣〉〔第三〇三〕所說：

（二六七）誰都不來脅迫我，我也不怕誰，我因慈愛之力而堅固，在森林中自樂。

他如是不顧自己的身命而垂慈時，慈波羅蜜成就為最上波羅蜜了。

【捨波羅蜜的成滿】

如〈畏怖本生因緣〉〔第九四〕所說：

（二六八）我在墓地枕髑髏而眠，　村童集來，給我以種種待遇。

村童有的唾他，有的贈他花環或香料，他在如是苦痛與快樂交至之中不失平等心時，捨波羅蜜成就為最上波羅蜜了。

這裡只是簡單的記述，詳情應看《所行藏經》。他如是完成了波羅蜜，入一切度之生。

（二六九）大地無心意，不知苦與樂，　因我布施之力，也震動七次。

他行了能使大地震動的大功德，在壽命盡時轉生於兜率天。

以上所說，是大士在燃燈佛足下發願起至生登兜率天的經歷，就是所謂遠因緣。

三、不遠因緣

【三種豫告】

菩薩住到兜率天都，就有佛出現的豫告。豫告共有三種，一是改劫的豫告，一是佛出現的豫告，一是轉輪王出現的豫告。那名曰世界群眾屬於欲界的天人們，身纏赤衣，作異樣裝束，散了髮，哭喪著臉，拭著眼淚，在人間世界徘徊了這樣說道：「諸位，從今再過十萬年，新劫開始了。那時這個世界要消滅，大海要乾枯，大地要隨須彌山王燒至沒有，直到大梵天為止要沒有世界了。諸位呀，請發慈心，請發悲心、喜心與捨心，請對父母盡孝，在家尊敬長者啊。」這是改劫的豫告。

守護世界的天人們以為「從今再過一千年，當有一切智的佛出世」，於是到處徘徊大聲叫喊道：「諸位，從今再過一千年，佛就要出世了。」這是佛出現的豫告。

天人們以為「從今再經過一百年，當有轉輪王出世」，於是到處徘徊，大聲叫喊道：「諸位，從今再過一百年，轉輪王要出世了。」這是轉輪王出現的豫告。

【諸天勸請】

在這三大豫告中，一萬大世界的天人們聽到佛出現的豫告，都集在一處，知道「某人將成佛」，便到他那裡去勸請他成佛。這勸請也要有了前兆才行的。天人們與一一世界的四大王天、帝釋天、善時分天、兜率天、他化自在天與大梵天齊集在一個世界之中，同到了兜率天菩薩的地方，勸請道：「菩薩啊，你完成十波羅蜜。不是想得帝釋天或魔王、梵天、轉輪王的光榮。你是為了要救度全世界的人們，所以求一切智的。現在正是你求菩提的時機了，正是求菩提的時機了。」

【五種觀察】

菩薩暫不允諾天人們的勸請，先就時機、國土、地方、家系、生母與壽命的長短作五種的大觀察。第一是時機的觀察。「是好時機呢？還是非好時機呢？」出現在世人的壽命長至十萬歲以上時，非好時機。因為這時生物不知生、老、死，佛的說法，也就失卻了三特相的莊嚴。即使對他們說無常、苦、無我，他們會詫怪起來，以為：「這究竟是什麼一會事？」勉強聽了，不以為可信，因之便無理解，既無理解，就不能收化導的功效，所以非好時機。反之，人的壽命短過百歲時，也非好時機。因為這時的生物充滿著煩惱，煩惱太多者，雖受教亦不能遵從，像在水上打印一樣，立即消失。所以也非好時機。好的時機在人壽百歲以上、千歲以下的時候。那時人壽正是百歲，菩薩認為是適於出現的時機。

次之，就洲觀察。把四洲與其屬島併合了觀察起來，知道「諸佛不出於別的三洲，只生於閻浮提洲」。又觀察地方：「這閻浮提是個大洲，廣一萬由旬。諸佛是生在其中何處的呢？」結果觀察到了中部地方。所謂中部地方者：「東方是一個名曰迦旦遮羅的村，過去有大沙羅樹，再過去是邊鄙地方，向內則是中部地方。東南方有一條名曰沙羅羅浮帝的河，再過去是邊鄙地方，向內則是中部地方。南方有一個名曰白木調的村，再過去是邊鄙地方，向內則是中部地方。西方有一個名曰杜那的婆羅門村落，再過去是邊鄙地方，向內則是中部地方。北方有一座名曰烏悉羅陀遮的山，再過去是邊鄙地方，向內則是中部地方。」這就是律藏[45]中所說的中部地方，長三百由旬，闊二百五十由旬，周圍九百由旬。其中有佛、辟支佛、上首弟子、大弟子、轉輪王，有偉力的剎帝利人、婆羅門與富裕的居士出生。結果他這樣決定：「這裡有一個名曰迦毘羅衛的城，我要生在此處。」

45　大品五之一、三之一二。

次之，又觀察家系。「諸佛不生於毘舍或首陀之家，只生在世人所崇敬的剎帝利、婆羅門二族中。現今剎帝利族正受世人崇敬，我就生在這族之中吧。以淨飯王為我之父吧。」

最後，又觀察生母。「佛的母親須沒有愛欲的，不嗜酒的，曾於十萬劫間修波羅蜜的，生後受過五戒，不曾破失的。那位大摩耶妃正是一位這樣的女人，她將是我的生母吧。但壽命怎樣呢？」他觀察的結果，知道是十個月零七日。

【降生的宣言】

菩薩作過五種大觀察之後，才快悅地去接待天人們，允諾著說道：「諸天人啊，我成佛的時機已到了。就請回去吧。」他送出了他們，便隨兜率天的天人們進兜率天的難陀園去。凡是天上的世界，都有難陀園。到了那裡，天人們請菩薩「在此處死去，再轉生於善處」，請他把前世所行善業的效果想起，這樣地過著日子。菩薩就在天人們這樣侍奉中在那裡死去，投胎於大摩耶妃的腹內。其經過情形如下。

【托胎的奇瑞】

相傳，這時迦毘羅衛城剛在舉行阿沙陀（秋祭）祭典，全城群眾都在狂熱的情緒中。大摩耶妃自十五夜以前的七日以來，戒止飲酒，豫備了花環、香料來享受佳節的快樂。到了第七日，很早就起身，以香水澡浴，捨金四十萬兩作大布施，華飾盛裝，喫精美食品，守八齋戒，走到莊嚴華麗的寢殿，就在寢牀臥著的時候做起夢來。夢境是這樣的。四大天王連臥榻將妃扛抬到雪山地方，那裡有一塊廣六十由旬的平原，名曰悅意石，其中有七由旬的大沙羅樹。四大天王把妃安置在樹下，自己退立一旁。這時天王們的妃子也來了，她們把大摩耶妃扛到阿耨達池，勸請澡浴，除去人間的垢穢，替她著上天人的衣服，以天花飾身。那裡附近有一座白銀山，山中有黃金宮殿，就在那裡向東替她鋪好了天人的臥榻，教她臥在榻上。這時菩薩化身為白色美麗的象，在相離不遠的黃金山上走著，既而下來上白銀山去。從北方上山，以銀色的鼻子執持白蓮華，高吼一聲，進入黃金殿以後，在母妃臥榻的周圍右繞三遍，就從母妃的右脅鑽進，住在胎內了。其時正是阿沙陀祭的最後一日。妃次日醒來，就把夢中的情形告訴國王。王召了六十四位有名的婆羅門來，在日來新用綠葉炒穀等物裝飾著的祭場上，排列高貴的坐具請他們就坐，將醍醐、蜜、糖調成的羹湯盛入金銀缽中賜給他們，此外還加賜了許多東西，如新衣與赭色的牛等類。王於他們各得所欲以後，把妃所做的夢說給他們聽，問他們：「吉凶怎樣？」婆羅門們道：「大王，不必憂慮，這是王妃懷妊了。而且所懷的是男胎，不是女胎。大王將有王子了。這位王子將來如果住在家裡過家庭生活，當為轉輪王。如果出家去過出家人生活，當為替世界拂除障蓋的佛吧。」卻說，菩薩入母胎時，一瞬間一萬世界都起震動，現出三十二種的祥兆。一萬大世界充滿了無限的光明，為這光榮所動，盲者恢復了視力，聾者聞到聲音，啞者開口互相言談，傴僂者把身子伸直，跛者開步能走，被幽繫者從枷、鎖之類的刑具解放，地獄中的火都熄滅，餓鬼界不覺飢渴，畜類沒有恐怖，生類毫無病苦，出言和愛，馬與象在和風中嘶吼，所有樂器各自鳴奏，在人手上與身上的飾物一一發出聲音，四方天空一碧無翳，柔和清涼的風吹來使生類感到快適，甘雨不時下降，地中有水噴出，鳥停在空中不飛，江水不流，大海水轉鹹為甘，一切必要的地方，表面都用五色蓮華覆蓋，水陸的花全開放，樹幹上有幹的蓮華，枝上有枝的蓮華，蔓上有蔓的蓮華，陸地上有蓮華穿土湧出，七朵一層，層層升上，空中有蓮華下垂，四方有蓮華吹來如雨，天樂在空中齊鳴，一萬世界宛如一個花環在旋轉，如一個用花環結成的束子，又如一個用花環嚴飾的寶座，塵拂搖振，花香撲鼻，全體好似合成了一個大花環，真是美到極處。

【菩薩之母】

菩薩入母胎之後，有四個天子執劍守護，使菩薩母子不受災禍。菩薩之母對男性不生欲念，名譽榮華達到極點。內心安樂，身不疲乏。菩薩在胎內，如摩尼珠受黃色絹絲覆罩。原來菩薩所住之母胎，與神祠的內殿一樣，不許別人借住的。所以菩薩之母於菩薩誕生後第七日就死去，轉生於兜率天了。別的婦人生產或不滿十個月，或過十個月，生產時或坐或臥。菩薩之母不然，她於胎內保護菩薩整十個月，立著生產。凡是菩薩之母都如此。大摩耶妃像用器盛油似地，懷蓄著菩薩，至滿十個月時，就想歸寧母家，對淨飯大王說道：「大王，我想回到故鄉天臂城去。」王答應道：「好。」就命把從迦毘羅衛到天臂城之間的道路修平，沿途用芭蕉、水瓶與其他的東西裝飾起來，請妃乘入黃金輿駕，由大臣們扛抬了，護衛森嚴地送她回去。

【降誕】

在這兩城之間，有一個沙羅樹園，兩城的人們都稱之為藍毘尼園。這時沙羅樹正滿樹開花，花間枝間，有五色的蜜蜂與種種的禽鳥飛翔著，發出美妙的聲音。整個藍毘尼園好像心蘿園（帝釋天的遊苑），又好像有大威力的王者所特闢的酒宴場。妃見了那光景，就想往沙羅樹林中去遊玩。大臣們把妃扛到了林中，妃走到沙羅樹王之下，想去攀觸樹枝，忽然有一枝像蘆葦突然遇到熱氣的樣子，垂下到妃的手邊來。妃伸手去攀時，覺到要生產了。於是用幕把妃圍蔽起來，從者們大家退開。妃就手攀樹枝立著生產。這時，有四個具清淨心的大梵天，手執金網，把菩薩兜接在金網中，立在母妃之前，告訴說道：「王妃恭喜，妳生了有偉大力量的兒子了。」別的生類出母胎時，總沾惹著可厭的不淨物的。菩薩不然，他誕生時張著兩手與兩足，好像說法者從法座下來，又好像人從樓梯走下。留在母胎裡的時候，毫不受不淨物的沾污，清淨潔白，像一粒用迦尸絹綢包裹的摩尼寶珠，帶了光輝出母胎來。這時，空中有水兩股，突然流下，供養菩薩母子，使菩薩與母體加增氣力。於是，四大王天以緣起吉祥、柔軟舒適的羚羊皮衣，從梵天張執之金網中接過菩薩，人間再以杜克羅布的被褥從那些天人手裡去接。菩薩從人間的手中下來，立在地上，向東方一望，見數千的大世界猶如庭園，天與人都在捧了香華之類供養，說「大士啊，這裡沒有可與你相等的，何況比你更勝的呢。」再轉看四方四隅，以及上下，觀遍十方，不見有與自己相等的，菩薩知道「這是好方向」，就邁起大步，向前走，走到七步光景，許多天人都跟隨著來了，大梵天掌著白傘，善時天振著犛尾的拂子，其他諸天人手中也各拿著可以作為王者之標記的東西。菩薩走到第七步，就停住了足，用莊嚴的聲音作著獅子吼說：「我是世界中的最勝者。」

【三生發語】

菩薩於初出母胎時發語者有三生。就是生為大藥時，生為一切度時與此生。當生為大藥時，菩薩才出母胎，即有帝釋天王來以旃檀樹心納入菩薩手中而去，菩薩生下來時手執旃檀樹心。其母問道：「你拿來的是什麼？」菩薩答道：「是藥。」因為他是拿了藥來的，就命名曰藥王子。後來把藥盛入甕中，能癒目盲、耳聾與一切疾病，於是大家都說：「此藥偉大，此藥偉大。」所以他得了大藥的名字。其次，當生為一切度時，菩薩一出母胎就伸出右手向母問道：「母親啊，我們家裡有著什麼，拿來布施吧。」母道：「你生在財寶之家了。」說著，將兒子的手放在自己的掌上，教他去拘持千金的財囊。再其次，就是這次生下來時的獅子吼。如是，菩薩曾有三生於初出母胎時就發語的。

【七者同時出現】

菩薩出生時，也如入胎時一樣，有三十二種的前兆。當我們的菩薩在藍毘尼園誕生時，羅睺羅的母妃、闡那大臣、迦留陀夷大臣、乾陟馬王、大菩提樹與四個藏寶的瓶也同時出現於世了。據說，那四個瓶之中，一個大一伽吠多[46]，一個大半由旬，一個大三伽吠多，一個大一由旬。這七者是同時出現的。迦毘羅衛與天臂兩城的人們，伴送菩薩回到迦毘羅衛城去。

46　一伽吠多，等於四分之一由旬。

【黑執天行者】

當日，三十三天的天人們皆大歡喜，振衣相戲說：「淨飯大王的王子在迦毘羅衛城誕生了。這位王子將坐在菩提樹下成佛吧。」這時，有一行者名曰黑執天（阿私陀仙），已得八定，向在淨飯大王的宮中出入。他晝食既畢，上三十三天去坐了休息，見天人們那種的樣子，問道：「你們為何這般高興？請把理由告訴我。」天人們道：「朋友，淨飯王有王子誕生了。這王子當坐在菩提道場成佛，來轉法輪吧。我們就可瞻仰那無邊的威力，聽受法門了，所以如此高興。」行者聽了他們的話，就急急地從天界下來，到王宮裡，在特設的座上坐下，向王道：「大王，聽說你有了王子了，我想看看他。」王使人把盛裝的王子領來，正想叫王子對行者禮拜時，王子的足反加到行者的髮髻上去了。原來菩薩在此生中別無應禮拜的人，如果有人不知道，把菩薩的頭抑到任何人的足下去，那人的頭就會碎成七塊。行者覺得：「我不應毀滅自己，」就從座下來向菩薩合掌，王見到這不思議的情形，當場也情不自禁地向自己的王子禮拜了。行者能知過去四十劫、未來四十劫共八十劫間的事，見菩薩相好完全具足，就推究「能成佛呢，不能成佛呢」，推究的結果，是「必當成佛」，於是覺得「這位是不思議者」，發出微笑來。既而又推究「我能否見他成佛」，知道「不能，我將於中途死亡，轉生在無色界中，任憑有百佛千佛也無法來替我開悟的」。他想到「我不能見這位不思議者成佛，真是莫大的損失」，不禁哭泣了。在座的人們怪異了問道：「我們的尊者方才曾在微笑的，忽而又哭起來了。尊師啊，莫非我們這位王子將有什麼障礙嗎？」行者道：「這位王子毫無障礙，必當成佛。」人們道：「那麼你為何哭呢？」行者道：「我不能見他成佛，自覺損失很大，所以哭的。」

【那羅迦少年出家】

行者又推究「在親屬之中，可有誰能見王子成佛的？」推究的結果，知道他的外甥那羅迦得見佛。便到他妹子家裡問：「妳兒子那羅迦在哪裡？」妹子道：「哥哥，在家裡。」行者道：「喚他來。」那羅迦既到，行者就對他道：「少年啊，淨飯大王生了一個王子。這位王子是佛的種子，再過三十五年當成佛。你是能夠見到他的，今日就出家吧。」這位少年，家有八億七千萬的財寶，知道「舅父勸他出家，決非不利」，就叫人從儲藏處取出黃色的衣服與土製的缽來，剃去鬚髮，纏上黃衣說：「我是為了世間最第一者而出家的。」對菩薩所在之方向合掌，五體投地而作禮拜，就把缽裝入袋中，負在肩上，入雪山修沙門道去了。他後來於如來成最上覺時，來到佛處，聽佛說那羅迦道〔那羅迦經〕，再入雪山得阿羅漢果，履行尊勝之道，七個月後即在黃金山附近之處，立著而入無餘涅槃了。

【占觀相好】

到了第五日，王替菩薩洗頭，舉行命名式。以四種香料塗飾王宮，又遍撒炒熟的穀物與種種顏色的花。招請精通三吠陀的婆羅門一百零八人，列坐在宮中，饗以純粹的乳糜與其他美食，虔誠地請他們觀占王子的相好，問：「將來怎樣？」

（二七〇）羅摩、陀遮、羅迦那、曼帝、憍陳如、婆伽、須耶摩與須陀多，這八位精通（吠陀的）六分[47]的婆羅門，當場宣唱咒文。

【佛或轉輪王】

菩薩初入胎時，這八個婆羅門也曾占過夢兆。這次占觀相好。八人之中，有七個都伸出兩個手指來作兩種豫言說：「有這種相好的人，在家當為轉輪王，出家當成佛。」又把轉輪王的光榮詳說一番。唯有一個最年輕的名曰憍陳如，見菩薩具有種種相好，只伸出一個手指來，作片面的豫言道：「這人決不會留在家庭之中的，將來一定是一位破除煩惱蓋障的佛。」原來這青年過去曾在佛所立有誓願，此生已是最後的一生，所以智慧遠勝其他七人，能以一個手指單獨決定，作如是的豫言說：「具這樣相好的人不會留在家庭裡，他必當成佛。」

【五群比丘】

這幾個婆羅門回到家裡以後，各各召喚自己的兒子們，對他們說道：「孩子們啊，我已年老，能否親見淨飯王子成一切智，不得而知。將來王子成一切智了，你們要出家去歸依他的教啊。」後來其中七人，隨業各受其應得之生去了，只有憍陳如青年尚壯健。大士為求菩提而出家，到了優樓頻羅的地方，覺得「這地方很好，適於良家子有精勤之志者居住用

47　六分（chalangavā）是 cha + anga + vant 所成之語，意思是「有六種支分者」。這六種支分，有一、二譯者解作六種感官，譯為「制六感」。但實則此「六支」似應作吠陀的六分解釋，即儀軌（kappa）、文法（vyakarana）、語源（nirutli）、音韻（sikkha）、詩法（chanda）、天文（jotisattha）六者。

功」，便定居下來。憍陳如聞知「大人出家了」，就去告知那些婆羅門的兒子們道：「聽說悉達太子出家了，他必成佛。如果你們的父親還活著的話，現在必定要捨棄家庭而出家吧。你們有志，可就出家，我也要隨他出家了。」可是他們並非個個都是同志，有三人未曾出家，其他四人奉憍陳如婆羅門為首而出家。這五人後來共為五群的長老。

【王子出家的前兆】

這時，王問臣下道：「我這王子見了什麼要出家呢？」臣下道：「有四種前兆。」王問道：「那是什麼？」臣下道：「是老人、病人、死人、出家人。」王道：「從今以後，不准這四種人在王子面前出現。我的王子不須成佛，他該執行奄有一萬二千屬島的四大洲政權，為周圍三十六由旬的群眾所圍繞，闊步世間。」於是在東西南北各方，每一伽吠多派一個人看守嚴防，不使那四種人接近王子。就在那一日，同族八萬戶齊集到舉行慶祝的場所來，每戶各獻上一個小孩，說：「不論這位王子將來成佛或是為王，我們各獻出一個小孩。如果成佛，那麼有剎帝利族的沙門到處隨侍。如果為王，那麼可由剎帝利族的侍從者護衛而行。」王又選容貌端美毫無缺點的婦人侍伴菩薩。菩薩有許多人侍奉，生長於無上榮華之中。

【下種式】

有一日，王舉行下種式。這日，全城裝飾得像天宮一樣地美觀，王以下的人們都換了新衣，以香料與花環飾身，齊集於宮殿內。在王要去工作的地方安排著一千把的鋤頭，其中有一百零八把，除王所用的一把外，用銀裝飾。連牛與牛繩上也都有銀子的飾品。王所用的那一把，則用赤金裝飾，牛角上牛繩上也都裝得有金。王在大群臣民的隨從中，帶了王子出發，在下種場邊有一株閻浮樹。王在樹下替王子鋪好了臥榻，上罩鏤金的天幕，周圍用帷帳遮蔽，諄囑侍從者好好看守，然後率了大臣們行舉鋤下種的儀式去。到了場上，王手執金鋤，大臣們手執銀鋤，農民們手執其他的鋤，一同在各處回環搗掘，王由這邊巡視到那邊，復由那邊巡視到這邊，自己覺得很是榮耀。

【樹影的奇瑞】

守護在菩薩身畔的婦女們，為了「想去看看國王的雄姿」，都從帷帳中出來。菩薩見周圍無人，就急忙坐起身來，盤起兩腿，調整呼吸，入第一禪定了。婦人們徘徊於有種種食物的地方，回來稍遲。這時別的樹影都搖動，唯有菩薩頭上的那株樹影靜止不動，在地上畫成圓形。婦人們想到「王子獨自在那裡呢」，急忙回來，走進帷帳看時，見菩薩正在臥榻上盤了腿坐著。就奇異起來，連同樹影的情形去向王報告道：「大王，王子打著坐呢，還有一件事可奇，別的樹影都搖動，那株閻浮樹的影子卻圓圓地安定著的。」王急忙過來，果見情形奇異，就向王子禮拜道：「王子啊，這是我第二次對你的禮拜了。」

【三時殿】

此後菩薩次第成長，已到了十六歲。王為菩薩依照寒暑，建造三時的宮殿，一所是九層樓，一所是七層樓，一所是五層樓。派四萬個舞妓侍候菩薩。菩薩身邊滿是盛裝的舞妓，宛如一個被許多天女圍繞的天王，耳聽不雜男音的歌樂，依氣候隨意更換宮殿，榮華過日。羅睺羅的母親是他第一個妃子。

【競技】

卻說，王子如是享受榮華，有一日，在同族集會中有人講起這樣的話：「悉達遊樂度日，什麼技藝也不學。萬一遇到戰爭，如何是好呢？」王於是叫了菩薩來，對他說道：「王子啊，你同族中有人說：『悉達什麼技藝都不學，只是遊樂度日。』我覺得你也應該打個主意才是。」王子道：「王啊，我不必學習技藝，我有技藝可給大家看，請派人到各處擊鼓告知說：『從今日算起第七日，悉達要獻技，請同族的人都來看。』」王依言照辦。屆時，菩薩集合了能發矢如電與百步穿楊的弓術之士，在大眾觀覽之中，演出其他弓術之士所不能及的十二種技藝給大家看。詳情見〈沙羅槃伽仙因緣〉（第五二二）中。自此以後，同族就不懷疑了。

【四門出遊】

有一日，菩薩想往遊苑去，叫御者來，命「豫備車子」。御者答應說：「是。」於是在高貴的車上加以種種裝飾，駕上四匹白蓮色的辛杜出產的國王御馬，請菩薩登車。菩薩坐在這安如宮殿的車中向遊苑進行。天人說：「悉達太子證上正覺的時機已快到了，給他看前兆吧。」把一個天子幻化為一個老人，齒落髮白，皮膚起縐，駝背持杖，顫動著行走。這老人只有菩薩與御者看到。菩薩向御者道：「朋友，這是什麼一種人，他的毛髮與別的人不同呢？」菩薩與御者的問答，詳見《大本經》中。菩薩聽到了御者的回答，覺得「老衰隨生而來，那麼生就是災禍」。心中感動，就回車返宮殿來了。王問御者道：「王子為什麼回來得這麼早？」御者道：「大王，因為看見了一個年老的人，所以就回來了。王子看見了年老的人，也許會出家呢。」王道：「你們為什麼不遵守我的命令。叫舞妓們當心，工子如果肯享榮華，就不會起出家之心吧。」又增派人員，四方每半由旬有一人看守。

此後，有一日，菩薩照前次的樣子，到遊苑去，見到天人所幻化的一個病人，與御者作同樣的問答後，心中感動，就回宮殿來。王詢問經過，下命令如前，又增派人員，四方每三伽吠多有一人看守。

此後，又有一日，菩薩照前次的樣子，到遊苑去，見到天人所幻化的一個死人，與御者作同樣的問答，心中感動，就回宮殿來。王詢問經過，下命令如前，又增派人員，四方每一由旬有一人看守。

此後，又有一日，菩薩照前次的樣子，到遊苑去，見到天人所幻化的一個沙門，服裝著得很端整。就問御者道：「朋友，這是什麼人？」那時，佛尚未出世，御者不知道出家者與出家的功德。可是天人的威力使御者回答說：「王子，這是出家人。」接著又說明出家的功德。菩薩對出家人心動，這日才到了遊苑。據《長部經典》的背誦者傳述，這四種前兆都是在一日之間發現的。

【最後的裝飾】

王子遊玩苑中一日，在國王御用的蓮池中澡浴，到日落時分，為要裝飾身體，坐在磐石座上。跟隨王子的侍役們，在王子的身邊圍繞立著，有的捧著種種顏色的衣服，有的拿著種種的飾物或是花環、塗香之類的東西。這時帝釋天坐在座上，忽然感到溫味了，他查究原因，說：「有誰想把我從座上搖下來？」查究的結果，知道菩薩正在裝飾。於是把毘首羯磨喚來道：「朋友毘首羯磨啊，悉達太子今日夜半時分要大出家了，現在正在作王子的最後一次的裝飾，你可到遊苑中去，用天人的裝飾替他打扮起來。」毘首羯磨答應說：「是。」就以天人的威力，頃刻間到了遊苑，現身為王子的理髮匠，從理髮匠的手裡取過布來，向菩薩的頭上卷。菩薩用手去一接觸，就知道「這不是人，是天子」。布在頭上卷一轉，要一千塊，頭在布中看去好像寶玉。第二次卷時又要一千塊，卷了十次，共要布一萬塊。切勿以為一個小小的頭上布要得如此之多。其中最大的布，只可抵得一朵沙摩華，其餘的只如一朵鳩恩婆羅華。菩薩的頭好似一朵花鬚滿張的鳩伊耶迦華。

菩薩又以一切飾物嚴飾身體。音樂師各自獻出自己的技倆，婆羅門們用「勝利」「慶喜」等的言語來致敬。詩人、樂師與案陀羅人[48]用種種的賀辭、讚辭來賀讚。菩薩就在許多人頌揚聲中上了裝飾華美無比的馬車。

【羅睺羅誕生】

這時，淨飯王聽得「羅睺羅的母親分娩了」，想「把這好消息告訴我的王子」，特派使

48　案陀羅人謂樂師。

者去報告。菩薩聽了，說：「羅睺羅〔障礙、繫縛之意〕來了。」使者回去，王問：「我的王子怎麼說？」使者據實報告。王道：「那麼，將來我這孫子就命名為羅睺羅王子吧。」菩薩乘了華美的馬車，榮耀無比，在萬民敬慕之中回入王城。

【大出家】

這時，有一剎帝利族的少女，名曰枳薩橋曇彌，正在高樓的露臺上，見菩薩在路上通過，瞻望尊姿，中心歡喜，就唱出喜悅的偈語來：

（二七一）真幸福啊，他的母親，他的父親，　　有這樣丈夫的婦人真幸福啊。

菩薩聽了想道：「這女子說這樣的話，人們對於一個人抱這樣見解時，那人的父母與妻的心是會安的。但一旦消滅了什麼，心會安嗎？」這時菩薩的心已離脫了煩惱，就這樣想道：「貪欲的火消滅時，心即得安。瞋恚與愚癡之火消滅時，心即得安。我慢、邪見等一切煩惱苦痛消滅時，心即得安。這女子給了我一個好教訓。我正想求覓涅槃而遊行，今日就要捨去家庭生活，出家去求涅槃了，把這贈給這女子，作為我對於教師的謝禮吧。」就從頭上取下價值十萬兩的珠飾，贈與枳薩橋曇彌。枳薩橋曇彌得了，以為「悉達太子戀慕我，所以贈我飾物」，心中喜悅。

【歌舞妓的醜態】

菩薩在無比的尊嚴與華美之中，回到宮殿，在寢殿裡臥下。即有許多天女般的美女，盛裝華飾，手執種種樂器，圍繞著菩薩歌舞起來，以期博得菩薩歡悅。這時菩薩的心已脫離煩惱，對歌舞等毫不感到興趣，不一會就睡去了。那些女人們以為「我們是為他而歌舞的，他既睡去，我們何必徒勞呢？」就紛紛丟去手中的樂器，各自臥下了。只有芳香的油燈寂寞地在寢殿內燃著。過了一會，菩薩醒了，就榻上盤足而坐，觀看那些女人們的睡相。但見樂器亂丟在各處，女人之中，有的口流唾液沾污到肢體，有的齧著牙齒，有的發出鼾，有的說著囈語，有的大張著口，有的把衣服袒著，一一現出可怕的醜態。菩薩見了女人們的醜態，捨離諸欲之念，越深切了。他覺得這間華美如天宮的寢殿，宛如縱橫狼藉攤著死屍的墓地，三界[49]真同火宅一樣。於是唱出「真是禍患啊，真慘啊」的感動的偈語，一心趨向於出家。

【出城】

菩薩決意「於今日出家」，從臥榻起身走到門口，問：「誰在這裡？」車匿正枕階臥著，答道：「王子，是車匿。」菩薩道：「我今日要出家去了，給我備馬。」車匿答應說：「是。」攏了馬具到廄場去。見犍陟馬王立在須摩那樹下，旁邊燃著芳香的油燈。他以為「今日非用此馬不可」，就把犍陟來豫備。犍陟身受馬具，覺得：「今日馬具上得特別堅牢，與平日赴遊苑去的時候有異，大概我們的王子今日要出家了吧。」心中喜悅，高聲嘶叫起來。那叫聲也許會震動到全城的，可是天人們把聲音遮斷了，所以任何人也沒聽到。卻說，菩薩打發了車匿以後，想「一看嬰孩」，就起身走到羅睺羅之母所住的屋子去，把室門

49 三界，為欲界、色界、無色界，即全宇宙之意。

開了，見空中燃著芳香的油燈，羅睺羅的母親臥在滿撒須摩那、摩利迦等花的榻上，手按了嬰孩的頭熟睡著。菩薩在門階停止腳步，立著觀看，心中忖道：「如果我撥開了妃子的手去抱小孩，妃子會醒吧，這對於我的出家有障礙。待我成了佛，回來再見吧。」於是就從宮殿出來。據本生因緣的釋義書所述：「這時羅睺羅王子誕生已七日。」但別的釋義書上，卻並沒有這話，所以不好如此解釋。菩薩下了宮殿來到馬旁，囑咐說道：「犍陟啊，請你與我作一夜的伴侶。這樣，我可因了你的幫助成佛，度人天世界的一切吧。」說著便騎上馬背去。這馬犍陟從頭到尾長十八肘，高與長相稱，力大善馳，全身純白，宛如洗淨的貝蛤或硨磲，這馬的叫聲與蹄聲，都可震動全城，所以天人們用了威力，使牠不叫，於每次馬蹄落地時襯以手掌，以防有人聽見聲音。菩薩坐在馬的中央，叫車匿手捉馬尾，於夜半時分到了都城大門。原來，王要使菩薩「不易隨時出城」，把城門做得很牢固，只開一扇，也要費千人的氣力。菩薩有大力量，用象來計算，可以抵得百億隻象，用人來計算，可以低得千億個人。這時菩薩想：「如果城門不開，叫車匿捉住馬尾，我坐在馬背上，用兩腿緊夾了犍陟，跳過十八肘高的城牆去吧。」車匿想：「如果城門不開，我把王子負在肩上，右手抱住犍陟的腹，夾在腋下，跳過城牆去吧。」犍陟也想：「如果城門不開，我就這樣地，把王子載在背上，車匿帶在尾上，跳過城牆去吧。」如果城門老是不開的話，上面的三種方法必有一種要實行的。可是有住在城門旁的天人，把城門開放了。這時，有一魔王，想「使菩薩回轉」，在空中說道：「你不應出去。再過七日，你將有輪寶顯現了，你會成有一萬二千屬島的四大洲之王，請回來呀。」菩薩問：「你是誰？」魔王道：「我是婆沙婆蒂天。」菩薩道：「我也知道有輪寶將顯現。但我不要王位，我要成佛，使一萬世界都震動。」魔王道：「那麼，你如果起貪欲之念，瞋恚之念，或是危害之念，我就要來捉你啊。」於是魔王就如影子一般跟住菩薩，找尋菩薩的過失。菩薩把即可得到的轉輪王位，唾棄不顧，在大光榮之中離去都城。其時正是阿沙陀月的滿月之夜，月亮處於天稱宮中，不禁想回頭去對故都作最後之一望。菩薩才起此念，大地忽然裂開，旋轉如陶埏之車，似乎在說：「大士啊，請勿回頭看。」菩薩回頭去望故都，指所立處為將來犍陟回歸造紀念塔廟之所，又以自己進行之方向指示犍陟，在無比的光榮與尊嚴之中，離去其地前進。

【天人奉送】

相傳，這時天人們在菩薩前後左右各揭起六萬火炬。有些天人們在大世界的邊緣，揭起無量數的火炬。有些天人們與龍、金翅鳥等，捧了天界的花環、末香、薰香隨行，波里質多羅華[50]從空降下，宛如濃雲密雨，滿望都是，沒有空隙。同時，天上發出歌聲，有六十種樂器與六百八十萬的樂器四方齊鳴，那情形宛如海上雷震，在由乾陀[51]頂聽到大海的怒吼。

【阿奴摩河】

如是，菩薩在尊嚴華美之中進行，一夜間通過三個王國，到了相距三十由旬的阿奴摩

50　波里質多羅，是忉利天上之花。
51　由乾陀，是須彌七金山之一。

〔尊勝，非卑〕河畔，不要以為「馬走得不快」，這馬於夜間出發，至早食時，能把一個大世界的邊緣繞行一周。此次因天人、龍、金翅鳥等從空中遍撒花環，積在地上有好幾尺高，馬要從花堆中拔腿而行，且花環結得很精緻，互相連絡，馬要把牠踏裂了才能前進，所以走得不快，只走了三十由旬。菩薩立在河畔，問車匿道：「這河叫什麼名字？」車匿道：「王子，這叫阿奴摩河。」菩薩道：「我的出家也尊勝，非卑〔阿奴摩〕吧。」說著鼓踵叫馬前行，馬就一跳，跳過廣八優沙婆[52]的河面，在彼岸立定。

【落飾】

於是菩薩從馬上下來，立在銀光一片的沙岸上，叫車匿到面前吩咐道：「朋友車匿啊，你可拿了我的瓔珞陪犍陟回去，我就此出家了。」車匿道：「王子，我也出家去。」菩薩道：「你不能出家，回家去吧。」菩薩如是勸導了三次，等到把瓔珞與犍陟交付以後，又想到「我這頭髮與沙門不相應」，但沒有斷髮的東西，因想「用刀切吧」，就右手執刀，左手捏住頭巾與髮髻，一起切掉。髮長約二指，右旋了附著頭上。在菩薩的一生中髮總是這麼長短，鬚也與髮相稱。當時所切去的只是髮髻，後髮與鬚未剃。菩薩把頭巾與髮髻一齊投向空中，說道：「如果我當成佛，就留在空中，否則落到地上來。」果然，這髮髻與摩尼寶珠的頭巾停住在一由旬的上空。帝釋天王以天眼看到，用長一由旬的金匱裝盛起來，安置於三十

52　優沙婆是百四十肘，一肘等於一尺八寸，一優沙婆等於二百五十二尺。

三天上的髻寶珠塔廟中。

（二七二）第一人者割下薰有好香的頭巾，投上空中，　有千眼的帝釋天俯視見到，
用金匱來收藏。

【陶師的友情】

既而，菩薩又想：「這迦尸國產的衣服，與我為沙門的也不相應。」這時，有大梵天名曰作瓶，是菩薩在迦葉佛時的舊友。他用歷劫不磨的友情想道：「我的舊友今日出家到了這裡了。我替他送沙門的用具去吧。」

（二七三）三衣、一缽、剃刀、針、帶與漉水布，　這八者是專心觀行的比丘所受用
的。

【犍陟悲死】

於是就以這八種沙門用具來獻贈。菩薩把阿羅漢的標記加在身上，纏起最上的僧衣後，就打發車匿回轉，吩咐道：「車匿啊，代我向父王傳言，願他平安。」車匿於是向菩薩禮拜，作右繞之禮而去。犍陟立著聽菩薩與車匿談話，知道「不能再見王子了」，一路回去，行至後來，已看不見菩薩的影子，悲傷不堪，就心胸裂開而死，死後轉生於三十三天，為名曰犍陟的天人。車匿與王子離別，本已悲傷，因犍陟之死，更加難堪，抱著兩層的悲哀，啜泣進城。

【入王舍城】

菩薩出家了。當地有一奄波樹林，名曰阿奴夷。菩薩在林中過了七日，然後於一日中步行三十由旬，入王舍城。入城以後，次第行乞。城中人們見了菩薩的樣子，大起混亂，好像狂象或阿修羅王入城來了。官吏們跑到國王面前去報告道：「有如此這般的一個人在城中行乞。是人呢，天人呢，龍呢，金翅鳥呢，還是別的什麼呢，我們不知道。」王走上宮中高臺去觀看，覺得菩薩的形相希有，就吩咐官吏們道：「你們快去調查。如果是怪物，到城外就會消失不見。如果是龍，會潛入大地中去。如果是人，那麼會喫所得到的食物。」菩薩拿著所乞得的種種混在一起的食物，知道「這已夠維持身命」，便從進來的城門回出城外，在般荼婆山後，向東坐下進食。菩薩的臟腑受不下這食物，幾乎要從口嘔吐出來。這樣的食物，菩薩在一生之中連眼睛也沒見到過的。菩薩對了這可憎的食物自己警誡道：「悉達啊，你出生在容易得食之家，有三年陳的芳香的米與適口的佳肴可喫。見到了一個著衲衣的人，自念『我也可作此裝束行乞而食吧，但不知我有這個時機否』，這才出家的。現在你的情形怎樣？」菩薩如此自誡以後，從容進食。那些官吏們窺探了菩薩的舉動，回去向王報告。王聽了急忙出城來看，見菩薩威儀尊勝，大為敬服，說願把王位讓給菩薩。菩薩道：「大王，我於物質之欲，煩惱之欲，無所希求。我是為求最上菩提而出家的。」王雖再三請求，終未得到允諾。於是對菩薩說道：「你必當成佛。將來成佛時，請先降臨到我的國度裡來。」這裡所說的只是概略，欲知詳情，當看那「依照具眼者出家的事蹟來演成故事」的《出家經》與釋義書。

【兩仙人】

菩薩得王許可，次第遊行。在遊行中，遇到名曰阿羅邏．迦蘭與優陀羅．羅摩子的兩仙人，修得了禪定。既而知道「這不是菩提之道」，不再用力去修，立志努力作大精進，以自己的努力與精進普示人天世界。行到優樓頻羅地方，覺得「這土地適於居住」，就以此為安住之處，作大精進。

【五比丘】

那以憍陳如為長的五出家者，亦在大小村邑與王城次第行乞，到此與菩薩相會。嗣後六年之間，他們在菩薩作大精進期中，刻刻「就成佛吧，就成佛吧」地期待菩薩成佛。為菩薩作僕役，擔任掃除與其他大小事務。

【苦行】

菩薩為了要作極端的苦行，一日間只喫一粒胡麻或一粒米，有時竟完全斷食。天人們想把滋養料從菩薩的毛孔注入，也被拒絕。結果，菩薩非常瘦削，本來金色的身體變為黑色，三十二種的大人相好，也都失去了。有一次，因作無息禪觀，為大苦痛所惱，竟至失了知覺，在經行處入口的地方跌倒。於是，天人之中，有的說：「沙門瞿曇死了，」有的說：「這是阿羅漢的修習，」那些說「死了」的天人們，趕到淨飯王那裡去報告說：「你的王子死了。」王問道：「我的王子成了佛死的呢，還是未曾成佛？」天人道：「未曾成佛，倒在大精進的場地上。」王反對道：「我不信這話。我的王子決不會未得菩提就死的。」王為什麼不信這報道呢？因為曾見到菩薩令阿私陀仙人禮拜與閻浮樹下的奇瑞了。後來，菩薩知覺恢復，就從地上起來。那些天人們又來向王報告，說：「大王，你的王子平安。」王道：「我原知道我的王子不會死的。」

【放棄苦行】

六年的苦行，功效等於在空中打結。菩薩知道「這苦行非菩提之道」，就重向大小村邑乞食，攝取滋養。於是三十二種的大人相好，重又顯出，身體復轉為金色了。這時那五群比丘們以為：「修了六年的苦行，還未得一切智，再要向村邑求取滋養，這樣的人，怎麼能有成就。他已貪舒服，把精勤放棄了。對他去抱特別的期待，等於想把露水積聚起來，用以盥沐。我們對他還有什麼事啊？」他們就捨棄菩薩，各攜衣缽，走到相距十八由旬的仙人墮處去了。

【乳糜供養】

卻說，優樓頻羅有一村落曰將軍村。村中長者家有一個妙齡的女兒名曰善生，她曾對一株大榕樹發過誓願說：「如果我得嫁給同族的良家，第一胎就生男孩，那麼每年當獻上價值十萬兩的供物。」她的期望果然達到了。在菩薩苦行滿六年時，她豫備於毘舍佉月的望日，獻奉供品。豫先把牝牛一千頭放於杖蜜林中，以其所出的乳餵五百頭牝牛，更以五百頭牝牛的乳餵二百五十頭牝牛，如是次第減半，直至以十六頭牝牛的乳餵八頭牝牛，所得之乳，濃甘而富於滋養，叫做轉乳。到了昆舍佉月的望日，她豫備清晨就去上供，黎明就起身來，叫人去擠八頭牝牛的乳。說也奇怪，小牛不走近母牛的乳房旁來，把新的盛器擺到乳房下面時，乳汁自會流到裡面去。善生見了大為驚異，於是親自動手，把乳盛入新的鍋子中，發火去煮。乳在煮時發出許多小泡，一一右旋，涓滴也不溢出，竈上也毫不起煙。這時，有四個護世天子來在竈上守護，大梵天撐著大傘，帝釋天用火炬來燃燒。天人們各以威力，如蜂採蜜般地把二萬島嶼所圍繞的四大洲中人間與天人所要的滋養料採來投入鍋中。這種滋養料天人們在平日是一口一口地投入的，唯遇有佛成正覺與入涅槃時才全部投入。

善生在頃刻之間，見到這種種不可思議之事。遂告訴那名字叫滿的使女道：「滿啊，我們的神今日很歡喜哩，我從來沒有見過這樣奇異的事，妳快跑到神的地方去看看。」使女答應說：「是。」就依了善生的吩咐，跑到樹下來。菩薩於前一夜做了五個大夢，決心「要在今日成佛」，天明即把周身一切都打點好，清晨來到樹下，坐待托鉢的時候到來。菩薩坐在樹下，身光遍照全樹。那使女跑來，見菩薩坐在樹下，目注視著東方，身上發出光明，照得全樹都作金色。想道：「今日我們的神，從樹上下降，坐在這裡，豫備親手來接受供物哩。」於是狂喜著跑回家去，報告善生。善生聽了大喜，說：「今日妳做了我的長女吧。」就把所有的少女適用的飾物贈給她。卻說，一切菩薩在成佛之日，應有價值十萬兩的金鉢。善生忽然動念：「把乳粥用金鉢來盛吧。」就叫人將價值十萬兩的金鉢拿出來去盛鍋裡的乳粥。正去盛時，鍋中乳粥像水中蓮瓣似地泛起，如數流入鉢裡，恰好滿滿的一鉢。善生再另取一個金缽覆在上面，用布包好，然後以所有的衣飾打扮身體，把缽頂在頭上，乘大威神力，走到榕樹之下，見了菩薩大為喜悅。她把菩薩認作樹神，俯身前進，從頭頂取下缽來，開了上蓋，連同金瓶中所盛的用花薰過的香水，獻奉在菩薩面前。那作瓶大梵天所獻的土缽，一向是不離菩薩之側的，這時忽然不見了。菩薩因為找不著土缽，就伸出右手來接水。善生連同金缽盛的乳粥一齊放到菩薩掌上時，菩薩乃向善生觀看。善生禮拜著說：「請接受了我所供獻的東西，隨意往那裡去。」又說：「我的心願成就了，望你成就心願也如此。」她立起身來就走，把價值十萬兩的金缽，視同朽葉，不再回顧。

【水浴】

於是菩薩從坐處起來，向樹右繞，攜缽到了尼連禪河的岸邊。那裡有一個浴場，名曰善住，從來數十萬菩薩於成上菩提之日都曾在此入浴的。菩薩把缽放在河岸，入水行浴，浴後復把數十萬諸佛的衣服，即阿羅漢的標章著好，向東坐下，將濃厚甘甜的乳粥捹成四十九個圓子，如單核的熟多羅果那麼大，即時喫完。這是成佛的人在菩提道場七七日間的糧食，在這七七日間，乳粥以外別無食物，不洗面，也不大便小便，唯在定樂與向果之樂中度日。

【逆流的奇蹟】

菩薩喫完乳粥，把金缽投入水中，說道：「如果今日可以成佛那麼這缽要逆水而流，停在中途，否則順水流下去吧。」缽橫截著水面先流到河的中央，快馬似地從中央逆流而上，到了相距八十肘的地方，從一個灣角沉下，沉到迦羅（時）龍王的宮殿中，與過去三位佛所用的三鉢，丁東相觸，然後安置在著末的地方。迦羅龍王聽到那聲音，就用數百句的偈來讚歎，說：「昨日有一位佛出世，今日又有一位佛出世。」龍王將身充滿一由旬三伽吠多的空間，從地面上昇，其時間今日與昨日都一樣。菩薩在滿開著花的沙羅樹林中過了一日，至日暮花從樹上墜落時，就踏上天人們所嚴飾的寬八優沙婆的大路，獅子似地邁步向菩提樹而去。這時，龍、夜叉、金翅鳥等各捧芳香的天華，天樂齊鳴起來，整個一萬世界滿是香，滿是花環，滿是喝彩聲。

【四方觀察】

這時，有一個刈草者名曰吉祥，攜草從對方來，見了菩薩的狀貌，知是希有，就獻草八束。菩薩受了草，上登菩提道場，在場之南首向北而立。一瞬間，南方的大世界往下沉落，幾乎要碰到下無間地獄，北方的大世界則幾乎要上昇到上有頂天去。菩薩覺得「這似乎非成就上菩提之處」，於是右繞轉到西首，向東而立。一瞬間，西方的大世界往下沉落，幾乎要碰到下無間地獄，東方的大世界則幾乎要上昇到上有頂天去。這樣，每立到一處，大地就立時向一方傾轉，宛如立在裝軸的大車輪的邊緣上。菩薩覺得「這也似乎非成就上菩提之處」，於是右繞轉到北首，向南而立。一瞬間，北方的大世界往下沉落，幾乎要碰到下無間地獄，南方的大世界則幾乎要上昇到上有頂天去。菩薩覺得「這也似乎非成就上菩提之處」，於是右繞轉到東首，向西而立。東方是一切諸佛結跏趺坐之處，不會震動。菩薩知道「這裡是一切諸佛所喜，不起震動，才是適於打破煩惱的牢籠之處」，取過那吉祥所獻的草來，執住草的上端一振，立時就鋪成了寬十四肘的座。這座非常堅固，任何巧妙的畫工或陶師所不能描摹的。

【菩薩的決心】

菩薩在菩提樹幹前向東坐下，於就座時，作金剛般的決心道：「即使我的皮膚筋骨都乾枯，全身的血肉都銷盡，如果我不成正覺，決不解開這跏趺坐。」於是就跏趺坐定，任憑有千百雷霆一時在頭上落下，也不為所動。

【惡魔襲來】

這時，魔羅天子道：「悉達太子想遁出我的管轄，但我能讓他遁出嗎？」於是就告知魔軍，率領了魔軍，轟著魔音而來。魔軍隊伍在魔王前方長達十二由旬，左方右方各達十二由旬，後方直排到大世界盡頭。那吶喊聲上達九由旬的高空，在一千由旬之間，可使大地震裂。魔羅天子騎在高百十由旬的名叫山帶的象上，生有一千隻手，執持各種武器。其他魔王眷屬也一一各執武器，無一相同。一大群形貌怪異的東西，其勢洶洶，向菩薩衝來。

這時，一萬大世界的天人們，對菩薩宣唱讚歌，帝釋天王口吹那名叫勝上的貝螺。這貝螺長百二十肘，一度鼓氣吹響，聲音經四個月後才息。摩訶迦羅龍王又作一百句偈語以為讚辭，大梵天則撐了白傘立著，魔軍漸漸逼近菩提道場，對了菩薩，一個都不能立定，當場紛紛逃去。天人們也都立不住了，迦羅龍王潛入地底，到曼喬利迦龍王的廣五百由旬的宮殿中，去雙手掩面而臥，帝釋天背了勝上的貝螺，立到大世界的邊緣上去，大梵大把白傘丟在大世界邊界上，自回梵天世界。

菩薩獨自坐著。魔王對自己的眷屬道：「大家聽啊，像淨飯王子悉達這樣的人，是獨一無二的。我們不能從前面去攻他，從後方去，或者可以吧。」菩薩迴顧前方與左右二方，見天人已都逃避，是空空地，及見魔軍復從背後湧來，想道：「這麼大批的東西正在向我一個人花了氣力拚命哩。我在這裡沒有父母兄弟，也沒有一個親族。但這十波羅蜜是我長期間育養成長的，猶如侍者。所以我應以十波羅蜜作為楯與刀，去打破他們的勢燄。」於是坐著把十波羅蜜來憶念。

【九種風暴】

魔羅天子作起旋風來，想「以此趕退悉達」。一瞬間，大風從東方與他方吹來，那風勢原足使半由旬至二三由旬的大山破壞，使林中的喬木灌水連根拔起，使四方大小村邑化為微塵。可是因了菩薩功德的威力，其勢大大減弱，在吹到菩薩身邊來的時候，竟連法衣的邊緣也飄不動。

於是魔王想「用水來淹死他」，作起大雨來。立時運用威力，使空中湧現百層千層的雨雲，大雨下降，那雨勢足使大地破壞，發生洪水，把森林淹沒。可是在菩薩的法衣上卻連露水般的濕氣也沒有。

於是魔王又作出巖石的雨。大山發出火燄，熔巖從空中紛紛飛落如雨。可是飛到菩薩的身邊，都變成了天華的球。

於是魔王又作出刀槍的雨。一時有無數單鋒或雙鋒的刀槍之類，發出火燄在空中亂飛。可是飛到菩薩的身邊，都變成了天上的花。

於是魔王又作出熱炭的雨。一時有無數甄叔迦〔肉色花〕色的熱炭從空中飛來。可是落在菩薩的足下，都變成了天上的花。

於是魔王又作出熱灰的雨。一時有無數火紅的熱灰從空中飛來。可是落在菩薩的足下，都變成了栴檀的粉末。

於是魔王又作出沙的雨。一時有無數的微細沙粒，揚著煙燄從空中飛來。可是落到菩薩的足下，都變成了天上的花。

於是魔王又作出泥土的雨。一時有無數泥土揚著煙燄從空中飛來。可是落到菩薩的足下，都變成了天上的塗香。

最後，魔王就作出大黑暗，想「以此嚇退悉達」。可是那具有四種作用的大黑暗，達到菩薩身邊，也完全消失，像被太陽光征服一樣。

魔王用了風、雨、石、刀槍、熱炭、熱灰、沙、泥土、黑暗的九種風暴，仍不能趕退菩薩，於是命令其眷屬道：「你們茫然立著做什麼。快去捕捉那傢伙，把他殺卻，消滅了他。」自己騎了象攜了輪盤衝到菩薩面前來，說道：「悉達啊，從這座中立起來，這座不是你的，是我的。」菩薩回答道：「魔王啊，你不曾修過十波羅蜜，未曾行過十種的最上波羅蜜，十種的近小波羅蜜，五種的大施，與種種的利益行、利世行、菩提行。這趺跏之座不是你的，是我的。」魔王怒不可遏，把手上攜著的輪盤向菩薩擲來。輪盤就變成了一個天華的華蓋，頂在憶念著十波羅蜜的菩薩的頭上。那輪盤附有利刃，在平日，魔王發怒了投擲時，一支厚厚的石柱，也會像竹筍一般，被擊得粉碎。現在向菩薩投擲，竟變成了一個頭上華蓋了。魔王的眷屬於是運了一座大的石山投來，說：「要你立刻從座上逃開。」這座石山在憶念著十波羅蜜的菩薩之前，也變成了一個花球落在地上。天人們立在大世界的邊緣探頭張望，心想：「悉達太子美好無比的軀體不受損傷嗎？他現在平安嗎？」

菩薩道：「諸菩薩在完成波羅蜜得上菩提之日，就有這個座，所以這個座是我的。」又向立在面前的魔王問道：「魔王啊，有誰可以作證，說你曾作過布施？」魔王指著魔軍答道：「你看，有許多證人在這裡。」這時魔王的眷屬紛紛叫喊「我做證人」、「我做證人」，那喊聲幾乎可使地面震裂。於是魔王反問菩薩道：「悉達啊，說你作過布施的證人是誰？」菩薩道：「給你作證人的都具心識，但我這裡沒有具心識的證人。姑且不說他生，在我生為一切度的一生中，曾行過七百次的大施，這可叫無心識的大地來作證人。」說著，從法衣中伸出右手來指向地面道：「我在一切度的一生中，曾行過七百次大施，你能作證人嗎？」大地發出大聲道：「我可作你的證人。」這時地上有百千種大聲同時起來，像要壓倒魔軍。

【魔軍退散】

菩薩自語道：「悉達啊，你曾作過大施，作過最上之施，」把生為一切度時的所施回憶起來。這時那魔王所騎的高百五十由旬的山帶象忽然屈膝，魔王的眷屬都棄了頭上的飾物與身上的衣服，紛紛向四方逃散了。

天人等見魔軍逃去，說：「魔王敗遁，悉達太子勝利了。快獻勝利的供品吧。」龍去招龍，金翅鳥去招金翅鳥，天人去招天人，梵天去招梵天，各執了香華，齊集到菩提道場菩薩座旁來，以偈讚揚：

（二七四）「這是祥瑞者佛的勝利，害惡者魔王的敗北。」

斯時龍群到菩提道場來歡呼大仙的勝利。

（二七五）「這是祥瑞者佛的勝利，害惡者魔王的敗北。」

斯時金翅鳥群到菩提道場來歡呼大仙的勝利。

（二七六）「這是祥瑞者佛的勝利，害惡者魔王的敗北。」

斯時天人群到菩提道場來歡呼大仙的勝利。

（二七七）「這是祥瑞者佛的勝利，害惡者魔王的敗北。」

斯時梵天群到菩提道場來歡呼大仙的勝利。

【大悟】

菩薩於日未西沉時敗退了魔軍，端坐樹下，對垂及法衣的菩提樹的新芽與珊瑚色的葉片表恭敬之意，即於初夜獲宿住智，中夜得天眼，後夜觀緣起。復把那緣起的十二句法式，依其上下順逆的次序，加以思察。立時一萬大世界起十二遍震動，直達到海。菩薩於日出時獲一切智，一萬世發出唸聲，頓現無比莊嚴。東大世界邊緣所豎的幡幢，其光達到西大世界的邊緣。西大世界的邊緣所豎的幡幢，其光達到東大世界的邊緣。南北二方亦復如此。大地上的幡幢其光上達梵天，梵天中的幡幢其光下達地面。一萬大世界的花都開放，所有會結實的樹都懸掛果實。莖上開莖的蓮華，枝上開枝的蓮華，蔓上開蔓的蓮華，空中開垂下的蓮華，地上也有棒的蓮華穿破石面湧出，七朵為一叢。整個一萬大世界宛如一個迴旋騰空的花球，又如一張鋪得非常平直的花毯。大世界內部有八千由旬的中間地獄，從來是用了七個太陽的光也照不亮的，可是這次也現光明了。深八萬四千由旬的大海，水味發甜了。河水停止不流了。生而目盲者能見，耳聾者能聞，跛者能舉步，囚犯的械鎖也立時破除了。

菩薩在如是祥瑞與莊嚴之中獲一切智，唱出一切諸佛所恆唱的感動的偈語來。

（二七八）尋求造屋匠而不得，　多生在輪迴界轉展受苦之生死。[53]

（二七九）屋匠啊，你今被找到了，　無須再造屋子。

你的椽材粱棟已破毀，　能滅的心已把諸愛滅盡了。[54]

以上為菩薩從兜率天下降至在菩提道場獲一切智的行跡，叫做不遠因緣。

53 《法句經》第一五三偈；《長老偈》第一八三偈。

54 《法句經》第一五四偈，《長老偈》第一八四偈。

四　近因緣

近因緣是佛在各處所遭遇的情形，如說「世尊在舍衛城祇園」、「在給孤獨園」、「在毘舍離大林重閣講堂」之類。這些情形，最初如下所述。

【初七日】

佛唱著感動的偈，坐在座上，心想：「我為獲得這座，曾在四阿僧祇十萬劫間轉展於輪迴界。在此期間中，為了獲得這座，曾把戴有飾物的頭割給他人，把塗過黑藥的眼睛，與心頭的肉挖給他人，把像伽利王子[55]的兒子，像健訶渠那王女[56]的女兒，像摩蒂妃[57]的妻，當作奴僕贈給他人。這座是我的勝利之座、優越之座。我曾在這座上把思惟熟達，所以我不想從這座起來。」佛安住於數兆種的禪定，繼續在座上凝坐了七日。經上有「爾時世尊，享解脫樂，七日之間，安坐於座」的話。

【第二七日】

於是，有些天人們憂慮起來，以為：「悉達太子今日仍身不離座，好像在作什麼事哩？」佛知天人們抱這憂慮，就飛昇空中，顯出兩種神通來給他們看，使他們的憂慮消失。

55　伽利王子，見〈本生因緣〉五四七。
56　健訶渠那王女，見〈本生因緣〉五四七。
57　摩蒂妃，見〈本生因緣〉五四七。

那神通與在菩提道場所現、親族集會上所現、對波旬的兒子們所現、健達婆樹下所現者無異。佛既以神通制止了天人們的憂慮，於是從座上起來，偏東向北而立，指座說道：「我是在這座上獲一切智的。」四阿僧祇十萬劫間修行波羅蜜，這座就是享果之地。佛凝視這座，目不轉瞬，這樣過了七日。後來就稱那地方為不瞬塔。

【第三七日】

於是天人在佛座至佛所立處之間，造成經行處，佛在這東西向的寶經行處經行，又過了七日。後來就稱那地方為寶經行處塔。

【第四七日】

到了第四七日，天人在菩提樹的西北方築起寶舍。佛在其中結跏趺坐，把導入涅槃的根本法阿毘曇藏詳加考察，過了七日。據那些通達阿毘曇的人們說：「寶舍是用寶建造的舍宇，又有一說，佛會通七種論的地方叫寶舍。」這兩種說明都適合，可以並取。後來就稱那地方為寶舍塔。

【第五七日】

如是，佛在菩提樹附近過了四七日，到了第五七日，就從菩提樹下行到羊牧榕樹之處，在那裡坐了享著解脫之樂，把法思索。

【魔王恐懼】

這時，魔羅天子恐懼說道：「從他出城以來，我就跟在後面找尋他的過失，可是竟一種罪惡都找不出。他已超出我的管轄了。」他坐在大路上想出十六種原因，一一在地上作記，劃成十六個記號。「我不像他，未曾修行布施波羅蜜，所以我不及他。」說著就劃一個記號。「我不像他，未曾修行持戒波羅蜜、出離波羅蜜、智慧波羅蜜、精進波羅蜜、堪忍波羅蜜、真實波羅蜜、決定波羅蜜、慈波羅蜜、捨波羅蜜，所以我不及他。」說著就再劃九個記號，共計十個。「我不像他，未曾修行十波羅蜜，因之沒有得到特別智慧，對過去未來諸世的人心，不能洞曉，所以我不及他。」說著又劃第十一個記號。「我不像他，未曾修行十波羅蜜，因之沒有得到他心通智、大慈定智、雙神通智、無礙智、一切智，所以我不及他。」說著又連續劃到第十六個記號。他依了這許多原因，坐在大路上劃出十六個印記。

【魔女誘惑】

魔王有三個女兒，一個名曰愛，一個名曰憎，一個名曰染。這時她們正找尋父親：「父親不在這裡，在何處呢？」到處找尋，見父親悄然坐在大路上劃記號。急忙跑過去問道：「父親為何這般煩悶？」父親道：「孩子們啊，那大沙門遁出我的管轄了。我為了要找尋他的過失，跟在他後面這麼久，終於一點過失都找不到，所以在這裡煩悶。」女兒們道：「那不必煩悶，我們把他誘惑到這裡來吧。」父親道：「孩子們啊，這人安住在堅固不動的信念中，誰也誘惑他不來。」女兒們道：「父親，我們是女人呀。現在就去，用愛欲的繩索把他綁到這裡來吧。請勿擔憂。」於是她們就走到世尊那裡去，說道：「沙門啊，到身邊來服侍你。」世尊好像沒有聽見，也不張開眼來看她們，獨自坐著享受解脫寂滅之樂。魔王的女兒們自相商量道：「男子的心各各不同，有的喜歡幼女，有的喜歡妙齡的少女，有的喜歡中年女人，有的喜歡老年女人，我們應該用種種的手段來誘惑他。」於是就依照年齡各化出一百個女人，或為幼女，或為未經產者，或為一度經產者，或為二度經產者，或為中年女人，或為老年女人，分作六批，走近世尊說道：「沙門啊，到身邊來服侍你。」佛仍不睬她們，因為心已解脫一切，蘊聚滅盡了。據有些學者說：「在魔女化作老年女人走近佛時，佛曾對她們作咒道：『如此這般，這些人的齒牙快些脫落，頭髮快些白啊。』」這是錯的，佛決不會作這樣的咒語。佛是這樣說的：「走開啊，妳們何故徒費心力。這種行徑，只配去對付那些未離貪欲的人，如來已沒有貪欲，沒有瞋恚，沒有愚癡了。」佛唱出《法句經．佛陀品》中的二偈，宣示自己煩惱已斷，為魔女說法。

（二八〇）勝利者無可再勝。　世間誰也不能進入他的勝處。
如是行處無限、無跡可尋的佛，　還有何法可引誘他呢？[58]

（二八一）在任何方面，　都找不出網、欲與愛，
如是行處無限、無跡可尋的佛，　還有何法可引誘他呢？[59]

魔女們聽了佛的說法，大家說：「父親的話不錯，善逝是世間的阿羅漢，不能用貪欲去引誘的。」就回到父親那裡去了。

58《法句經》一七九偈。
59《法句經》一八〇偈。

【第六七日】

佛在那裡過了七日，於是到文隣陀去。在那裡又過了七日。適值大雨，文隣陀龍王恐佛受寒，以身纏佛七周。佛被龍纏繞，毫無所苦，仍享著解脫之樂，如住在香室（佛房）中一樣。如是又過了七日。

【第七七日】

以後，佛又到王處樹下，享著解脫之樂，安坐七日。到這時已七七日了，佛在此七七日間，不洗面，不進食，也不大小便，只在禪定之樂、道之樂、向果之樂中過日。到了最末的第四十九日那日，佛坐在那裡，忽然動念：「想洗面了。」帝釋天王取阿伽陀、訶梨勒（藥果）來獻，佛服了就通便。帝釋天又獻那伽蔓樹之齒楊枝與洗面用水，佛口嚼齒楊枝，以阿耨達池之水洗面畢，仍去坐在王處樹下。

【二商人供養】

這時，有兄弟二商人，名曰帝梨富沙與跋梨迦，率領車輛五百從優迦羅地方向中部進發。有些天人們，從前與他們為親族，中途攔住車輛，勸他們供獻食物於佛。於是他們把麨與蜜丸拿到佛的地方來，說道：「世尊，請垂慈悲，接受我們的供品。」佛在受乳粥之日，已沒有缽了。這時想道：「如來不應以手接受食物，怎麼好呢？」四大天王知道佛的意向，於是各以青色寶玉所製之缽從四方送來。佛都不受。既而又送來了四個菜豆色的石缽。佛以平等之愛，對四天子，就把四個缽都受下，疊在一處，命令說道：「合為一個缽。」果然四個缽合而為一，不大不小，四個邊口，仍歷歷存在。佛以這貴重的缽接取食物，喫畢道謝。此兄弟二商人與其餘的人們，就歸依佛與法，成了宣唱二歸依的信士。二商人向佛請求：「尊師，可有什麼東西給我們捧持的？」佛於是以右手去摸自己的頭頂，取了些頭髮給他們作紀念。商人回去，就造塔廟來收藏這頭髮。

【梵天勸請】

這以後，佛又到羊牧榕樹之下，安坐了把所證得甚深微妙之法來思惟。照諸佛的慣例，這時應該為他人說法，說「我所證得之法如此這般」的，可是佛卻尚沒有這個心情。於是主管娑婆世界的大梵天憂慮起來，以為「不得了，這世界要滅亡了，這世界要滅亡了」。就邀約了一萬大世界的帝釋、善侍、善知足、善化作、他化自在與大梵天同到佛的地方來勸請道：「尊師世尊，請說法，尊師世尊，請說法。」

【初轉法輪】

佛應允了。自想：「最初對誰說法呢？」覺得「阿羅邏・迦蘭是聰明人，他會一聽就瞭解此法吧。」及一觀察，知道他已於七日前死去了。於是又想到優陀羅・羅摩子，觀察起來，知道也在前日晚上死去了。於是又想到五群比丘：「那五個比丘，曾給過我幫助，他們現今在何處呢？」觀察的結果，知道「居於波羅奈的鹿苑」。就決定「到那裡去轉輪」。尚要在菩提道場四周托缽數日，豫備「於阿沙陀月的月圓那一日到波羅去」。十四日天明，佛攜帶衣缽作十八由旬的旅行，中途遇見名曰優波迦的活命派的苦行者，告以自己已經成佛，就於當日傍晚到了仙人墮處。那五群的長老們，見如來由遠而近，互相約束道：「法友們啊，沙門瞿曇來了，他因為生活過得舒適，身體肥壯，諸根豐潤，全身作黃金色哩。我們無須向他禮拜。他是王家之子，不消說，給他一個座位的價值是有的，所以替他設一個座位就夠了。」佛有智慧，能知人天兩界一切有情的心念，當推究「他們正作何念」時，知道他們心念如此，便暫放下了通徹一切人天界的普遍的慈念，對他們起特別的慈心。他們為佛的慈心所感，及佛走近他們時，他們不敢堅守自己先時的約言，不禁出迎作禮，以尋常迎賓之禮儀去接待佛。但因未曾知道佛已成正覺，談話時直呼「瞿曇」，或稱「朋友」。佛警告他們道：「比丘們啊，對如來談話，不該直呼名字或稱作『朋友』。比丘們啊，我是如來等正覺者哩。」佛既告訴他們自己是佛，於是就在所設的莊嚴的佛座上坐下。於後阿沙陀星相合時，佛在一億八千萬大梵天圍繞之中，召喚五群長老們，對他們說《轉法輪經》。五群中的阿若憍陳如長老聞此說法，獲得智慧，及佛說畢此經，即與一億八千萬大梵天共入預流果。

【無我相經】

佛安居在那裡。次日，五長老中有四人出外托鉢，唯婆沙波長老在精舍，佛為說法。婆沙波長老即於午前入預流果。第三日為跋提耶長老說法，第四日為摩訶那摩長老說法，第五日為阿說示長老說法，皆使入預流果。到分月五日[60]，集五比丘於一處，為他們說《無我相

60　將舊曆一月分為兩分，自朔至望為白分，自望至晦為黑分，分月五日，可解作初五或二十日，但上文有「後阿沙陀星相合」一語，則此所謂「分月五日」當為二十日。

經》[61]。佛說畢此經，五長老皆入阿羅漢果。

【耶舍歸佛】

這時，有一良家之子名曰耶舍。佛察知他有歸佛的根性，當他在中夜萌厭世之意，棄家出行時，就把他叫住道：「來啊，耶舍。」即於當夜使他入預流果，次日入阿羅漢果。他尚有朋友五十四人，佛也用「善來，比丘」的出家法，使他們出家，入阿羅漢果。如是，世間已有六十一個阿羅漢，佛於雨季安居後自恣時對他們道：「比丘們，到四方遊行去吧。」把六十個比丘派遣到各方，自己赴優樓頻羅林去。

【賢群青年歸佛】

佛在中途，於綿樹林間指導賢群青年三十人，三十人中最下者入預流果，最上者入不還果。也用「善來，比丘」的出家法，使他們出家，派遣到各方，自己向優樓頻羅林進發。

【迦葉歸佛】

佛在優樓頻羅林示現三千五百種神通，把那門下有徒眾千人名曰優樓頻羅迦葉的兄弟三結髮道士引入佛法。用「善來，比丘」的出家法，使他們出家，留居於象頭山。復以「燃燒方便的說法」使入阿羅漢果。

61　此經名原典作「Ananta-」恐是「Anatta-」之誤，蓋錫蘭文字寫本上，「nt」與「tt」容易寫錯，所以有此錯誤。（編者按：《無我相經》巴利文為「Anattalakkhaṇa Sutta」）。

【頻婆沙羅王歸佛】

於是，佛想「履行與頻婆沙羅王的前約」。就率領一千個阿羅漢赴王舍城，在附近的杖林苑憩下。王得林苑園丁報告，聞佛來到，於是率領婆羅門與居士十二萬人到佛的地方來，在那狀如寶輪放金色毫光的佛足上稽首禮拜畢，即與隨從者退坐一旁。這時，那些婆羅門與居士們都懷疑，以為：「這大沙門從優樓頻羅迦葉學修梵行呢，還是優樓頻羅迦葉從這大沙門學修梵行呢？」佛察知他們的意念，就以偈問長老：

（二八二）優樓頻羅住者，你是苦行士、教誨者，　何所見而棄火神？
迦葉啊，我要問你，　你為何廢棄火的祭祀？

長老懂得佛心，也唱偈作答：

（二八三）說要以色、聲、味諸欲與婦女作供養，　我了悟這有垢穢，所以遠離供養與祭祀了。

迦葉唱畢此偈，為要使大眾知道自己是佛的弟子，就把頭伏在佛的足趾甲上，說：「尊師，世尊是我的師，我是世尊的弟子。」於是躍上空中，一多羅樹高，二多羅樹高，三多羅樹高，乃至七多羅樹高，如是在空中昇降七次，然後禮拜如來，退坐一旁。大眾見此神通，心想：「佛真有大威神力，阿羅漢真有這樣有力的見識。」都說：「優樓頻羅迦葉也破了邪見之網，被如來教化了。」對佛之德大加稱讚。佛道：「我教化優樓頻羅迦葉，不但今生，他從前早受過我的教化。」為要使大眾明瞭這話，就說〈大那羅陀迦葉梵天本生因緣〉（第五四四〕，又說四種的真理。於是摩揭陀王〔頻婆沙羅〕與十一萬人都入預流果，其餘一萬人則聲明為信士。王坐在佛那裡，發起五種誓願，歸依於佛，請佛於明日往受供養，然後從座起來，作右繞之禮而去。

【王舍城民拜佛】

次日，王舍城人民一億八千萬人，為要拜見如來，清晨都從王舍城湧到了杖林苑。三伽吠多的路程，似乎已縮得極近，杖林苑中到處都是人，像在行祭賽會。大眾瞻仰著莊嚴無上的佛的相好不知厭倦。這就是所謂「稱讚地」，到了此地，對如來的具有無上相好與隨相好的色身，非讚譽不可的。大眾如是禮拜瞻仰十力者的無上莊嚴之姿，把林苑與道路擠得人山人海，連一個比丘可走的通路也沒有了。

【帝釋天開道】

這時，有人這樣想：「周圍如此擁擠，佛將無法去赴王的招待了。佛如果想斷食，當然就可做到。但究竟不好。」於是帝釋天覺得自己的座上帶著溫味了，觀察的結果，知道了這理由，就現身為一青年，讚歎佛、法、僧三寶，降到佛的面前，以天人的威力闢出空處來。

（二八四）自調伏者能調伏他人，　金色的世尊率舊日結髮行者千人入城來了。
（二八五）自解脫者能解脫他人，　金色的世尊率舊日結髮行者千人入城來了。
（二八六）自度脫者能度脫他人，　金色的世尊率舊日結髮行者千人入城來了。
（二八七）具足十住、十力、解十法、有十法的世尊，　由一千個比丘隨從著入城來了。

青年唱著偈為佛前導，大眾見他形貌莊嚴，心想：「這青年生得很美。我們從前未曾見到過。」大家互相談說道：「這青年何處來的，是誰家的兒子？」青年聽了又唱偈語：

（二八八）雄士、善調伏一切無比的佛、阿羅漢、世之善逝者，　我是他的侍役。

佛通過帝釋天所開的道路，率領一千個比丘入王舍城去。

【奉獻竹林園】

王對佛與比丘作大施畢，向佛請求道：「尊師，我今不能離三寶而存活，將隨時參詣世尊。杖林苑距離太遠，這裡有一個林苑，名曰竹林園，不遠不近，往來便利，適合世尊居住。世尊，請把這個園接受吧。」接著從金瓶中取薰過花香的摩尼珠色的水來澡十力者之手，將竹林園喜捨給佛。佛接受此布施時，大地因佛教在世間生根，發生震動。在閻浮提中，除了這竹林園以外，別無於受施時使大地震動的住處。在銅掌鍱〔錫蘭〕則除了那大精舍以外，別無於受施時使大地震動的住處。佛接受了竹林園，向王陳述謝辭，就從座中起身，率比丘眾入竹林園去。

【舍利弗、目犍連歸佛】

這時，有兩個普行沙門名曰舍利弗與目犍連，住在王舍城附近，修不滅的涅槃。舍利弗見阿說示長老來托缽，起信仰心，隨之而行，聞「諸法從因生」云云的偈，入預流果。即以此偈轉告朋友目犍連，目犍連也入預流果了。於是兩人即去訪問他們的老師刪闍耶，陳述一切，率領了自己的弟子們歸依於佛而出家。兩人之中，目犍連經過七日達阿羅漢果，舍利弗長老則經過半月達阿羅漢果，佛把這兩人作為上首弟子。在舍利弗長老未成阿羅漢之前，曾行過弟子眾的集會。

【淨飯大王懸念】

如來居住在竹林園，淨飯大王聞知「王子修了六年的苦行，成就最上菩提，今在王舍城附近的竹林園轉妙法輪」。於是喚一個大臣來，命令說道：「你帶了這一千人到王舍城去，替我告訴王子，說『你父親淨飯大王要與你相見』，就陪他同來。」大臣稽首答應說：「是。」即率領千人，疾行六十由旬，到精舍時，十力者正在四種弟子圍繞之中坐著說法。他想：「姑且把王的使命暫時擱下吧。」就坐在聽眾之後聽佛說法。即於聽時與隨來的千人同得阿羅漢果，求佛許其出家。佛伸出手來，說：「善來，比丘。」一轉瞬間，他們身上即帶上了神通所現的衣缽，個個如一百歲的長老了。凡是得阿羅漢果的，對世事不起執著，所以他老是把王的使命保留下來，不對佛傳言。王大驚怪：「為什麼去的人不見回來，連消息都沒有呢？」於是再派一個大臣，說「你替我去走一趟。」那大臣去是去的，可是也與前次派去的人一樣，與隨從者一千人同得了阿羅漢果，沒有把話傳達到。王再派大臣帶了一千人同去，如是派遣到九次，每次派去的人都於自己的事情完畢後，默然留在那裡，杳無消息。

【迦留陀夷出家】

王派了這許多人去，沒有一個給他回音的。想道：「這些人連給我一個回音的情誼都沒有。有誰能聽我吩咐呢？」就宮庭中左右回顧，結果著眼到迦留陀夷[62]身上。他平日為王服種種的事務，對王忠實，很受王的信任，而且與王子同日誕生，是幼時玩弄泥土的小伴侶。王把他喚來，對他說道：「迦留陀夷啊，我想會見王子，已派過了九千個人去，沒一個人回來給消息的。人的壽命長短，不能預知，我想於此生中會見王子呢。你能使我與他相會嗎？」迦留陀夷道：「大王，如果允許我出家，那麼就可以。」王道：「出家不出家，隨你自己的心意，但願我能與王子相會就是。」迦留陀夷道：「大王，知道了。」於是帶了王的書信到王舍城去。到後，見佛正在說法，就在聽眾之後恭聽，與隨從者同得阿羅漢果，也依「善來，比丘」的出家法，隨佛出了家。

【優陀夷勸請】

卻說，佛成佛後，最初的安居在仙人墮處度過，安居終了，行過自恣，赴優樓頻羅，在那裡居住三月，教化結髮行者兄弟三人，於弗沙月望日率領比丘千人赴王舍城，在那裡居住二月。佛自從出波羅奈以來，到這時已五個月，寒季已過。優陀夷長老來此方七八日。他於巴迦那月[63]的望日想道：「寒季過去，現在正是春季。田禾刈後，隨處都有可通行之道路，地面蓋上綠草，森林著花，行路便利，十力者去對親族表示好意，現在正是時候了。」就到世尊那裡用偈勸請：

62　迦留陀夷（Kaḷudāyi）本名優陀夷（Udāyi），因容貌黑色，故名迦留陀夷（黑優陀夷），參照下節。

63　這裡所謂寒季，是把一年分為熱、雨、寒三季的說法。巴迦那月是春之開始。

（二八九）那枯落的樹已轉成紅色，火燄般發著光，大雄世尊啊，　現在正是分授法味的時候了。

（二九〇）不熱不寒，便於托缽，地上一片綠色，　大牟尼啊，現在正是好時候了。[64]

他以此等六十偈勸請十力者往赴生地，對此行加以稱讚。

【佛赴迦毘羅衛城】

於是，佛道：「你為什麼如此稱讚，要我出行？」優陀夷長老道：「尊師，父王淨飯大王說要與你相會，請對親族人們表示好意。」佛道：「好，優陀夷啊，我給親族以好意吧。可通知比丘眾，叫他們作旅行的準備。」長老道：「尊師，知道了，」即去告訴大家知道。佛率領盎伽、摩揭陀產的良家子弟一萬人，迦毘羅衛產者一萬人，共二萬比丘，從王舍城出發，日行一由旬，說：「從王舍城到迦毘羅衛，距離六十由旬，豫備兩個月走到吧。」從容地前進。

【淨飯大王的供養】

這時，長老優陀夷想：「把世尊已經出發的消息告訴王吧。」就從空中飛到了王的宮殿裡。王見長老，大喜，設起華貴的座位來接待他，又把自己喫的種種美味的食物納入長老的

64《長老偈》第五二七。

缽中，作為布施。長老立起身來想走。王道：「請坐。」長老道：「大王，讓我到佛那邊去。」王道：「那麼，佛在何處呢？」長老道：「佛率領了二萬比丘眾啟程，來與你相會了。」王心中歡喜道：「請你喫了這個。再把食物從這裡帶給王子，直到王子到達這裡為止。」長老答應了。王供養了長老，復以末香薰缽。盛儲最上的美食，交給長老道：「替我獻給如來。」長老於大眾環視之間，把缽擲向上空，自己也飛昇上去，把食物送到佛的手中，佛就接受下來喫了。如是，長老日日運送食物，佛在路上專喫王所獻的食物。長老每日至宮中就食，食後報告佛的行程，說：「今日離此只有若干路了，今日又走近了若干路了。」又隨時把佛的德性描摹了告訴大家，使王族的人們於未曾見佛之前，即起信仰之心。所以佛說：「比丘們啊，在我弟子諸比丘中，養成在家人的信者的，第一個要推迦留陀夷。」把他列在第一位。

【釋族迎佛】

佛到達了，釋族的人們想「拜謁親族中的長者」，集在一處，協議接待世尊的處所。大家以為「尼拘律園安適可住」，就在園中準備好了一切，手捧香華排隊出迎。第一排是盛裝的幼童幼女，次之是王家的子女，再次之是釋族人們。各獻香華，導引世尊至尼拘律園。佛於二萬漏盡比丘眾圍繞之中，在特設的華美之座上就坐。

【釋族見奇瑞】

釋族的人們本有高慢不遜之性質，他們以為「悉達太子比我們年少，是我們的弟輩、子姪輩或孫輩」，於是向年少的王子們道：「你們上前去拜，我們坐在你們的後面吧。」佛見他們坐下，就察知他們的心意，想道：「我的親族不擬拜我，好，我叫他們來拜吧。」立時就入神足定，出定以後，飛昇空中，使足上泥土紛紛落至他們的頭頂，顯出二神通來，同那在健達婆樹下所顯者一樣。王見此奇瑞，就拜下去道：「世尊啊，當你降誕之初，我想領你去禮拜阿私陀仙人，到他身旁時，你的足反放到那婆羅門的頭頂去，我見了就拜你的足，這是我第一次拜你。後來在舉行播種式那日，你臥在閻浮樹蔭下的臥榻上。你在榻上打坐時，樹影靜止不動。我見了就拜你的足，這是我第二次拜你。今日我見了這未曾有的奇瑞，又來拜你的足，這是我第三次拜你了。」王這樣向佛禮拜，全體釋族的人們也不禁都拜下去，沒有一個能坐定不拜的。於是世尊從空中下來，坐在座上受親族的禮拜。

【一切度本生因緣】

世尊就座後，親族集合愈眾，盛況達於極點，都把心念傾注於一處，坐在那裡。這時，天空大雲四起，降下蓮雨來。銅色的雨點落地有聲，凡是想受雨者，身上個個淋到，凡是不想受雨者，雨點就不落在他的身上。大眾見此光景，都覺得不可思議，互相談說道：「真是不可思議，真是希有。」佛道：「我為親族的人降蓮雨，不自今日始，以前早有過這樣的事。」佛欲明宣此意，為他們說〈一切度本生因緣〉〔第五四七〕。大眾聞佛說法畢，從座起身，向佛禮拜而去。可是自王與大臣以至其他的人們，在臨去時，都沒有對佛說「請到我家去受供養」的話。

【在迦毘羅衛行乞】

次日，佛率領了二萬比丘眾在迦毘羅衛托缽，可是誰也不出來招待，也沒有人來把缽接過去的。佛立在城門的階石上想：「從前諸佛怎樣在自己的生地行乞。不依順序，只揀豪富之家的呢，還是挨戶次第行乞的？」結果察知諸佛行乞無有不依次第的，於是想道：「我也非依此傳統守此習慣不可，將來我的弟子也會依我的規矩去奉行托缽的義務吧。」就從最邊端的一家起，挨戶次第行乞。城中居民互相喧傳，說：「那尊貴的悉達太子在街上托缽哩。」都奔到二樓三樓或更上層的樓閣，開窗觀看。羅睺羅之母妃想：「這尊貴的王子，往時曾以國王的威望，乘了金輿巡行都城之中。據說現在剃去鬚髮，身披黃衣，手執土缽，在街上步行乞食呢。不知那形狀怎樣？」也開了窗去看，但見佛以種種的離欲之相與輝耀的身光，照徹大路，周圍放出光明一尋，有八十種隨相好，三十二種大人相好，氣象莊嚴。於是用偈讚歎：

（二九一）髮深碧而柔蜷，額平廣而晶瑩，鼻柔和而高低適度，是普播光明的人中獅子。

她既以如是「人中獅子」的偈八個，來讚歎佛，又去向王報告，說：「你的王子在步行托缽乞食呢。」

【淨飯大王獲二果】

王因而心動，急忙整理衣服，出去立在世尊面前攔阻道：「尊師，你為何不顧及我們的面子，為何要步行乞食？莫非以為這許多比丘眾的食物無人供給嗎？」佛道：「大王啊，這是我們的作法。」王道：「尊師，我們的系統不是摩訶桑摩多剎帝利族的系統嗎？這系統的人，沒有一個步行乞食過的。」佛道：「大王啊，這是所謂王統，是你的系統。我們別有系統，燃燈佛、憍陳如佛、乃至迦葉佛，這叫做佛統。這幾位佛與其他數千諸佛，都行乞，都以行乞維持自己的生命。」於是立在街頭唱出偈語來：

（二九二）起來，勿放逸，要修善行之法啊。　隨法而行者能安眠，不論在今世或在來世。[65]

佛唱畢此偈，王就入預流果。

（二九三）要修善行之法，勿作惡行啊。　隨法而行者能安眠，不論在今世或在來世。[66]

佛續唱此偈，王聽了入一來果。後來，王聽了〈護法王子本生因緣〉（第三五八、四四七），入不還果，臨終之時，臥在白傘下榮耀的臥榻上得阿羅漢果。如是，王是不必住在森林間去作精勤行的。

【羅睺羅母拜佛】

卻說，王入預流果後，就接取了世尊的鉢，把世尊與比丘眾招請到大宮殿中，以上品的

---

65 《長老偈》第五二七。

66 《法句經》第一六九偈。

軟硬食物供養。食畢，後宮婦女都出來拜佛，唯羅睺羅母妃不來。侍女們勸請道：「去拜那崇高的王子吧。」羅睺羅母妃道：「如果我的德行好，王子自會到我這裡來的，待他來時拜他吧。」終於不曾出去。佛將鉢交王拿著，與兩個上首弟子，一同到羅睺羅母妃的寢宮去，預先吩咐道：「即妃來虔誠禮拜，也不要在旁說什麼話。」到寢宮後，就在所設的座上坐下。妃急忙出來，捉住佛的足，把頭伏在足趾甲上，虔誠禮拜。於是，王歷敘妃愛慕世尊的情形，稱讚她的德行道：「尊師，妃聞知你穿黃色之衣了，自己也作黃衣之人。聞知你每日一食了，自己也為一食者。聞知你棄捨高大的牀榻了，自己也結布條作臥榻。聞知你不用花環與香之類了，自己也一切不用。我的親族中人寫信給她說：『願供養妳。』她卻一概不與他們會晤。世尊，妃有這樣的德行哩。」佛道：「大王啊，現今妃知識已十分發達，又有你的保護，妃能守身無失，並不足奇。她在昔時知識尚未十分發達，又無人保護，來往於山麓中，也早就能保守自身的了。」於是為說〈月緊那羅本生因緣〉〔第四八五〕，離座而去。

【難陀出家】

次日，是難陀王子即位、結婚與進新宮殿之日，一日之間，舉行三種典禮。佛想使王子出家，就到他那裡去，將鉢交與他，說咒離座。王子的妃名曰國美，見王子隨佛去了，一心希望「但願王子就回來」，拉長了脖子等著。可是王子不敢向世尊說「請接過鉢去」的話，一徑跟隨著佛向精舍走。他本來並無出家之意，世尊卻使他出家了。如是，佛於到迦毘羅衛後第三日，就使難陀出家。

【羅睺羅出家】

到了第七日，羅睺羅之母把羅睺羅王子盛裝了同到世尊的地方來。對羅睺羅道：「王子啊，你看，那裡有一個黃金色的沙門，形狀像梵天，周圍有二萬個沙門圍繞著。那就是你的父親哩。他本有許多寶物，出家以後，就毫不顧到了。你可到他面前去，說：『父親，我是王子羅睺羅，一旦行過灌頂式，我就是轉輪王了。寶是必要的，請以寶給我。我是父親財產的繼承人啊。』向他去請求王家的財產。」王子走到世尊身旁，感得了對於父親的愛情，很是喜悅道：「沙門啊，我因了你的福蔭，覺得很快樂。」說了種種自己所應說的話，立在前面。世尊食畢，說過謝辭，就離座自去。王子跟在世尊之後，說：「沙門啊，給我以王家的財寶呀。沙門啊，給我以王家的財寶呀。」世尊不使王子回轉。連那些護衛王子的從者，也跟著世尊行去，回轉不成。王子一路隨世尊到了園中，世尊想道：「這孩子想得父親的財寶，但那是不脫輪迴、招引苦患的東西。我把在菩提道場所得的七種之寶傳授給這孩子吧。把他作為我出世間的財產的繼承者吧。」於是就喚舍利弗來，對他說道：「舍利弗啊，請你把這羅睺羅王子出家。」王子出家後，淨飯大王苦惱更深。終於忍不住了，向佛說道：「尊師啊，未得父母的允許，請勿令其子出家。」請佛認可此事。佛即予以認可。

【淨飯大王獲不還果】

次日，佛在王宮中進朝餐，王退坐在一旁向佛道：「尊師，當你在苦行時，有一天人到我這裡來，說：『你的王子死去了。』我不信他的話，說：『我的王子在未得菩提以前斷不會死的。』把他拒絕了。」佛道：「從前，有人拿了我的骨頭給你看，說：『你的兒子死去了。』你也不曾相信。何況今生呢。」為欲闡明這話，就為王說〈大護法本生因緣〉（第四四七）。說畢，王即入不還果。佛既使父王成就三果，就率領比丘眾仍還王舍城，入寒林居住。

【給孤獨長者】

這時，有一居士，名曰給孤獨，以五百輛車滿載財貨，到王舍城來，居於某長者的家裡。聞知有佛出世，於一日清晨，從天人們威力所開啟的門進來，到了佛所在的地方，聞佛說法，入預流果。

【建立祇園精舍】

次日，對佛與比丘眾舉行大施，復請佛允許赴舍衛城受供。於沿途每四十五由旬施財一萬兩，每一由旬建一精舍，把整個祇園地基，遍鋪了金，費一億八千萬兩購買下來，動工建築。中央是十力者的香室（佛房），周圍是八十個大長老們的各別住所，屋有一重壁的，有二重壁的，有壁上繪白鳥或鶉的，有長形的房室，有不加屋頂的舍宇，此外復有坐臥處、蓮池、經行處、夜間住室、日間住室等等。他費了一億八千萬兩的資財，建好這所境地優美、適於居住的精舍，派遣使者請十力者前往。佛聽了使者的傳言，就率領比丘眾從王舍城出發到了舍衛城。

【佛入祇園精舍】

給孤獨長者預先作精舍落成典禮的準備，於佛進住之日，使自己的兒子盛裝起來，帶了五百個少年一同出城去迎候。佛到後，長者的兒子與隨從的人們各執鮮豔奪目的五色旛幢，排成一隊，立在最前。其次是名曰大善賢、小善賢的長者的兩個女兒，與五百少女，手中各執水瓶，排成一隊。再其次是長者之妻，全身盛裝，與五百婦人，手中各執滿盛食物的鉢，排成一隊。最後是長者自己，與身著新衣的五百長者排成一隊，立在佛的面前。世尊由這等善男導引，在比丘眾圍繞之中，以無限的威力，無比的祥福，入祇園精舍去，身光所照，林園全部宛如染上了黃金之色。於是長者問佛道：「尊師，這精舍如何處置呢？」佛道：「居士，請把這精舍施給現在與未來的比丘眾吧。」長者道：「是，尊師，」即取金瓶以水去澡佛的手，說道：「我把這精舍獻奉給佛與現在未來的四方比丘眾。」佛接受精舍，向長者說了謝辭，又以偈稱讚布施精舍的功德：

（二九四）可以避寒暑避猛獸與蛇虻，又可以避冷雨與熱風。
（二九五）把精舍施給僧伽，使便於禪定，獲得保護與安寧，功德最第一，諸佛曾如是說。
（二九六）所以知道自己利益的賢者，應建安適的精舍，使多聞者居住其中。
（二九七）以信心把飲食、衣服、坐具，施獻與彼等直心者。
（二九八）彼等為是人說除一切苦之法，是人瞭解正法，就得無漏而入涅槃。

【精舍落成慶典】

給孤獨長者於次日舉行精舍落成典禮。信女毘舍佉的樓閣落成慶祝，以四個月完畢，給孤獨長者的精舍落成慶祝，延續至九個月之久。他為行這慶典，費了一億八千萬兩，總計精舍所費的資財是五億四千萬兩。

【過去的大精舍】

在這以前，毘婆尸佛時，有長者名曰菩那婆須彌多，曾鋪了金瓦購買土地，建立廣一由旬的僧伽藍。尸棄佛時，有一長者名曰悉利婆多，曾鋪了金板購買土地，建立廣三伽吠多的僧伽藍。毘沙浮佛時，有長者名曰吉祥，曾以金象的足鋪起來購買土地，建立廣半由旬的僧伽藍。拘留孫佛時，有長者名阿丘多，曾鋪了金瓦購買土地，建立廣一伽吠多的僧伽藍。拘那含牟尼佛時，有長者名曰優伽，以金龜鋪地購買土地，建立廣半伽吠多的僧伽藍。迦葉佛時，有長者名曰善吉祥，鋪了金瓦購買土地，建立廣十六迦利沙的僧伽藍。我們的世尊時，給孤獨長者以一千萬迦波婆那鋪地，購買土地，建立廣十八迦利沙的僧伽藍。這些場所都是一切諸佛所重視的。

以上是佛在大菩提道場成就一切智後至入大涅槃的行蹟，這叫做近因緣。一切本生因緣，將準此敘述。

第一編

第一章　無戲論品

一 無戲論本生因緣

〔菩薩＝隊商主〕

【序分】

此關於無戲論[1]之法話，是佛在舍衛城附近祇園大精舍時，就長者的朋友五百個異教徒說的。有一日，給孤獨須達長者率領五百個異教徒的朋友，叫他們拿了許多華鬘、薰香、塗香與油、蜂蜜、糖蜜等到祇園精舍來參詣。向佛禮拜畢，供奉華鬘等物，又以醫藥與衣服施捨比丘教團，避去六種不當的坐法，端正在一方著座。那五百個異教徒亦向佛作禮，佛容顏吉祥，狀如滿月，相好具足[2]，後光尋許，圍繞梵身，毫光兩兩成對四射。彼等瞻仰著佛容，依給孤獨長者而坐。這時佛以梵音作善巧方便如甘露之法話，其音如在雄黃山原野作吼之獅子，如雨季發雷之雲，如銀河之傾瀉，如寶珠之入串，八音具足，悅耳怡心。他們聽了佛的法話，心中清淨，就從座立起來禮拜十力，把歸依異教的心翻過來而歸依佛。嗣後他們常跟給孤獨長者攜了香華等來參詣精舍，傾聽法話，供獻施物，守護戒行，奉行布薩（說戒會）。佛由舍衛城到王舍城去了。佛去以後，那些異教徒們又把歸依心一翻而歸依異教，回復了原來的狀態。七、八個月以後，佛再回祇園精舍來。給孤獨長者復率領他們來參佛，供

1 無戲論係「apaṇṇaka」之譯語。所謂戲論即戲談，佛教是不准許戲談的嚴正之道，故名無戲論。佛教以外，皆世俗的思辨論者，是有戲論道。

2 所謂佛之相好，即指三十二相八十隨形好。

獻薰香等物，禮拜畢，坐在一旁。長者向佛申說，他們在佛遊行中已喪失所獲得之歸依心，又歸依異教，回到了原來的狀態了。於是佛就因了無量億劫來習用之辯才與巧妙的威神之力，像開啟外薰天香、中藏眾香的寶函似地，把蓮華之口開了，發出甘露般的聲音問道：「據說，你們優婆塞們已破了三寶的歸依，歸依別的異教了，真的嗎？」他們不能隱瞞，回答道：「世尊，真的。」佛道：「優婆塞啊，下自阿鼻（無間）地獄，上至有頂天，橫至無量世界，當沒有戒德具足如佛的，比佛更勝的自更沒有了。」又從經典引了「汝等比丘，一切生類自無足乃至二足四足，於中以如來為第一」、「於此世，於彼世，一切財寶以有信心者為最勝」等文句，申示三寶之德道：「三寶具備如此最勝功德。歸依三寶之優婆塞、優婆夷，不落地獄，已墮惡趣的也能脫離惡趣上生天界，獲大成功。所以你們破了如此的三寶歸依而歸依別的異教，是錯誤的。」為了解脫，為了最高理想而歸依三寶者，不墮惡趣。這可引用經文來說明：

歸依佛者不落地獄，　將捨人身而成天人之姿。[3]
歸依法者不落地獄，　將捨人身而成天人之姿。
歸依僧者不落地獄，　將捨人身而成天人之姿。
被驚怖所襲者，　常歸依於種種的東西，

3 見《法句經》一八八偈至一九二偈。

或山或林或苑囿之神樹，　但此非安穩的歸依，最上的歸依。
由此歸依不能脫一切苦，　歸依佛、法與僧者，
能由正慧而見四聖諦，　那是苦、苦因、苦滅、導入苦滅的八聖道分。
此是安穩的歸依，最上的歸依，　由此歸依能脫一切苦。

佛復對他們道：「優婆塞啊，因了憶念佛、憶念法、憶念僧的行法，能達預流道、預流果、一來道、一來果、不還道、不還果、阿羅漢道、阿羅漢果。」佛說了如是的法，又道：「所以你們不應破此歸依，」因了憶念佛等的行法可達預流等的道果，關於此，佛在經典中曾這樣明示著：「比丘們，修習一法，增進一法，能入於厭離、離貪、滅絕、寂靜、神通、正覺與涅槃。一法為何，即憶念佛是。」

佛這樣用了種種方便訓誡優婆塞，又道：「優婆塞們，以非歸依為歸依者，懷顛倒的思辨執。此等人在前生，曾在非人（鬼）所管領之可怕的難處為夜叉所食，陷於滅亡。但無戲論而有決意，心不顛倒者，即在此種難處，仍得繁榮。」佛說了這話，就沉默了。這時給孤獨居士從座起身，向佛禮拜讚歎，合掌至頂道：「世尊，優婆塞們破毀無上尊勝之歸依，而為疑念所困，我們已明白了。至於前生的事，思辨執者在非人管領之難處滅亡，而無戲論者仍得繁榮，這只有世尊明白，我們是不明白的。世尊啊，請撥雲現月似地為我等明說這因緣。」佛道：「居士啊，我於無量劫來成就十波羅蜜，為欲伏斷世間疑惑，獲一切智。當詳說此事，你須一語不漏地諦聽，像把獅子膏灌入黃金管中去的樣子。」佛先這樣促起了長者

的注意，然後撥雲現月似地說明前牛隱祕的因緣。

【主分】

從前，迦尸國波羅奈城梵與王治國時，菩薩降生在一個隊商主的家裡，已成長為一青年，統率著五百輛車子，經營商業，或由東到西，或由西到東，遍歷各地。同時，波羅奈城中另有一個隊商主的兒子，生性愚鈍，並無臨機應變之才。有一次，菩薩從波羅奈買了許多高貴的商品，滿裝在五百輛車中，準備出發了。那愚鈍的小隊商主也同樣地裝好了五百車的貨物準備出發。這時菩薩想：「如果我與那愚人同行，路上將有千輛車子，道路要擔當不住，行人用的燃料與飲料，牛喫的草，也都難得了。讓他先走，或是我先走吧。」於是招了那人來，對他說明理由，問他道：「我們兩人不能同行，你先去呢，還是後去？」他想：「先去於自己有利，可以走未破壞的道路，牛可以喫到未經別的牲口碰過的草，人也可以得到未經人碰過的擠汁的葉子，水也可以清新些，并且到後商品還可任意定價出賣。」就道：「朋友，我先去吧。」菩薩則恰與他相反，以為後去有利。這樣想。「先行者會把路上的凹凸弄平，我就可走現成的道路。先去的牛喫的是老草，我的牛就可以喫新抽的嫩草。葉子經過一次採摘，新出來的擠汁，味將更美。他們因要飲水會掘泉，我們可就在掘好的窪孔取水。商品的價目非常難定，我去可就以他們定好的貨價銷售。」菩薩覺得後去有這許多利益，就道：「那麼，朋友，你先去吧。」他道：「好，就是這樣。」這位愚鈍的小隊商主駕起車子出發，不久，就走盡了人煙之處，踏入難處的境界。所謂難處，有盜賊難處、猛獸難處、無水難處、非人難處、饑饉難處五種。盜賊出沒之地曰盜賊難處。有獅子等兇獸的地方曰猛獸難處。無水可飲與沐浴之區曰無水難處。非人（鬼）所居住的地方曰非人難處。無主要食糧可取的地方曰饑饉難處。那裡的難處，在五種之中屬於無水與非人的二種。小隊商主曾用無可再大了的甕子滿裝了水，載在車上，向廣大六十由旬的難處進發。進入到難處中心地帶的時候，住在那裡的夜叉想道。「謊他們把帶著的水棄了，讓他們衰弱下去，然後喫盡他們吧。」就以魔力，化出一輛舒適的乘車，由壯健的白牛曳引。十多個鬼卒，手執弓盾等武器，圍繞其旁。夜叉頭上滿是青的蓮華白的睡蓮，把頭髮衣服弄得透濕，坐在車中儼然像個君主。車子輪上飛濺著泥漿，從反對方向駛來。那在前後隨著的從者們，頭髮衣服也都透濕，頭上戴著青蓮華白睡蓮的華鬘，手裡捧著赤蓮華白蓮華的花束，口裡嚼著蓮莖或藕，拖泥帶水地走近這邊。小隊商主等為了想避黃塵，在逆風的時候，總是坐在車中由從者圍繞著行在前面，在順風時則行在後面。那時正是逆風，小隊商主行在一隊之前。夜叉見他過來了，就把自己的車子讓在一旁，對他打招呼道：「你們到那兒去？」小隊商主也把自己的車子讓開留出空路給他們，回答道：「朋友，我們是從波羅奈來的。你們頭上戴的是青蓮華或是白睡蓮，手上捧的是赤蓮華或是白蓮華，口裡嚼著蓮莖或是藕，滿身泥漿淋漓地。莫非前面下著雨，有各色蓮華盛開著的池蕩嗎？」夜叉聽了，說道：「朋友，你說什麼話？喏，你看，那兒不是望得見一抹綠林嗎？從那兒起，全森林一片都是水。那地方常常下雨，凡是低凹窟洞都有積水，到處有開蓮華的池哩。」夜叉說著駛車前進，又問道：「率領了這些車輛向哪兒去？」小隊商主答道：「到某國去。」夜叉又問道：「這些車中裝的是些什麼東西？」小隊商主答道：「是這個那個。」夜叉又問道：「最後一車似乎很笨重，那裡面又是什麼？」小隊商主道：「那是水。」夜叉道：「你們從那裡裝了水來，再好沒有。但到了這兒已不要了。從這兒過去，有的是水，樂得把甕子打碎放去了水，走起來輕鬆些。」接著又說道：「咿呀，你們請吧，我們也耽擱了不少時候了。」夜叉向前行進，就在望不見的地方進入自己的夜叉城去了。

那愚鈍的小隊商主果然相信了夜叉的話，打破甕子，把水放得乾乾淨淨，開車前進。不料前面全然沒有水，大家因為得不到飲料，疲憊不堪。一程一程地向前挨，到了太陽西沉的時候，把車輛解下來排成圓圍，把牛吊在輪上。牛沒有水飲，人沒有粥喫。大家疲乏已極，縱橫在地上臥下。到了夜半，夜叉從夜叉城出來，連人帶牛一齊弄死喫光，只把骨頭留下而去。一群的從者因了小主人的愚鈍，就這樣地喪亡了。骨頭零亂地散在四處，五百輛車子滿載了貨物停在那裡。

菩薩於那愚鈍的小隊商主走後一個半月光景，率領了五百輛車子離城出發，及到了難處的關口，他把水裝滿甕中，凡是可以儲水的東西裡，都汲水裝入。當張幕宿夜的時候，擊鼓召集人眾，對他們說：「不經我許可，一滴水都不准消費。難處有一種毒樹。不論遇到什麼葉、花或果實，凡是你們平日不曾喫過的，要向我問過才准喫。」這樣諄諄告誡以後，方率領五百輛車子進入難處。到了難處的中心地帶，那夜叉就用了老手段出現到菩薩的面前來。

菩薩見這情形便悟到了，心中想：「此地是沒有水的，是所謂無水難處。這東西眼睛發紅，一股兇相，全見不到影兒。那先走的，愚鈍的小隊商主一定已棄掉帶著的水，連同一群從者在疲憊中被他喫去了吧。他大概還不知道我是一個聰明而機警的人哩。」於是向他說道：「你們走開，我們是商人。在沒有遇到水以前，不想把水棄掉。要發見了水以後，才放出了水輕鬆地走。」夜叉向前行進，就在望不見的地方進入自己的夜叉城去了。夜叉去後，從者都對菩薩說道：「尊者啊，據他們說：『那兒望得見一抹綠林，再進去些的地方常常下雨。』他們頭上戴青蓮華或是白睡蓮的華鬘，手捧赤蓮華或是白蓮華的花束，口裡嚼著蓮莖或是藕，衣服頭髮都是透濕的。我們就把水放去，使車子輕鬆走得快些吧。」菩薩聽見他們這樣說，即命停車，把全體人員召集攏來，問道：「這難處有池水與蓮池。你們誰曾聽到過這話？」從者道：「尊者，一晌不曾聽到過這話。此地是無水難處。」菩薩道：「方才有人說，那兒有一抹綠林，再進去些地方常常下雨。我問你們。雨風可以吹多遠？」從者道：「尊者，一由旬光景。」菩薩道：「你們有誰在身上觸到雨風了嗎？」從者道：「沒有觸到。」菩薩道：「雲可伸長到多遠？」從者道：「尊者，一由旬光景。」菩薩道：「你們有誰見到雲了嗎？」從者道：「不曾見。」菩薩道：「電光可及到多遠？」從者道：「四、五由旬。」菩薩道：「你們有誰見到電光了嗎？」從者道：「尊者，不曾見。」菩薩道：「雷聲可及到多遠？」從者道：「尊者，一由旬光景。」菩薩道：「你們有誰聽到雷聲了嗎？」從者道：「不，未曾聽到。」於是菩薩道：「他們不是人，是夜叉。大概他們想來騙我們。

叫我們棄掉了水，弄得疲憊不堪，來喫我們的。那先走的愚鈍的小隊商主缺少機智，一定受了騙，把水棄掉，在疲憊中被他們喫去了吧。五百車貨物一定還在那裡，我們今天就可看到吧。趕快前進，一滴水都不要棄掉。」叫從者們向前進發。進去進去，果然看到有五百輛滿滿的貨車散亂地停在那裡，人骨牛骨狼藉在地。菩薩命把車解下列成圓形的圈子，搭好宿夜的帳幕，叫人與牛喫了晚餐，把牛睡在人的中央。自己則率領隊長執了刀，在夜之三時[4]中當警備之任，直到天明。次晨，整理一切，餵飽了牛，剔去破車，選取堅牢的車子，捨去廉價的貨物，把高貴的裝進車裡帶去。到達目的地之後，以二倍三倍的價值賣完貨物，就率領全隊人員回到本城來了。

【結分】

已成正覺之佛，說畢這因緣，又道：「居士啊，有思辨執者在前生也這般地陷於滅亡。堅持無戲論者卻從非人的手中脫出，安全達到目的地，仍回到鄉里來。」為要把這兩件事情聯結起來，作為關於無戲論的法話，復唱出下面的偈語：

有人說無戲論處。　思辨者則說其他。
了悟的智者。　應取無戲論。

佛復對那些優婆塞說道：「授與六欲天三善成就法，授與梵天界成就法，終乃授與阿羅

4　指初夜、中夜與後夜。

漢道的是無戲論道。使之轉生四惡趣與五賤族的是有戲論道。」這樣說了無戲論的法話，又以十六行相說明四諦。佛說畢四諦，五百優婆塞都證得阿羅漢果。

佛既作此法話，述此二故事，又取了聯絡，把本生的今昔聯結起來道：「那時愚鈍的小隊商主就是提婆達多。其從者是提婆達多的從者。聰明的小隊商主的從者是佛的從者。那聰明的小隊商主則就是我。」

二 沙道本生因緣 〔菩薩＝隊商主〕

【序分】

此本生因緣，是佛在舍衛城時，就一喪失奮發之心的比丘說的。某時，如來在舍衛城。有一居住舍衛城的良家之子，往祇園精舍，在佛處傾聽法話，發生信仰，感諸欲之可厭，就出了家。他為受具足戒費時五載，暗記二種本典要目，學習觀行，在佛處選取了與自己相應的業處〔觀法〕，入森林中作雨季修行凡三閱月，但毫無微光或徵候顯現出來。他想：「佛嘗說有四種人物。我是其中最低級的一種吧。我究能在此生做些什麼呢？佛的覺悟之道與果，都是不可得的。不如棄了森林生活，到佛前去，瞻仰秀麗第一的佛身，傾聽甘露似的法話，以度光陰吧。」於是再回到祇園精舍來。有些知友們這樣問他：「朋友，你從佛處選取了業處，決心去實行沙門之法了的，現在卻回來與眾人雜處為樂。難道你在出家的修行上已成就了最高的工夫，可不再受生了嗎？」他答道：「我因得不到覺悟之道與果，覺得自己真是無能之人，所以中止了精進努力而回來了。」那些知友道：「朋友啊，你以堅固的精進之心，遵從佛之教示出了家，今竟捨棄精進，實無理由。喂，陪你見佛去吧。」於是陪他到佛那裡來。佛見了他，說道：「比丘們啊，你們把這個不願來的比丘帶了來，究是為何？」比丘道：「世尊啊，這位比丘因信奉解脫之教，出家修行沙門，而今卻捨了精進之心而回來了。」於是佛問他道：「比丘啊，聽說你捨了精進之心，真的嗎？」比丘道：「世尊，真的。」佛道：「比丘啊，你既信奉此教出了家，為何不叫人曉得你是寡欲者、知足者、遁世者、努力精進者，卻叫人知道你是捨棄精進之心的比丘呢？你在前生是個努力精進的人。靠了你一個人的努力，當五百輛車子在沙漠的難處趕路時，人與牛都獲得飲料而安全，為何現在捨棄了精進之心呢？」於是那比丘就大大地把意向堅定了。比丘眾聽了這話，懇求道：「世尊啊，這位比丘捨棄精進之心的事，我們現在已明白了。但前生因他一人之努力，使牛與人在沙漠的難處獲得飲料而安全，乃是隱事，只有像世尊這樣的一切知者才明白。請為我等一說這個因緣。」佛道：「比丘們啊，那麼好好地聽著。」佛先這樣促起了比丘眾的注意，然後對他們講述前生隱祕的因緣。

【主分】

從前，當梵與王住在迦尸國波羅奈城治國時，菩薩生在隊商主的家裡，成長後率領五百輛車子經營商業，來往各地。有一日，他跑進了直徑六十由旬的沙漠難處。這難處的沙，細得手中留不住，日出後就發燙，灼熱如火聚，足不能下。因此凡欲入此難處者，只好用車運輸薪、水、油、五穀等物，在夜半趕路，天亮以後將車停住，排成圓形，頭上張起天幕，喫了飯坐在涼蔭下，度過一日。日沒時進晚餐，等到大地冷卻後，駕車再行。前進時必帶嚮導。嚮導者觀察星象，以安渡隊商，猶如航海一般。那時，這隊商主也以如此方法，向這難處前進。當到達六十由旬尚少一由旬的地方時，心想：「再過一宵就可出沙漠難處了。」喫了晚飯，盡棄薪、水諸物，繫車於牛而進。嚮導者在前車中鋪了床，把天上的星觀察一會，喊了一句「喂，前進啊」，就躺下了。他因好久未曾睡覺，疲累不堪，一躺下就入睡鄉。誰知牛已轉了方向，循著所從來的路而行。牛終夜不停地前進。破曉時嚮導者一覺醒來，仰視著星宿，說道：「把車子轉向啊。」當掉轉了車頭排好行列時，太陽已出來了。眾人怪道：「這裡不就是昨日我們張營幕的地方嗎？薪盡水絕，我們將坐以待斃了。」就將車子解開排成圓形，頭上張起天幕，各自臥在車下歎息。菩薩想道：「我若不勇猛精進，全體人員都會死在這裡吧？」於是乘著朝涼，四處徘徊，發見了一個吉祥草叢，心想：「這草是受地下水的恩惠而生長的吧？」就命人用鍬去掘。當掘至六十肘之處時，鋤為地下的巖石所阻，掘的人都喫了一驚而中止了。菩薩又想：「這巖石下當有水。」遂下去立於巖石上，屈著身聳耳而聽，果然聽到那下面有流水聲。他出來向侍童說道：「你若中止努力，我們都將死亡。別停止努力，給我下穴去，用這鐵槌予那巖石以一擊啊。」其餘的人都停止了工作站著，只有那侍童願意聽從他的吩咐，不廢努力，下去對那巖石猛擊一槌。頓時巖石裂成兩段墮下，水流遭到阻遏，就變作了棕櫚幹般粗的水柱，湧上地面來。眾人大喜，飲水洗澡，又劈斷了多餘的車軸與軛，焚火煮粥而食，復餵了牛，日沒後在水穴旁邊立了標識，向目的地進發。在那裡他們賣了貨物，獲得二倍四倍之利還鄉。他們在鄉里終了天年，依各人的業報往生。菩薩也施行布施等善業，依其業報離此世而去。

【結分】

已成正覺之等正覺者〔佛〕作此法話後，唱出了下面的偈語：

有人不倦不撓掘沙道，　以是發見多量水。
牟尼〔佛〕精進亦如是，　不倦不撓得寂定。

佛作此法話後，說明四諦。說畢四諦，那個捨棄努力的比丘證得最上阿羅漢果。

佛述此二事畢，取了聯絡，把本生的今昔聯結起來道：「那時不廢努力、擊斷巖石、給水與眾人的侍童，就是這捨棄努力的比丘，其餘眾人即今佛之從者，隊商主則就是我。」

三　貪欲商人本生因緣〔菩薩＝商人〕

【序分】

此本生因緣，是佛在舍衛城時，就一個捨棄努力的比丘說的。與前回的故事同樣，佛向那個由比丘眾陪伴而來的比丘說道：「比丘啊，你信奉那予人以道果的教而出家，今竟捨棄努力，你將如塞利婆商人喪失價值十萬的金茶碗一樣，永抱悔恨吧。」比丘眾求佛說明緣故，佛就說出前生隱祕的因緣來。

【主分】

從前，在距今五劫以前，菩薩在塞利婆地方，是一個名曰塞利懷的行販商人。他與另一貪欲的行販商人也名塞利懷的，一同渡過推勒婆訶河，走入盎陀菩羅市，劃分了市街，沿著劃歸自己的街道叫賣商品。另一塞利婆也認定了劃歸自己的市街。

市中有一紳商之家，已零落不堪。兒子、兄弟財產也都沒有了，只有一個孫女與祖母還活在世間。二人都被傭於人以為生。這分人家有一隻從前大紳商所使用的金茶碗，被棄置於雜物之間，滿積塵埃，從未動用。二人竟不知那茶碗是金的。有一日，適值那個貪欲的商人沿街喚著「賣寶石」〔飾物〕到這人家的門口來了。孫女見了商人，向祖母說道：「祖母，請買一個瓔珞〔飾物〕給我。」祖母道：「我們貧窮人家，用什麼去買呢？」孫女道：「我們有一隻茶碗，並不用的，就用這個來換吧。」於是祖母喚商人入內，叫他坐下，把那茶碗給他看道：「請你隨便換點東西給這位姑娘吧。」商人手中拿著茶碗，心想：「這是金茶碗吧，」轉來倒去地看個不休，並用針在碗底刻劃，知道確是黃金製成，欲「一點東西都不給而取得這茶碗」，說道：「這是不值錢的，半磨沙迦也不值。」說罷，就棄碗於地，起身而去。依照約定，甲既跑入而又出去了的街，乙就可以進來做生意的。菩薩走入那街道，叫著「賣寶石」〔飾物〕來到這家門口。那孫女又對她祖母說同樣的話。祖母道：「方才來的商人擲茶碗於地而去。這回用什麼來買呢？」孫女道：「那人言語亂暴，這一位樣子倒斯文，口氣也溫和，大概會受吧？」祖母道：「那麼妳去喚他進來。」於是孫女去喚他了。當那商人入內坐下時，兩人就拿那茶碗給他看。他知道那是黃金製成的，便道：「喂，這茶碗值十萬金。我手頭沒有價值與這茶碗相等的貨物。」祖母道：「先生，方才的商人說這樣的東西連半磨沙迦也不值，投擲於地而去。現在你說是金的，真難為你。我們將這給你，請隨便送一點東西給我們，就拿了去吧。」於是菩薩將那時身邊所有的金子五百迦利沙波拏與價值五百金的物品統統給了她們，只要求說：「請把秤、袋還我，再找給八迦利沙波拏。」接受而去。他急忙地跑到河岸，以八迦利沙波拏給與船夫，乘在船裡。後來那個貪婪的商人也再到那人家來，說道：「請把那茶碗拿給我，我給你們一點東西吧。」她們責備他道：「我們價值十萬金的金茶碗，你竟說連半磨沙迦也不值。但有一個正直的商人，似乎是你的主人吧，卻給了我們一千金，把茶碗受去了。」貪婪的商人聽了此言，心想：「那麼我失掉了那價值十萬金的金茶碗了嗎？這真是我極大的損失哩，」於是沉於憂悶之中，精神恍惚，至不能引起記憶。他把自己手中的金錢與商品撒散於門口，上衣與內衣統統脫去，以秤桿代替了棍棒執在手裡，追逐著菩薩趕到河岸，見菩薩已乘船而行，乃大聲叫喚道：「喂，船主，把船駛回啊。」可是菩薩阻止船夫說：「不可駛回去。」那個貪欲的商人見菩薩愈行愈遠，他的悲憤之情亦愈熾烈。胸部發燒，口中迸出血來，心臟像旱天的池泥般裂開，抱怨著菩薩而暴卒了。這就是提婆達多對於菩薩的最初遺恨。菩薩作著布施等善行，依其業報，離此塵世而去。

【結分】

已成正覺的等正覺者，作此法話後，唱出下面的偈語：

若在現世　違反正法之指導
你將永受苦惱，　與那塞利婆商人一樣。

佛這樣地以阿羅漢位為目標，將那故事說至頂點，然後闡釋四諦。說畢四諦，那個捨棄努力的比丘就證得了最上的阿羅漢果。

佛述此二事畢，又取了聯絡，把本生的今昔聯結起來道：「那時愚昧的商人是提婆達多，聰明的商人則就是我。」

四　周羅財官本生因緣　〔菩薩＝財官〕

【序分】

此本生因緣，是佛在王舍城附近耆婆庵羅林時，就大德周羅槃特〔小路〕說的。這裡非說一說周羅槃特誕生的故事不可。

王舍城某豪商，有女與家僕發生了私情。那女子怕人知其隱私，說道：「我們不能住在這裡了。倘使我的父母曉得了這事，怕會將我千刀萬剮呢。到他國去安身吧。」於是二人就捲了財物逃出家門，奔走各地，打算「住到無人知曉的地方去」。當他們在某處同居時，她懷了孕行將臨產，與丈夫商量道：「我就要臨產了。遠離了熟人、親戚，在此地做產，在我們兩人都是苦事，不如回家去吧。」但丈夫只是說著「今天去吧，明天去吧」，把日子虛度過去。於是她想：「這笨傢伙因為自己做了可憂的壞事，所以連去都不敢去了。在世界上，父母是無上的恩惠者。不管他去與不去，我還是去吧。」她把家具整頓一過，復將回娘家去的事告訴了鄰人，便出發了。她丈夫回到家中，不見了她，詢問鄰人，知已歸寧，乃急急在後追趕，在途中被他追著了。她就在那裡產下孩子。夫問：「怎麼？」妻道：「生了一個男孩。」夫問：「那麼將怎樣呢？」妻道：「我因要做產，所以想回母家去，不料在途中就產下來了。現在即使到那裡去也已無意義。喂，回轉去吧。」於是二人同意轉身回去。那孩子是在路上生的，所以命名曰槃特（道路）。未幾，她又懷孕了。情形與前面所述者一樣，也在歸寧的途中產生下來。兩個孩子都是路上生的，第一個名曰摩訶槃特（大路），後來生的一個名曰周羅槃特。他們帶著二個男孩子回自己住家去了。他們住在那裡，槃特童子聽到別的孩子們談及舅父、外祖父、外祖母時，便問自己的母親道：「媽，別的孩了談到舅父、外祖父、外祖母，我們怎麼沒有親戚呢？」母親道：「這裡雖沒有我們的親戚，王舍城中卻有著豪富的外祖父，在那裡我們親戚很多呢。」孩子道：「媽為什麼不到那裡去呢？」她將自己不能去的理由告訴了兒子，對兒子不知講了幾多遍以後，她向丈夫說道：「這兩個孩子使我非常苦惱。父母見了我們，也決不會喫掉我們的。喂，快帶孩子到外祖父家裡去吧。」夫道：「沒臉孔去見他們，妳一個人帶他們去吧。」妻道：「不論怎樣，只要給孩子們看到外祖父的家就好了。」二人帶著孩子，終於到了王舍城，在城門口找到寓所住下，叫人告訴自己的父母，說帶了兩個孩子來歸寧了。父母聽了這話，說道：「凡流轉輪迴之身皆有孩子。但他們是我們的大罪人，所以不能住在我們看得見的地方。不如叫他們拿些財產，同赴安樂之地去居住。把兩個孩子留在這裡。」長者的女兒領受了父母所贈與的財產，把孩子交給使者領去。

兩個孩子在外祖父家成長。周羅槃特還年幼。摩訶槃特跟外祖父同去聽十力〔佛〕說法，常在佛前恭聆法話，引起出家之念。他告訴外祖父道：「假如外祖父等允許的話，我願意出家。」外祖父道：「這是什麼話？你若出家，這在我們是較全世界人士出家還可感謝。如能出家，就出家吧。」就伴他去見佛。佛問：「長者，你如何得這孩子？」長者道：「世尊，這孩子是我的外孫。他說要在世尊旁邊出家。」佛即命一托缽僧道：「給這孩子出家。」長老向他說示皮五業處[5]，並舉行了出家儀式。他憶持了許多佛語，於成年後受具足戒，受具足戒後專心修行，遂達阿羅漢果。他享受著禪定之樂、道果之樂度日，這樣想道：「此種悅樂可給與周羅槃特吧。」於是來到長者外祖父的地方，說道：「長者啊，如果你允許的話，我想叫周羅槃特出家。」長者道：「可以。」他乃叫周羅槃特出家，並受十戒。沙彌周羅槃特雖出了家，卻甚愚鈍。經過四個月之久，還不能背誦下面這一首偈：

如芬芳的紅蓮，
看啊，佛遍照一切，

5　觀身體為不淨之不淨觀。

在清晨開放，　　又如中天輝耀的日輪。

原來，他在古時迦葉佛降世的時候曾出家，性甚聰慧，見一愚鈍的比丘暗記教語，加以嘲弄。那比丘以受彼嘲弄為恥，遂不暗記、復誦教語了。以此業障，他雖出了家仍極愚鈍，所暗記的文句，也往往記得上文，而忘了下文。他以暗記此偈自勵，也已經過四個月之久了。那時，摩訶槃特告訴他說：「槃特，你連信奉此教的資格都沒有。你不是過了四月之久竟不能憶持一偈嗎？像你這樣的人，怎麼能達到出家人所應該修行的最上果位呢？還是出寺去的好。」於是就用強力把他趕走了。周羅槃特卻心慕佛教，不願為在家人。時摩訶槃特為管齋者。兒科醫生耆婆攜了許多香華，來到自己的庵羅果園，供養於佛，傾聽說法，然後從座上起來禮拜了十力，走近摩訶槃特去，問道：「尊者啊，佛左右有多少比丘呢？」摩訶槃特道：「五百人。」耆婆道：「尊者，明日請陪同佛與五百比丘到舍下受齋。」摩訶槃特道：「優婆塞啊，有個叫做周羅槃特的笨傢伙，是不悟正法者。除他以外，其餘的人全體應招。」周羅槃特聽到長老這樣說，想道：「阿哥替這許多比丘們接受了招請，而獨獨除外了我。他對我一定已無兄弟之情了吧。既然這樣，他的教示於我也已毫無意義了。還是去做個在家人，積些布施等善行過日吧。」到了次晨，他就說：「還俗吧，」起身而去。天明後，佛觀察世間，見到這樁事件，就趕在周羅槃特之先，在他必須經過的城門旁遊步著。周羅槃特從屋中出來，見了佛，就趨前禮拜。佛對他問道：「周羅槃特啊，你此刻到那裡去呢？」周羅槃特道：「世尊，哥哥用強力將我驅逐了。故而在此徘徊。」佛道：「周羅槃特啊，你是從我出家的。既被兄所逐，為何不到我的地方來呢？喂，還俗去怎麼辦？還是在我這裡好。」於是佛就帶了周羅槃特回去，叫他坐在香室前面，給他一塊神通力所現的純淨的布片，吩咐說道：「周羅槃特啊，你可老守在這裡，面向著東方，口念『塵垢除去，塵垢除去』，用手撫摸這塊布片。」約定的時刻已到，佛被比丘眾圍著到耆婆的家裡去，在所設的座上坐下。周羅槃特坐在那裡，一面仰視著日輪，一面念著「塵垢除去，塵垢除去」，撫摸那布片。那布片在撫摸中被弄髒了。他想到這布片本極潔淨，因己之故失掉了原來的自性，如此骯髒。諸行真是無常。便起了盡滅觀，增長了觀察智。佛知周羅槃特的心已進至觀察智，說道：「周羅槃特啊，切莫以為惟有這布片為塵垢所污。心中亦有欲之塵垢等，須得拭去。」接著就大放光明，使之覺得恰如坐在面前似的，且唱出下面的偈語來：

貪欲為不淨（染污），塵垢不得稱不淨，　不淨為貪欲之異名。
彼比丘眾捨此不淨，　住於脫離不淨之教。
瞋恚為不淨，塵垢不得稱不淨，　不淨為瞋恚之異名。
彼比丘眾捨此不淨，　住於脫離不淨之教。
愚癡為不淨，塵垢不得稱不淨，　不淨為愚癡之異名。
彼比丘眾捨此不淨，　住於脫離不淨之教。

此偈終時，周羅槃特得四無礙辯與阿羅漢果，就依四無礙辯而通達三藏了。原來，他在前生為國王時，因右繞城廓額上流出汗來。用潔淨的布片拭額，布片受污。他於此時，得無常想，以為：「以此肉身故，這樣潔淨的布片也失了自性而遭污了。諸行真是無常。」由此因緣，這「塵垢除去」遂成為緣了。

兒科醫師耆婆對十力作過水的供養。那時佛道：「耆婆啊，精舍中不是還有一個比丘留在那裡嗎？」說著用手將缽覆住。摩訶槃特道：「世尊啊，寺中不是一個比丘也沒有了嗎？」佛道：「耆婆啊，尚有一人在著。」耆婆道：「那麼叫人去到精舍調查一下，且看究竟還有比丘在那裡沒有吧。」說著就差人去了。這時周羅槃特心想：「哥哥說精舍中已沒有一個比丘了，我且叫他看看精舍中尚有比丘們吧。」於是他使整個庵羅林滿住著比丘，有從事於衣服之事的比丘，亦有從事於染色之事的比丘，更有以誦經為事的比丘，這樣地化出了一千個神態各不相同的比丘。那使者見精舍中有許多比丘在著，便回去報告主人耆婆道：「主人，庵羅林中滿是比丘呢。」這邊，高僧〔周羅槃特〕自己唱出偈語：

槃特將己身化成千種形相，　在快適的庵羅林中，坐待時刻到來。

這時佛對那使者道：「你到精舍去，說：『佛喚周羅槃特去。』」他遵命前去通報，一千比丘都說道：「我是周羅槃特。我是周羅槃特。」使者回來報道：「世尊啊，他們都叫周羅槃特。」佛道：「那麼，你再去一次，把第一個叫『我是周羅槃特』的手抓住。這樣一來，後叫的會消失吧。」他去到那裡依吩咐而行，一千個比丘忽然消失了。高僧〔周羅槃特〕遂與來迎接的使者同行。佛於食後對耆婆道：「耆婆啊，請你將周羅槃特的缽接受了去，他會對你表示歡喜之意吧。」耆婆遵命做了。高僧如年輕的獅子般怒吼起來，朗誦三藏，聲震天地，以表歡喜之意。佛從座起身，被比丘眾圍繞著回到精舍，指示比丘眾應為之事，復離座立於香室前，對比丘教團與以善逝（佛）的教誡，講說業處之修行以激勵比丘教團，然後步入妙香撲鼻的香室去，側下右脅臥於獅子之床。到了薄暮，比丘眾從各處聚集到法堂上，成行列坐著，談起佛之威德來。「法友啊，摩訶槃特不明白周羅槃特的性格，說是『經四個月之久猶不能記誦一偈，他真是笨傢伙』，強把他驅逐了。但等正覺者因為是無上法王，在一頓飯工夫就圓滿地授以四無礙辯與阿羅漢位，使他藉無礙辯精通了三藏。諸佛的力量不是廣大無邊嗎？」佛知法堂上在開始作此談話，心想：「現在正是自己應出去的時候了。」遂由床而起，內著濃褐色的夾衣，繫了電光似的帶子，披上褐色的羊毛布似的善逝的大衣，從妙香芬芳的香室中出來。步履堂堂，猶如獅象，顯出無限的佛德。到了講堂，昇至精美莊嚴的佛座，放出六色光明。那光明宛如可以通澈海底，與由乾陀山頂所現的旭日一般，在講座中央坐下。佛到以後，比丘教團就停止了談話沉默下來了。佛含著柔和的慈愛瞧著比丘眾想道：「這集會確乎極好。無一人動手，無一人動足，無一人咳嗽，亦無一人打嚏。大家都對佛的莊嚴起了尊敬之念，畏服佛的光明，縱使我一生不開口而坐著，也不會有人先開口談話的吧。開始說話的機會，我當然知道。讓我先來開口吧。」接著就以甘露似的梵音向比丘眾問道：「比丘們啊，你們剛才有什麼談話而會集於此？你們中途停止的是什麼話呢？」比丘眾答道：「世尊啊，我們坐在這裡沒有談卑俗的話。只在讚歎著世尊的威德，說：『法友阿，摩訶槃特不明白周羅槃特的性格，說經過了四個月之久猶不能記誦一偈，他真是笨傢伙，強把他驅逐出精舍了。但等正覺者因為是無上法王，在一頓飯工夫圓滿地授他以四無礙辯與阿羅漢位。使他藉無礙辯精通了三藏。諸佛的力不是廣大無邊嗎？』此外不說別的。」佛聽了比丘眾這話，說道：「比丘們啊，周羅槃特現在固然因我而在教法中獲得大法，在前生他也曾因我獲得了大財產哩。」比丘眾求佛解說這話的意義。佛乃為之說明前生的隱祕因緣。

【主分】

從前，當梵與王住在迦尸國波羅奈京城治國時，菩薩生於財務官之家。及長做了財務官，人名之為小財官。他為人聰明伶俐，能解一切豫兆。有一日，他隨王行走，途中看見一隻死鼠，當即配合了星宿想道：「倘有聰明的男子把這鼠取去，可以娶妻立業呢。」那時有一個窮困的男子，聽了這位財務官的話，忖道：「那人想不會毫無所知而說這樣的話的吧，」於是將鼠取去，至一酒店給與了貓，獲得一釐。以那一釐買了糖蜜，又在水瓶中裝入了水，一齊拿著。他見到從森林來的華鬘匠們，就與以糖蜜少許，又給以一杓水。他們給了他一握花。他以花的代價，次日，又買了糖蜜，並攜水瓶到花園去。那日，華鬘匠們給了他一半摘剩的草花走了。他依此方法，不久就得到了八迦利沙波拏。又，某一風雨之日，宮內遊園地中，有許多枯萎了的樹幹、枝葉等被風吹落。園丁不曉得要怎樣掃除才好。他走到那裡，告訴園丁道：「如將這些枯樹與枝葉給我，我可代你完全搬去。」於是園丁答應道：「請拿去吧。」這窮困男子名曰周羅懷西格，信奉小財官之說，也可說是他的弟子。他來到孩子們嬉戲的地方，將糖蜜給與他們，叫他們搬運枯樹與枝葉，一忽兒就在遊園地入口堆積如山了。時王室的陶器師正為燒製王室陶器而搜求柴薪，及至遊園地入口見了這許多枯樹與枝葉，便向他買去。那日周羅懷西格賣薪所得，除十六迦利沙波拏外，尚有一隻水甕與五件陶器。當他得到二十四迦利沙波拏時，說：「有一好計劃。」在離城門不遠處擺了一隻水甕，以飲料水供給五百個刈草人。他們說：「朋友啊，你是我們的大恩人。讓我們替你做點什麼事吧。」他說：「待我有事時再請你們幫忙吧。」後來在各處奔走間，跟陸上商人與水上商人發生了親密的感情。陸上商人告訴他說：「明日將有一個馬販帶五百匹馬到本村來。」他聽了這話，就對刈草人道：「今日請你們每人給我一束草。並且在我沒有將草賣去以前，你們也不要將各自的草出賣。」他們答應說；「好，」拿了五百束草堆在他的家裡。馬販因全村中得不到馬喫的草，乃向他以千金收買。數日後，水上商人告訴他說：「有大船抵港了。」他打定主意，花八迦利沙波拏雇了一輛有附屬品的出租車子，威風堂堂地乘至船埠，將戒指給與船員們，作為訂定購貨的信約。叫人在近處張起天幕，自己坐在幕中，吩咐從者道：「商人從外邊來時，須經過三個門衛來報告。」這時，有一百商人聽到船已抵埠的消息，就從波羅奈來購辦貨物。人們說道：「你們是辦不到貨的。因為某處的大商人已訂了收買的約束了。」他們聽了此話，就到那商人的地方來。商人的從者們，照著剛才所關照的，通過三個門衛，前來通報那批商人已到。那一百個商人各出一千金，請那商人一同下船去。又每人拿出一千金叫他放棄所有權，轉讓貨物。周羅懷西格得到二十萬金返波羅奈，說

「要表示謝意」，攜了十萬金親自到小財務官的地方來。小財務官向他問道：「你幹了什麼得到這許多財產？」他道：「我依你所說的方法，於四個月間得到的。」就從死鼠起將一切經過講了一遍。周羅大財官聽了他的話，覺得「這樣的人才，不可為他人所有」，遂以年已及笄的女兒嫁給他，使他作一家之主。那財官死後，他就了市財務官之職。菩薩亦依其業報離開此塵世而去。已成正覺的等正覺者作此法話後，又唱出下面的偈語來：

具眼的賢者，　能以些微的金錢獲鉅貲。
恰如吹星星的火，　成為大火聚。

【結分】

佛說：「比丘們啊，周羅槃特現在因我而獲得諸法中的大法，但在前生也獲得了財產中的大財產。」

佛作此法話，述此二故事，又取了聯絡，將本生的今昔聯結起來道：「那時的周羅懷西格就是周羅槃特，小財務官則就是我。」

五　稻稈本生因緣 〔菩薩＝評價官〕

【序分】

此本生因緣，是佛在祇園精舍時，就愚鈍的優陀夷大德說的，當時末羅族出身的沓婆尊者，是教團的管齋者。他於每日清晨指揮以籌掉換飯食，優陀夷大德有時得到好的飯，有時則得到不好的飯。在取得不好的飯那一日，他在籌室中吵起來道：「難道只有沓婆懂得分籌，我們便不懂得分籌嗎？」一日，當他照例在籌室中騷擾時，眾人道：「那麼，今日請你分籌吧。」說了就將籌籠交給他。從此以後，就由他分籌給教團了。但當分籌之時，飯的精粗與給某長老以精飯、給某長老以粗飯等事，都是不曉得的。又定席次時，這是某長老之席，那是某長老之席，也不能識別。因此當比丘眾就座時，在地上或牆上刻了記號，標明此處有某席，此處有某種飯食。可是次日在籌室中，有比丘人數少的地方，也有比丘人數多的地方。因而在人數少的地方將記號刻在下方，人數多的地方將記號刻在上方。而他是不曉得席次的，故只看著記號分籌。這時，比丘眾對他說道：「優陀夷啊，雖然記號或在下方，或在上方，你也得為某長老備精飯，為某長老備粗飯的。」但他卻反駁道：「那麼何用作著這種記號呢？我怎能相信你們的話，我只相信記號。」年輕的比丘與沙彌們道：「優陀夷啊，自你分籌以後，比丘們的所得減少了。由你分籌是不適當的。請你出去吧。」於是就將他逐出籌室。那時，籌室非常混亂喧擾。佛聽到了就問阿難尊者道：「阿難啊，籌室非常囂擾，什麼事呀？」阿難即將事由向如來稟告。佛道：「阿難啊，優陀夷因自己愚鈍以致減少他人的所得，並不自今日始。前生也作過這樣的事。」阿難求佛明示這話的來由，佛乃為他說明前生隱祕的因緣。

【主分】

從前，迦尸國波羅奈城，有一國王名曰梵與。那時菩薩為王的評價官。他的職務，是規定象、馬與寶玉、黃金等物品的價格，評價後將與物品相當的代價付給所有者。這位國王是貪婪的。因他天性貪婪，故這樣忖道：「那評價官如此估價，恐怕不久會將我的財產蕩盡吧。非另找評價官不可。」王開了窗子，眺望庭園，見一愚魯的田夫經過，心想：「他能擔任我的評價官職務吧？」就叫住了他問道：「你能擔任我的評價官職務嗎？」那愚夫答道：「大王，我能擔任的。」因此王為保護自己的財產起見，命那愚夫就了評價官之職。嗣後那愚夫當對象、馬等東西估價時，不顧真價，隨意估定。在他任職期間，一切市價皆從他口中說出。有一馬販從北方帶領五百匹馬來。王吩咐那愚夫估計馬價，他對那五百匹馬只定了一根稻稈的價值，說：「請付馬販一根稻稈。」便將馬牽入馬廄去了。馬販來到老評價官（菩薩）那裡，告以此事，問道：「怎麼好呢？」老評價官道：「你贈些賄賂給那人這樣問他好了：『你估定我們的馬值，一根稻稈，但我想知道一根稻稈的價值。你能在國王面前說明一根稻稈值多少嗎？』如果他說『可以』，那麼你就跟他到王面前去。我也到那裡去吧。」馬販點頭稱是。向評價官行賄後，即以這話相告。那人收了賄賂，說道：「我可以估出一根稻稈的價值。」馬販道：「那麼進王宮去吧，」便與評價官到王那兒去了。菩薩與其他許多大臣也去了。馬販向王行了敬禮，說道：「大王，我已知道五百匹馬的價值與一根稻稈的價值相當。但一根稻稈價值多少呢?乞垂詢評價官。」王因不知其中底細，問道：「評價官，五百匹馬值多少錢？」評價官答道：「值一根稻稈。」王又問道：「五百匹馬之價值等於一根稻稈，那麼一根稻稈值多少呢。」那愚笨的評價官答道：「一根稻稈的價值，與波羅奈城及其四郊相當，」他先迎合國王的意思，說所有〔五百匹〕的馬的價值與一根稻稈相等，及至收受了馬販的賄賂以後，又說一根稻稈的價值與波羅奈城及其四郊相當。波羅奈全城面積十二由旬，四郊廣三百由旬。但那愚人把這樣廣大的波羅奈城與四郊估計為一根稻稈。諸大臣聽了他的話，都拍手笑起來，嘲笑他道：「以前我們覺得土地或領土是不能評價的。而你卻說這樣廣大的波羅奈連國王在內，只值一根稻稈。評價官確乎穎悟過人。評價官一向在何處度著歲月的？跟我們大王倒相應哩。」這時王羞慚無地，遂將這愚夫驅逐，仍令菩薩任評價官之職。後來菩薩依其業報，離開了這個塵世而去。

【結分】

佛作此法話，述此二故事，又取了聯絡，把本生的今昔聯結起來道。「那時愚鈍的田夫評價官是愚鈍的優陀夷，賢明的評價官則就是我。」

六　天法本生因緣〔菩薩＝王子〕

【序分】

此本生因緣，是佛在祇園精舍時，就一個擁有許多財產的比丘說的、舍衛城有某資產家，因妻死而出家。他叫人建造了自用的方丈、廚房與庫房，在庫房裡堆滿了酥、油、米等物，然後出家。出家以後，仍叫自己的家僕來，隨著自己的意思，烹調食物而食。用具也極豐富，身上穿著朝晚不同的衣服，住在精舍附近。一日，他在方丈中曬滿了衣服與毯子，有許多比丘從鄉間來，於遍歷比丘的宿舍之後，到那方丈來，見了衣服等物，便問道：「這是誰的東西？」他說：「這是我的東西。」比丘眾問道：「這是上衣，這也是上衣，這是內衣，這也是內衣。并且還有毯子，這些都是你的嗎？」他回答道：「是，都是我的。」比丘眾道：「佛只許有三衣。你歸依了如此注重寡欲的佛教，卻擁有這許多器物。喂，帶你到十力的面前去吧。」說著拉了他到佛的地方來。佛見了問道：「比丘們啊，為什麼把這可厭的比丘帶到這裡來呢？」比丘眾答道：「世尊啊，這比丘儲著許多財物與用具。」於是佛向那比丘問道：「喂，比丘啊，聽說你有著許多財物，真的嗎？」他回答道：「世尊，真的。」於是佛又道：「如何置許多財物呢？我不是一向稱讚寡欲知足與離群精進等行為嗎？」他聽了佛的話動怒了，說道：「那麼，我這樣行走吧。」就將上衣脫去，只穿一件單衣站在大眾之間。那時佛庇護著他，說道：「比丘啊，你在前生曾求慚愧之心，連為水中的羅剎（鬼神）時也求慚愧之心而過了十二年。為何現在因信奉此尊貴之教出了家，居然曾在四眾之前脫去了上衣，捨棄了慚愧心而站著呢？」他聽了佛的話，就起慚愧之心，即穿好上衣，向佛禮拜，然後坐在一旁。比丘眾求佛解釋原由。佛乃為之說明前生的隱祕因緣。

【主分】

從前，迦尸國波羅奈城有一國王，名曰梵與。時菩薩投胎於皇后的身中。命名那一天，起名為化地王子。當王子能行走時，王又生了一子，起名為月王子。當這第二個王子會行走時，菩薩的母親死了。王乃另立皇后。她受王寵愛，因愛的結果，產下一子，起名為日王子。王對這王子非常滿意，說道：「后啊，為了這孩子，我當給妳贈品。」皇后道：「且等將來要時再請賞賜吧。」當那王子成長時，她向國王要求道：「這孩子生時，大王曾要給我贈品。現在請將王位授與這孩子。」王拒絕道：「我那兩個王子，行走時火聚似地放出光來。我不能將王位讓與妳所生之子。」但皇后儘是懇求不休。王想：「她對那兩個孩子或許會下毒手呢。」於是叫兩個王子到面前來，對他們說道：「你們聽我說。日王子生時，我曾說要與以贈品，現在他母親要求王位。我不願把王位授與他。女人的心腸是惡毒的，或許她會對你們懷惡心也未可知。你們還是跑到森林去。等我死後，就在王家管領的城中，執行政權吧。」他哭著吻了兩個孩子的頭，送他們出去。二子拜別父王，走出宮殿。時日王子正在庭中遊戲，見了他們，即了悟其故，說道：「我也與兩位哥哥同去吧。」於是三人一同出去了。三人向喜馬拉雅山進發。菩薩（長兄）來到路旁，坐在樹下，對日王子道：「日啊，你可到那湖中去洗個澡，用蓮葉汲些水來。」這湖是毘沙門天讓與某水鬼管領的。毘沙門天曾吩咐那水鬼道：「除知天法者外[6]，不論何人，若有下湖者，儘可喫他，不下湖者不准喫。」此後那水鬼常向下湖來者詢問天法，不知者就捉來吞食。卻說日王子走到那湖，就毫無顧慮地下去了。那水鬼將王子一把抓住，問道：「你知道天法嗎？」王子答道：「天法即是日月。」水鬼道：「你不知天法，」就將王子拉到水中，叫他在自己的居處站著。菩薩見

6 富有慚愧心與道義之人。

日王子遲遲未歸，差月王子前去。水鬼又將他捉住了問道：「你知道天法嗎？」他回答道：「知道。天法即是四方。」水鬼道：「你不知天法，」又將他抓住，叫他站在那個地方。菩薩見月王子也遲遲未歸，心想「一定有什麼魔障了」，乃親自到那裡去，看到二人下去的足跡，就知道「這湖必是鬼怪管領的地方」，遂佩劍執弓立著。水中的鬼怪見菩薩走下水邊來，便扮作樵夫模樣，向菩薩說道：「好漢啊，你路上辛苦了。怎麼不走下湖中去沐浴、飲水、食水蓮之莖，以蓮華飾身，舒服舒服呢？」菩薩一見知是夜叉，就對他說道：「你捉了我的弟弟吧？」他道：「不錯，是我。」菩薩道：「什麼緣故？」水鬼道：「『有人入這湖來我就捉。」菩薩道：「為何捉一切的人呢？」水鬼道：「除知道天法者外，其餘一概要捉。」菩薩道：「你要知道天法嗎？」水鬼道：「是的。」菩薩道：「那麼讓我為你說天法吧。」水鬼道：「請說，我拜聽吧。」菩薩道：「我會說天法，可惜手足不潔。」於是水鬼請菩薩洗了澡，進了食，飲了水，身上飾了華，塗了香，復在布置雅潔的講堂中央替他擺了座席。菩薩就座，叫水鬼跪在足下，說道：「那麼，你傾耳恭聽我說天法，」便唱出下面的偈語：

具足慚愧心，　　專念於清白之法，
寂定處世間，　　如是善士曰天法。

水鬼聽了這法話，就起清淨歡喜之心，向菩薩說道：「賢者啊，我因你之大力，起了清淨歡喜之心了。把兩個弟弟中的一個交還給你吧。帶哪一個回去呢？」菩薩道：「請帶幼弟來。」水鬼道：「賢者啊，你雖知道天法，卻並不實行。」菩薩道：「為什麼？」水鬼道：「你捨掉大的，挑選幼的，你不敬老嗎？」菩薩道：「水鬼啊，我知道天法，而且實行著天法。我之所以跑進這森林中來，也是為了他的緣故。他的母親為他向我們的父親要求王位。我們父親不肯給，為了庇護我們，叫我們住到森林中來。那王子不欲回去，也跟著我們來了。假使說『他在森林中被鬼怪喫掉了』，試問誰能相信呢？因此我為恐受責難，要把他叫回去的。」水鬼道：「有理有理。賢者啊，你知道天法，而且是個實行者。」於是水鬼發生了信仰心，對菩薩致讚嘆之辭，把兩個弟弟一同帶來交還給他。菩薩對水鬼道：「朋友，你因從前做了惡業，所以生而為食人血肉的鬼怪。現在若再行惡事，這惡業將使你不能脫出地獄等境界吧。從今以後，你須棄惡行善。」菩薩說了這話，就把鬼怪馴伏了。菩薩這樣地降伏了鬼怪以後，受著他的護衛住在那裡。一日，菩薩觀察星象，知父王已死，乃帶著鬼怪回波羅奈，即了王位。封月王子為副王，日王子為大將軍。又替鬼怪在景色佳麗之地造了住宅，賜以最上等的華鬘，最上等的花與最上等的食物。菩薩據正義而行政治，後來依其業報，離開了這個塵世。

【結分】

佛作此法話後，說明四諦。說畢四諦，那比丘證得預流果。等正覺者（佛）述此二故事，又取了聯絡，把本生的今昔聯結起來道：「那時水鬼是那多財的比丘，日王子是阿難，月王子是舍利弗，而長兄化地王子則就是我。」

七　採薪女本生因緣

〔菩薩＝採薪女之子〕

【序分】

此本生因緣，是佛在祇園精舍時，就剎帝利族之女婆沙婆說的。詳情見第十二編〈跋陀娑羅樹神本生因緣〉〔第四六五〕中。她是釋迦族摩訶那摩之女，為婢女奈迦蒙陀所生，後為拘薩羅國王的妃子。她產了一子。後來王得悉她為婢女所生，就不認她為王妃。其子韋特達婆原立為太子了的，以是亦遭廢斥，母子被幽禁在室內。佛曉得了這事，於清晨由五百比丘圍繞著進宮去，在所設的座席上坐下，問道：「大王啊，剎帝利女婆沙婆在何處？」王以原由告知。佛道：「大王啊，剎帝利女婆沙婆是誰的女兒呢？」王道：「世尊，是摩訶那摩之女。」佛道：「她當時以何資格來的呢？」王道：「是來給我做妻的。」佛道：「大王啊，她是國王之女，為王而來，從王產下王子。那王子為什麼不能做父所領有的王國的主權者呢？在前生，王偶然與一個採薪的女子發生關係，生了一子，王曾將王位傳給他哩。」王求佛解釋原由。佛乃為之說明前生的隱祕因緣。

【主分】

從前，梵與王在波羅奈城，鹵簿堂堂地到遊園去尋求花果物，徘徊林中，見一個婦人唱著歌在採薪，起了愛慕之心，遂與同宿。在那一剎那，菩薩投胎於她身中。她立刻覺得肚子像塞滿了金剛石似地重了起來，知道已經懷孕，便對王道：「大王，我已有孕了。」王將一個戒指給她，說道：「倘若是女兒，妳給我把這賣掉，以所得之錢來養她。倘若是男孩呢，妳拿了戒指帶他同來就是。」王說了這話就走了。她懷胎期滿，產下菩薩。菩薩會跑會跳了，在場上與群兒嬉戲，聽見有人說「無父之子打我的」話，來問母親道：「媽，我的父親是誰呢？」母親道：「孩子，你是波羅奈國王的兒子啊。」菩薩道：「媽，有什麼證據呢？」母親道：「孩子，國王在分別時，曾給我這隻戒指，說：『倘若是女兒，妳可將戒指賣掉，以所得之金養育她。倘若是男孩呢，妳拿了戒指帶他同來就是了。』」菩薩道：「媽，那麼為什麼不帶我到父親那兒去呢？」她明白了孩子的願望，就帶了孩子來到王的門前，通了名。及聞王召喚，乃進宮向王作禮，稟告道：「大王，這是你的兒子。」王心裡雖然明白，但在大庭廣眾之前覺得不好意思，所以否認說：「這不是我的兒子。」婦人道：「這是大王的信物，想還記得吧？」王道：「這不是我的東西。」婦人道：「大王，現在除了這個憑信別無他人可以為我作證的了。倘這孩子是大王生的，給我在空中站立。要是不然，給我墮地而死。」說著就抓了菩薩的兩腳，向空中擲去。菩薩在空中結跏趺坐，以甘露似的聲音為父王說法，唱出下面的偈語來：

大王啊，我是你的兒子，　　人主啊，你應養育我。
王對他人尚養育，　　何況親生的兒子。

王聞菩薩坐在空中說如此的法，便伸出手去說：「喂，你下來，我養你吧。」時另有一千隻手伸了出去，但菩薩並不向別人的手降下，卻降下在王的手中而坐在他的膝上。王給菩薩以副王之位，並封其母為王妃。菩薩於父王死後承繼王位，名曰運薪王，秉公施行政治，依其業報，離開這世而去。

【結分】

佛既向拘薩羅國王作此法話，述此二故事，又取了聯絡，把本生的今昔聯結起來道：「那時為母的是摩耶夫人，為父的是淨飯大王，運薪王則就是我。」

八　首領王本生因緣〔菩薩＝師傅〕

【序分】

此本生因緣，是佛在祇園精舍時，就一「不急」與捨棄努力的比丘說的。關於這本生因緣的現在與過去之事，當在第十一編〈防護童子本生因緣〉〔第四六二〕中說明。故事與那裡所說的一樣，惟偈語不同。

【主分】

首領王子遵守著菩薩的教戒，雖為一百兄弟中之最年幼者，卻由兄弟們圍繞著，頂罩白傘，坐在寶座上。他見自己榮耀已達絕頂，認為自己之所以能極盡人間之榮譽，乃受師傅之賜，感激之餘，不覺唱出下面的優陀那[7]來：

7　感激而唱的偈。

縱使不急，　所望之果亦可成熟。
我的梵行已成熟，　首領啊，這是你應知道的。

他即王位後過了七、八天，兄弟們都回到自己那裡去了。首領王以正義執行政治，依其業報，離開了這個世界。菩薩亦修行福德，依業報離此世而去。

【結分】

佛作此法話後，說明四諦。說畢四諦，那懈怠的比丘證得阿羅漢果。佛說述此二故事，藉此把本生的今昔聯結了起來。

九　摩迦王本生因緣〔菩薩＝國王〕

【序分】

此本生因緣，是佛在祇園精舍時，就大出家[8]之事說的。佛出家的事已在〈因緣總序〉中講過。一時，比丘眾坐著談話，對十力的出家加以讚歎。佛來到法堂，在座上坐下，問比丘眾道：「比丘們，剛才會集於此，談論何事？」比丘眾道：「世尊啊，不是什麼別的話。我們坐在一堂讚嘆世尊出家之事。」佛道：「比丘們啊，如來並非現在才出家，前生已出過家的。」比丘眾求佛說明所以，佛乃為之說明前生的隱祕因緣。

8　以大決心出家之意。

【主分】

從前，韋提訶國彌絺羅城有一國王，名曰摩迦，是個信心彌篤的正法守護者（法王）。每八萬四千年，他或為王子而嬉戲，或為副王而執政，或為大王而掌政權，各各過了久長的歲月。有一日，他對理髮匠說道：「喂，理髮匠，要是在我頭上發見了白髮，你便告訴我。」過了許久的日月以後，一日，理髮師在王那安繕那（青黑）色的頭髮中發見了一根白髮，就告訴王道：「大王，有一根白髮了。」王道：「那麼，你把那白髮拔下來放在我手上。」於是理髮匠用金鉗子將髮拔下，放在王的手上。那時，王尚有八萬四千年的壽命。雖然如此，見了白髮，王卻感到彷彿閻王已來到自己旁邊，自己的身體已進了火光熊熊的草龕了。終日悲歎著，心中想道：「摩迦啊，在生白髮以前竟不能斷絕煩惱嗎？」如是，每想著白髮的出現，心裡就灼熱起來，至於身上出汗，覺得衣服壓迫著身體，不得不脫了。「今日正是我出家之時了，」王這樣一想，就將有十萬金收穫的村落賞賜了理髮匠，然後喚自己的長子來。告訴他說：「喂，你看，我頭上已有白髮，已是老人。人世諸欲已都享過，現在想求天欲了。這是我出家的好機會。你踐此王位吧。我要出家，住到摩迦庵婆羅果園，修習沙門之法去了。」王既下了出家的決心，眾大臣齊來參謁，問道：「大王，為什麼要出家呢？」王手執白髮，向大臣們唱出下面的偈語來：

我頭上生了白髮，　奪壽命之天使（死的使者）
業已來到身邊，　現在是我應該出家之時了。

王這樣說了，即日拋棄王位，出家去作仙人。住在摩迦庵婆羅果園，修四梵住，守不退禪定，計八萬四千年之久，死後生於梵天界。由彼處滅逝後，在彌絺羅城為尼彌王，糾集自己離散之一族，在庵婆羅園出家，修習梵行，復在梵天界出生。

【結分】

佛道：「比丘們啊，如來並非在這世才大出家，前生也有過此事。」佛作此法話後，復說四諦。有因此得預流果的，得一來果的，也有得不還果的。佛講述了這兩個故事，又取了聯絡，把本生的今昔聯結起來道：「那時的理髮匠是阿難，王子是羅睺羅，而摩迦王則就是我。」

一〇　樂住本生因緣〔菩薩＝道士〕

【序分】

此本生因緣，是佛在阿㝹比耶城附近阿㝹比耶庵婆羅果園時，就安樂度日的跋提長老說的。樂住的跋提長老是從剎帝利族出家的六人團中之一人。如果加上優波離，則為第七個出家的人。其中跋提、金毘羅、婆咎與優波離成了阿羅漢果，阿難陀得了預流果，阿㝹樓陀修得天眼，提婆達多修得禪定。關於六個剎帝利族與阿㝹比耶城之事，當在〈恆陀赫羅司祭官本生因緣〉〔第五四二〕中敘述。

當長老跋提為國王時，雖則睡在巍峨的樓閣的大床上，有許多禁衛軍如司守護的天神似地守護著，卻仍心懷恐懼，而今成了阿羅漢果，縱在森林等處隨意遨遊，也無所恐怖了。他一想到此，便發出感歎之聲來：「真是何等安穩，何等安穩啊。」比丘眾認為「長老跋提明言了聖果〔阿羅漢果〕」，便將此事稟告於佛。佛道：「比丘們啊，跋提並不是現在才成安住之身，前生也已住於安穩了的。」比丘眾求佛說其所以。佛乃為之說明前生的隱祕因緣。

【主分】

從前，當梵與王住在波羅奈城治國時，菩薩生而為北方大富豪的婆羅門，覺得諸欲是身的禍患，出家是身的利益，便拋棄了一切欲望，入雪山為仙術修行者，成就了八成就法[9]。從者甚眾，有道士五百人。雨季他從雪山出來，由一群道士圍繞著遊行城邑聚落，抵達波羅奈城，受國王之供養，居於王的遊園地。在那裡過了雨季的四個月以後，向王辭行。王對他請求道：「尊者年齡已高，何必回雪山去呢？叫弟子們回雪山去，尊者就請住在這裡吧。」菩薩乃將四百九十九個道士，託付一位最年長的弟子道：「你與他們回到雪山去住，我就留在這裡吧。」他送走了他們，自己仍在這裡住下。那個最年長的弟子，曾為國王，捨棄了廣大的領土而出家，已修畢迦師那[10]，悟得八成就法。他與別的道士一同在雪山住著，一日，他想去探望師父，因告訴其餘的道士道：「請你們安心住在這裡。我去向師父致敬，就回來的。」就去參見師父，問候畢，然後鋪了毛氈坐在師父旁邊。那時，國王說「要去拜訪道

9 由第一禪至非想非非想處。

10 漢譯佛經中譯作「一切」或「遍」，指青、黃、赤、白、地、水、火、風、空、識之十遍處或十一切處。

士」，到遊園地來，作了禮，在一旁就座。那弟子道士見了王並不起立，依然坐著，發出歎息之聲說道：「真是何等安穩，何等安穩啊。」王想：「這道士見了我並不起立。」心中不快，乃向菩薩道：「尊者啊，那道士已喫飽了飯了吧。看他發出感激之聲，安樂地坐著呢。」菩薩道：「大王啊，那道士本來與大王一樣，也是個國王呢。他出家後享著身軀之樂，與禪定之樂，覺得『從前在家時，賴國王之威光，為許多手執武器者所護衛，可並不能得到如是安樂』，故而發出感歎聲來了。」菩薩因欲為王說法，乃唱出下面的偈語來：

不受他人護衛，　　自己亦不護衛他人。
王啊，他安樂而眠，　　因為對諸欲無所希求。

王聽了這法話，很是滿意，行了敬禮，便回宮去。那弟子也向師致了敬禮到雪山去了。菩薩在這裡住著，修行禪定不懈。死後往生於梵天界。

【結分】

大師既作此法話，述此二故事，又取了聯絡，把本生的今昔聯結起來道：「那時的弟子是跋提長老，道士的師父則就是我。」

第二章　戒行品

一一　瑞相鹿本生因緣〔菩薩＝鹿〕

【序分】

此本生因緣，是佛在王舍城附近的竹林精舍時，就提婆達多說的。提婆的事，在〈剛陀羅本生因緣〉〔五四二〕中，說到他想謀害佛的目的，又在〈小鵝本生因緣〉〔五三三〕中，說到放走象護富者[1]，在第十六編〈海商本生因緣〉〔四六六〕中，說到陷落大地。

某時，提婆向佛提出五事〔五邪〕要求，被佛拒絕，他便分裂教團率五百比丘眾住在迦耶斯舍。其時，那些比丘眾的智慧已達圓熟之境。佛知道此事，對兩位大弟子說道：「舍利弗啊，你的弟子五百比丘眾，贊同提婆的邪見，跟他一同走了。現在他們的智慧已經圓熟。你們可帶大批比丘到他們那裡去講說正法，使他們正悟道果，帶他們回來。」舍利弗與目犍連便去講述法話，令悟道果。第二日黎明，帶了比丘眾回到竹林精舍來。長老舍利弗到後，向佛行禮畢，立在佛前，比丘眾向佛讚歎長老道：「世尊，我們最年長的法兄法將舍利弗，由五百比丘圍繞了到來，威光赫赫，提婆便被他的追從者遺棄了。」佛道：「比丘們啊，舍利弗由眷屬圍繞了回來，威光赫赫，並非始於今日。即在前生，也曾如此輝耀。提婆被其集團所棄，也非始於今日。即在前生，也曾這樣被棄。」比丘眾請佛解釋原由。佛便說出前生

1　提婆欲謀害佛而放之獰惡的象那羅基利之名。

的隱祕因緣。

【主分】

從前，摩揭陀王在摩揭陀國王舍城治理國家。那時菩薩生自鹿胎，長成後，率領一千隻鹿住在森林中。他有二子，一名瑞相，一名黑闇。當他自己入了老境時，吩咐二子道：「我已入了老境，你們來帶領這個鹿群吧，」便各分給他們五百隻鹿。嗣後就由他們帶領鹿群。在摩揭陀地方，每年一入收穫期，田中穀物繁盛，鹿便有危險。人們為了想殺除糟蹋五穀的野獸，在各處挖掘陷阱，或釘立尖樁，或疊起石頭，或裝備別的種種捕捉器，許多的鹿因此受害。菩薩知道收穫期到了，便叫了兩個兒子來吩咐道：「兒啊，在這穀物成熟期，有許多鹿會受害。我們老的可以出去遊行，找一個地方去度日，你們兩個帶領自己的鹿群到森林中的山麓上去，待穀物收割後再回來吧。」他們說：「是。」聽了父親的話，帶領部下走了。他們到山麓去有必經之路，那條路上的人們，是知道「何時是鹿上山的時候，何時是下山的時候」的，他們往往埋伏在各處隱蔽的地方，射殺許多的鹿。

名叫黑闇的鹿，生性愚笨，不知道「何時可走，何時不可走」，他帶領鹿群，無朝無晚，不管黎明黃昏，走過村口，人們照例在各處埋伏著，殺了許多鹿。如此黑闇因愚笨之故，致許多鹿死掉了，只與少數的鹿同入森林。

名叫瑞相的鹿，聰明伶俐，有臨機應變之才，他知道「這時候可走，這時候不可走」，走時不經村口，不在白晝走，也不在傍晚走，只帶領鹿群在半夜裡潛行。因此未曾喪失一隻鹿，全數到了森林中。在那裡住了四個月，待穀物收割後，仍從山上下來。黑闇遲遲才下來，他與去時一般，連剩餘的幾隻鹿也喪失了，只獨自回來。瑞相沒有失去一隻鹿，由五百隻鹿圍繞著回到父母的地方。菩薩見兩個孩子回來了，便與鹿群講話，唱出這樣的偈語：

有德有慈愛者，　得有繁榮，

請看由眷屬圍繞著歸來的瑞相，　請看被眷屬所棄的黑闇。

菩薩如是使孩子歡樂幸福，保全壽命，後來依其業報而離去此世。

【結分】

佛又道：「比丘們啊，舍利弗為眷屬所圍繞而度光輝之生活，並非始於今日，即在前生亦然。提婆達多被眾遺棄，也並非始於今日，即在前生，亦曾如此。」佛既作此法話，述此二故事，復取了聯絡，把本生的今昔聯結起來道：「那時的黑闇是提婆達多，他的侍眾，是今日提婆達多的侍眾。瑞相是舍利弗，那時的侍眾，是今日佛的侍眾。其母是羅睺羅之母，其父則就是我。」

一二　榕樹鹿本生因緣〔菩薩＝鹿〕

【序分】

此本生因緣，是佛在祇園精舍時，就鳩摩羅迦葉之母說的。那位母親是王舍城大富豪的女兒，積聚善行，離棄俗事，已達最後之生[2]。在她心中，如瑠璃燈一般，燃燒著成聖之力的火燄。自從她知道自己以來，就不愛居家而思出家，曾對父母說道：「父親母親，我在家心中不樂，想入救世的佛教而出家去。請許我出家吧。」父母道：「妳說什麼話？家中有偌大財產，妳又是我們的獨生女，不能任妳出家。」不許女兒出家。她再三懇求。但在父母膝下，總不能出家，便想：「還是出嫁之後，請求丈夫許可，再出家吧。」長成後嫁到他家，成一賢妻，積聚德行，行施善業，居住在夫家。因與夫同居，便懷了孕，但她不知道已懷孕了。那時，城中舉行祭典。人民共祝佳節，把全城裝飾得如天都一般。但她在這樣熱鬧的大節日，也不在身上塗香、裝飾，仍穿著常服行走。丈夫對她說道：「全城正鬧著佳節，妳為何毫不打扮？」她道：「這身體充滿三十二種污穢[3]，打扮又有何用？這身體不是天人的化身，不是梵天的化身，也不是黃金所造，不是摩尼珠所造，不是青栴檀所造，也不是以白蓮華、赤蓮華、青蓮華為胎而生，也不是充滿著不死藥的。受生於污穢之中，由父母生產，乃是無常而不免毀滅、崩潰、分裂、離散的東西。他增加墳墓，被縛於煩惱，是憂苦的因緣，悲哀的本營，萬病的住所，業力的容器。內部的膿常漏出於外部，是蟲類的住宅。走近死人之塚而終於死亡。這是顯現在一切世人眼前的事實。

骨與筋交結，外塗皮與肉。　有皮包此身，真相不顯露。

2 死後不再投生。
3 見下列之偈。

肚腹之內部，肝臟與膀胱，　　心臟與肺臟，腎臟與脾臟，
涕、唾與膽汁，充之以膏液。　　不淨成九流，日夕流不息。
眼中有眼屎，耳中有耳垢。　　鼻中流鼻涕，口中則吐涎。
膽汁與痰液，身泌汗與垢。　　尚有頭腔內，充之以腦漿。
以此為清淨，非愚即不智。　　身為無限災，猶如彼毒樹。
萬病所住居，真為眾苦藪。　　致我死命物，如由外界來，
手執一木棒，可防鴉與犬。　　惡臭不淨身，如彼腐爛糞。
智者賤此身，愚人乃喜之。

夫啊，我要打扮這個身體做什麼呢？打扮這個身體，豈非等於去塗飾一隻滿盛糞穢的器皿嗎？」長者的兒子聽了此言，問道：「妳既然知道這個身體如此污穢，為什麼不去出家呢？」她回答道：「我如果可以出家，今日就立刻去出家。」丈夫道：「好吧，我許妳出家。」便作了甚大的布施與大供養，派了許多從者，送她到比丘尼所住的地方去，在提婆達多所屬的比丘尼處給她出家了。她既得出家，成就了宿願，甚為喜悅。那時她腹內的胎兒已經成長，身體呈顯異狀，比丘尼眾見她手足背部肥胖，肚子大起來了，便問她道：「妳好像孕婦，這是什麼緣故呢？」她回答道：「我不知道這是什麼原因，我是牢守戒行的。」比丘尼眾帶她到提婆跟前去，問提婆道：「聖者啊，這位良家婦女，好容易得了丈夫的許可，出家來了，現在她的懷胎現象漸漸顯著起來了。我們不知道這身孕是在家時得的，還是出家後

得的。這事如何辦呢？」提婆本沒有佛陀的資格，並無忍辱、慈悲之德，所以這樣想道：「提婆處的比丘尼懷了身孕，提婆不加追究，人家一定會對我們發生責難。將她驅逐出去吧。」也不細細調查，就像投擲石塊一般把她棄去，說道：「好，將她逐出。」她聽了他的話，立起來，行了禮，回到住處去，對比丘尼眾道：「諸位，提婆師並非佛徒。而且我不是歸依他而出家，是歸依世上第一人等正覺者而出家的。勿使我的一番辛苦，歸之水泡。請帶我到祇園精舍佛的地方去吧。」比丘尼眾帶她從王舍城走過四十五由旬路程，方才到祇園精舍，向佛稟告上述的情形。佛想道：「即使是在家時懷孕的，但外道們也許會藉口，說沙門瞿曇帶走了提婆所屏棄的人吧，這事應該到國王與侍臣跟前去判定。」次日，佛招請拘薩羅國的波斯匿王、大給孤獨長者、小給孤獨長者、毘舍佉大信女與其他長者們，在傍晚四眾合集時，吩付優波離大德道：「你去在四眾面前，把這位青年比丘尼的事情弄明白。」大德道：「是。」走到四眾之間，坐在自己的座位上，從國王面前呼喚毘舍佉信女，叫她擔任此事道：「毘舍佉啊，先要探明這青年女子是何月何日出家的，然後再判明她的懷孕是在出家前還是出家後，」信女應允道：「是。」便在四周張上帷幕，在幕中先檢查了這青年比丘尼的手、足、臍腹，與月日比較起來，判明是在俗時所懷的孕。便走到優波離大德跟前，報告一切。大德便在四眾面前，證明這比丘尼是清淨的。她成了潔白之身，向佛與比丘教團行了敬禮，就與比丘尼眾回到所住之處去了。她懷胎足月，便產了一個兒子，正如在上蓮華佛足下所求禱的。一日，國王走過比丘尼住處的附近，聽見嬰兒的啼聲，問臣下，諸臣知道這事的因緣，稟告道：「大王，一個青年比丘尼養了孩子。這就是那孩子的啼聲。」國王道：「比丘尼育兒很是不便，我來派人養育吧，」便將這孩子交給一個女親戚，以王子的資格加以養育。在命名日，給他取名曰迦葉。因他是以王子的資格養育的，所以大家都叫他鳩摩羅（王子）迦葉。七歲時在佛處出家，到成年後受具足戒，過了幾年，便成了布教家中的善於辭令的人。佛說：「我的弟子中，第一個善辭令者，是王子迦葉，」將他列在第一位。他後來聽了《蟻塚經》[4]而達阿羅漢位，其母比丘尼也作觀法的修行而得最上的果報。王子迦葉大德對佛陀之教，如中天滿月一般地明白。

一日下午，如來托缽回來，教誨比丘眾後，進了香房。比丘眾受了教誨，各在自己的日室或夜室中，過了白晝，傍晚時集合法堂，坐著讚歎佛的威德道：「法友啊，提婆達多因沒有佛陀的資格，又不具忍辱、慈悲等諸德，想將王子迦葉大德與其母長老尼陷於毀滅，可是等正覺者卻因具足法王的資格，與忍辱、慈悲，使二人生信仰心。」這時佛顯示著佛陀的威德，進入法堂，就坐於所設的座上，問道：「比丘們啊，你們會集此處，談說何事？」比丘眾道：「世尊，我們在讚歎佛之威德，」就把所說的話告訴了佛。佛道：「比丘們啊，我使他們二人信仰與安住，並非始於今日。即在前生，也曾如此。」比丘眾請佛解釋這話的意義，佛便說明前生的隱祕因緣。

4　中部經典第二十三經。

【主分】

從前，梵與王在波羅奈治國時，菩薩投生於鹿的胎內。出母胎後，身體金黃，眼如寶玉，角作銀白色，口紅如赤氈，尾如犛牛之尾，軀幹高大如小馬。他與其眷屬五百匹鹿同住在森林中，號稱尼俱盧陀鹿王。在他們附近，又住著一個有五百眷屬的鹿王，名曰枝鹿，身體也是金黃色的。

那時，波羅奈王好打獵，沒有獸肉不能進餐。叫人民停止職業，召集一切商人、農夫，每日出去打鹿。人們想：「國王為了鹿，竟叫我們停止職業。我們不如在御苑中撒滿鹿的食物，備好飲料，把許多鹿趕入御苑中，將大門閉住，全部送給國王。」他們大家便在御苑中種了鹿常食的草，備了水，在大門口設了警衛，然後率領手執棍棒等武器的市民，到森林中去尋鹿，說是「要捕其中的鹿」，把一由旬左右的場地包圍起來，包圍圈漸漸縮小，終於以尼俱盧陀鹿與枝鹿住處為中心而逼近了。人們見了鹿群，便用棍棒等狂打樹木、灌木等以及地面，把鹿群從密林住處趕出去。敲擊著劍、槍、弓等武器，發著吶喊，將鹿群趕入御苑，閉住大門，然後到王的地方去稟告道：「大王，每日去狩獵，有害於我們的職業。我們已從森林裡將鹿趕來，關滿在御苑裡。以後便請隨意去喫吧。」說畢辭去。王聽了他們的話，到御苑裡去，觀覽鹿群，見了兩隻金黃色的鹿，便保證他們生命的安全。從此以後，有時王親自去射死一鹿帶回，有時由廚人去射死一鹿帶回。群鹿每見弓矢，恐怖奔逃，有幾隻被連帶射中，疲乏倒地自死。群鹿將此事告知菩薩，菩薩叫枝鹿來對他說道：「朋友啊，鹿逐漸喪失了，反正總是要死的，以後叫他們不必用箭來射。我們派定順序，上斷頭臺去，一日是我的眷屬，一日是你的眷屬，依次輪值，輪到順序的鹿，就自動將頭放到斷頭臺上去。如此，不會有許多鹿受傷了。」枝鹿贊成道：「你的意見很對，」其後輪到順序的鹿就去把項頸擱在斷頭臺上。廚人走來，便將躺在那裡的鹿帶走。

一日，枝鹿眷屬中一隻懷孕的鹿挨到了順序，她到枝鹿的地方去訴說道：「主啊，我懷有身孕，等我產了兒子，母子一同輪值吧，請把我的順序跳越吧。」枝鹿說：「妳的順序不能轉給他人。妳當明白，這是妳自己的果報。還是去吧。」她得不到首領的同情，便到菩薩的地方去告訴。菩薩聽了這話，說道：「好吧。我來給妳跳越順序吧，」便自己走去，將頭擱在斷頭臺上躺下。廚人見了，說：「保證了安全的鹿王，為什麼躺到斷頭臺上來了。」急忙到王的地方去報告。王立刻乘上車子，帶領許多侍從，到菩薩處來看，說道：「鹿王啊，我已經給你生命安全的保證，你為何躺在這裡。」鹿王道：「大王，有一懷孕的雌鹿來說：『將我的順序轉給別隻鹿。』我不能使某鹿應受的死亡之苦，移在他鹿的身上。所以將自己的生命捨給她，代她受死，躺在這裡。請不要疑有他意，大王。」王道：「金黃色的鹿王啊，我在人間還不曾見有這樣忍辱、慈悲、哀愍之德的人。因你的緣故，我的心清淨了。起來。我保證你與她的安全。」鹿王道：「我們兩個的安全得保證了，其他的鹿怎樣呢？大王。」王道：「其他的鹿，也保證他們的安全。」鹿王道：「大王，如此，住在御苑中的鹿，安全已得保證了，但其他的鹿怎樣呢？」王道：「對他們也保證安全吧。」鹿王道：

「現在，鹿是安全了，但其他的四足類怎樣呢？」王道：「他們的安全也保證吧。」鹿王道：「大王啊，四足類已得了安全，兩足類〔鳥〕怎樣呢？」王道：「對他們也保證安全吧。」鹿王道：「大王啊，鳥類已得了安全，水棲的魚類怎樣呢？」王道：「對他們也保證安全吧。」大薩埵既如是對王懇請了一切生類的安全，從座上起來，使王保持五戒，又以佛陀的威光為王說正法道：「大王啊，行正道吧。在父母、子女、婆羅門、居士、商人、農夫之間行正道吧。如能平等行正道，命終之後，得生快樂的天人世界的。」在御苑中續住數日，教誡國王，然後帶領鹿群進森林中去。

那雌鹿後來產了一個蓮華之蕾般的兒子。小鹿有時到枝鹿附近地方去遊戲，母鹿便教訓道：「兒啊，以後不許到他那裡去。只許到尼俱盧陀鹿的地方去啊，」接著便唱出了下面的偈語：

但去依隨尼俱盧陀，　莫去接近枝鹿。

與其在枝鹿處生，　不如在尼俱盧陀處死。

後來，那些受了安全保證的鹿群，即使喫了人們的穀物，人們以為「這些鹿是保證了安全的」，也不去打他們，趕他們。人們聚集宮庭，向王稟告此事，王道：「我因信心之故，施恩於尼俱盧陀鹿，即使放棄我的領土，也決不毀損這個誓約。去吧，不准在我的領土內傷害鹿命。」尼俱盧陀鹿聽到此事，召集群鹿制止道：「從此以後，不准喫外邊的穀類。」又這樣告訴人們道：「從此以後，農夫不必造籬垣保護穀物。只要繞田結上葉子作目標好了。」從此各處田上便有結葉子作目標的風氣，而且從此凡有葉子作目標的地方，鹿就不會進去。這是他們從菩薩所得的教訓。菩薩如是教訓了群鹿，後來與得全定命的許多鹿，一同依其業報而去此世。國王也遵守菩薩的教訓，積聚善行，依業報而去此世。

【結分】

佛道：「比丘們啊，我之救長老尼與王子迦葉，並非始於今日，即在前生亦然。」作此法話後，再說四諦之法，就此二事，取得聯絡，把本生的今昔聯結起來道：「那時的枝鹿是提婆達多，其眷屬是提婆達多的眷屬，那雌鹿是長老尼，那小鹿是王子迦葉，王是阿難陀，尼俱盧陀鹿則就是我。」

一三　結節本生因緣〔菩薩＝樹神〕

【序分】

此本生因緣，是佛在祇園精舍時，就舊妻的誘惑而說的。這事情將在第八編〈根本生因緣〉〔第四二三〕中詳細敘述。佛對那比丘道：「比丘啊，你在前生，也因這婦人之故喪失生命，被在火中炮烙。」比丘請佛說明此事。佛便說明了前生的隱祕因緣。〔以下不再用「比丘眾請求」與「前生的隱祕因緣」等字樣。略作「講過去的事」。但請求、月亮由雲叢而出的譬喻、與前生隱祕的因緣等語意，仍如以前一般，是含有的。〕

【主分】

從前，摩揭陀王在摩揭陀國的王舍城治世時，在摩揭陀國人民的收穫期中，鹿為避免大的災難，照例都遷入森林的山麓去。於是有一隻原住在森林中的山鹿，與一隻向住在村落附近的青年雌鹿相愛了。當那鹿群從山麓回到村落附近去的時候，那隻雄山鹿因為捨不得那雌鹿，也跟著一同下了山麓。那時，雌鹿對他說：「你原是一隻愚鈍的山鹿，村落附近是危險可怕的地方，你別跟我一同去吧。」但雄山鹿因愛欲之心，不肯回頭，竟一同走了。摩揭陀的人民知道「現在正是鹿群下山的時候」，都站在沿路的隱蔽地方。在那兩隻鹿走來的路上，也有一個獵人躲在隱蔽的場所。雌鹿嗅著人氣，知道「這地方有一個獵人」，便叫那愚鈍的山鹿先行，自己跟在後面。獵人突然一箭射死了山鹿。雌鹿知道他已被射中，拔起腳來像疾風一般逃走了。獵人從小舍中出來，走到鹿前，燒起了火，在炎炎的火燄中炙烤了美味的肉，喫掉了，喝了水，將留下的血水淋漓的肉，掛在木棒上，帶回家博小孩們的歡喜去了。那時候，菩薩生為那森林的神，見了這段因緣，說道：「這愚蠢的鹿，他的死不是為母，不是為父，全為了愛欲的緣故，人雖由愛欲而得善趣，終於在惡趣中受斷手等痛苦[5]或五種縛[6]等種種苦惱。令他人受死的痛苦，這在此世應受人責難。那些婦人橫行發施命令，以婦人為首長的國家，也應受責難，受婦人之支配者，也應受責難。」以一首偈語指示了三

5　斷手、斷足、斷首、去勢等之痛苦。

6　五縛，謂胸、兩手、兩足之縛。

種責難。林中諸神便大聲叫道：「對啊。」菩薩就在香華供養中用甘露一般的聲音，響徹全林，唱偈說法：

持尖矢致人深傷者，　要有禍。
受婦人指揮之國家，　要有禍。
在婦人統制之下者，　是恥辱。

菩薩曾如是以一首偈語，說明三種應受責難的事，顯示著佛陀的威德，響徹全林而說法。

【結分】

佛作此法話後，說明四諦。說畢四諦，那悔恨的比丘達預流果。佛述此二故事畢，取得聯絡，把本生的今昔聯結起來〔以後略去「述此二故事畢」一句，僅稱「把本生的今昔聯結起來」。但語雖簡略，其義仍存。〕道：「那時的山鹿，是悔恨的比丘，雌鹿是他的妻，指示愛欲為災禍而說法的天神，則就是我。」

一四　風鹿本生因緣〔菩薩＝王〕7

【序分】

此本生因緣，是佛在祇園精舍時，就小給孤獨帝須大德而說的，佛在王舍城附近竹林精

7　〔漢譯者注〕本章十四風鹿本生因緣，原譯本所附原名為「vātamigajālaka」，而文中見有羚羊，不見有風鹿語。次章二一有〈羚羊本生因緣〉，其原名為「kuruṅgamigajātaka」，似風鹿別為一獸名。題目與內容未符合。姑乃仍之。待考。

舍時，一日，有一大福長者之子名曰帝須童子，來竹林聽佛說法，志願出家，父母不允許他的請求，遭到拒絕，他悲痛不堪，斷食七日，遂如那位賴吒婆羅大德一般，得了父母的應允，在佛處出家了。

佛給他出家，在竹林住了半月之後，自到祇園精舍去了。在此期間，那童子修十三頭陀行，入舍衛城則挨次沿門乞食度日，大家稱他為小給孤獨大德，在佛教界赫赫有名，如天空明月一般。那時，王舍城舉行星宿祭典，大德的父母，將他在家時的裝飾品收在一隻銀匣中，抱在胸前，且說且哭道：「每年星宿祭，我們的兒子，用這些裝飾品打扮身體，在祭會裡玩得很快樂，沙門瞿曇把這獨生子帶到舍衛城去了。現在不知他起臥在什麼地方呢？」有一娼婦，走到那良家來，看見長者的妻正在哭泣，問道：「妳何故哭泣啊？」她便將原因告訴她。娼婦問道：「妳家哥兒，生平最愛何物？」答道：「是如此這般的東西。」她便提議道：「如果妳將妳府上的一切主權交給我，我便將你們哥兒帶回來。」長者之妻答應了這個條件，交給她很多的用費與從人，鼓勵她道：「去吧，賴妳的力，將我的兒子帶回來吧。」她乘轎子到舍衛城去，在大德托缽的路邊寄寓下來，不使大德看見從長者家中帶來的人，僅帶自己的從人，見大德進來托缽，先給了他粥與湯汁，用味覺欲束縛他，然後請他進屋上坐，供給食物，知道他已受自己的指揮，便假作害病，睡在內室。大德一到托缽的時候，一路行來，走到這家門口，傭人接了大德的缽，請他在屋內坐。大德坐下，問道：「優婆夷在何處？」傭人說：「她病了。她說很想一會尊師。」大德已受味覺欲的束縛，破了自己應守的戒行，走進她的臥室。她便講明自己來此原因，遂誘惑大德，用味覺欲束縛他，使他放棄了出家，順從她的意思，坐在轎中，帶著許多從人，回到王舍城去了。這件事傳揚開去。比丘眾集合在法堂上談論道：「聽說小給孤獨帝須大德，被一個娼婦用味覺欲束縛住，帶回家去了。」佛走到法堂，就坐在嚴飾的座位上，問道：「比丘們啊，你們集合此處，正談何事？」他們將此事稟告了，佛道：「比丘們啊，那比丘受味覺欲束縛，墮入她的奸計，並非始於今日。在前生也曾墮入她的奸計，」便講過去的事。

【主分】

從前，在波羅奈城，梵與王的園丁，有一個名叫刪闍耶的。那時，有一隻羚羊到御苑來，見了刪闍耶逃走了。刪闍耶並不嚇逐，讓他逃去。那羚羊常常到御苑中行走。園丁每日取園內的種種花果等獻納王上。一日，王問園丁道：「園丁啊，近來苑中見到什麼新鮮的事嗎？」園丁稟道：「大王，沒有見到別的。有一隻羚羊常來苑中行走，只見到這個。」王問道：「你能捉住他嗎？」答道：「請賜我一點蜂蜜，我可以把他一直帶到宮中來。」王將蜂蜜給他。園丁帶了到御苑中去，在羚羊行走地方的草上將蜂蜜塗上，自己躲藏起來。羚羊走來，喫了塗蜜的草，因了味覺欲的束縛，便不到別的地方去，專到這御苑中來。園丁知道羚羊已經被塗蜜的草所迷，不久便現出自己的身子。最初幾日，那羚羊見了他便逃，後來因常常看見，便親昵起來，不多幾時，居然會在園丁的手上喫草了。園丁知道他已習熟，便用席子將往宮殿的路圍起來，鋪上一些枯枝，肩掛一個裝蜂蜜的瓢簞，腰上繫了草束，一路撒著塗蜜的草，將羚羊一步步誘到宮殿中。羚羊走進宮中，人們便將宮門閉住。羚羊見了這許多人，渾身發抖，恐怖畏死，在宮殿中亂跳亂竄。王從樓閣下來，見羚羊發抖，便道：「羚羊這東西，本是見了人眾，七日不到其地，受過嚇逐，一生永不再來的。這樣住在林藪中的羚羊，現在卻被味覺欲束縛，終於走到這樣的地方來。世上真沒有比味覺欲更可怕的了。」以下面的偈語，結束了這段法話：

世間沒有比味覺更可畏的東西，　　無論在家中或在友人處。
刪闍耶利用味覺，　　捕獲了棲息林叢的羚羊。

【結分】

佛道：「比丘們啊，那娼婦以味覺欲束縛他，使順從其意，並非始於今日，即在前生亦是如此，」作了此法話，復取得聯絡，把本生的今昔聯結起來道：「當時的刪闍耶是那娼婦，羚羊是小給孤獨比丘，波羅奈城的王，則就是我。」

一五　迦羅提耶鹿本生因緣〔菩薩＝鹿〕

【序分】

此本生因緣，是佛在祇園精舍時，就一個惡語慳貪的比丘說的。那比丘惡語慳貪，不受人的訓誡。於是佛向他問道：「比丘啊，聽說你惡語慳貪，不受人的訓誡，這是事實嗎？」他答道：「世尊，這是事實。」佛說：「你在前生，惡語慳貪，不受智者的訓誡，落在阱網中而死，」便講過去的事。

【主分】

從前，梵與王在波羅奈都治理國家的時候，菩薩生而為鹿，由鹿群圍繞著住在森林中。那時，他的妹妹，將自己的兒子給他看：「兄啊，這是你的甥兒。請你教他學習鹿的幻術吧。」菩薩應允了，對甥兒說道：「在某時某刻來學習吧。」甥兒不照吩咐的時間來。有一次，那小鹿一連七日不來，曠廢了七次的訓誡，不學習鹿的幻術，卻在別處遊蕩，終於落入阱網。他母親到哥哥的地方來，問道：「兄啊，你的甥兒，為何沒有學習鹿的幻術呢。」菩薩告訴她道：「不要提起這個度不得的傢伙。那孩子不能學習鹿的幻術。」現在他快要被殺，再教也來不及，便唱了下面的偈語：

迦羅提耶啊， 彼具有八蹄而頭角曲折之鹿，
荒廢機會至七次之多， 如此之徒，不堪教誨。

那時，獵人將落在阱網中的那惡口慳貪的鹿殺死，取肉而去了。

【結分】

佛又說：「比丘啊，你的惡口慳貪，並非始於今日。即在前生，亦是如此。」作了這法話，取得聯絡，把本生的今昔聯結起來道：「當時的甥鹿，是惡口慳貪的比丘，妹鹿是蓮華色，施教誡的鹿則就是我。」

一六　三臥鹿本生因緣　〔菩薩＝鹿〕

【序分】

此本生因緣，是佛在憍賞彌國的跋陀利園時，就愛好戒學的羅睺羅大德說的。有一次，佛駐留在阿羅毘國附近阿伽羅伐塔廟，有許多優婆夷與比丘尼，集合在精舍來聽說法。白晝都在一處聽法，但隨時間的經過，優婆夷與比丘尼漸漸走完了，只剩了比丘與優婆塞。夜間再聽說法，聽完以後，長老比丘等各歸自己的宿處，年少的則與優婆塞一同宿在庫中。大家睡靜之後，有呼呼打鼾的，有咬牙齒的。有些人則睡了一會就起來。他們把這情形告訴世尊。佛道：「比丘如與未受具戒者同宿，犯波逸提罪，」制定了這學處〔戒〕，便到憍賞彌國去了。

於是比丘眾對羅睺羅尊者道：「法友羅睺羅啊，佛已制定了學處。你得找自己的宿處。」以前，比丘眾因對佛的敬意，與因那尊者〔佛子羅睺羅〕愛好戒學，每逢他到自己宿處來時，非常優待，給他鋪好小床。還給他衣服做枕頭，但那日因為恐怕違犯學處，連宿處也不給他了。

賢者羅睺羅不到「父親」十力的地方去，也不到「師父」法將舍利弗的地方去，也不到「阿闍梨」大目犍連的地方去，也不到「叔父」阿難大德的地方去，走到十力常用的觸房〔廁所〕，宛如升登梵天宮一般，爬了進去，就在那裡打宿了。諸佛常用的觸房，照例是門戶密閉，地面平坦，塗著香料，懸繞著香與華鬘結出的繩，通夜點著燈火的。賢者羅睺羅並不是因為此屋有如此莊嚴，宿在那裡，乃是為了比丘眾叫他自己找宿處，他尊重他們的教誡，用愛好戒學的心去宿的。因此，比丘眾每見那尊者遠遠走來，便試他的心，故意將掃箒畚箕等投在外面，等他走過那兒時，便問：「法友啊，這是誰投在這裡的？」那時有人說：「羅睺羅剛才走過這裡。」那尊者從不說「尊師啊，我不知道這件事」，總是收拾起來，道歉說：「師啊，請你恕罪，」然後走去。他是如此愛好戒學，他之在此處定宿，完全出於這愛好戒學的心。

有一次，天未明，佛立在觸房門口咳嗽一聲，那尊者也咳嗽一聲。佛問是誰，他道：「我是羅睺羅，」便出來行禮。佛問道：「羅睺羅啊，你為何睡在此處？」他稟告道：「因為沒有宿處。世尊，比丘眾以前對我很親切，現在因怕犯罪，連宿處也不肯給了。我想，此處不會與別人發生衝突，所以宿在此處。」那時候，佛為正法擔憂起來，心想：「比丘眾對羅睺羅尚且如此冷遇，別的善男子出家時將受如何待遇呢？」便於次日早晨召集比丘眾，向法將舍利弗問道：「舍利弗，你可知道羅睺羅的宿處，現在在什麼地方嗎？」舍利弗道：「世尊啊，我不知道。」佛道：「舍利弗，羅睺羅現在住在觸房裡。舍利弗，你們對羅睺羅尚如此冷遇，則叫別的善男子出家時，將如何待遇他呢？這樣下去，凡入此佛法而出家的人，將無棲住之處了吧？從今以後，未受具戒者，也可以叫他在自己身邊住一、二日，到第三日找到別的宿處，再叫他住到外邊去啊。」便訂了這隨制，制定了學處。那時集合在法堂上的比丘眾，說到羅睺羅的德行道：「看吧，諸師啊，羅睺羅真是一位愛好戒學的人。人家叫他『你去找自己的宿處去啊』。他卻不說『我是十力的兒子。關於房子你們有什麼話分，你們自己出去好了』，不斥責一個比丘，卻自己去宿在觸房裡。」大家這樣的談論著。

這時，佛走進法堂，在莊嚴的座上就坐，問道：「比丘們啊，你們集合此處，正談何事？」比丘眾答道：「世尊啊，我們正在談羅睺羅的愛好戒學，並沒有談別的。」佛道：「比丘們啊，羅睺羅的愛好戒學，並非始於今日，他前生生在畜生胎內時，也曾如此。」接著便講過去的事。

【主分】

從前，摩揭陀國王在王舍城治國時，菩薩自鹿胎出生，由鹿群圍繞著住在森林中。一時，他的妹妹帶了自己的兒子來，說道：「兄啊，請將鹿的幻術教授此甥。」他承諾道：「好，」吩咐甥兒道：「回去，到某時某刻來學習。」嗣後甥兒就遵照舅父所定的時刻來舅父的地方學習鹿的幻術。有一日，他在林中徘徊，落入阱網中，大聲哀呼。鹿群逃到他母親的地方報告道：「妳的兒子落入阱網中了。」她到阿兄的地方去，問道：「兄啊，你的甥兒已學習了鹿的幻術嗎？」菩薩道：「不用擔憂妳孩子的災難。他已精通幻術馬上會回來叫妳歡喜的。」接著唱出下面的偈語：

此鹿善三樣臥[8]，知許多幻術，　具有八蹄，飲於中夜，

8 三臥樣，是以兩脅橫臥、直身仰臥，與牛般伏臥。

能以一鼻孔在地上呼吸，　　能以六種術[9]瞞人。

菩薩如是安慰妹妹，告訴她甥兒已完全獲得鹿的幻術。卻說，那幼鹿落入陷網，沒有跌倒，在地上側身伸足而臥，用蹄子打著腳邊，掘起塵草，放了糞尿，低垂了頭，伸出舌子，用唾涎塗濕身體，吸入空氣脹起了肚子，睜起眼睛，用下鼻孔呼吸，上鼻孔絕氣，全身堅硬，裝成已死的樣子。連青蠅都在他身上圍集起來，烏鴉停立在他的四周。獵人走來，用手敲敲他的肚子，說：「大概是大清早落進的，有臭氣了，」便解開縛繩道：「好，當場把他剖開，割了肉回去吧。」毫不戒備，去掇拾樹枝與葉。幼鹿便起來，立起四足，抖一抖身體，伸一伸頸子，像被大風吹散的雲塊一般，迅速逃到母親的地方去了，

【結分】

佛又道：「比丘們啊，羅睺羅的愛好戒學，並非始於今日，即在前生亦然。」作此法話後，取得聯絡，把本生的今昔聯結起來道：「當時甥兒幼鹿，是羅睺羅，其母是蓮華色，那為舅父的鹿則就是我。」

9　六種術，即一、伸四足橫臥；二、以蹄掘草塵；三、伸舌；四、脹肚；五、放大小便；六、絕氣。

一七　風本生因緣〔菩薩＝道士〕

【序分】

此本生因緣，是佛在祇園精舍時，就兩位年老出家人而說的，他們二人住在拘薩羅國的某森林中，一人名曰黑大德，一人名曰白大德。有一次白問黑道：「尊者啊，何時寒冷呢？」黑道：「黑月的時候。」有一次，黑問白道：「尊者啊，何時寒冷呢？」白道：「白月的時候。」二人都不能解決自己的疑惑，到佛的地方，向師禮拜，問道：「世尊啊，何時寒冷呢？」佛聽了他們的話，說道：「比丘們啊，我在前生也回答過你們這個問題，但你們是不明白過去世代的事情的。」便講過去的事。

【主分】

從前，在某山之麓有一獅一虎為友，住在一個洞窟中。那時菩薩在仙人處出家，也住在這個山麓。有一次。這兩位朋友對寒冷問題發生了爭論。虎說：「黑月的時候寒冷。」獅子說：「白月的時候寒冷。」他們不能解決自己的疑惑，向菩薩請問。菩薩唱了下面的偈語：

風吹之時，　黑月與白月都寒。
風吹則寒，　雙方都不錯。

菩薩如是安慰了兩個朋友。

【結分】

佛又道：「比丘們，從前我曾答過你們這個問題，」作此法話後，又說明四諦。說畢四諦，二位大德證得預流果。佛取得聯絡，把本生的今昔聯結起來道：「那時的虎是黑，獅子是白，解決疑惑的道士，則就是我。」

一八 死者供物本生因緣〔菩薩＝樹神〕

【序分】

此本生因緣，是佛在祇園精舍時，就「死者的供物」說的。那時候，人們為親族的死者殺許多山羊綿羊供養，稱為「死者的供物」。比丘眾見人們如此行事，向佛問道：「世尊啊，人們剝奪許多生物的生命，供作『死者的供物』。會有什麼功德嗎？」佛說：「比丘們啊，雖為了作『死者的供物』而殺生，並沒有何等功德。從前賢者們曾坐在虛空中說法，說殺生的罪障。使全閻浮提的人們廢止此事。現在是過去世的事情再現了。」接著便講過去的事。

【主分】

從前，梵與王在波羅奈治國時，有一個精通三吠陀舉世聞名的婆羅門的阿闍梨，要供「死者的供物」，捕了一隻羊，吩咐弟子們道：「把這羊帶到河裡去洗浴，頸上套了華鬘，與以五指量的食物，打扮好了帶回來。」弟子們說「是」，奉命帶了羊到河裡去洗浴，把他打扮好了立在河邊上。此羊見到自己的宿業，想到「今日可以脫離諸苦」，歡喜起來，發出破甕似的聲音，高聲大笑。但一念到那婆羅門殺死了自己，將受到自己所遭的苦，不覺對婆羅門發生憐愍之心，大聲地號哭了。於是婆羅門童子們對羊問道：「羊啊，你一會兒大笑，一會兒大哭，為何要笑，為何又要哭呢？」羊答道：「請當了你們師父的面，問我這個原因。」他們便帶羊回去，將此事告訴阿闍梨。阿闍梨聽了這話，對羊問道：「你何故笑，又何故哭呢？」羊以追憶前生的智力，想起自己的宿業，回答婆羅門道：「婆羅門啊，我從前也與你一樣是一個誦讀聖典的婆羅門，要供『死者的供物』，殺了一隻羊作供。我因殺了一隻羊，在四百九十九生之中受斷頭之報。現在是我最後的第五百生，我今日可以脫離如此諸苦，便生歡喜之心而笑了。我所以又哭者，因我殺了一隻羊，五百生中受斷頭之難，今日雖可脫此苦厄，但念婆羅門因為殺了我，就得像我一樣，在五百生中受斷頭之苦，故對尊師發憐愍之心而哭了。」婆羅門道：「羊啊，你不要害怕，我不殺你。」羊道：「婆羅門啊，你說什麼話呀？不論尊師殺我或不殺我，我今日總免不掉一死。」婆羅門道：「羊啊，不要怕，我保護你，與你同行。」羊道：「婆羅門啊，你的保護力很弱，我所作的惡業卻很強大。」

婆羅門將羊放了，叫任何人不許殺他，帶著弟子們與羊同行。羊得了解放，跑進巖頂附近的叢林中，伸起項頸去喫葉子，正在這一剎那間，巖頂上落下一聲響雷，巖石的一角碎裂了，落在羊伸著的項頸上，羊便被斷頭而死了。許多人都圍聚攏來。

那時，菩薩生為彼處的樹神。觀看大眾，以威神力端坐虛空中，以為「此等眾生，知道了如此惡業的果報，大概不會再殺生了」，遂用甘露一般的聲音說法，唱出下面的偈語：

此生存是苦，　如有情能如是覺悟。
則生類不可殺生類。　殺生者必遭悲哀。

大薩埵如是以地獄的恐怖令人警怖而為說法。人們聽了這個說法，震驚於墮獄的恐怖，從此禁止殺生了。菩薩又說法使大眾受持戒行，後來依其業報而逝去。大眾也遵守菩薩的教訓，積聚布施等善行，投生於天上之都。

【結分】

佛作此法話後，復取得聯絡，把本生的今昔聯結起來道：「那時的樹神就是我。」

一九　祈願供養本生因緣　〔菩薩＝樹神〕

【序分】

此本生因緣，是佛在祇園精舍時，就了為祈願諸天神奉獻供養之事說的。那時人們要出門經商的時候，殺生物奉獻諸天神為供物，許願道：「我們來日成就了目的時，當再來奉獻供物，」然後出去經商。待後來成就了目的回來，以為「賴諸神的威德得了如此成功」，復為解願故，殺許多生物來作供養。比丘眾見到這情形，向佛問道：「世尊啊，此事有何利益？」佛為講過去的事。

【主分】

從前，迦尸國某村有一長者，曾對立在村口的一株無花果樹的樹神，立下供養的誓願，後來回來，殺了許多生物，到樹下來「解此祈願」。樹神立在樹椏差杈上，唱出下面的偈語：

如要解願，來世再解，　　現在求解，反被束縛。
賢者不如是解願，　　此種解法，束縛愚人。

從此以後，人們就廢止這種殺生之業，修習正法，死後昇騰到天都去了。

【結分】

佛作此法話後，復取得聯絡，把本生的今昔聯結起來道：「那時的樹神就是我。」

二〇　蘆飲本生因緣〔菩薩＝猿〕

【序分】

此本生因緣，是佛在拘薩羅國遊行中到達蘆飲村，在蘆飲蓮池附近凱多迦園，就蘆莖而說的。那時比丘眾在蘆飲蓮池沐浴，沙彌們為製作針筒[10]，採取蘆莖，看見這些蘆莖內部都是空的，走到佛處，問道：「世尊啊，我們製作針筒，採取蘆莖，看見這些蘆莖。從根到

10　比丘八物之一。

頂，全部中空。這是什麼原因呢？」佛道：「比丘們啊，這是我昔日的命令，」於是便講過去的事。

【主分】

相傳，從前這座叢林是一個森林。那蓮池水中，住著羅剎，下水去的人，都被吞噬。那時菩薩生為猿王，大如小赤鹿，受八萬猿猴的擁戴，率領猿群，居住在這森林中。他教訓猿群道：「這林中有毒樹與非人〔鬼〕管領的蓮池。大家如要喫未曾喫過的果實，或是喝沒有喝過的水時，須先來告訴我。」群猿答應道：「是。」有一次，他們走到一處未曾到過的地方，在那兒巡遊了數日，要找水喝，見到一個蓮池，大家不就去喝，坐著等待菩薩來。菩薩走來說道：「你們為何不喝水？」他們回答道：「我們正伸著頭頸等你來哩。」菩薩道：「這很對，」便察看在蓮池邊留下的腳跡，見只有下去的腳跡，沒有上來的腳跡。知道這一定是非人所管領的，便道：「你們沒有喝這水，真是大幸。這是非人所管領的。」水中的羅剎知道他們不下水來，顯著青腹、白臉、紅手紅腳、很可怕的形相，將水分開，走出來道：「你們為何坐著？下來喝水呀。」那時菩薩問他道：「你是住在這水中的羅剎嗎？」羅剎道：「是的。」菩薩道：「你捉捕下蓮池去的東西嗎？」羅剎道：「是的。我捉捕凡下此處來的，就是一隻鳥，也捉住不放。讓我把你們都喫了吧。」菩薩道：「我們不把這身子讓你喫。」羅剎道：「但你們要喝水吧。」菩薩道：「水是要喝的，但不使你自由如意。」羅剎道：「那麼，怎樣喝水呢？」菩薩道：「你以為我們下池來喝水，但我們不下來。八萬隻猿猴各取一條蘆莖，如用青蓮華莖喝水一般，喝你蓮池的水。所以你不能喫我們。」知道這意義的佛，成正覺後，唱了下偈的前二句：

不見上來的足跡，　只有下去的足跡。
我們以蘆吸水而飲，　你即不能殺我們。

菩薩如此說後，便取一條蘆莖來，心中念著波羅蜜，發了誓言，用口去吹。蘆內遂不留一點結節，全部變成空虛了。又用同樣方法，叫別的猿猴一一取蘆莖來，吹空了授給他們。如果只是這樣，事情將不能終結，所以不能如此解釋。菩薩繞行蓮池，發命令道：「所有在這裡的蘆，要都變成中空無節。」原來菩薩利行廣大，命令立奏功效，以後繞生這蓮池的蘆，都中空了。在此劫中，有四種神變持續了一劫。何謂四種神變？一是月中的兔相，在此劫間完全存在。二是〈鶉本生因緣〉〔第三五〕中火滅之處，在此劫間完全不會燃火。三是陶器師的住所，在此劫間完全不會降雨。四是繞生在這蓮池的蘆，在此劫間完全中空。這便是持續於此劫間的四種神變。

菩薩如是發著命令，取一條蘆莖而坐，八萬猿猴各取一莖，圍坐蓮池。菩薩用蘆莖喝水時，他們都坐在岸上喝水。因他們如此喝水，水中的羅剎捉不到他們，便懷著不平回到自己住處去了。菩薩也與從者同回森林。

【結分】

佛道：「比丘們啊，這些蘆莖變成中空，是因為我過去的命令，」作此法話後，又取得聯絡，把本生的今昔聯結起來道：「那時水中的羅剎是提婆達多，八萬猿猴是佛弟子，那個想出妙策的猿王，則就是我。」

第三章　羚羊品

二一　羚羊本生因緣（菩薩＝羚羊）

【序分】

此本生因緣，是佛在竹林精舍時，就提婆達多說的。某時，比丘眾集合法堂，坐著誹謗提婆達多道：「法友們啊，提婆為欲殺害如來，或雇弓師投石，或把那叫做護富者的狂象放出。用盡種種的手段企圖殺害十力哩。」這時佛來了，就坐於所設的座上，問道：「比丘們啊，你們方才集在這裡談論什麼？」比丘眾道：「世尊，我們坐在這裡談著提婆的不德，說他企圖殺害世尊的事。」佛道：「比丘們啊，提婆的企圖殺我，並非始於今日，在前生也曾如此，可是未曾能殺我。」接著便講過去的事。

【主分】

從前，梵與王在波羅奈治國時，菩薩生為羚羊，在森林中喫著果實住在那裡。有一時，他到那果實豐富的吉祥葉樹去喫果實。林中有一個高臺獵師，來自村中，在果樹下見到鹿類的足跡，就於樹上結起高臺，坐候來喫果實的鹿類，以槍射殺，將鹿肉賣給人以為活。一日，那獵師在吉祥葉樹下見到菩薩的足跡，便在樹上結起高臺，清晨喫過早餐，即攜槍走入林中，攀登樹上，坐在高臺中。菩薩也於天明前從住處出來，打算「喫那吉祥葉樹的果實」，可是並不急急向樹下跑，自想：「這林中有一個高臺獵師常來在樹上結高臺，不要受其災禍，」便在遠處立定。獵師知菩薩不會過來，便從高臺上把吉祥葉樹的果實投下，落在菩薩的面前。菩薩想：「這些果實落到我的面前來，樹上不是有獵師嗎？」好幾次向樹上查看，果然見有獵師。故意裝作未曾看見的樣子，自語道：「樹啊，以前，你的果實是像吊著的東西一般，一直落下來的，今日卻破了這老規矩了。你既然如是破了老規矩，我只好到別的樹那裡去求食了。」接著唱出下面的偈語：

羚羊很明白，　你臥在吉祥葉樹上。
我不喜你的果實，　會走向別的吉祥葉樹去。

這時，獵師坐在高臺上擲下槍來，說道：「這回被逃脫了。」菩薩立定回轉頭去告訴獵師道：「人啊，你這回雖被我逃脫，但八大地獄、十六增地獄、五種桎梏與業力，你是逃不脫的。」便奔馳向別處了。獵師也從樹上爬下來自去。

【結分】

佛道：「比丘們啊，提婆達多的企圖殺我，不從今日始，前生也曾有此企圖，可是未能殺我。」作此法話後，又取了聯絡，把本生的今昔聯結起來道：「那時的高臺獵師是提婆達多，羚羊則就是我。」

二二一　犬本生因緣〔菩薩＝犬〕

【序分】

此本生因緣，是佛在祇園精舍時，就給與親族以福利之行為說的。其事當見於第十二編

〈跋陀娑羅樹神本生因緣〉〔第四六五〕中。佛為欲一併成立此因緣談，故說過去之事。

【主分】

從前，梵與王在波羅奈城治國時。菩薩因其宿業，從犬之胎內出生，被幾百隻犬圍繞著，居於大墓地中。一日，國王用信度地方產的白馬，駕著盛飾的車子，出去遊園，遊至日落後才返城中來。侍從者就將國王所乘的車放在宮中庭間，連那車上的皮帶也未曾除去。夜來有雨，皮帶受濕，宮中貴種的犬從階上下來。把車上的皮連同皮帶都喫光了。次日，人們向王報告，說：「大王，犬從陰溝孔進來，把車上的皮與皮帶喫去了。」王聽了大怒，說：「見到有犬就給我一一殺死。」於是犬的大虐殺開始了。群犬因見同類到處被害，便紛紛向菩薩住的墓地逃來。菩薩問道：「你們大隊到這裡來，怎麼了？」群犬道：「因為有犬在宮中喫了馬車上的皮與皮帶，國王大怒，下令殺犬，許多犬都被殺了，正在起大恐怖呢。」菩薩心想：「外面的犬是無法到有守衛的宮中去的，這一定是王宮中貴種犬所為。現在做賊者平安無事，而不做賊的反被殺哩。讓我來將真賊指出給王看，對親族者作生命之布施吧。」便安慰同族道：「你們不必害怕，我使你們平安吧。我見國王去了，你們可在此等著，」於是心中念著波羅蜜，把慈悲行作了第一，堅立「石與梱等不要落到我頭上來」的意願，獨自入城去。那時城中的人見了他，竟沒有一個對他怒目而視的。

王從發過殺犬的命令以後，就去坐在法庭上。菩薩走到那裡，便跳上庭去，爬入王的座下。侍從們要去拉他。王禁止他們。菩薩振足了勇氣從座下爬出來向王作禮，問道：「大王命人殺犬嗎？」王道：「是的。」菩薩道：「人主啊，他們有何罪呢？」王道：「因為喫了馬車的包皮與皮帶。」菩薩道：「你知道是誰喫的嗎？」王道：「那不知道。」菩薩道：「不管曾喫皮與否，而說見到就殺，大王啊，這不是公正的辦法。」王道：「因為馬車上的皮是被犬喫去了的，所以我就下令殺犬，叫人見犬即殺。」菩薩道：「那麼，把所有的犬都殺呢，還是也有不殺的呢。」王道：「那是有的。我宮中的貴種犬就不殺。」菩薩道：「大王，方才大王說因為犬喫了馬車上的皮，下令殺犬，叫人見犬即殺。現在又說宮中的貴種犬不殺，那麼大王不是在為了自己的樂欲行無理之事嗎？行無理之事是不正，也非為王之道。大王應該公平地查究原因才是，今不殺貴種犬，只殺弱犬，這不是殺所有的犬，是只殺弱犬了。」大薩埵如是向王陳訴後，復以甘露般的聲音示王以正義道：「大王，你所行的不是正義，」唱出下面的偈語來：

不殺宮中所畜的美而有力的貴種犬，　卻殺我等。
這不是殺所有的犬，　是在專殺弱者。

王聽了菩薩的話，便道：「賢者啊，你知道喫馬車皮的犬嗎？」菩薩道：「知道，」王道：「是誰喫的？」菩薩道：「是大王宮中的貴種犬。」王道：「何以知道是他們喫的？」菩薩道：「我可證明給你看。」王道：「賢者啊，那麼請證明。」菩薩道：「請把宮中的貴種犬喚攏來，給我一些酪漿與吉祥草。」王依言照辦了。這時大薩埵對王說道：「請將此草混入酪漿中給這些犬飲下。」王依言令犬飲下了。那些犬飲了以後，就吐出皮來。王大喜道：「真是一切知者，佛陀的化身。」便在白傘[1]下供養菩薩。菩薩用那以「父母都是剎帝利族的大王啊，請行正義」為開端的十首偈語對王宣說正義，復叮囑王道：「大王啊，嗣後望你努力，」授王以五戒，把白傘奉還給王。王聽了大薩埵的法話，就對一切有情作無畏施，從菩薩起，對所有的犬，每日叫人用與他自己所喫同樣的食物來供養。遵守菩薩的教誡，終身多積布施等善行，死後轉生於天界。這「犬的教訓」繼續至一萬年，菩薩也定命完畢，依其業報，從此世逝去了。

【結分】

佛道：「比丘們啊，如來給與親族以福利，不自今日始，前生也曾如此。」作此法話後，復取了聯絡，把本生的今昔聯結起來道：「那時的國王是阿難，其他是佛的弟子，那犬則就是我。」

二三　駿馬本生因緣　〔菩薩＝馬〕

【序分】

此本生因緣，是佛在祇園精舍時，就一個廢棄精進的比丘說的。佛對那比丘道：「比丘啊，在前生，賢者曾在敵患之中勵行精進，雖負傷而精進不廢。」接著就講過去之事。

1　白傘，為國王五種服飾之一。

【主分】

從前，梵與王在波羅奈城治國時，菩薩生而為信度產的駿馬，被施著無上的裝飾，作為波羅奈王的寶馬[2]。他所喫的是三年陳的米飯，加調種種美味，用價值萬金的食器來盛貯。所立的地方是用四種香料塗過的。廄中以赤色氈毯為幔，上施鏤有金星的天蓋，常用芳香的華鬘裝飾，夜間點燃香油的燈火。

他國的王都想獲得波羅奈的王位，有一次，七國的王一齊來把波羅奈城包圍住，送通牒給波羅奈王道：「把王位讓給我們，否則開戰。」王召集諸大臣，告說此事，問：「如何是好？」諸大臣道：「大王，陛下不必首先就親臨戰場，叫騎士去應戰吧。他如戰得不好，然後我們再想辦法。」王便召那騎士來問道：「你能與七王戰嗎？」騎士道：「大王，若能把那匹駿馬給我，別說七個王了，連與全閻浮提的國王開戰也可以。」王道：「那麼，不論那駿馬或是別的什麼你所要的東西都給你，你去戰吧。」騎士道：「是，大王，」便對王作禮，從臺閣走下，叫把那駿馬牽來，配上馬具，自己也全身武裝，佩好大刀，上馬衝出城去，奔馳如電，攻入對方第一陣營，把一個國王活擒了回來，交與城中的後衛軍，返身再出陣去，攻入第二陣營，如是接連攻戰，活擒了五個國王，及攻入第六陣營，擒住第六個國王時，駿馬受傷了。馬身迸出鮮血，苦痛劇烈。騎士知道駿馬已負傷，於是把他橫倒在宮門

2 大典等時所用之馬。

口，解下馬具來，打算改配在別的馬上。菩薩長長地橫躺臥著張開兩眼來看騎士，忖道：「他在把馬具配到別的馬上去，但那匹馬是不能破入第七陣營活擒第七個國王的。我的努力將付諸流水吧。這位無雙的騎士將殞歿吧。王也將陷入敵人之手吧。除我以外，不會有能破第七陣營活擒第七個國王的馬了。」於是臥著呼騎士道：「騎士啊，除我以外，不會有能破第七陣營活擒第七個國王的馬了。我不願把我的功績付諸流水。扶起我來配上馬具吧。」接著唱出下面的偈語來：

縱使倒臥在地，　　身被箭所射中。
駿馬究比駑馬好。　　騎士啊，武裝還應加在我身上。

騎士扶起菩薩，替他裹好了創傷以後，配上馬具，騎在他的背上，破入第七陣營，把第七個國王活擒了來交與王軍。人們把菩薩帶到了王宮門前，王親自出宮來觀看。大薩埵向王說道：「大王啊，不要殺那七個國王。請立誓赦放他們。所有應賜給我與騎士的榮譽，請全給了騎士。蔑視擒獲七王的勇士是不應該的。陛下自己也要行布施、守戒，以正義與公平施行政治。」

菩薩如是訓誡國王之後，人們來解除馬具。菩薩於馬具解除中就逝去了。王為菩薩舉行葬儀，給大榮譽與騎士，又叫七個國王宣了無二心的誓言，各遣送至本國，嗣後以正義與公平治理政事，命終後依其業報，從這世逝去。

【結分】

佛道：「比丘啊，在前生，賢者在敵患之中勵行精進，雖負傷而精進不廢。你現在歸向了導入涅槃的教而出家，為何怠廢於精進呢？」接著為說明四諦，說畢四諦，那個怠於精進的比丘即證得阿羅漢果。佛作此法話後，復取了聯絡，把本生的今昔聯結起來道：「那時的國王是阿難，騎士是舍利弗，駿馬則就是我。」

二四　良馬本生因緣〔菩薩＝馬〕

【序分】

此本生因緣，是佛在祇園精舍時，就一個廢棄精進的比丘說的。佛對那比丘道：「比丘啊，在前生，賢者在敵患之中負了傷尚不廢精進呢。」接著便講過去的事。

【主分】

從前，梵與王在波羅奈治國時，與上回所講的情形一樣，有七個國王來包圍城市。那時，車軍中有一勇士，用一對兄弟的駿馬駕車出城應戰，連破六個陣營，擒獲了六個國王。這時那為兄的一匹良馬負傷了。勇士駕車回到了宮門口，從車上解下兄馬，把他橫臥在地上，除去馬具，打算去配在別的馬上。菩薩見了這情形，像上回所講的一樣，心中思忖，呼告勇士，臥著唱出下面的偈語來：

不論在何時，　不論在何處，

良馬總是努力，　駑馬常消耗意氣。

勇士扶起菩薩，駕繫車上，去破了第七個陣營，擒獲了第七個國王，然後把車駛回王宮門口，解下負傷的良馬。菩薩如上回所講一樣，臥著向王施了一番訓誡而逝。王為菩薩舉行葬儀，給勇士以光榮，以正義施政，後來依其業報從這世逝去。

【結分】

佛作此法話畢，說明四諦，說畢四諦，那比丘證得阿羅漢果。佛復把本生的今昔聯結起來道：「那時的國王是阿難大德，良馬則就是我。」

二五　浴場本生因緣　〔菩薩＝賢臣〕

【序分】

此本生因緣，是佛在祇園精舍時，就法將〔舍利弗〕的弟子，出家前曾為黃金匠的某比丘說的。原來知他意向的他心知通，唯佛有之，其餘的人是沒有的。法將未具他心知通，不知那弟子的意向，只對他說不淨業處〔不淨觀法〕。但這與那弟子卻不相應。那弟子在五百生間老是生在黃金匠的家裡，長期間來眼所見到的只是純金，心中也受薰染，所謂不淨，與他不相適合，所以經過了四個月猶未起相〔不淨的觀念〕。法將不能授與阿羅漢果給自己的弟子，心想：「他似乎只有依了佛力可以教養的了，帶他到如來那裡去吧。」便於天明以前領他到了佛的地方。佛問道：「舍利弗啊，為何你領了一個比丘來？」舍利弗道：「世尊，我授業處於這人，經過了四個月，連相（觀念）都不起。我想這人只有依了佛力可以教養的了，所以領他到世尊這裡來的。」佛道：「舍利弗，你以什麼業授與弟子。」舍利弗道：「不淨業處，世尊。」佛道：「舍利弗，你沒有知道眾生心的通力。且去，傍晚再來帶回你的弟子吧。」

佛打發走了長老舍利弗，叫人給那比丘以相稱的上衣與下衣，帶他同去乞食，叫人給與以美味的嚼食（硬食）與噉食（軟食），由大比丘眾圍繞著回到精舍以後，在佛的香室過了晝間，向晚便帶了那比丘出去遊行，到了庵羅果園，用神通力現出一個蓮池，於蓮叢內現出一大大的蓮華。吩咐那比丘道：「向那蓮華凝視而坐。」叫那比丘坐下以後，便自回香室去了。比丘只管凝視那蓮華。佛使華凋萎，正凋萎時，色褪了。華瓣從邊緣處開始謝落。一忽兒落盡了。既而雄蕊也脫落了，只剩果皮。比丘見這光景，不禁這樣想道：「這蓮華方才原是顏色鮮美，看去很悅目的。現在已色褪瓣謝，連雄蕊都脫盡，只剩果皮了。像這樣的蓮華也會碰到老，這老也會落在我身上來吧。」於是便獲得了諸行無常的正觀。佛察知他的心已達正觀，坐在香室中放出光明，唱下面的偈語：

把自愛心斷了啊，　像用手折秋日的黃蓮華似地。
專向寂定之道邁進啊，　涅槃為善逝所詔示。[3]

3 《法句經》二八五偈。

佛唱畢此偈，那比丘即證得阿羅漢果，覺得自己真從一切的有〔生存〕解脫了，便以下面偈語發出感興。

生涯過畢，其心圓熟， 心身垢〔漏〕盡，只留最後的肉身。
守清淨之戒，諸根穩得寂定。 遍在的愚癡大黑暗與一切心垢，
我已完全排除。 猶如月自羅睺口中脫出，
又如光明萬丈的太陽， 在虛空中普照周空。[4]

比丘如是唱偈後，再去禮佛。時長老舍利弗亦來佛處，向佛禮拜畢，便領了弟子回去了。

這件事被比丘眾知道了，他們集合在法堂裡，坐著讚歎十力的威德道：「法友啊，舍利弗沒有知道他人意向之明，不知自己弟子的意向。佛知道了，就於一日之間授給那弟子以無礙辯與阿羅漢果。佛的威德真是廣大啊。」這時佛來了，在所設的座上坐下，問道：「比丘們啊，你們集合在此，談論何事？」比丘眾答道：「不是別的，在說世尊善知舍利弗弟子的意向。」佛道：「比丘們啊，這非不可思議之事。我現在是佛陀，固然知道他的意向。可是在前生，也已曾知道他的意業了的。」接著就講過去的事。

4 乃阿修羅，日月入其口即蝕。

【主分】

從前，梵與王在波羅奈城治國。那時菩薩為王作指導，不論是關於物質上的事或是關於精神上的事。有一次，人們在王的寶馬的浴場裡。放下卑賤的駑馬去洗浴。後來馬丁叫寶馬下那浴場中去時，寶馬就不肯下去了。馬丁來報告國王道：「大王，寶馬不肯下浴場去。」王派遣菩薩道：「賢者啊，為什麼馬不肯下浴場去呢？請給我去看看。」菩薩答應道：「是，大王。」便來到河畔，將馬檢視，知道並無毛病，詳查不肯下水的原因，以為「也許先有別的馬在這裡洗過浴，所以嫌憎了不肯下去的吧」。於是問馬丁道：「有誰在這裡洗過浴沒有？」馬丁道：「洗過別的駑馬。」菩薩知道那馬為了自尊心之故不喜在此就浴，不如改換洗浴的地方，便對馬丁道：「馬丁啊，用蜜糖與酪酥調製的乳粥雖好，老喫了也會生厭。這馬老在這裡洗浴，也許厭了。把他帶到別處去洗浴飲水吧。」接著唱出下面的偈語：

馬丁啊，　帶馬到別的浴場去飲水吧。
乳糜味雖好，　喫膩了便覺得苦。

人們聽了菩薩的話，把馬帶到別的浴場去洗浴飲水。在馬正洗浴飲水時，菩薩回到國王那裡去了。王問菩薩道：「怎麼樣，馬洗浴飲水了嗎？」菩薩道：「是的，洗浴飲水了。」王道：「方才為什麼不肯下水去呢？」菩薩就「如此這般」地把詳情稟告。干道：「居然連這種畜生的意向都知道，真是賢者了。」即以大榮譽授與菩薩，後來命盡，依其業報從此世逝去。菩薩也依業報離去了此世。

【結分】

佛道：「比丘們啊，我的知道那比丘的心意，不自今日始，前生也已知道了的。」作此法話後，復取了聯絡，把本生的今昔聯結起來道：「那時的寶馬是那比丘，國王是阿難，那賢臣則就是我。」

二六　女顏象本生因緣〔菩薩＝賢臣〕

【序分】

此本生因緣，是佛在竹林精舍時，就提婆達多說的，提婆使阿闍世太子信仰自己而受他的供養。阿闍世太子為提婆建立精舍於伽耶斯舍，日日用五百個大銀盤盛貯了用美味調製的三年陳的香米飯去作供。因此供養提婆的徒眾大增。提婆與其徒眾只是住在精舍裡。

那時，王舍城中有甲乙二友，甲依佛出家，乙則在提婆處出家。一日，乙向甲道：「朋友啊，你日日流了汗去行乞，而提婆則安坐在伽耶斯舍的精舍中喫著用種種美味調製的好飯食。你所行的不是良策。你為什麼要自己討苦呢？怎麼樣，明日一早到伽耶斯舍精舍來。喫那附有好菜的粥，十八種的嚼食與種種加味的噉食如何？」甲因乙再三勸誘，果然想去了，從此以後，就每日到伽耶斯舍精舍去飽餐，時刻一到，仍回到竹林來。可是事情不能永久祕密。甲到伽耶斯舍去喫提婆那裡的供物，不久就被許多人知道了。友人之中有人問他道：「聽說你在喫別人供給提婆的食物，真的嗎？」甲道：「誰說的？」友人道：「某人與某人。」甲道：「我確曾在伽耶斯舍喫東西，但我所喫的東西不是提婆給我的，是別的人給我的。」友人道：「朋友啊，提婆是佛的怨敵。他以破戒之身令阿闍世信仰，非法地受著供養。你奉佛的教說出了家，竟去喫那提婆達多非法所得的食物。喂，帶你去見佛吧，」便把他帶到法堂來。佛見了問道：「為什麼帶了這可厭的比丘來？」那友人道：「世尊啊，這比丘在世尊的地方出了家，卻在喫那提婆非法所得的食物哩。」佛道：「比丘啊，據說你常喫提婆非法所得的食物，真的嗎？」甲道：「世尊啊，我所喫的食物，不是提婆給我，是別人給我的。」佛道：「比丘啊，在這裡不該說遁辭。提婆是作惡行的破戒者。你在我這裡出家，奉著我的教說，為什麼去受提婆的食物呢？你一向易於輕信，見了什麼也會相信的。」接著便講過去的事。

【主分】

從前，梵與王在波羅奈城治國時，菩薩是一個大臣。那時王有一隻寶象，名叫女顏，德高行端，從不傷害他物。一日，群盜於夜半在象舍附近坐著集議，說道：「這樣幹，就可打破水溝進去了，這樣幹。就可打破窗戶了。把水溝窗戶如數打破以後，就空洞無礙，便於搬運東西了。去搶劫時，要殺人都不怕。能這樣，就任何人不敢來抵抗了。做盜賊者不應被道義心所束縛，非殘忍、兇惡、暴虐不可。」如是互相約誡而去。一連幾夜，群盜都在這裡作如是的集議。那象飽聽了他們所說的話，還以為他們在對自己講說，便想：「那麼我也非殘忍、兇惡、暴虐不可。」次日清晨，見管象者到象舍來，便用鼻把他攫來擲殺在地上。嗣後，凡遇有來的東西，都一一弄殺。

人們奔到王那裡去告訴，說：「女顏象瘋狂了，見到什麼都弄殺。」王派菩薩去，說道：「賢者啊，你去看看，象為什麼激怒的？」菩薩過去察看，見象身體無病，推究其所以激怒之故，以為「也許有誰在他的近處講了什麼話，他聽了認為在對自己說，就激怒起來了吧」。便問那管象者道：「以前有人於夜間在象舍近處講論過嗎？」管象者道：「有的，盜賊們曾到這裡來作會議過。」菩薩回去告訴王道：「象身體無病，是因為聽到了盜賊們的話激怒的。」王道：「那麼，現在要怎樣才好？」菩薩道：「請有高德的沙門或婆羅門去坐在象舍裡作道德的談話，就有效驗吧。」王道：「尊者，那麼就請這樣去辦。」菩薩請有高德的沙門、婆羅門等去坐在象舍裡，請求說道：「尊師啊，請為作道德的談話。」他們便集在一處談論道德道：「不應打人殺人。人要有德行，能慈悲、忍辱。」象聽了以為這是在教他，以後要行道德，便馴順了。王問菩薩道：「怎樣，象馴服了嗎？」菩薩道：「是的。那樣激怒了的象，因了諸位賢者的力，居然馴服如前了。」接著唱出下面的偈語來：

先時聽了盜賊的話。　女顏逢人便擲殺。
後來聽了智者的話。　最上之象便安住於諸德了。

王道：「居然連畜生的心意都能知道。」以大榮譽授與菩薩。後來王於定命終了時，與菩薩各依其業報從此世逝去。

【結分】

佛道：「比丘啊，你在前生也見到任何人便歸依他，聽了盜賊的話便歸依盜賊，聽了有德者的話，便歸依有德者。」作此法話後，復取了聯絡，把本生的今昔聯結起來道：「那時的女顏象是尊奉背教者的比丘，王是阿難，那大臣則就是我。」

二七　常習本生因緣

〔菩薩＝大臣〕

【序分】

此本生因緣，是佛在祇園精舍時，就一個優婆塞與某老大德說的。卻說，舍衛城有朋友甲乙二人，甲出家後，每日必訪乙家。乙給與甲以食物，自己則於食後伴甲到精舍來，坐談至日落才回入市去。甲送乙回去，直到市門口才自歸精舍，如是習以為常。二人的交誼遍傳於比丘眾間。一日，比丘等集合法堂，坐著談論這二人的交誼。佛來了，問道：「比丘們啊，你們方才大家在這裡談論著什麼？」比丘等如實稟告。佛道：「比丘們啊，這二人的交誼不自今日始，他們在前生，交誼也是親密的。」接著便講過去的事。

【主分】

從前，梵與王在波羅奈城治國時，菩薩是一個大臣。那時，有一隻狗到寶象所居的廄舍中喫那寶象食時所狼藉的飯粒。狗在如是覓食之中，就與寶象親暱起來，靠近象的身旁去喫，後來兩者竟親暱到非在一處不喫，狗常抓住了象鼻左右搖動為戲。一日，有一個自鄉村來的人給管象者以若干金錢，把狗討去了。象不見了狗，就從此不喫東西，也不飲水，也不洗浴。人們把此事來向王報告。王派菩薩去調查道：「賢者啊，象為何如此，給我去調查一下。」菩薩到了象舍，見象沉在悲哀裡，身體上卻看不出有什麼疾病。以為也許他曾有所親，因為那所親者不見了，所以如是憂鬱的。便問管象者道：「曾有什麼東西與象親暱的嗎？」管象者道：「是的，他曾與一隻狗很親暱。」菩薩道：「那麼，這狗在哪裡呢？」管象者道：「被一個人討去了。」菩薩道：「這人的住址，你知道嗎？」管象者道：「我不知道。」於是菩薩到王那裡去回報道：「大王，象沒有什麼疾病。他曾與一隻狗非常親暱，大概現在因為那狗不見了，所以不肯喫東西呢。」接著便唱出下面的偈語：

> 麄飯、摶飯、吉祥草都不喫。　就浴也不肯擦洗身體。
> 象本日日與狗相見。　似在戀慕狗友。

王聽了菩薩的話，問道：「那麼，將怎樣呢？」菩薩道：「可叫人鳴鼓到各處去叫喊，說有人把與我們寶象為友的一隻狗帶走了，如果藏在家裡不交出來，查得了便要罰他。」王依言照辦。那個討狗去的人聽到了這話，就把狗放出了。狗急急跑回象舍。象用鼻把狗卷住放在自己頭上，哭叫了一陣，重又從頭上放下來，讓狗喫過後，自己才喫。王道：「居然連畜生的心意都能知道。」便授菩薩以大榮譽。

【結分】

佛道：「比丘們啊，這二人的交誼親密，不自今日始，前生也已親密的了。」作此法話後，說明四諦〔這所謂說明四諦的事，原是每一個本生因緣中都有的，我們以後當於其功德明顯可認時特為提及〕，取了聯絡，把本生的今昔聯結起來道：「那時的狗是優婆塞，象是老大德，賢明的大臣則就是我。」

二八　歡喜滿牛本生因緣　〔菩薩＝牛〕

【序分】

此本生因緣，是佛在祇園精舍時，就六群比丘的辱罵說的。那時，六群的比丘吵起相罵來，舉出十種條目，嘲罵那正直的比丘們。比丘們以此事告訴佛知道。佛命召集六群比丘，問道：「比丘們啊，果有其事嗎？」他們回答道：「果有其事。」佛呵責他們一番，說道：「惡言即畜生也不歡喜。在前生，有一畜生曾因主人發惡言之故，叫主人損失千金呢。」接著就講過去的事。

【主分】

從前，健馱邏王在健馱邏的得叉尸羅城治國時，菩薩投生在牛胎裡。在他為小牛時，有一婆羅門從養牛者家裡把他討去，命名曰歡喜滿，放在兒女所居之處，用乳粥或飯餵養，很寶愛他。菩薩長大以後，以為「這婆羅門曾費了許多心血養我。我現在是全閻浮提牽引力最大的牛，讓我來顯一次本領，償付養育的代價吧」。一日，牛對婆羅門說道：「喂，婆羅門啊，到養牛的某長者那裡去，說：『我所養的雄牛能拖一百輛貨車，』與他以千金為賭啊。」婆羅門到了某長者的地方，先問：「在這城中誰所養的牛最有力？」長者先舉某家某家的牛來回答，結果說道：「全城中沒有一隻牛能及我所養的。」婆羅門道：「我也有一隻牛，能拖一百輛貨車呢。」長者道：「哪裡會有這樣的牛？」婆羅門道：「我家裡就有。」長者道：「那麼打賭吧。」婆羅門道：「好，就打賭。」便相約以千金為賭。於是婆羅門在百輛的車中裝滿了砂石等，順次排列起來，用繩從車軸上前後結住，叫歡喜滿洗了浴，餵以和香料的飯，肩部飾以華鬘，把他駕在第一輛車的車軛上，然後自己爬上車去坐著，舉起鞭來叱道：「前進呀，欺瞞者啊，拉呀，欺瞞者啊。」牛自覺非欺瞞者，今受此稱呼，不知所謂，四隻腳如柱子般，立著不動。長者立刻叫婆羅門交出千金。婆羅門損失了千金，把牛解下，回到家裡，憂鬱地臥著。歡喜滿牛走來，見婆羅門憂鬱地臥在那裡，便走近前去問道：「婆羅門啊，你為什麼臥著？」婆羅門道：「怎麼能入睡啊，千金輸去了。」牛道：「婆羅門啊，我在你這裡這麼久，曾把缽打碎或是踏破沒有，曾在他處撒過糞尿沒有？」婆羅門道：「那是沒有的事。」牛道：「那麼你為什麼呼我為欺瞞者呢。你這樣稱呼我，這是你的錯，不是我的錯。喂，且與那人去賭二千金吧。但不要再呼我為欺瞞者呀。」婆羅門聽了牛的話，便去與長者相約，以二千金作賭，依照上回的方法，把百輛貨車前後連繫起來，把歡喜滿牛裝飾了駕繫在第一輛車子的前面。先在車的前面牢牢地繫住了軛，一端駕著牛，一端吊在車上，軛與車軸之間，貫以一支光滑的棒棍。如是堅實駕繫，使軛不致左右搖動，單牛也可拖拉。婆羅門坐在車上，用手拍著牛背叫道：「賢者啊，前進呀，賢者啊，拉呀。」菩薩果然一口氣把連繫著的百輛貨車拉著前行，最後的一輛達到了原來第一輛的地方了。於是那以牛為財產的長者拿出二千金來，其他的人對於菩薩也拿出許多彩金，這些都到了婆羅門的手裡。如是，他因了菩薩的幫助，獲得許多財物。

【結分】

佛道：「比丘們啊，惡語是誰也不喜歡的。」叱責六群比丘以後，即制定學處〔戒〕，唱出下面的偈語：

應說愛語，　勿作惡語，
牛為說愛語者駕重車，　使獲財寶而歡喜。

佛作此法話，教人說愛語，復取了聯絡，把本生的今昔聯結起來道：「那時的婆羅門是阿難，歡喜滿牛則就是我。」

二九　黑牛本生因緣　〔菩薩＝牛〕

【序分】

此本生因緣，是佛在祇園精舍時，就二重神變說的。其故事與天人降臨之事同見於第十三編〈舍羅婆鹿本生因緣〉〔第四八三〕中。等正覺者演二重神變後，住居天界，於雨季終了之節日，下降僧羯奢城，與許多從者共入祇園精舍。比丘眾集坐在法堂裡，談論佛的威德道：「法友啊，如來真不可及，他所運的東西，是誰也不能運的。有六位師父曾說：『我們將給你們顯出神變，』說了好幾次，可是一個神變都沒有顯出。究竟是佛好。」佛來了，問道：「比丘們啊，你們方才在這裡談論何事？」比丘眾道：「世尊，我們不談別的，在如此這般說著世尊的威德。」佛道：「比丘們啊，我這次所運的東西，有誰能運呢？在前生，我投胎為畜生時，也曾能負擔與自己力量不相稱的擔負。」接著便講過去的事。

【主分】

從前，梵與王在波羅奈城治國時，菩薩投生於牛的胎內。當他還小時，他的主人寄宿在某老婦人的家裡，後來結算了房飯費，就把小牛留作抵償而去。那老婦人用乳粥與飯等來餵養小牛，猶如自己的兒女。這小牛被定名曰「祖母的黑痣」，長大以後，毛色純黑，如安膳那藥（石眼藥），與村中的牛一處游行，行動端正。村中的兒童們時與他為戲，有的攫住了角、耳、或項部來縋盪身體，有的捏了尾巴搖擺，有的去騎在背上。一日，牛想：「我母親貧困著，她辛辛苦苦像兒女般養育了我，讓我去賺錢來救她的苦境吧。」從此以後，他便在各處行走，找尋賺錢的機會。一日，一個隊商主的兒子帶了五百輛貨車來到凹凸不平的過渡處停下。原來拉車的牛，都不能把車拉到對岸。五百輛車子繫在一處，就停在渡頭，無法過去。菩薩（牛）與村中之牛正在渡頭游步著，那位隊商主的兒子是一位牛的鑑別家，正在就許多牛中，找尋能把這許多車拉過渡去的良種。見到菩薩，以為「這是一隻良牛，會把我們的車子拉過去吧。不知這隻牛的主人是誰」。便問牧牛者道：「這隻牛的主人是誰？我豫備出錢，叫這隻牛把這許多車子拉到對岸去。」牧牛者道：「那麼你把他拉去繫在車上吧。主人不在這裡。」隊商主的兒子用繩穿牢牛鼻，可是不能使牛拖了車前進。牛好像要講好了工錢才肯拖的樣子。隊商主的兒子懂得牛的意思，便對牛說道：「如果你把這五百輛車子都拖到對岸，每輛車子給你二迦利沙波拏，總共給你一千迦利沙波拏吧。」於是牛便自動走近車前。人們把他繫在車上，他就一口氣拖了車子到達對岸。所有的車子都這樣地拖過渡了。隊商主的兒子以每輛一迦利沙波拏計算，包了五百迦利沙波拏給他吊在項頸上。牛以為「那人不依約給我工錢，不能放他走」，便趕到車子的前面立著，把路攔住。人們費了許多力去趕，也趕他不走。隊商主的兒子心裡想道：「大概這畜生知道工錢不足吧。」於是用布包了一千迦利沙波拏，給他吊在項頸上道：「喏，這是拖車子的工錢。」牛帶了一千迦利沙波拏的包回到他母親那裡去。村中的兒童們嚷道：「黑牛的項頸上掛著的是什麼？」大家向牛跑來。牛逐散群童，避至遠處，然後回到母親的地方。老婦人見牛的項頸上吊有錢包，問道：「你從何處得來的？」及向牧牛者探問，知道了詳細情形，便道：「我何曾想靠你賺錢來度日啊？你為什麼去作這樣的苦事呢？」於是便以溫湯浴牛，用油塗抹他的全身，餵以上好的飲料與食料。後來老婦人命終，與菩薩各依其業報而逝去。

【結分】

佛道：「比丘們啊，如來的無可比倫，不自今日始，在前生也已如此。」既作此法話，復把本生的今昔聯結了，唱出下面的偈語來：

縱使在任何泥濘的道上，　　有笨重的貨物，只要牢繫在黑牛身上，　他也能搬運。

佛道：「比丘們啊，當時黑牛曾搬運這貨物哩。」說畢復取了聯絡，把本生的今昔聯結起來道：「那時的老婦人是蓮華色，黑牛祖母的黑痣則就是我。」

三〇　謨尼迦豚本生因緣〔菩薩＝牛〕

【序分】

此本生因緣，是佛在祇園精舍時，就處女的誘惑說的。其事當詳見於第十二編〈小那羅陀苦行者本生因緣〉〔第四七七〕中。佛問那比丘道：「據說你心中煩悶著，真的嗎？」比丘道：「尊者，是的。」佛道：「為了什麼？」比丘道：「世尊，為了處女的誘惑。」佛道：「這女子於你有害。在前生，當她結婚之日，你也曾喪命被作為請客的食品哩。」接著便講過去的事。

【主分】

從前，梵與王在波羅奈城治國時，菩薩生而為某村長者家中的牛，名曰大赤。他的弟弟之中，有一隻名曰小赤。所有那家的搬運工作，全靠這兄弟二牛擔任。那家有一個女兒，已被同村某長者聘為兒媳。女兒的父母以乳粥餵養一豬，名曰謨尼迦，豫備為吉日請客之用。小赤見豬喫乳粥，對他哥哥說道：「一家的搬運工作，全靠我們兄弟來做，而主人給我們喫的只是糠麩或槀草，卻把乳粥去餵豬。為什麼豬該喫這樣好東西？」哥哥大赤道。「喂，小赤啊，不要羨慕。那豬正在喫著死亡的食物呀。主人的女兒將結婚，養豬是豫備請客。再過幾日，客人就要來了。你看吧，那時豬將被縛住了四腳，從豬欄中拉去殺卻，烹調了給客人喫哩。」接著又唱出下面的偈語來：

不要羨慕謨尼迦，　他正喫著死亡的食物。
去了貪欲，喫糠麩吧，　那是長命的根源。

不久，客人就來了，於是把謨尼迦殺死烹調作種種的餚饌。菩薩問小赤道：「你看見謨尼迦嗎？」小赤回答道：「哥哥，我見到謨尼迦喫美食的報應了。我們的槀草或糠麩，喫了無罪，且可長命，比之那種食物，真要勝過百倍千倍呢。」

【結分】

佛道：「你在前生也曾因這女子喪命，作許多來客的食品呢。」作了此法話，又說四諦，說畢四諦，那煩悶的比丘就證得預流果。佛於是取了聯絡，把本生的今昔連結起來道：「那時的謨尼迦是煩悶的比丘，長者之女兒即現在的處女，小赤是阿難，大赤則就是我。」

第四章　雛鳥品

三一　雛鳥本生因緣

〔菩薩＝帝釋天〕

【序分】

此本生因緣，是佛在祇園精舍時，就一個飲用未經濾過的水的比丘說的。據說，那時有甲乙兩個青年比丘，彼此為友。他們從舍衛城到鄉間去，安適地住在所歡喜的地方，因為想參見正等覺者，又從該地方出發向祇園精舍來。

甲持有濾水囊，乙則沒有。兩人共同濾水而飲。有一次，兩人之間起了爭吵了，於是那有濾水囊的甲不肯以濾水囊借給乙使用，自己濾水而飲。乙沒有濾水囊，又口渴難耐，就飲那未經濾過的水。

兩人如是繼續旅行，到了祇園精舍，向佛禮拜畢，就座而坐。佛問道：「你們從何處來？」兩人答道：「尊師啊，我們向住在拘薩羅的鄉間某村，為了想參見你，所以到這裡來的。」佛問道：「那麼，你們兩人一路同行，彼此一定很親暱吧？」不帶濾水囊的乙比丘道：「尊師啊，中途這位朋友與我發生了爭吵，就不肯把濾水囊借給我使用了。」甲比丘道：「尊師啊，對了，這位朋友明知水中有生物，卻不濾就飲了。」佛問乙比丘道：「比丘，據說，你明知水中有生物而飲下，真的嗎？」乙比丘回答道：「真不應該。尊師啊，我確曾飲未濾過的水。」

於是佛對兩比丘說道：「比丘啊，在前生，有一賢人在天都治國，戰爭敗北，曾從崎嶇的山徑逃出。賢人為了想恢復王位，立下了『不殺害有生命者』的誓願，在戰爭勝利獲得非常的榮譽時，曾為救小金翅鳥的命而把車子回轉哩。」

【主分】

從前，一位國王在摩揭陀國的王舍城治國時，菩薩與現在的帝釋天前生生在摩揭陀國的摩契羅村一樣，也誕生在摩契羅村，家門非常高貴。命名之日，取名曰摩揭童子。過了幾年，童子就以婆羅門的青年摩揭得名。父母替他娶同族之女為妻。後來兒女繁殖，摩揭成就了一家之主，富於慈悲心，嚴守著五戒。

那村中共有三十家居戶。有一回，三十家的人們集在村之中央場地，治理村務，菩薩摩揭用腳把他所立的地面整治好了立在那裡，就有一人立到他的地方來了。菩薩摩揭便到別處把地面整理好了立著，又有一人立到他的地方來了。菩薩摩揭再去整治他處，如是把地面整治好了讓人，讓了人再整治他處，結果把全個場地都整治好了。那塊場地上本來是張天幕的，後來菩薩摩揭改建會堂，且在堂中安放了坐椅與水甕。在這期間，與菩薩摩揭同志者已有三十人。菩薩摩揭叫村人堅守五戒，自己誓與村人行著善事過日。村人也跟了菩薩摩揭同行善事，每日清晨就起身，拿了刀斧與槌巡行村中，見通路上有石塊，便用槌打起移去，見樹木有礙於車輛行走的，就用斧砍掉，平整地面，修築堤防。一方面又行布施，守戒律。如是，全村的人逐漸依從了菩薩摩揭的教導，守起戒來了。

這時，村中的首領卻不高興起來了，以為「從前，村民有的飲酒，有的殺人，在那時，售酒錢咧，罰金咧，還有稅金咧，我的收入很多。現在婆羅門的青年摩揭這傢伙，勸人守戒，叫村民不作殺人等等的惡事，弄得村民也都說要守五戒了」，便到國王的地方去告訴道：「大王，有許多盜賊在村中掠奪橫行。」王聽了首領的話，說道：「去把他們捉來。」於是首領回到村中，把全村的人捕捉了，縛著解到國王面前來道：「大王，盜賊都捉來了。」王並不查訊村民的行為，即下令道：「用象把這些村民都殺死。」於是全村的人們都被送到法庭，行刑的象也被牽出來了。

菩薩摩揭告誡村人道：「你們要念持五戒啊。對於誣告者，對於國王，對於象，都要愛他們，與愛自己的身體一樣。」村人都謹守教誡。行刑的時候，象被牽近到村人所在的地方。可是任憑怎樣牽曳，象總是不肯走近前去，發出大聲咆哮了逃開。叫別的象來，也是這樣。王以為「這些村民的手中也許有什麼魔藥吧」。命人一一檢查。檢查者毫無所得，去回報王道：「大王，什麼都沒有。」王道：「那麼大概在念什麼咒語吧？去問他們有咒語沒有。」侍臣來問村人們。菩薩摩揭道：「有的。」侍臣去向王回報道：「據說有的，大王。」於是王把村人全部召喚到自己面前，問道：「說出你們的咒語來。」菩薩摩揭稟白道：「大王，我們的咒語不是別的，只是我們三十個人不殺生，不取非所給與的東西，不作邪行，不說偽語，不飲酒。還有，行慈悲，作布施，平道路，掘蓮池，守戒律。這些就是我們的咒語，我們的保障，我們的特權。」王對村人們大加稱許，罰辦那誣告者，把他的財產全部沒收了給與村人們，罰他的奴隸替村人們去服役，又把象也贈給了村人們。

村人們嗣後一心為善。某時，想在十字路口建設一個大會堂，就雇用木匠來營造。因為村人們對於女人已毫無欲念，便禁止女人入大會堂。這時，村中有四個婦人，一個名曰善法，一個名曰思惟，一個名曰歡喜，還有一個名曰善生。其中的善法以賄賂給與工頭，與他商量道：「老哥，請以我為這會堂的長老。」工頭答應道：「可以。」於是，他把那豫備作會堂的尖塔用的木材弄乾燥，截好，穿了孔，雕成尖塔，用布包紮起來藏在別處。

等到會堂完成，將上尖塔時，工頭對村人們說道：「不對了，主人，我們疏忽了一件事了。」村人們道：「這是什麼？」工頭道：「非加尖塔不可吧。」村人們道：「當然，應該要加的。」工頭道：「可是這不能用新斲的木材來造。要找那質料陳宿，截好穿了孔的現成尖塔才行。」村人們道：「那麼該怎樣辦呢？」工頭道：「如果村中人有造好的尖塔肯出賣，最好去搜求呀。」村人們搜求的結果，在村中婦人善法的地方找到了一個，可是不能用錢買得。

善法道：「如容許我入會堂，那麼就捐助吧。」村人們道：「我們不能給利益與女人。」於是工頭對村人們道：「主人，你們在說什麼話？除了梵天界，不是任何世界都不排斥女人的嗎？請接受尖塔啊。上了尖塔，我們的工程便完成了。」

村人們贊成這話，接受了尖塔，把會堂完成。在會堂中安好坐椅，配置水甕，連日常的飲食都預備好。又在四周築牆造門，牆內鋪沙，牆外排植棕櫚。

思惟也在該處經營樂園，她覺得花與果實太多的樹木與環境不適，就不種這些樹木。歡喜也在該處鑿掘蓮池，以五種蓮華[1]覆蓋池面，很可悅目。唯有善生一人不曾作過什麼。

菩薩摩揭既完成了在家事母、事父、敬長、作真實語、不作粗暴語、不在背後說人非、不吝嗇等七種誓言，唱出下面的偈語：

在家孝父母、敬師長，　出言柔和、愛語而不譏，
不貪、真實而遏怒，　如是之人，三十三天稱為有信者。

菩薩摩揭作如是行，受人褒讚，命盡後轉生於三十三天，為天國之王，名曰帝釋。其餘村人也與國王同生於三十三天。

卻說，那時三十三天中有魔神阿修羅住著。天王帝釋覺得與魔神共治不好，於是把天神之酒給魔神們飲了，乘其醉時，捉住他們的兩足，從須彌山的絕壁擲下。魔神們落到魔宮裡去了。所謂魔宮，在須彌山的最低部，廣闊與三十三天界相等。天國有珊瑚樹，魔國則有一種樹名曰灰彩色華，生存久至一劫。這時魔神們見灰彩色華開放，知道這裡已不是自己從前所管領的天國，因為天國是有花開在珊瑚樹上的。便道：「老耄的帝釋等傢伙，叫我們飲醉了酒，把我們投入大海中，佔領了我們的天國了。」又宣言道：「我們要與他戰爭，奪回天的城郭來。」於是魔眾便像螞蟻爬柱一般，攀登上須彌山去。

帝釋聞知魔神來攻打，便降至海面。兩軍交戰後，帝釋為魔軍所敗，乘了名曰超勝的車，從南海的這面逃到距離一百五十由旬的對面去。帝釋天的車子在海上急駛，當到達綿樹

1　即白蓮、青蓮、紅蓮、黃蓮與雜色蓮五種。

林時，那綿樹就與當路的棕櫚被斬伐一般，被伐拔了落在海中。海面上有許多小金翅鳥高聲叫著飛翔。帝釋問御者摩多利道：「摩多利，方才是什麼的叫聲？那聲音真是驚心動魄哩。」摩多利道：「天主啊，你的車子不顧一切，疾馳而行，過綿樹林時把綿樹衝毀了，那些在樹上的小金翅鳥怕喪失生命，在悲鳴逃生呢。」大薩埵（帝釋）道：「摩多利啊，我們連小鳥都不忍累及。我們不應自恃有力量而殺生。我們為了這些小鳥，不妨犧牲自己生命，去給與魔族。把車子回轉吧。」接著便唱出下面的偈語來。

摩多利啊，別把車去衝犯綿樹上的巢居者。　為了保全鳥巢，
我們願在魔神之前，　喜捨我們的生命。

御者摩多利遵命回轉兵車，改從他路向神的世界進發。魔神們聞知帝釋又回轉來，想道：「據說帝釋又從別處到這裡來了。這一定是他獲得了援軍來反攻的。」便怕喪失生命，逃入魔國去了。帝釋重至神都，有兩個天界（梵天、帝釋天）的神軍為之防衛，居於都邑之中央。一瞬間地面分裂，顯現出高一千由旬的宮殿來。這宮殿是在勝利時顯現的，所以就名曰戰捷宮殿。

帝釋為欲使魔神們不再近來，特設五種防備，關於此，有下面的頌：

在難攻的二城（神族與魔族）之間，　所謂五種防備者，
就是龍、金翅鳥、甕形夜叉、荒醉夜叉，　與四天王五者。

當帝釋設了這五種防備，身為王者，享著天的榮耀時，善法去世轉生為王后。她在前生

曾貢獻過尖塔，作為果報，顯現出了一座廣五百由旬的玉堂，那堂就名曰善法堂。堂中純白的天蓋之下有廣一由旬的玉座，帝釋就以諸天之王的資格，坐在座上處理天國的政務。思惟也去世而轉生為王后，她在前生曾造過樂園，作為果報，有一個樂園出現，名曰心蘿園。歡喜也去世轉生為王后，她依曾鑿蓮池的果報，有一個蓮池出現，那蓮池名曰歡喜。

只有善生未曾在前生作過善業，死後轉生為鶴，居於某處樹林的洞穴中。帝釋想：「善生不曾見到，究竟她生在何處呢？」查察的結果，知道她的所在，於是便親身到那裡去將她領到天界來，使她觀看快樂的天都與善法堂、心蘿園、歡喜蓮池。帝釋對善生道：「她們因為曾行善事，所以轉生為我們的后。妳因為未行善事，所以轉生為畜生。以後要守戒啊。」如是對鶴訓誡，授以五戒，然後送至原處，把她放了。

從此以後，善生便守戒了。過了二、三日，帝釋要試探她是否真能守戒，化為一條魚，側轉了背去橫臥在她面前。善生見了還以為是死魚，用嘴去銜魚頭時，見魚尾動了，於是說道：「這好像還活著呢，」即把魚放去。帝釋道：「好，好，能守戒哩，」便自去了。

善生後來從那裡逝去，轉生在波羅奈的一陶工家裡。帝釋查究著了她的所在，便化作一老人，用車滿載金色的胡瓜，入其村中而坐，喊道：「胡瓜要嗎，胡瓜要嗎？」村人們走近前去說道：「老伯伯，請給我吧。」老人道：「我要給守戒的人。你是守戒的嗎？」村人們道：「我們全不知戒。那麼賣給我們吧。」老人道：「我不賣錢，要送給守戒的人。」村人們道：「這是個癡子，」各自散去了。善生聞知這消息，以為也許是送給她的，便走到老人的面前來道：「老伯伯，請給我吧。」老人道：「姑娘，妳守戒嗎？」善生回答道：「我確守著戒哩。」老人道：「我專為了妳送來的，」便連車拉到她的家門口放著，自己去了。

善生一生守戒，死後轉生為魔王毘婆契耶之女。因為前生守戒的果報，生下來就是一個美人。到了妙齡時，魔王把魔神召集攏來，叫女兒自己擇偶道：「女兒啊，妳可自選一個合意的做丈夫。」卻說，帝釋找尋善生的生處，知道生在那裡，想道：「善生正在選擇合意的丈夫，我定會當選吧。」便化作魔神，也到了那裡。魔王叫善生妝扮好了領她到魔神集合之處，說道：「妳就自己選擇合意的丈夫吧。」善生回眼四顧，瞥見了帝釋，因為向來有過朋友之誼，便去拉住他的手道：「這人是我的丈夫。」帝釋於是帶領善生回到天國，封為女王，由二千五百萬個舞姬護侍著，後來定命完盡，依其業報，離去此世。

【結分】

佛作此法話畢，斥責那比丘道：「比丘啊，古時賢人在治理天國時，雖棄捨自己的生命，也不殺生。你既歸依了這教而出家，為何把那中有生物的水不濾就飲呢？」復取了聯絡，把本生的今昔聯結起來道：「那時的御者摩多利是阿難，帝釋則就是我。」

三二一　舞踊本生因緣〔菩薩＝白鳥〕

【序分】

此本生因緣，是佛在祇園精舍時，就一個持有許多財物的比丘說的。他的故事與〈天法本生因緣〉〔第六〕中所說者相同。

佛問那比丘道：「比丘，據說你持有許多財物，真的嗎？」比丘道：「真的。」佛又問道：「你為何要持有這許多的財物呢？」那比丘聽了這話，就激起怒來，脫去了所著的衣服道：「那麼我就這樣吧。」在佛前把身體裸露起來。在旁的人們嘲他是癡子。那比丘就遁走，為大眾所不齒。

比丘眾集在法堂裡談論那比丘的不德道：「在師尊之前可作這種行動的嗎？」佛來了，問道：「比丘們啊，你們在這裡談論著什麼呢？」比丘眾道：「尊師啊，那比丘在世尊之前，對著四眾，不顧羞恥與過失，做出放蕩兒樣的行徑，結果為大家所嫌憎，並且違背了尊教。我們正在談論他的不德哩。」佛道：「比丘們啊，那比丘的不顧羞恥與過失，背棄聖教，不自今日始，在前生，他也曾因了這樣的行為，把美女失掉了。」接著就講過去的事。

【主分】

從前，在始有世界時，四足獸以獅子為王，魚類以名曰歡喜的魚為王，鳥類以金之白鳥為王，那金之白鳥的鳥王有一個女兒，是一隻美麗的白鳥。王問女兒要什麼，女兒說要一個合意的丈夫。

鳥王允許了女兒的希望，召集群鳥到雪山來，各種各類的白鳥孔雀等都到，群集在一塊寬廣平坦的巖石上，鳥王叫女兒來，對她說道：「妳可選擇合意的丈夫。」女兒遍觀群鳥，把眼睛釘住在那頭如寶珠羽毛美麗的孔雀身上，說道：「這是我的丈夫。」集在那裡的群鳥，走近孔雀前面去說道：「喂，孔雀君，這位鳥王之女在許多鳥中選擇丈夫，你當選了。」孔雀道：「一向沒有人知道我的本領哩，」他非常高興不暇顧及羞恥與錯失，在眾鳥環視之中，張開翼翅舞蹈起來，把遮蔽身體的東西都脫卸了。鳥王見了很難為情，說道：「他內心毫不知恥，所表現的行動也不計過失。我不能把女兒給這樣不知羞恥、不計過失的人。」接著便在群鳥之間唱出下面的偈語來：

你鳴聲悅耳，身軀美觀，　頭頸作瑠璃色，翼翅長及一尋，
可是行動亂暴，　不能將女兒給你。

鳥王於是在群鳥環視之中，將女兒改給與自己甥輩的小白鳥。孔雀因不能得雌白鳥為妻，當場遁走。白鳥之王也回到自己的地方去了。

【結分】

佛道：「比丘們啊，那比丘的不知羞恥，不計過失，違失大教，並不始於今日。在前生也曾因此失去了美麗的妻。」既作此法話，又取了聯絡，把本生的今昔聯結起來道：「那時的孔雀即那持有許多財物的比丘，白鳥之王則就是我。」

三三　和合本生因緣　〔菩薩＝鶉〕

【序分】

此本生因緣，是佛在迦毘羅城附近的榕樹園時，就了關於圓布墊[2]的爭論說的。其事當詳於〈鳩那羅本生因緣〉〔第五三六〕中。那時，佛對親族們說道：「大王們啊，親族間不可有爭執，在前生，有某種動物已把敵征服，因爭執之故陷於大破滅中。」接著便因了王的親族的詢問，講出過去的事來。

【主分】

從前，梵與王在波羅奈城治國時，菩薩生而為鶉，與數千隻鶉居於林間。那時有一個捕鳥的，假裝著鶉叫，窺探鶉之所在，等到窺探著了以後，就投網於上空，將網索逐漸絞緊，放入籠內負到家中，把其中的鶉賣與別人，以所得的金錢過活。一日，菩薩〔鶉〕對群鶉道：「這捕鳥者要使我們的親族滅亡。我有一個方法，可以防止他來捕捉我們。此後，他如投網到你們頭上來，你們可各自把頭頂入網眼，大家頂住了網飛到他處，將網丟在荊棘叢中。這麼一來，我們就可逃出他的網羅吧。」他們都贊成道：「是。」次日，網落到他們的頭上時，他們就依了菩薩的指教，大家把網頂住，運到荊棘叢中去丟棄，自己從網下逃出。

2　圓布墊（cumbaṭa）是以頭載物時，用以墊在頂上者，由布若干重捲疊製成。

捕鳥者費了許多麻煩到荊棘叢中去取網，待取到時天色已晚，只好一無所得，空手回去。從此以後，群鶉就以如是方法，對付捕鳥者，捕鳥者日日花了氣力到荊棘叢中去取網，取了網徒然空手回家。於是他的妻不快了，說道：「你每日老是空手回來。我想，你一定在什麼地方尋開心哩。」捕鳥者道：「我尋什麼開心啊？那些鶉真是刁滑，居然會大家結團體哩。我把網投到他們的頭上時，他們就協力頂住了網飛到荊棘叢中去，把網丟在那裡。可是他們這種和合的精神大概是不會長久的。妳別怕，總有一日，他們自會爭鬧，那時我將把他們全部捕捉了來，叫妳快樂啊。」接著就唱出下面的偈語：

群鳥互相和合，　故能戴網飛去，
一旦互相爭鬧，　他們就會落到我的掌中。

過了幾日，甲鶉於降下地面去求食時，不小心踏著了乙鶉的頭部。乙發怒道：「誰呀，踏著我的頭了？」甲道：「這是我不留心之故，請勿動氣。」可是乙仍怒恨不止。甲乙二鶉便開始爭吵，甲道：「你以為你能頂網嗎？」乙也道：「你以為你能頂網嗎？」他們正爭吵時，菩薩想道：「喜爭吵者之間，決不會有幸福的。他們在不能協力頂網時，將陷於滅亡，給捕鳥者以機會吧。我不能再住在這裡了。」於是就領了自己的弟子們到別處去。過了幾日，捕鳥者到林中來，假作鶉叫，向著眾鶉聚處把網投上。這時一隻鶉道：「我在頂網時傷了頭毛了，你去頂吧。」別一隻鶉道：「我在頂網時失了兩翼的毛了，你去頂吧。」在他們如是互相推諉說「你去頂吧」的時候，捕鳥者就把網索收緊，將他們置入籠中，帶回家去討妻子的歡喜了。

【結分】

佛道：「大王，如是，親族間不可有任何的爭執，爭執真是滅亡的根源。」作此法話畢，又取了聯絡，把本生的今昔聯結起來道：「那時愚笨的鶉是提婆達多，那賢明的鶉則就是我。」

三四 魚本生因緣 〔菩薩＝司祭〕

【序分】

此本生因緣，是佛在祇園精舍時，就前妻的誘惑說的。那時，佛問那比丘道：「比丘啊，據說你正在煩惱，真的嗎？」比丘道：「世尊啊，真的。」佛道：「為誰煩惱呢？」比丘道：「世尊啊，我原來的妻很美，捨她不得。」佛便道：「比丘啊，此婦人於你足以為害，在前生，你曾將因她而死，幸被救出呢。」接著就講過去的事。

【主分】

從前，梵與王在波羅奈城治國時，菩薩為王的司祭。一日，漁夫們在河中投網捕魚，有一條大魚，為愛欲所驅，與其妻〔雌魚〕嬉戲著游來。雌魚游在前面，嗅到網的氣息，便在網之周圍繞了過去。可是那迷惑於情愛的雄魚卻陷入網中了。漁夫們知魚已入網，便把網牽起，捕住那魚，不即殺死，投在沙灘上，打算在炭火上炙了來喫。一邊發起火來，一邊削竹木為炙扦。那魚覺得：「用火炙，用扦子刺與其他種種苦痛，都沒有什麼，只是妻不見了我，還以為我另有所愛，將獨自難堪，這倒是足煩惱的。」於是悲哀地唱出下面的偈語：

受冷、受熱、落在網中， 我都不以為苦惱。
所覺得（不安者）， 只是妻失夫後的怨慕。

這時，司祭恰好帶領了侍從者到河上來洗浴。他是能辨別一切的音聲的，聽到那魚在如是悲歎，便想道：「這魚正為情愛的悲哀所苦，他若帶了這心痛而死去，結果會轉生到地獄去的，讓我來救他吧。」便走到漁夫們那裡去，對他們說道：「喂，不能將魚來供養我嗎，只要夠一日喫就好。我們不要別的，請把這一條作了供養吧。」漁夫們道：「好，主人，就請拿去吧。」菩薩（司祭）用雙手捧去那魚，走下河邊，對魚作訓誡道：「喂，魚啊，今日如果不遇見我，你將喪命了吧。去，以後不要再為情愛所縛啊。」把魚放入水裡，自回城中去了。

【結分】

佛作此法話畢，說明四諦，說畢四諦，那可憐的比丘就安住於預流果。佛復取了聯絡，把本生的今昔聯結起來道：「那時的雌魚是那比丘出家以前的妻，雄魚是那可憐的比丘，司祭則就是我。」

三五　鶉本生因緣〔菩薩＝鶉〕

【序分】

此本生因緣，是佛在摩揭陀國巡游時，就森林火災消滅之事說的。某時，佛巡游摩揭陀國，往某部落去托鉢行乞，食畢，由許多比丘眾圍繞著歸來，中途遇森林起火。有些比丘眾在佛之前，有些比丘眾隨在佛後，那火越燒越猛，全森林滿是煙與焰。於是有些下根的比丘們，為死之恐怖所襲，說道：「我們索性來放火吧，燒去了這一塊地方，別處的火就不會延過來了。」便在所拾集的木材上點起火來。別的同伴道：「法友們，你們在幹什麼？你們好像有眼不見中天光亮的日月，立在須彌山下，不見高大的須彌山哩。你們正在追隨著天人界無比的佛，不誠實地去對佛作憶念，卻在喊『放火』。你們真不知道佛的力量。喂，到佛那裡去啊。」在佛前後的比丘眾集為一團來到佛的跟前。佛率領了比丘眾走向他處。森林的火越燒越有勁，達到離如來所立處十六迦利沙[3]的地方，就像把火炬投到水中去一般，立刻熄滅，不能延燒到直徑三十二迦利沙的範圍裡來。

於是比丘眾就稱讚佛的功德道：「啊，佛的功德啊。火沒有心，居然也不向佛的坐處延燒過來，像入水的火炬一般立刻消熄了哩。啊，佛的神通力啊。」佛聽到他們的話，說道：

3　印度的里程名。

「比丘們啊，火到這裡就熄滅，決不是我的力。不過，是我從前的真實力。因為這裡是永劫不至於著火的。這就是所謂劫持續的奇蹟。」這時，長老阿難陀取衣四摺，以供佛坐。佛就端坐其上。比丘眾敬禮如來畢，圍繞坐下，一同請求道：「世尊啊，我們只知道現在，過去的事是隱祕的，請說給我們聽聽。」佛便說過去的事。

【主分】

從前，就在摩揭陀王國的這裡，菩薩投生在鶉的胎內，生而為鶉。從卵孵化出來的時候，是一隻豐滿如月亮的小鶉。他的父母把他臥在巢內，覓食用嘴來餵他。他有了翼，還不能在空中飛翔，有了腳，還不能在地上步行。每年森林起火要延燒到這裡來。某時，那火發著猛烈的爆聲蔓延過來了。群鳥怕被燒死，各自從巢中飛出逃散。菩薩（鶉）的父母也拋棄了菩薩自去逃生，菩薩臥在巢中抬起頭來望著逼近來的火焰想道：「如果我能振翼而飛，就要飛到別處去。如果我能用足行走，就要走到別處去。我父母尚且怕死，為了要保全自己，把我拋下在這裡，管自逃開了。我在這裡，別無保護者，也無救濟者，現在如何是好呢？」這時，就有一個念頭在他心中浮起：「在此世間，有所謂戒律的美德，有所謂真理的美德。從前，實現波羅蜜[4]，在菩提樹下即身成正覺的佛，依戒律、禪定、智慧而解脫，依解脫智而完成知見、保持真理、慈悲、愍念、忍辱、對一切眾生平等愛護，所以名為一切知者。佛

4　波羅蜜，是究竟到彼岸之意，用以稱菩薩之大行。

所體驗者名曰法德。我也有著一個的真實〔諦〕，又信奉著一個的自性法。所以我應思惟從前諸佛與其成佛之德，證得自性法，行真實行，藉此來消退今日的火，救援自己與其他殘留著的眾鳥。」便自己唱道：

世間如有戒德、有真實、有清淨的慈悲，　我依此真實來作無上的誓言，
思念法的力、憶念往昔勝者、知見真實的力，　我如是誓言。

菩薩既如是思惟往昔曾得涅槃的諸佛之功德，依自己所存的真實性發了誓言，復唱出下面的偈語：

雖有翼而不能飛，　雖有足而不能行，
父母又不在這裡，　火啊，快給我退去。

火隨了誓言立刻後退十六迦利沙。那退去時的樣子，並非是因為那裡已沒有東西可燒而把火焰移到他處，乃是像投入火炬於水中一般，立時消熄的。於是菩薩又這樣唱道：

炎炎的大火，　也隨了我的誓言，
消失在十六迦利沙之外，　宛如遇到了水的樣子。

自此以後，那地方永劫間不會再遭遇火患，因此之故，名曰劫持續的奇蹟。菩薩如是體得誓言，命盡時依其業報，由此世逝去。

【結分】

佛道：「比丘們啊，這森林裡火不蔓延，非我現在之力，是從前那鶉尚幼時，我所實

現，是依其實力而來的東西。」作了此法話後，說明四諦。說畢四諦，比丘眾或得預流〔果〕或成一來，或得不還，或達應供〔阿羅漢〕。[5]佛乃取了聯絡，把本生的今昔聯結起來道：「那時的父母，即今日的父母，那鶉王則就是我。」

三六　鳥本生因緣　〔菩薩＝鳥〕

【序分】

此本生因緣，是佛在祇園精舍時，就一個庵居遭火的比丘說的。據說，有一比丘，從佛受得了禪定之法，離開祇園精舍到拘薩羅國，在邊鄙某村附近林間之庵中居住。在最初之一月中[6]，那庵居便遭焚燬了。

那比丘向村人呼告道：「我因庵居被燬，很苦。」村人道：「現在天旱，我們的田地乾燥，且待我們把田地灌溉好了，再說吧。」灌溉完畢以後，說「要下種」，下了種以後，又說「要作籬」、「要除草」、「要收割」，收割了以後，又說「且待把穀物打下了再說」，如是這樣那樣地把三個月的期間過去了。這三個月間那比丘在原野中露宿，雖修行禪定，毫無所

5　預流、一來、不還、阿羅漢，指入聖位之四果。即在聖道的法流中進修，斷見思二惑之功德果報。已斷見惑者曰預流。已斷思惑中之前三品，只一度來生欲界者曰一來，已斷思惑中之後三品，不再來生欲界者曰不來。一切見思惑全斷，達於極地，永入涅槃者曰阿羅漢。

6　最初之月即雨安居之第一個月。

得。自恣[7]完畢後，到佛處來，向佛禮拜，退坐一旁。佛丁寧地招呼他，然後問道：「比丘啊，雨安居[8]曾安樂地度過嗎？已達到真正的禪定了嗎？」那比丘說明遭遇經過，回答說道：「因為沒有適宜的僧房，所以未曾達到禪定的極地。」佛道：「比丘啊，在前生，動物尚能知居處的適與不適，你為何倒不知道？」接著便講過去的事。

【主分】

從前，梵與王在波羅奈治國時，菩薩生而為鳥，由群鳥圍繞著住在森林中的巢內。那森林附近，有一株枝葉繁茂的大樹。一日，大樹的樹枝互相磨擦，塵屑落下，樹枝冒出煙氣來。菩薩〔鳥〕見這情形，想道：「這二樹枝如是互相磨擦，結果會墜落火花，把地上的枯葉燃著，延燒到我們的樹上來吧。此地已不能再住，非遷到別處去不可了。」便對群鳥唱出偈語來：

群鳥所棲的樹，　不久將遭火。
鳥啊，快到別處去避難，　在那裡不會有危險。

凡是遵從菩薩吩咐的鳥都跟隨著菩薩飛到別處去了。那些不知學習的愚笨的鳥還以為

7 自恣（pavāraṇā），乃佛教中雨安居完畢時所舉行之儀式。在此儀式中，彼此之間，就戒律之持犯與其他，互請作批評，故名自恣，又名隨意。

8 雨安居，指雨期安住學修之期間。雨期（舊曆四月十六日至七月十五日或五月十六日至八月十五日）三個月中為萬物生成之時節，外出恐踐殺蟲豸，故安居不出，靜自學修。

「這等於在滴水見鱷魚哩」，對於菩薩的話不相信，仍留在原處不避。不多幾時，果然不出菩薩所料，森林被火延燒，把樹木都燒盡。當煙焰直冒的時候，群鳥的眼睛被煙蒙蔽成盲，不能飛逃，一一落入火中燒斃了。

【結分】

佛道：「比丘啊，如是，在前生，動物棲宿於樹上尚知道那地方對自己適與不適，你為何倒不知道呢？」作此法話後，說明四諦，說畢四諦，那比丘就安住於預流果。佛復取了聯絡，把本生的今昔聯結起來道：「那時遵從菩薩之教的群鳥是佛的侍從者，那隻聰明的鳥則就是我。」

三七　鷓鴣本生因緣　〔菩薩＝鷓鴣〕

【序分】

此本生因緣，是佛赴舍衛城時，就舍利弗長老得不到床座之事說的。卻說，給孤獨長者建立好了精舍，派遣使者到佛的地方來，佛便從王舍城出發，到吠舍離逗留了一會，然後向舍衛城進行。

這時，六個弟子先行，他們在長老們未就床座之前，各自處分說道：「這床座留給我們的師父吧，這給先輩〔指導者〕吧，這由我們自用吧。」後到的長老們便取不到床座。舍利弗長老的弟子們替長者找床座也找不到。長老沒有床座，便在佛的床座近處一株樹下，或坐或徘徊，過了一晚。到黎明起身出發時，佛咳嗽一聲，長老也咳嗽一聲。佛道：「在這裡的是誰？」舍利弗道：「世尊啊，是舍利弗。」佛道：「舍利弗啊，你此刻時分在此何事？」舍利弗將情形稟白。佛聽了長老所說，想道：「呀，在我生存時，比丘們已失了相互間的尊敬，缺著從順了。那麼我死之後，他們將怎樣啊？」不禁為法憂慮起來。天一明，佛就召集比丘教團，向比丘眾問道：「比丘們啊，據說有六個人先到這裡，佔去了長老比丘的床座。真的嗎？」比丘眾答道：「世尊啊，真的。」於是佛斥責了那六個比丘，對比丘眾作法話，復問道：「究竟誰有資格享受最好的床座、最好的水、最好的食物呢？」有些比丘回答道：「出身於剎帝利族[9]而出家者。」有的道：「出身於婆羅門族[10]、居士族[11]而出家者。」有的道：「持戒者、布教師、初禪得達者、二禪三禪四禪[12]得達者。」有的道：「預流、一來、不來、阿羅漢、得三明六通者[13]。」比丘眾如是各依自己的意向說出配享受最好床座的人物之後，佛道：「比丘們啊，在我的教團裡，得享受最好的床座者，其資格非剎帝利族而出家者，非婆羅門族、居士族而出家者，也非律師、非經家、非論師，也非初禪等的得達者

9　剎帝利族，在印度四姓中為武士階級，即王族。
10　婆羅門族，是四姓中之祭司階級。
11　居士族，乃在家之家長，營宗教生活者。
12　初、二、三、四禪，亦稱四靜慮。乃生於色界四禪天之四等禪定法。
13　三明六通，乃阿羅漢所具有之德。三明：一、宿命明；二、天眼明；三、漏盡明。六通，即六神通：一、神境智證通；二、天眼智證通；三、天耳智證通；四、他心智證通；五、宿命智證通；六、漏盡智證通。

以及預流等等。比丘們啊，在這教團裡對年長者該行恭敬的招呼，作合掌之禮，真誠地服侍，年長者該奉以最好的床座、最好的水、最好的食物。這才是資格，唯年長的比丘適合於這資格。比丘們啊，這裡的舍利弗是我的高弟，曾轉法輪，理應得比我次一等的床座。可是他昨夜得不到床座，就在樹根畔過夜。你們在目前已如是失卻尊敬，不知從順了，那麼將來你們的行為究將怎樣呢？」為了教訓他們，又道：「比丘們啊，在前生，動物尚且知道『依此不互相尊敬、從順，違背了一般的生活法則而行動，與我們決不相宜。我們之中，誰最年長，就對誰致敬吧』。他們查考出年長者來，對他行敬禮，後來便生於天道。」接著便講過去的事。

【主分】

從前，喜馬拉雅山中腰地方有一株大榕樹，樹的附近住著鷓鴣、猿與象三個朋友。他們彼此不互相尊敬、從順，至於違背普通的生活法則了。於是他們想道：「這樣地生活，於我們殊不適當。我們頗想把年長者加以尊敬，對他行敬禮而度日。」但三者誰是最年長者，卻不知道。一日，他們想得了一個方法，三位朋友同去坐在榕樹的根上，鷓鴣與猿對象問道：「象君啊，你知道這株榕樹已有多久了？」象道：「朋友們啊，在我還是小孩的時候，這榕樹猶是一株灌木，我常常跨過了行走。有時也在灌木叢中通過，最高的灌木，頂梢也只碰到我的肚臍。所以，這株榕樹，我在他灌木時代已知道了的。」鷓鴣與象又以同樣的話去問猿。猿道：「朋友們啊，當我為小猿時曾坐在這裡昂首去咬食這榕樹梢頭的新芽，所以我在很小的時候，已知道這株榕樹了。」於是便輪到鷓鴣講話了。鷓鴣道：「朋友們啊，從前某處有一株大榕樹。我喫了那樹的果實，把糞撒在這裡，於是這裡便生出榕樹來了。我知道這株榕樹尚在他未萌芽以前。所以我比你們都年長。」象與猿便對聰明的鷓鴣道：「朋友啊，你比我們年長。以後我們就對你恭敬、尊崇、承侍、敬禮、合掌、供養、敬白、奉請、禮拜、和南吧。我們將遵奉你的訓誡，請你以後施訓誡給我們啊。」從此以後，鷓鴣就施訓誡給他們，教他們保持戒律，自己也保持戒律。三動物堅守五戒，尊敬隨順，對普通的生活法則不復違犯，命盡時往生於天國之安住所。

【結分】

此三動物所受持者，名曰鷓鴣系之梵行。佛道：「比丘們啊，他們是動物，尚能互相尊敬從順著過活。你們身為出家人，且受有經律之教，為何倒不能互相尊敬從順呢？比丘們啊，我現在作一決定如下。嗣後，你們須對年長者行敬禮、合掌、供養。年長者該得最好的床座、最好的水、最好的食物。嗣後，年少者不得奪佔年長者床座。不論是誰，凡奪佔器物者犯惡作〔突吉羅〕罪[14]。」佛作此法話後，以正等覺者的資格唱出下面的偈語：

尊敬耆宿者，　通曉真理〔法〕。
現世於法為聖者〔可讚歎之羅漢〕者，　來世生於善處。

14 惡作（突吉羅，dukkaṭa）謂對僧侶惡作之罪。

佛既如是宣示尊敬耆宿之功德，復取了聯絡，把本生的今昔聯結起來道：「那時的象是目犍連，猿是舍利弗，鷓鴣則就是我。」

三八　青鷺本生因緣〔菩薩＝樹神〕

【序分】

此本生因緣，是佛在祇園精舍時，就一個做裁縫師的比丘說的。據說，在祇園居住的比丘之中，有比丘甲，對於衣服的裁剪縫紉等事很熟練，運用其熟練的技巧製作衣服，就以裁縫師出名。他的本領真不小，蒐集了舊布片拼合起來，先用染料著色，再用貝殼磨研，使成非常柔滑適體的衣料，然後再加工裁製成衣服，著在身上。不知道底細的比丘們到他那裡去說道：「我們不懂衣服的做法，請替我們做一下。」甲道：「法友們啊，做衣服要費許多時候，我這裡有現成的，你們把這衣服用布掉換了去吧。」說著就取出所製的衣服來給他們看。比丘們但見色彩美觀，毫不知其中實情，以為一定是堅牢耐久的，就以新的布料給與裁縫師，向他掉取衣服而去。後來衣服齷齪了，用熱水洗濯，現出真相來，發覺是用舊布片湊成的，才懊悔不止。

如是，甲比丘湊集舊布片改製衣服以欺人，其事普為各處所知。卻說，這時他村也有一個比丘乙，幹著與祇園中比丘甲同樣的欺騙行為。與乙友好的比丘們對乙說道：「尊師啊，你能欺騙世間，聽說祇園住者中，也有一個與你一樣的裁縫師哩。」乙便想：「那麼，我倒去欺騙欺騙那比丘呢。」於是以舊布片製成了很好看的衣服，染得鮮紅，著了到祇園中去。甲比丘見了豔羨之至，問道：「尊師，這衣服是你做的嗎？」乙比丘道：「是的，法友。」甲道：「尊師啊，請把這衣服給我，你可以改著別的吧。」乙道：「法友啊，我們住在鄉村裡不易得到衣服，我如果把這給了你，自己著什麼呢？」甲道：「我這裡有新的布料。你拿去再做新的吧。」乙道：「法友啊，這衣服上表現著我的本領，但你既這樣說，我也無可奈何，請取去吧。」於是便把舊布片湊集成的衣服交付了甲，換得新的布料，達到了欺騙的目的而去。住在祇園的甲比丘把衣服著在身上，過了數日，用溫水洗濯，發見全是破布片拼湊成的，便羞愧不堪。於是「祇園住者被鄉村來的裁縫師欺騙了」的消息，遍傳於教團之間。一日，比丘眾在法堂上坐著談及此事。佛來了，問道：「比丘們啊，你們此刻在這裡談論何事？」比丘眾向佛稟白此事。佛道：「比丘們啊，住在祇園的裁縫師欺騙他人，不自今日始，前生也曾這樣欺騙過。他的受鄉村裁縫師的欺騙也不自今日始，前生也曾同樣受過欺騙的。」接著便講過去的事。

【主分】

從前，菩薩生而為樹神，那樹植在某處蓮池的附近。這蓮池並不十分大，在夏季[15]常乾涸。池中住著許多的魚。一隻青鷺停在池的那一邊岸上，見了這許多魚，想道：「用一個方

15　夏季（midāgha）據《西域記》乃入雨期前四個月。

法把這些魚騙來喫吧。」這時，魚看見青鷺，問道：「主啊，你停在這裡想什麼？」鷺道：「我在想著你們的事。」魚道：「主啊，你在想我們的什麼。」鷺道：「這池中水少，缺乏食物，且熱得難堪。魚住在裡面，將來怎樣？所以我正停在這裡替你們著想呀。」魚道：「主啊，那麼我們如何是好呢？」鷺道：「如果你們能聽從我的話，我就用嘴把你們一條一條地從這裡銜走，把你們放入那五色蓮華覆蓋著的大池中去。」魚道：「主啊，自有世界以來，不曾有過替魚著想的鷺，你不是在想把我們一條一條地銜去喫掉嗎？」鷺道：「只要你們相信我，我就不會喫你們。如果你們不信有這樣的大池，可派出一條魚來做代表，跟我一同去察看。」魚相信了鷺的話，挑選出一條認為無論入水上山都可不怕的獨眼大魚來，對鷺說道：「請帶他去。」鷺把這魚銜了帶去投入蓮池，叫他在蓮池遍遊了一會，仍帶他來放入魚所住的原地方。這魚就對同類讚歎那池怎樣好。群魚聽了他的報告，都想到那裡去了，便對鷺道：「主啊，好，就請帶我們去吧。」於是，鷺先把那獨眼大魚銜到池畔，叫他看了一會池的景色，帶到生在池畔的波羅奈樹上，將他嵌入椏杈中，用嘴啄殺，喫完了肉，把骨頭丟在樹根的窟洞裡，回轉來對魚說道：「我已把那條魚放入池中了。現在，別的魚去吧。」鷺以如是的方法把魚一條一條地喫完。待最後一次轉來時，已不見有魚，只剩了一隻蟹。鷺想連蟹也喫掉，便對蟹說道：「喂，蟹啊，這裡所有的魚，我已帶他們到大蓮池去了。你來，我也把你帶去吧。」蟹道：「你怎樣帶我去呢？」鷺道：「用嘴銜著帶去。」蟹道：「你這樣地帶我，也許會丟我下來的。我不願同你去。」鷺道：「別怕，我把你緊緊地銜著吧。」蟹想：「這傢伙哪會把魚帶到池裡去呢？他如果真能帶我入蓮池去，當然再好沒有。否則我就夾斷他的喉頭，使他喪命。」便對鷺說道：「喂，鷺啊，你恐怕不能把我緊緊銜住的。讓我來緊緊挾住你。如果你可以讓我用鉗[16]夾住你的喉頭的話，那麼我就抓住了你的頭，與你一同去吧。」鷺不知道蟹在想欺騙他，表示同意。於是，蟹便像鐵匠使用火鉗的一般，把鷺的喉頭用鉗夾住道：「好，那麼去吧。」鷺帶蟹去看了池，向波羅奈樹進行。蟹道：「伯父，池在這裡呀。你在帶我到別地方去哩。」鷺道：「我是你親愛的伯父，你是我的姪兒。」又道：「你還以為鷺是『銜著我走』的奴隸呢。試看波羅奈樹根下的骨山啊，那些魚都被我喫掉了，現在把你來喫吧。」蟹道：「那些魚因為太呆，才被你喫掉的。但我非但不給你喫，還要把你殺死。你實在太呆了，不知道已上了我的當。要死，大家同死。我將把你的頭夾斷，投擲在地上。」說著便如火鉗似地用鉗夾緊了鷺的喉頭，叫他受苦。鷺張大了口，眼中流淚，戰慄怕死道：「主啊，我不喫你，請饒我一條命。」蟹道：「那麼，下去把我放在池裡。」鷺回轉身去，走到池岸，把蟹在泥灘上放下。蟹便如用快刀割蓮莖一般，鉗斷了鷺的頭，爬入水中去了。住在波羅奈樹上的樹神見這情形，大為讚歎，叫樹林發出喜悅的呼聲，以妙音唱下面的偈語：

　長於奸詐者，　　以奸詐之故，

16 鉗，原文作「alaṁ」，本為緊持之意，注釋作「anala」，此字原為火之意，今用之於蟹，故譯為鉗。

不能永久繁榮。　如奸詐的鷺因蟹受到〔惡報〕。

【結分】

佛道：「比丘們啊，這比丘為鄉村的裁縫師所欺騙，並不始於今日，前生也曾同樣受過欺騙的。」作此法話畢，復取了聯絡，把本生的今昔聯結起來道：「那時的鷺是住在祇園的裁縫師，蟹是住在鄉村的裁縫師，那樹神則就是我。」

三九　難陀本生因緣　〔菩薩＝地主〕

【序分】

此本生因緣，是佛在祇園精舍時，就舍利弗長老之弟子某比丘說的。據說，那比丘一向謙遜從順，對長老的侍奉很是努力。有一次，長老向佛乞假，往別處去托鉢，到了南方的一個山村中。自從到了這裡以後，那比丘就漸漸生出慢心來，不聽從長老的話，即使長老對他說「法友啊，請這樣做」的話，他也會起反抗。長老不懂那比丘的心理，於托鉢完畢以後，仍回到祇園來。那比丘一回到祇園，對長老的態度又恢復到原來的樣子了。長老向佛稟白此事道：「世尊啊，我這裡有一個比丘，在某處時，宛如用百錢買來的奴隸，到了別處，就慢心叢起，好好地叫他這樣做，也會反抗哩。」佛道：「舍利弗啊，這比丘行動如此，不自今日始，前生也是這樣。在某處時像一個用百錢買來的奴隸，到了別處就要違背反抗的。」接著便因長老的質問，講過去的事。

【主分】

從前，梵與王在波羅奈城治國時，菩薩生在某地主的家裡。有一個朋友，也是地主，自己年齡已老，而妻卻還年輕。夫妻之間生了一個兒子。那位地主自想：「這女人還年輕，萬一我死後有了別的男子，也許會不把財產傳給我的兒子而蕩盡的。還是安全地埋藏財產於地下吧。」於是率領家中的一個奴隸名叫難陀的同往森林中，在某處把財產埋下，然後吩咐說道：「難陀，我死之後，你可把這裡的財產告訴我的兒子，並且還要告訴他，別將這個森林賣給他人。」以後那位地主就死去了。兒子不久就長大成人。母親對兒子說道：「你父親曾率領了奴隸的難陀去埋藏財產。你可去取來振興家業。」一日，那兒子問難陀道：「伯伯，我父親埋藏著若干的財產嗎？」難陀道：「是的，主人。」那兒子道：「這財產埋藏在何處呢？」難陀道：「在森林中，主人。」那兒子道：「那麼，我們同到那裡去吧。」兩人拿了鋤頭與畚箕到了森林中以後，那兒子問難陀道：「伯伯，財產埋藏在哪一方面呢？」難陀走到埋藏財產的地點，對於財寶起了壞心了，立著罵道：「你這丫頭生的小子，這裡怎會有你的財產啊？」那兒子聽到了難陀亂暴的言語，故意裝作不曾聽到，說道：「那麼我們回去吧。」便同他回來了。過了二、三日，再到那地方去，難陀又對他惡罵起來。那兒子不與爭鬧，自己回來，以為：「這奴隸答應我『指出財產所在』，而到了那裡就口出惡言謾罵，不知是何理由。我有一個父執，也是地主，去向他請教吧。」便走到菩薩（地主）的地方，把經過情形詳細報告一番，問道：「老伯啊，這是什麼緣故呢？」菩薩道：「難陀每次立著罵你的地方，就是你父親埋藏著財產的所在。所以，你可於他罵你的時候，向他說：『喂，奴隸，來，你罵誰呀？』就叫他拿鋤頭掘土，取出你家的財產，運回家去。」接著唱出下面的偈語：

想來在那地方，　　必有藏金與金的瓔珞，
因為下賤的奴隸難陀，　　老是立在那處口出惡言。

那兒子辭別菩薩回家，率領難陀同往埋藏財產的林中，依菩薩之言行事，取得財產，增益家財。後來又依菩薩之教誡，作布施等淨業，命終時依其業報從此世逝去。

【結分】

佛道：「這人在前生也曾有同樣的性質的。」作此法話後，又取了聯絡，把本生的今昔聯結起來道：「那時的難陀即舍利弗的弟子，那賢明的地主則就是我。」

四〇　迦台羅樹炭火本生因緣　〔菩薩＝富商〕

【序分】

此本生因緣，是佛在祇園精舍時，就給孤獨長者說的。給孤獨長者為了建設精舍，曾向佛教施財五億四千萬金。他認為世間可寶者就只是三寶，更沒有別的了。佛居祇園以後，他每日去作三大服務，清晨一次，朝餐後一次，傍晚一次，除此以外，有時還有中間的服務。每次到精舍去的時候，又必顧到沙門或少年「他這回帶了什麼來」的期待，從不徒然而往。

在清晨叫人拿了粥去，在朝餐後帶了熟酥、生酥、糖蜜等去，傍晚帶了香料、花環、布類去。長者雖然如是日日消費著，資財上不受影響，有若干商人向他告貸，放出債款，總數達一億八千萬金，他也毫不介意。又，他的財產之中，有一億八千萬金用銅缸埋在河畔，有一次，洪水發生，堤防破壞，埋金之銅缸漂流開去，沉到大洋底下去了。說雖如此，他的家裡還備著可供給五百個比丘的飯食。在比丘教團看來，他的邸宅，猶如位處十字通衢的蓮池，他自己則猶如比丘眾之父親。所以，佛也住到他的邸宅去，八十個大長老也同去，其餘比丘眾出入者更不計其數。他的邸宅是由七層大廈與七個望樓合成的。

那第四個望樓中，本來住著一個異教徒的魔女神。當佛進去住時，那女神就不能留在那裡，率領了孩子降到地上來。當八十個大長老或別的長老們在那裡出入時，她也只好讓出。她覺得沙門瞿曇與其弟子們常在邸宅出入，究不安心，時時要避到地上，不能留在那裡，便想設法使他們不再進邸宅來。

有一日，總管者到這一帶地方來，正休息著。她便到那裡去光輝地現出姿態。總管者問道：「在這裡的是誰？」女神道：「我是住在第四望樓的神。」總管者道：「來此何事？」女神道：「你不見主人的行動嗎？他不顧自己的將來，見有錢財便去養沙門瞿曇之類的人。而自己則生意也不做，什麼事務也不管。你們要忠告主人，叫他做自己的事情，不要再令沙門瞿曇與其弟子常在邸宅進出啊。」總管者道：「愚笨的魔神啊，主人不惜為了那救世的佛教耗財。縱使有一日，他要把我的頭髮割了去賣，我也決不會對他說什麼怨言的。妳給我快走開吧。」女神又到主人的長子那裡去作同樣的勸告。那長子也以同樣的話把她斥責。她終於未能與主人面談。卻說，長者雖豪富，因不絕地布施，不顧業務，結果就收入減少，財產快完了。他漸漸貧困，用的、著的、睡的、喫的已不如從前。可是對教團的布施還如從前一樣。有一日，當長者禮佛畢坐下時，佛問道：「居士啊，你的家境還能作布施嗎？」他回答道：「是的，世尊，還能供獻些昨日[17]殘餘下來的殘粥。」這時佛對他說道：「居士啊，別因所施的東西不好而覺得懊惱，只要心善，對佛或辟支佛[18]所作的布施，決不會惡。因為這裡面有大果報呀。」原來能淨心者所布施的東西，決不會不淨的。試看下面的話：

對等覺的如來或佛弟子，若能心淨，任何布施不菲薄，[19]
任何奉侍不微小。　試看那毫無鹽味的些許乾乳糜之果報。

佛又對他說道：「居士啊，你所施的東西雖不精美，卻對體達八聖道了的人們作著布施哩。我為了想施七寶[20]，曾把全世界搗掘到底。正在作一大布施，如把五大河合起來成為一條激流似地。可是要找歸依三寶或守持五戒者竟不可得。值得受布施的人原是極難得的。所以你別自己懊惱，說『我的布施不精美』啊。」接著便為誦《滅盡經》。卻說，那魔神在長

17　昨日，原文為「dutiyaṁ」，本為「第二次」之意，今以文意譯作「昨日」。
18　辟支佛，是以獨力成佛者。不以救濟之道教人。故亦名獨覺。
19　偈之首二行，見《毘摩那》〔天宮事〕。
20　七寶，謂金、銀、瑠璃、硨磲、瑪瑙、真珠、玫瑰。

者富有時未得與他面談，以為現在他已是個窮人，一定會聽她的話了，便於中夜時分入他的寢室去，立在空中，發出光輝來。長者問道：「妳是誰？」魔神道：「主人啊，我就是住在第四望樓的女神。」長者道：「來此何事？」魔神道：「為了想勸告你。」長者道：「那麼試講。」魔神道：「主人啊，你不顧及將來，也不顧及兒女，信奉沙門瞿曇之教，把莫大的財產耗盡了。你浪費資財，不經營事業，與沙門瞿曇接近，因此陷入了貧困。可是還不想丟棄沙門瞿曇。這些沙門們現在不是尚在你家出入嗎？你得知道，被他們取去了的東西是無法收回的了。從今以後，你自己不要再到沙門瞿曇那裡去，也不要再讓他的弟子們進你的家門。趕快與沙門瞿曇遠離，自己經營事業、做買賣，振興財產啊。」長者道：「這是妳對於我的忠告嗎？」魔神道：「是。」長者道：「像妳這樣的魔神，即使有一百個一千個甚至一百萬個，我也不怕。我因為靠著十力的佛，所以能這樣。我的信仰，安住不動如須彌山。我曾把財寶投在那救世的寶貴之佛教上。妳所說的是邪惡之言，是不敬不遜的惡魔對寶貴的佛教所發的攻擊。我不能與妳同住在這個家裡了，快給我從我家走出遷到別處去。」她因了預流者聖弟子所發的宣告，不能再停留在那裡，只好回到自己的所住之處，攜了孩子的手走出。走出以後，找不到住處，想去求那全市的守護神，叫他向長者說情，許她回到那裡去住。便走到守護神面前，行了敬禮立著。守護神問道：「來此何事？」魔神道：「主啊，我對給孤獨長者言語冒昧，他怒惱起來，把我從他家逐出了。請你領我到他那裡去懇個情，仍給我住處。」守護神道：「但是，妳對他說了些什麼話呢？」魔神道：「我說：『以後不要再對佛與其教團作奉侍，不要再許沙門瞿曇在你家裡出入。』主啊。」守護神道：「妳說的話不好，是對聖教的攻擊。我不能帶妳到長者面前去。」她在守護神那裡得不到幫助，就去轉求四天王[21]。可是也同樣地遭到拒絕，又到了帝釋天[22]的地方，把經過告訴一番，懇切請求道：「天啊，我沒有住處，在牽著孩子徘徊。請你顯威光，給我一個住所。」帝釋天也對她說道：「妳所行者是邪惡，是對於勝者的聖教的攻擊。我也不能替妳向長者說情。但是，教妳一個可叫長者饒恕妳的方法吧。」魔神道：「是，請講來，天啊。」帝釋天道：「有許多人出立了標據向長者借錢，總數是一億八千萬金。妳可不被人知，暗暗地取出票據，扮作委託者，率領若干年輕的夜叉，一隻手拿了票據，一隻手拿了賬單，到各個欠戶家裡去，顯出你自己的夜叉本領去威嚇他們，說：『這是你們的借票。我們長者在境況富裕的時候，從未曾向你啟齒索取過。可是現在他窮了，請你們把借款還清。』這樣說了，再運用妳的魔力，把這一億八千萬的金幣收集攏來藏到長者的財庫中去補充空虛。又，他埋在阿契羅婆帝河畔[23]的財產，曾因堤防毀壞流入海底去了。妳可運用你的魔力，取回來放入他的財庫去。還有，在某地方有無主的財貨一億八千萬，妳也可取來去填充他財庫中的空隙，如是共計有

21　四天王，為帝釋天之外將，各守護一天下。居於須彌山腹部，由犍陀羅山之四高峯，為世界作外護。即東方持國天、南方增長天、西方廣目天、北方多聞天是。

22　帝釋天為因陀羅之別名，本為婆羅門之神，後歸佛教，為佛教之外護神。乃忉利天〔三十三天〕之主，居於須彌山頂善見城，諸天皆受其支配。

23　阿契羅婆帝〔駛流〕河，乃恆河北方一支流。

五億四千萬金的財產，妳將功贖罪，把這些如數貯藏在財庫之後，再去向長者討饒吧。」魔神道：「是，天啊。」就依照吩咐，把資財搜集起來，於夜深時分走入長者華麗的寢室，放出光輝，現身立在空中。長者問道：「妳是誰？」魔神道：「長者啊，我是住在你家第四望樓的盲目的神。我太愚蠢，不知道佛的恩德，前回竟在你面前胡說一番。現在請你饒恕我。我依從了帝釋天的吩咐，替你收回了一億八千萬的債款，撈起了那沉在海底的一億八千萬的藏金，又在某處地方取得了無主的金錢一億八千萬，總共把五億四千萬的錢財藏在你那已空虛的財庫中，藉此贖罪。你為祇園所費的金錢，現已如數補充恢復了。我因找不到住所，很苦惱。請長者恕我愚昧，不咎既往之事啊。」長者聽了她的話，想道：「她是魔神，現在來向我贖罪。這大概是佛在啟誘她，使她知道佛的功德吧。我將到即身成正覺的佛的面前去開導她。」便對她說道：「神啊，如果妳要乞我饒恕，我到佛前去饒恕妳吧。」魔神道：「好，就請這樣吧。那麼請帶我去見佛。」長者道：「是。」天明以後就帶她到了佛那裡，把她的行事詳細告訴如來。佛聽畢以後，說道：「居士啊，邪惡者在罪惡未熟時，看似善良，但其罪惡一經成熟就知見罪惡了。善良者亦然，在善事未熟時，看似邪惡，一旦善事成熟，便真正知見善良了。」接著便唱出下面的偈語來：

惡人在其罪惡未熟時，　其所作看似善良。
但一旦罪惡成熟，　惡人就知道這是邪惡了。
善人在善事未熟時，　其所作看似邪惡。

但一旦善行成熟，　善人便知道這是善良了。[24]

佛唱畢此偈語，那魔神就安住於預流果。她向佛的輪成足[25]敬禮著說道：「世尊啊，我因被欲所染，沉溺罪惡，惑於邪念無明，竟不知世尊之美德，發為罪惡之言。請饒恕此罪。」當場便獲得了佛的許可，又同時獲得了長者的許可。於是長者在佛前宣說自己的功德道：「世尊啊，這魔神雖想妨礙我，不許我供奉佛，但我仍作布施。世尊啊，這不是我的功德嗎？」佛道：「居士啊，你本是從佛的聖徒，又是堅信與淨見的所有者。你的不被這無勢力的神所妨礙，並不足奇。從前，佛未出世時，有一知識尚未成熟的賢者，遇到主持欲界的惡魔。惡魔以魔力現出一個深八十尋的火勢熾盛的大炭爐給他看，說再作布施就要被擲入這炭火地獄中去受烤焙之苦，可是那賢者不顧惡魔的阻撓，仍立在蓮華的果房中作他的布施。這才不可思議哩。」接著便應了長者的請求，講過去的事。

【主分】

從前，梵與王在波羅奈城治國時，菩薩生於波羅奈某富翁之家，自幼安樂，養育猶如王子。發育順利，智慧增長，到十六歲時已通曉一切技藝了。父親故後，他承受了全部遺產。就設布施堂六所，城之四門各一所，中央一所，自己家門口一所，大行布施。並且持戒，作

---

24 《法句經》一一九、一二〇偈。

25 佛蹠上有輪寶之徵象，謂之千輻輪相，此為佛相好之一。

布薩行[26]。一日，早餐時分，許多美味的食物正一一獻呈在菩薩面前。適有一個辟支佛（緣覺）從七日間之法悅（滅諦）中起來，知托鉢之時刻已到，心想：「今日到波羅奈城去訪某富豪吧。」於是銜了刷牙的檳榔枝，就阿耨達湖畔[27]用水漱口，升登雄黃山平原上去結束好了衣帶，執著神通力所現的土鉢，就在菩薩將早餐時從空中飛到了菩薩的家門口。菩薩一見到他，即從座起立致敬，眼睛向侍者注視。侍者道：「主人，叫我做什麼事？」菩薩道：「快去接過世尊的鉢來。」這時有一罪惡深重的惡魔，震怒作勢而起，以為：「這個辟支佛七日不食，今日才得食物。如果今日不給食物與他，就會死的。我來設法禁止富商的布施，叫他喪命吧。」便急急來到菩薩家裡，把屋內廣八十尋的炭爐燃著。一瞬間，那滿貯著迦台羅炭的爐中，炎炎發火，猶如阿鼻（無間）地獄。惡魔這樣幹了以後，自己立在空中。那出去接鉢的侍者見了這變故，害怕了回轉身來。菩薩問道：「你為何回轉來了？」侍者道：「主人啊，那個大炭爐炎炎地發著火呢。」凡是到這裡來的人，見了這火，都害怕起來急忙逃開。菩薩想：「這大概是那無上快樂之奴隸的惡魔，想妨礙我作布施，正在拚命吧。但他不知道我是即使有百個或千個惡魔也不怕的。今日我倒要與惡魔比一比，看誰力量大。」便取了自用的食鉢走出門去，就在炎炎的炭火爐邊立定，仰頭向空一望，見到惡魔，問道：

26 布薩行為反省戒行，止惡向善之行事。在出家者，每月四次集僧眾於一堂，誦讀戒經，各自反省過去之所作，若違犯戒條，則當眾自白。在在家者，於六齋日反省於八戒有無違犯，兼求積極努力行善。

27 喜馬拉雅山中之無熱惱池。

「你是誰？」惡魔道：「我是惡魔。」菩薩道：「這火是你放的嗎？」惡魔道：「是的。」菩薩道：「為什麼放火？」惡魔道：「為了想妨礙你的布施，又為了想斷絕辟支佛的壽命。」菩薩道：「我不許你妨礙我的布施，也不許你危害辟支佛的生命。今日我與你比比力量吧，看誰的力量大。」便立到炭爐的邊緣上去，說道：「世尊辟支佛啊，我縱使將葬身於這炭爐中，也不退避。只請你接受我所獻的食物。」接著唱出下面的偈語：

寧可全身翻倒，　　墮入地獄之淵，

決不作卑下之事。　　請接受此食物啊。

菩薩如是唱畢，以堅強的決心手持飯缽，沿了炭爐的外緣行進，一瞬間，忽然有一朵高大微妙的蓮華從那廣八十尋的炭火爐底湧現出來，向菩薩的足下頂禮。又把那如盛在瓶中般的許多花粉向菩薩的頭上紛紛降灑，灑得菩薩全身發光，猶如滿沾金色的酵粉。他立在蓮華的頂端，把種種美味的食物，放入辟支佛的缽中去。辟支佛受了食物，表出滿足之意，將缽投擲上空，然後在大眾環視之間，昇到空中，撥開雲霧，自回喜馬拉雅山去。惡魔敗北了，意氣銷沉地也就回到原來的住處。菩薩則坐在蓮華頂端，對大眾讚歎布施的功德，作法話畢，才由大眾圍繞著回去。後來繼續行布施等淨業，於壽命盡時依其業報逝去此世。

【結分】

佛道：「居士啊，你有如是知見，對魔神能不怖畏，並不足奇。前生那賢者所行的事，才不可思議哩。」作此法話畢，又取了聯絡，把本生的今昔聯結起來道：「那時的辟支佛，已得了涅槃了。那征服惡魔，坐在蓮華頂端，以食物供養辟支佛的波羅奈富商，則就是我。」

第五章　利愛品

四一　婁沙迦長老本生因緣

〔菩薩＝戒師〕

【序分】

此本生因緣，是佛在祇園精舍時，就長老婁沙迦・帝沙說的。婁沙迦・帝沙是拘薩羅國漁夫之子，是其家族最末一人，為比丘後，一無所有地生活著。據傳說，他從最後轉生的地方逝去後。在拘薩羅國一漁村中某婦人胎裡獲得了新生。那漁村為一千人家族所合居，在他受生的那日，一千個同族人拿了網到河裡或池湖裡去捕魚，終日連一條小魚都沒有得到。自此以後，漁夫們就一日窮似一日了。在他住在胎裡的十個月中，全村遭遇火災七次，村人受過七次王刑，那結果當然很是悲慘。他們想道：「我們以前並不如是的。照現在的情形下去，我們會滅亡哩。我們之中一定有一個不幸者。把全家族分為兩組吧。」於是便分為兩組。每組各五百人。分開以後，他父母所屬的一組仍衰微，其他一組則繁榮了。衰微的一組便再分為兩組，如是幾度分析，結果他的一家便到了孤立的地步，大家知道不幸者就在他的家裡，就把他們驅逐了。他母親艱難度日，懷胎期滿，在某地生產了他。原來，得到了最後存在[1]的人是不會滅亡的。因為在他心裡燃著阿羅漢的運命，猶如瓶中的燈炷。他母親養育他，到他能走能跑的時候，交給他一個缽道：「向人家乞食去吧。」便把他逐出，自己也逃

1　最後存在，謂入涅槃前之狀態。

走了。從此以後，他成了一個無依靠的孤獨的苦孩子，沿門行乞，沒有一定的居處，身不沐浴，衣服襤褸污穢，猶如一個塵聚餓鬼，勉強地維持著生命。

他七歲的時候，有一日，他從某家門口的洗食器的水槽裡，鳥啄食似地在拾取一粒粒的殘飯。法將舍利弗正在舍衛城巡行托缽，見了他。覺得這孩子可憐，只不知道是什麼地方的人。便起憐憫之念，叫道：「喂，你過來。」他來長老面前，作了禮立著。長老問道：「你是何村人，父母在哪裡？」他回答道：「我是孤獨者。我的父母對我說了一句『爺娘已累死』，便把我拋棄，自己走開了。」長老道：「你不想出家嗎？」他道：「尊者啊，我想出家。但像我這種不成樣子的人，誰肯給我出家呢？」長老道：「我給你出家。」他道：「謝謝你。請給我出家。」長老給他嚼食與噉食，帶他到了寺中，親手替他沐浴，給他出家。後來到年齡及格，便給他受具足戒。

他到老年時，被稱為婁沙迦．帝沙長老。他雖然命薄[2]，卻能寡欲知足。即使所受到的施物遠過於他人，也不喫飽，但求能維持生命就算。據說，在他的缽裡，只要注入一瓢匙的粥去，那粥就會漲滿起來，與缽沿相平的。施粥者見他的缽已滿，便不再加給，按次去給其餘的人。有些人甚至於這樣說：「施粥到他的時候，施主粥桶中所有的粥就光了。」不但粥如是，別的嚼食亦是這樣。他雖後來知見成熟，成了最高果的阿羅漢，也以少許的享受自己

2　原語「nippañña」，為「無智」之意，費解。依英譯本、德譯本解作「nippunna」而意譯之如此。

滿足著。

他年壽將盡，快入涅槃了。法將舍利弗在瞑想中知道他已將入涅槃，想道：「那個婁沙迦・帝沙長老今日一定要入涅槃了，我今日該給他飽喫一頓才好。」便帶了他入舍衛城去托缽。長老為了他之故，向舍衛城中許多人伸出手去，可是人們居然毫不表示敬意。於是長老向他說道：「朋友，去坐在寺中吧。」長老打發他去了以後，把各處施送來的食物叫人拿去給他，說道：「把這拿給婁沙迦。」誰知拿去的人忘了婁沙迦長老，中途自己喫掉了。後來長老走到寺中去，婁沙迦長老迎上來行禮，長者當面問他道：「朋友，喫過東西了嗎？」他回答道：「尊師，我們在後再喫吧。」長老為之不安起來，看看時間，已過了食時[3]，便道：「朋友，請坐在這裡。」自己走到拘薩羅國王宮中去。王叫人接過長老的缽，因為食時已過，命把四甘食[4]滿盛在缽中奉上。長老領受了回到寺中，拿了缽立著對他說道：「朋友帝沙啊，來喫這四甘食。」他對長老致敬，怕羞不喫。於是長老道：「朋友帝沙啊，我執缽立在這裡呢。你就坐著喫吧。如果這缽一離了我的手，裡面的東西就會沒有哩。」尊者婁沙迦・帝沙長老就在最上主法將手執的缽裡喫了四甘食。因了長老的神通力，食物未曾消失，所以婁沙迦・帝沙長老得以儘量喫了一個飽。果真，他那日就入無餘涅槃了，等正覺者〔佛〕親自蒞臨，命予以厚葬，拾骨造墓。

3　為比丘者，過正午而食，謂之非時食，乃非法行為之一。
4　四甘食為蘇油、蜜、糖蜜、胡麻油。四者雖過正午亦准食之。

比丘眾在法堂中集坐談話，說道：「法友們啊，婁沙迦長老薄命，以寡欲自足。像那樣薄命而寡欲的人，怎麼會獲得聖法呢？」佛進法堂來，問道：「比丘們啊，你們方才會集在此，談著什麼？」比丘眾答道：「尊師啊，在談著如此這般的話。」佛道：「比丘們啊，那比丘的寡欲自足與獲得聖法，都是自己幹出來的事。在前生，他也曾謝絕他人的施與，寡欲自足的。世間無常，苦患無量，他因境遇適於明白這個知見，結果便獲得聖法了。」接著便講過去的事。

【主分】

從前，迦葉（飲光）住世時，有比丘甲賴某長者的供養在鄉村中過活。他做比丘所應做的事，是一個德行家。所行合乎知見。另有一個長老乙，已得阿羅漢果，本與其同伴住在他處，偶然到了長者的村中。長者滿意於那長老的態度，便接過缽來，延至家裡，恭敬供養，傾聽他的法話以後，便向他作禮說道：「尊師啊，請到我家附近的寺中去。我傍晚回來時再來拜訪你。」那長老走到寺中，對先住在那裡的甲長老作禮，得其許可，坐在一旁。甲長老也表示歡迎，問道：「法友啊，你受到施食沒有？」乙長老回答道：「受過了。」甲長老道：「從哪裡受到的？」乙長老道：「就在你附近村中某長者家。」乙長老如是回答以後，就選定自己的寮房，整頓一番，把衣缽安排好了，然後坐在那裡享受禪定之樂與果樂。

到了傍晚，長者把香、華、燈、油等搬到寺中來，向先住著的甲長老致了敬禮，問道：「尊師啊，有一位新來的長老，已到了這裡了嗎？」甲長老答道：「是，到了這裡了。」長者道：「今在何處？」甲長老道：「在某寮房中。」長者便過去作禮，坐在一旁，傾聽法話。晚涼時分，長者對墳墓與菩提樹獻了供品，在燈龕點著了火，邀約兩位長老明日去受供養，然後回去。

先住在那裡的甲長老以為：「長者似看不起我了。如果那比丘住在寺中，我不知將受到怎樣待遇哩。」便不快起來，想設法使乙長老不住在寺中。所以雖受了長者的邀約，也不與乙長老談話。

那已得阿羅漢果的乙長老，知道甲比丘的用意，以為「那長老不知道我不會妨礙及他呢」，便到自己的庵室，去安住於定樂與果樂之中。

次日，先住的甲長老用拳頭敲鑼，又用指爪去彈叩庵室的門，便自往長者家去。長者接過他的缽，請他在特設的座上坐下，問道：「尊者啊，那新來的長老到哪裡去了呢？」他道：「我不知道你的好友的情形。我來時曾經鳴過鑼，叩過門，可是都不能擾醒他。大概昨日在府上喫了美味的東西，消化不了，此刻還睡著吧。請你放心。還是由他這樣吧。」卻說，那已得阿羅漢果的長老，覺得托缽的時刻已到，便整頓身畔，攜了衣缽，乘空飛行，到別處去了。

長者請先住的甲長老飲啜了用酥、蜜與糖調製的乳粥，再以香粉把缽研擦乾淨，滿盛乳粥，說道：「尊師啊，那位長老在旅途上一定很辛苦了。請你把這帶去給他。」甲長老也不拒絕，拿了缽走出。在路上想道：「如果把這乳粥給那比丘喫了，也許我想拉他出去，他也不肯走哩。可是，如果把這給與別人，將來事情會被發覺的。倒入水中吧，油酥會浮到水面來，丟在地上吧，烏鴉會集攏來啄食，都可以被人知道。究竟棄在什麼處所好呢？」他如是想時，恰好見到有一個火堆正在燃燒發煙，便去撥開了面上的灰屑，把乳粥倒在火堆中央，用灰屑遮蓋好，然後回到寺中去。及到了寺中，見那比丘已不在那裡，想道：「那已得阿羅漢果比丘，確已察知了我的心意，離開了這裡。啊，我為了肚腹之故，作了惡事了。」立時大大地悲悔起來。後來他曾入鬼道，又由鬼道轉生到地獄。

他在地獄受了幾百千年的苦之後，因其業果的餘薰，在五百生中為夜叉。這五百生間，除了有一次飽喫排洩物外，一日都不曾得到可以喫飽的食物過。第二個五百生為狗，在這期間，也祇有一日以催嘔的東西果腹，此外就都未曾喫飽。免除狗身以後，生在迦尸國某村的窮人家裡。他一出生，家境就更貧窮。從切斷臍帶以來，幾乎連薄粥也難獲得。他名叫彌多文達迦。父母因為忍不住生活[5]的苦痛，便道：「去啊，你這不幸的東西。」把他毆打逐出了。

他失了依靠，飄泊到波羅奈城來。那時，菩薩是個城中有名的阿闍梨，對五百個婆羅門青年教授技藝。有些貧窮者則由城中居民施資求學。彌多文達迦也以此之故得跟菩薩學習高尚的技藝。他性情亂暴不馴，動輒打人。雖經菩薩說諭，也不順從教誡。結果，因他之故，

5　原語「jātadukkha」，英譯者與德譯者都認為係「chataka-dukkha」之誤，譯作「飢餓之苦痛」。

菩薩的收入漸漸減少了。有一次，他與別一個青年打架，不聽師教而逃，飄泊到某偏僻的鄉村，受人傭雇為活。就在那當兒，他與一個不幸的女子同居，生了兩個小孩。村人們道：「請教給我們以善的教訓與惡的禁戒。」便供給他食料，留他住在村口的小舍裡。那偏僻的鄉村自從這個彌多文達迦來了以後，居民受到七次的王刑，村舍七次起火，池水七次乾涸。村民覺得彌多文達迦未來時，從未有這樣的禍事，今日的衰落，全是他之故，便把他毆打，驅逐他走。

他領了自己的孩子們離去此村，走到一個森林裡。那森林有惡魔住著，把他的妻與孩子殺掉喫了。他一人逃出，隨處飄泊，到了一個名曰犍毘羅的濱海村落。那時有船正將放帆，他被雇為船夫，乘入船中。船航行海上，至第七日就在海之中央遇變，宛如擱在礁上一般，駛不動了。同船的人們為了想找出災難的責任者，大家投票。彌多文達迦接連被投著七次。於是人們給他一張竹筏，把他拉出投在海中。他一經拉出，船就向前駛動了。

彌多文達迦橫在竹筏上隨水漂，他因了在迦葉佛住世時代守過戒的果報，得於海上水晶宮中遇到四個仙女，在她們那裡幸福地過了七日。原來在水晶宮，精靈們的生活是七日幸福，七日不幸福的。她們暫避到別處去的時候，對他說道：「你在這裡住著，等到我們回來。」她們去後，他乘了竹筏更向前進，到了有八個天女住著的銀宮中。又從那裡前進，到了有十六個天女住著的玉宮與有三十二個天女住著的金宮中。他不聽她們的忠告，更向前進去，到了某島的夜叉市。有一個女夜叉，化為山羊，在路上走著。他不知道這是女夜叉，心想「喫山羊肉」，便去捉她的腳。女夜叉顯出魔力把他攫起來一擲，擲到海邊。他沿海而行，就到了波羅奈城濠背後的一個荊棘叢裡，便伏著身子爬至岸上。

那時，國王所養的山羊，有些在濠邊被盜賊殺掉了，牧羊者為了想捕盜賊，正躲在濠旁守候。彌多文達迦爬上岸來，見了山羊，想道：「我因為在海島上去捉山羊的腳，被他一擲，擲到了這裡，也許我把這隻山羊的腳一捉，他會把我擲回到海上天女所住的宮殿附近去吧。」他抱了如是的愚見，去捉山羊的腳。正去捉時，山羊大聲叫起來了。許多牧羊者從四方趕來，把他捕住道：「歷來盜喫王家的山羊的就是此賊。」毆打了他一頓之後，綁起來押解到國王那裡去。

恰好，這時菩薩率領五百個青年婆羅門出城來洗澡，見到了他，認得是彌多文達迦，便問那些人道：「諸位，這是我的弟子，你們為何捕捉他？」牧羊者回答道：「尊師啊，這個盜羊賊在捉山羊的腳，所以把他捕縛起來的。」菩薩道：「那麼好，我叫他去做侍役，請把他交給我。我們救他一命吧。」人們道：「尊師，遵命。」就釋放他而去。

菩薩問他道：「彌多文達迦啊，你這許多日子在何處呢？」於是他便把自己所做的一切詳細敘述。菩薩道：「人若不聽好意的忠告，就要受這樣的苦。」接著唱出下面的偈語：

人若對愛己者的忠告，　不肯聽受，
必至陷入可悲之境。　猶如那捉羊腳的彌多文達迦。

後來，戒師與彌多文達迦都各依其業報，轉生於應生之處。

【結分】

佛道：「比丘們啊，他是自己寡欲知足，自己獲體得聖法的阿羅漢果的。」作畢此法話，復取了聯絡把本生的今昔聯結起來道：「那時的彌多文達迦是婁沙迦．帝沙長老，那有名的戒師則就是我。」

四二　鳩本生因緣　〔菩薩＝鳩〕

【序分】

此本生因緣，是佛在祇園精舍時，就一個貪欲比丘說的。那比丘的貪欲行為，將見於第六編〈鳥本生因緣〉〔第三九五〕中。這時，比丘眾告訴佛道：「世尊啊，某比丘貪欲。」佛問那比丘道：「比丘啊，聽說你貪欲，真的嗎？」那比丘回答道：「世尊啊，不錯。」佛道：「比丘啊，你在前生也曾貪欲。因貪欲之故，不但你喪失生命，連賢人也失去自己的住所哩。」接著便講過去的事。

【主分】

從前，梵與王在波羅奈城治國時，菩薩生而為鳩。當時波羅奈的住民行善事，在各處懸掛草籠，供鳥類棲止。波羅奈城中某長者家裡的一個廚役，也在自己的廚房裡掛著一個草籠。菩薩〔鳩〕就以此為住處，天明出去覓食，黃昏回來，習以為常。

一日，一隻烏在廚房上空飛翔，嗅到了魚與肉的香味，便起貪欲，想道：「依靠誰去取得這些魚與肉呢？」停在附近等候機會。到了傍晚時分，見有一隻鳩飛入廚房中去歇宿，於是便想依靠了鳩去得魚與肉。次日天明，鳩出去覓食時，烏就飛來，老是跟隨在鳩的後面。鳩便問道：「你為何老是跟著我？」烏道：「你的樣子很中我意，所以跟著你的。」鳩道：「朋友啊，你的食料與我的不同，大家做起同伴來，於你很不舒服吧。」烏道：「朋友啊，你出去覓食時，我也與你一同去。」鳩道：「那麼就這樣吧。但你要有誠意才好。」鳩如是對烏教誡畢，便飛翔覓食，喫地上的草種等類。當鳩搜集食物時，烏也飛去，見到牛糞塊，便啄開來，喫其中的蛆蟲，肚子飽了以後，到菩薩那裡來說道：「朋友啊，你飛得太長久了。東西太多喫是不好的。」傍晚時分與鳩帶了食物回到廚房中去。廚役道：「我家的鳩帶了別的鳥來了。」於是也給烏一隻草籠。二鳥從此就一同寄宿在那裡。

一日，有人送許多魚與肉給長者。廚役把些這魚肉掛在廚房中各處。烏見了就起貪欲之念，當晚睡著自語道：「明日不到牧場去，就喫這個吧。」

次日，鳩將出去覓食，喚烏道：「喂，烏啊，你來呀。」烏道：「朋友啊，你儘去吧，我肚子痛呢。」鳩道：「朋友啊，從沒有聽說烏會肚痛的話。你在想喫這屋了的魚或肉吧。來呀，人的食物對你是不適合的。你不要如此，還是跟我一同出去吧。」烏道：「朋友啊，我不能去了。」鳩道：「你的意思我已明白。請你當心，不要被貪欲所敗。」鳩如是對烏作了忠告，就覓食去了。

廚役依照了用途，把魚與肉處分了放在盤桶裡，為欲使之透風，上不加蓋，用篩子遮罩好，走出廚房拭汗乘涼。鳥從籠內探出頭來東張西望，見廚役出去了，以為「現在正是滿足欲望之時了。喫大塊的肉呢，還是喫小粒的肉呢。小粒的肉喫了不飽，不如銜一塊大肉回到籠中臥著來喫吧。」便從籠中飛去，停在篩子上面。篩子上立刻嘰哩地發出聲音來。廚役聽到聲音，奇怪起來，急忙跑進來看，見到了鳥，想道：「這可惡的鳥，想喫我替長者預備著的肉哩。我為長者服務，不是為這傢伙服務呀。要想法來處置這傢伙。」便關緊門戶，把鳥捉住，拔去羽毛，然後把那在蒔蘿子[6]汁中浸過的生薑搗爛，再以鹽與酸的酪漿調和成滷，遍塗在鳥的身上，把他丟入籠中。鳥苦痛非常，呻吟倒臥著。

傍晚，菩薩歸來，見鳥正在苦惱，便道：「貪欲的鳥啊，你不肯聽我的話，所以為貪欲受到非常的苦痛而倒在這裡了。」接著唱出下面的偈語：

人若對愛己的忠告，　不肯聽受，
必至落在敵的手中。　猶如那不聽鳩之教誡的鳥。

菩薩唱畢此偈，又道：「我也不能再留在這裡了。」便向他方飛去。鳥死了。廚役把他從籠中取出。丟在垃圾箱裡。

【結分】

佛道：「比丘啊，你不但今生貪欲，前生也貪欲的。因你之故，賢者曾失去自己的住處

6　蒔蘿子，原語「jiraka」，漢譯「只蘭伽」，英譯「cumin-seed」。

呢。」作此法話畢，說明四諦，說畢四諦，那比丘就得阿那含果。佛復取了聯絡，把本生的今昔聯結起來道：「那時的鳥是這貪欲的比丘，鳩則就是我。」

四三　竹蛇本生因緣　〔菩薩＝師〕

【序分】

此本生因緣，是佛在祇園精舍時，就一個任性的比丘說的。佛問那比丘道：「比丘啊，聽說你任性，真的嗎？」比丘回答道：「世尊啊，真的。」佛道：「你不但今生任性，前生也是任性的。在前生，你曾不聽博士的忠告，因任性而喪命哩。」接著便講過去的事。

【主分】

從前，梵與王在波羅奈城治國時，菩薩生於迦尸國的某富者之家。到了通達事理的年齡，知道因欲望而生的苦痛與由無欲而得的幸福，便捨了欲望，出家入喜馬拉雅山〔雪山〕修仙人道，行一切入豫修法[7]，得五神通[8]八成就[9]，安住於禪定樂之中。後來被五百個大行腳僧〔波利婆羅〕的行者圍繞，為眾團之師。

7　遍處或一切入（kasina），乃一即一切之觀法，即將宇宙萬有觀為一色或一大，不雜他想之觀法。十遍處定，謂觀於青、黃、赤、白、地、水、火、風、空、識十種。

8　五神通，謂識神通（或神境通）、天耳通、識他心通（或他心知通）、宿命念處（或宿命知通）、天眼通。

9　八成就，謂初禪成就、二禪成就、三禪成就、四禪成就、空無邊成就、識無邊成就、無所有成就、非想非非想成就。

一日，一條小蛇無端爬進了某行者的室中，行者珍愛這小蛇猶如自己的兒子，給他睡在竹箭裡。這條蛇是因為住在竹箭裡的，大家就叫他「竹」，又因為行者愛蛇如兒子，大家就稱他為「竹的父親」。

一日，菩薩聞知某行者愛飼著蛇的事，叫人去問他道：「聽說你把蛇鄭重飼養著，真的嗎？」據回答果有其事，便道：「蛇不堪信任，不該寶愛。」行者道：「蛇與我誼同師弟，我無蛇就活不下去。」菩薩告訴他道：「你會因蛇喪命吧。」行者違背菩薩的教誡，不能把蛇捨去。

過了若干時候，行者們出去採集野生的果實，因所往之處是果實不易得的地方，須在那裡耽擱二、三日。「竹的父親」也把養蛇的竹箭加了蓋，隨眾前往，在那裡過了二、三日，然後大家回來。就以食物去飼蛇，揭開蓋子伸過手去道：「喂，孩子，你餓了吧。」蛇因不食已二、三日，發怒去咬那伸來的手，立時咬死了行者，逃到森林中去了。

行者們見到這事，來告知菩薩。菩薩厚葬那行者，坐在隱者團中央，唱出下面的偈語，教誡他們：

人若對愛己的忠告，　不肯聽受，
必至死滅，　猶如那「竹的父親」。

菩薩如是教誡隱者團，自己得四梵住[10]，死後生於梵天界。

【結分】

佛道：「比丘啊，你不但今生任性，前生也是任性的。以此之故，曾為蛇所咬，至於滅亡。」作此法話畢，復取了聯絡，把本生的今昔聯結起來道：「那時的竹的父親是任性的比丘，其餘的眾團，是我的眾團，眾團之師則就是我。」

四四　蚊本生因緣〔菩薩＝商人〕

【序分】

此本生因緣，是佛在摩揭陀國行腳時，就某村愚昧的村人說的。某時，如來從舍衛國至摩揭陀國行腳。到了某村。那村中住著許多明盲。一日，這些明盲[11]會集在一處商議道：「諸位，我們入森林中去工作，有蚊來叮，工作為所妨害。大家拿了弓刀等武器去與蚊戰，見蚊就射就斬，把他除盡吧。」於是走進林中，自以為在殺蚊，互相射擊斬斫，負傷歸來，倒臥在村中或村口等處。

佛被比丘眾團圍繞著入村托缽。村中聰明的人們見世尊來到，便在村口布置會場，對佛所領導的比丘眾團布施許多物資，向佛禮拜畢，坐在一旁。佛見了許多的受傷者，向居士們

10　四梵天，謂四無色界。二十梵界之中，十六梵界為色界，四梵界為無色界。依理，不能頓時超越色界而生於無色界，故此處當為泛指四禪天之意。

11　原語「andha」，為盲者之意，此處不指真正的盲者，故以意譯之。

道：「病人很多呢，他們怎麼了？」居士們回答道：「世尊啊，他們說去與蚊交戰，結果同夥互相戰鬥，便負傷了。」佛道：「愚昧的明盲者想加害於蚊，轉致傷及自己，不但今生如此，在前生，也因打蚊而傷害了自己的人。」接著便因居士們的請求，講過去的事。

【主分】

從前，梵與王在波羅奈城治國時，菩薩是一個商人，以經商為生。那時，迦尸國某鄉村中，住著許多的木工。一日，一個白髮的老木工正在斫截木材，蚊飛來停在他那光禿禿的頭上，像刀刺一般把他痛叮一口。老木工對坐在近旁的兒子說道：「有蚊叮在我的頭上，痛如刀刺，快替我趕走他。」兒子道：「父親，別動，讓我來一下子把他擊死。」

這時，菩薩適入村來徵求商品，坐在老木工家中。老木工催兒子道：「喂，把這蚊趕走呀。」兒子道：「來了，父親。」便提起大斧，立在父親的背後，想擊殺那蚊，結果把父親的頭劈成兩塊。老木工當場就死了。

菩薩見這光景，想道：「縱使是仇敵，也是聰明的好。因為聰明者怕刑罰，結果便不至殺人了。」接著便唱出下面的偈語：

無智的同伴，　比有智慧的仇敵還壞。
聾啞性[12]的呆兒子，　為殺一蚊，劈開了父親的頭。

12　原語「elamūga」，為聾啞之意，此處用以喻愚騃。

菩薩唱畢此偈，就立起身來去幹自己的業務。木工則由親屬們跑來給他厚葬。

【結分】

佛道：「信士啊，如是，他們在前生，也曾自以為除蚊，結果反把人傷害呢。」作此法話畢，復取了聯絡，把本生的今昔聯結起來道：「那時唱偈而去的聰明的商人就是我。」

四五　赤牛女本生因緣

〔菩薩＝長者〕

【序分】

此本生因緣，是佛在祇園精舍時，就給孤獨長者的婢女說的。據說，給孤獨長者那裡有一個婢女，名叫赤牛。一日，她在搗米，她的老母坐在旁邊。一隻蠅飛來，如針刺一般叮著老母。老母道：「女兒啊，蠅在叮我，給我趕走他。」那婢女道：「媽，我給妳趕。」便舉起杵來，想去擊殺老母身上的蠅，結果把老母擊殺，於是就喊著「媽呀」哭起來了。

長者知道了，就厚葬老母，到精舍去把這事經過，詳細向佛稟告，佛道：「家長啊，那女兒想擊殺老母身上的蠅，舉杵把老母擊殺，不但今生如此，前生也曾如是擊殺過母親呢。」接著便因長者的請求，講過去之事。

【主分】

從前，梵與王在波羅奈城治國時，菩薩生於某長者之家，父親死後，繼承長者之地位，他也有一個名叫赤牛的婢女。她正在搗米，偃臥在旁的老母喚她道：「女兒啊，給我趕去身上的蠅。」她也與上面所講的情形一樣，用杵把老母擊殺，自己號哭起來。

菩薩聞知此事，想道：「在這世間，仇敵也是聰明的好，」接著唱出下面的偈語：

愚笨的同伴，　比聰明的仇敵還壞。
試看那粗魯的赤牛女，　殺了老母悲泣著。

菩薩如是讚賞聰明者，以偈說法。

【結分】

佛道：「家長啊，她想殺蠅而把母親殺死，不但今生如此，前生也曾如是殺過母親的。」作此法話畢，復取了聯絡，把本生的今昔聯結起來道：「那時的母親是現在的母親，那時的女兒是現在的女兒，那大長者則就是我。」

四六　毀園本生因緣　〔菩薩＝博士〕

【序分】

此本生因緣，是佛在拘薩羅國某村時，就一個毀壞園林的人說的。相傳，一時佛在拘薩羅國遊行，到了某村。村中有一長者招待如來，在自己的園林中設座，對以佛為首的教團作過供養後，說道：「尊師啊，請隨意在園林中散步。」比丘眾從座起立，隨園丁在園林中巡游，見中間有一塊隙地，便問園丁道：「信士啊，此園林到處都是樹木，這裡則喬木灌木都沒有，是什麼緣故呢？」園丁回答道：「尊師啊，當初這園林植樹時，澆水的村童，拔起樹根來看，依根之大小而行灌溉，許多苗木就枯萎了，結果，這裡就成了一大塊空地。」比丘眾來把此事稟告佛。佛道：「比丘們啊，那村童不但今世毀壞園林，前生也曾這樣。」接著便講過去之事。

【主分】

從前，梵與王在波羅奈城治國時，城中舉行祭典，祭典的鼓聲一響，與祭事有關係的市民都出去在街上行走。這時，御苑的林間住著許多的猿。園丁想道：「街上已在舉行祭典了。我也把澆水的事情吩咐了這些猿，自己出去遊玩吧。」便走到猿王那裡，託付說道：「喂，猿王啊，這園林於你們很有益處，你們可在這裡喫花芽或果實。街上有祭典，我要出去遊玩，在我回來以前，你們能把這些苗木灌溉嗎？」猿王道：「好，我來灌溉吧。」園丁道：「那麼給我當心些，」便把澆水用的皮囊與木桶交代給猿王，自己出去了。

群猿拿了皮囊與木桶去向苗木澆水。猿王對他們說道：「喂，猿兒們，不可把水浪費。你們澆水於苗木的時候，要一一拔起來看，根深的就多給些水，根淺的就少給些水。因為水在我們是不容易取得的東西。」群猿道：「知道了，」就依言而行。

這時，有一個博士到了御苑之中，見群猿如是情形，便道：「喂，猿兒們，你們為什麼把苗木一一拔起來看，依了根的長短給水呢？」群猿回答道：「我們的王吩咐我們這樣做。」博士聽了這話，想道：「啊，無智的愚昧者，即使想做有利益的事情，做來也是不利益的，」便唱出了下面的偈語：

唯有理的行為可生幸福，　無理的惡行不然。
愚昧者失卻利益，　猶如代替園丁的猿。

博士如是用偈語斥責了猿王，自己就率領從者，離開御苑而去了。

【結分】

佛道：「這村童毀壞園林不自今日始，前生也曾如此的。」作此法話畢，復取了聯絡，把本生的今昔聯結起來道：「那時的猿王是這毀壞園林的村童，那博士則就是我。」

四七　酒本生因緣

〔菩薩＝長者〕

【序分】

此本生因緣，是佛在祇園精舍時，就一個糟蹋了酒的人說的。相傳，給孤獨長者有一個知友，開設酒店，以濃醇的酒出賣，上門沽飲之客甚多。有一日，他吩咐小僮道：「喂，有人來沽酒，用現金賣給他。」自己便去洗澡。小僮就依照吩咐，把酒賣給許多沽客，見有些客人帶了鹽或椰子糖來飲酒，想道：「這酒毫無鹽味，加些鹽進去吧。」便在酒瓶中加入了一那利的鹽，賣給客人。客人把酒飲到口裡，立刻吐出問道：「你怎麼弄的？」小僮回答道「我見你們飲酒時要用鹽，所以就把鹽放了些在酒裡。」客人們責備說道：「小傢伙，你把很好的酒弄壞了。」便離座而去。

主人回來，見店中一個座客都沒有，問道：「客人都到哪裡去了？」小僮便將經過說明。主人斥責道：「小傢伙，這樣的好酒被你弄壞了。」於是把此事去告訴給孤獨長者。給孤獨長者覺得「這是一個可傳的故事」，便到祇園精舍去禮拜佛，稟告此事。佛道：「家長啊，這人不但今世把酒糟蹋，前生也曾這樣的。」接著又因長者的請求，講過去的事。

【主分】

從前，梵與王在波羅奈城治國時，菩薩是波羅奈城中的一個長者。菩薩的附近有一個開酒店的，他藏著濃醇的酒，交付小僮售賣，自己洗浴去了。小僮於主人不在時，把鹽放入酒中，酒被弄壞，一切情形與上面的故事相同。主人回來，聞知詳情，便來告訴長者。長者對主人道：「愚昧者不顧道理，想做有利之事，結果反致不利。」接著唱出下面的偈語：

唯有理的行為可生幸福，　無理的惡行不然。
愚昧者失卻利益，　猶如把酒弄壞的憍陳如[13]。

菩薩如是以偈語來把法宣明。

【結分】

佛道：「家長啊，這小僮不但今世把酒糟蹋，前生也曾這樣的。」又取了聯絡，把本生的今昔聯結起來道：「那時的酒商即是現在的酒商，那波羅奈的長者則就是我。」

13　憍陳如為小僮之名。

四八　智雲咒文本生因緣〔菩薩＝弟子〕

【序分】

此本生因緣，是佛在祇園精舍時，就一個頑固的比丘說的。佛對那比丘說道：「比丘啊，你不但今世頑固，前生也曾這樣。在前生，你因不聽賢者的忠告，被利刃劈成兩片倒死在路上，同時又使一千人喪失了性命呢。」接著便講過去之事。

【主分】

從前，梵與王在波羅奈城治國時，某村有一個婆羅門，懂得智雲咒文。相傳，這咒文非常有價值，在月與月宿會合時，只要對著天空把這咒文反覆念誦，就會從空中降下七寶[14]的雨來的。

這時，菩薩隨那婆羅門學習技藝。一日，婆羅門因為有事，率領菩薩離開鄉村，到契耶國去。中途經過某森林，有五百個「派遣盜賊」正作路劫[15]，把菩薩與智雲婆羅門架去了。所謂「派遣盜賊」者，據說，他們把二人捕住後，把其中一人放回，叫他取了財物來贖其他一人，所以稱為「派遣盜賊」。他們捕得父子時，就把做父親的放回，命令他道：「你去取財寶來領兒子回去。」同樣，捕得母女。則放回母親，捕得兄弟，則放回其兄，捕得師

---

14 七寶謂金、銀、真珠、摩尼珠、瑠璃、金剛、珊瑚。
15 原語「panthaghāta」，為街頭強盜之義，今從意譯。

弟，則放回弟子。

這時，盜賊留住智雲婆羅門，派遣菩薩回去。菩薩向師作禮道：「我過一、三日就來。切勿恐怖。請聽我的話。今日那降寶雨的月與月宿會相合吧，萬不可因熬不住苦痛之故，誦起咒文降下財寶來啊。如果寶雨一下，不但你無救，連這五百個盜賊也將死滅吧。」他如是向師忠告後，自己便取財物去了。

到了傍晚時分，盜賊就把婆羅門綑綁起來。這時，滿輪明月從東方升上。婆羅門望著月宿，自想：「月與月宿正相合，可降寶雨呢。我為何要如此受苦？把咒文反覆念誦起來，降下了寶雨，將財寶給與盜賊，自己脫身而去吧。」便向盜賊們說道：「諸位，你們為何將我綑綁在這裡？」盜賊們答道：「為了想得財寶呀。」婆羅門道：「如果你們所想得的是財寶，快把我的束縛解除，讓我洗了頭面，穿上新衣，用香華把身體修飾起來。」盜賊們聽了他的話，一一照辦。婆羅門於月與月宿正相合時，反覆誦念咒文，向空凝望。突然間，財寶如雨一般從空中降下。盜賊們收拾財寶，用衣服包裹了出發。婆羅門也跟在他們後面行走。

這時，另有一群盜賊五百人，把這班盜賊們捕住了，甲盜群道：「你們為何捕捉我們？」乙盜群道：「為了想得財寶。」甲盜群道：「如果你們想得財寶，那麼捉這個婆羅門呀。他會凝視天空，叫天上降落財寶的雨來。我們的財寶也都是由他得來的。」於是乙盜群把甲盜群釋放，來捉婆羅門道：「也請給我們財寶呀。」婆羅門道：「我也原想把財寶給你們，但財寶的雨要月與月宿相合時才會降下，從現在正好要等一年。你們想得財寶，請忍耐了等待，到那時，我給你們降財寶的雨吧。」

盜賊們道：「你這乖刁的婆羅門，給別人降了貴重的財寶的雨，對我們卻說要再等一年。」就把他斬成兩段，丟在路旁。接著趕上前方去與甲盜群交戰，把他們一一殺卻，奪下財寶。這些盜賊們得了財產以後，內部就分成兩派，二百五十人與其他二百五十人互相爭戰，剩了一派的二百五十人。如是繼續分派自相爭殺，結果一千個盜賊之中只剩了兩個。這兩個盜賊把財寶搬到某村附近的森林中藏起來。一個執刀在林中把守，另一個則入村去買米做飯。

貪欲真是滅亡之源。那坐著看守財寶的盜賊心想：「如果那人回來，這財寶將被分去一半吧。當他來時，我一定要用刀把他刺死。」便執刀坐著豫備，只待那人回來。

另一個盜賊也想：「這財寶將兩人對分，各取一半吧。我要把毒放在飯中，毒殺了他，獨佔財寶。」於是待飯熟時，自己先喫了一個飽，加毒在剩下的飯中拿著回來。才走進林間把飯放下，那在林間的盜賊就用刀把他斬成兩段，丟在人所不看見的地方，後來因喫了有毒的飯，自己也倒斃在林中。如是，為了財寶之故，所有的人全部滅亡了。

菩薩（弟子）於二、三日後攜了財寶回到原處來，不見師父，卻見財寶零落地散在那裡，想道：「大概是師父不聽我的忠告，召喚了財寶的雨，因而所有的人都喪命了吧。」便向大路前進。正前進時，見師父被斬成兩段丟在路旁，想道：「果然不聽我的忠告而死了。」便拾集木柴，把屍體火葬，取野花作供。再向前走，見到五百個死人，後來又見到二百五十個死人，如是直至最後，見到兩個死人。想道：「有九百九十八人都死了。一定還有兩個最後活著的人。他們也不會不自相鬥爭的，但不知在何處？」繼續向前進去，發見搬運財寶到林中去的通路，再往前就見到用索綑著的財寶，一個人丟了飯碗死在近旁。這才明白他所行的大略情形，但還有一人不知在何處，到處找尋，結果發見屍體被丟在隱僻之處。菩薩心想：「我們的師父不聽我的忠告，不但因頑固毀滅了自己，連帶使其餘的一千人也死亡。凡是想用不正的手段謀自己的利益者，結果都會招致死亡，與我們的師父一樣。」接著便唱出下面的偈語：

想用錯誤的手段謀利益者，　都不免滅亡。
契帝耶國的盜賊，　殺了咒師而自己也終於破滅。

菩薩似欲使森林也同時發音，說此教訓，高聲唱道：「我們的師父因在不正之場所努力降下寶雨，結果自己死亡，他人也都破滅了。同樣，凡以不正之手段謀自己的利益者，自己破滅不消說，連帶會使他人破滅呢。」他在森林的諸神讚賞之間，以偈作此法話畢，就收集財寶，安全返家，終生作布施等善行，命盡後生於天界。

【結分】

佛道：「比丘啊，你不但今生頑固，前生也已如此。你曾因頑固之故，招致了大破滅哩。」作此法話畢，復把本生的今昔聯結起來道：「那時的智雲婆羅門即頑固的比丘，其弟子則就是我。」

四九　星宿本生因緣

〔菩薩＝博士〕

【序分】

此本生因緣，是佛在祇園精舍時，就某邪命外道說的。相傳，舍衛城有一良家之女，經鄉村某良家聘為其子之配偶，迎娶的日期已定。到了吉期，那家族向自己所信奉的邪命外道者問道：「先生，今日想做喜事，星宿好嗎？」邪命外道者想道：「早不來請教，自己決定了日期，到現在才來問吉凶。好讓我來給他一個教訓吧。」便不高興地回答道：「今日星宿不好。不可做喜事。否則將遭大不幸。」家人聽信了他的話，就不舉行喜事。住在城中的人們，於這日作好了喜慶的種種準備，而不見有人從鄉村來迎娶，以為：「他們約定了今日來而不來，使我們受到許多的損失。他們打算怎樣對付我們啊？」便趁這一切準備完整的當兒，把姑娘改給了別人。

次日，鄉村的人們進城來說道：「請把姑娘交給我們。」城裡的人們責備說道：「你們住在鄉村的家主等是壞人。約定好了日期，看不起我們而違約不來。大概你們是在中途回轉的吧？姑娘已給了別人了。」互相爭吵一番之後，鄉村的人們便由原路回去。

這因邪命外道而害及喜慶的消息，就傳到於比丘眾之間。比丘眾在法堂坐著談論道：「法友們啊，因邪命外道之故，某家的喜事受到障礙了呢。」佛過來問道：「比丘們啊，你們坐在這裡談論何事？」比丘眾回答道：「在談論這樣的事。」佛道：「比丘們啊，邪命外道妨害人家的喜事，不但今世如此。在前生，他們也因怒而妨害人家的喜事的。」接著便講過去之事。

【主分】

從前，梵與王在波羅奈治國時，城中有一分人家聘定鄉村某家之女為媳婦。決定了吉期以後，再去詢問自己所信奉的邪命外道者道：「先生，今日我們有喜事，星宿好嗎？」邪命外道者以為他自己早決定下了日期，臨事方來詢問，動氣起來，便想妨害他們的喜事，回答道：「今日星宿不好。如果舉行喜事，將遭遇人不幸。」他們信了這話，不下鄉去迎娶。鄉村的人們，久候著不見城中有人來，便道：「他們約定好了日期而不來，在把我們當作什麼啊？」於是就把姑娘改給了別人。

次日，城中的人們來迎娶姑娘，鄉村的人們回答道：「你們城中的家長們太不知恥。約定了日期而不來迎娶。因為你們不來，已將姑娘配給別人了。」城中的人們懇求道：「我們去問邪命外道，據說星宿不好，所以沒有來。請把姑娘交給我們吧。」鄉村的人們道：「因為你們不來，所以將姑娘配給別人了。嫁出了的姑娘，現在怎麼能收得回來呢？」雙方正爭鬧時，有一位博士正因事從城中下鄉來，聽到了城中人們「我們去問邪命外道，據說星宿不好，所以沒有來」的話，便道：「靠星有什麼幸福呢？迎娶姑娘這件事本身，不就是很好的星嗎？」接著唱出下面的偈語：

望星而占吉凶的愚者，　幸福不會降臨及他。

幸福的事即是幸福的星，　星能作些什麼。

城中的人們雖爭鬧了許久，終於得不到姑娘而回去了。

【結分】

佛道：「那邪命外道不但今世妨害人家的喜慶，前生也曾如此。」作此法話畢，復取了聯絡，把本生的今昔聯結起來道：「那時的邪命外道，即現在的邪命外道，雙方家族即現在的家族，那當場唱偈語的博士則就是我。」

五〇　無智本生因緣〔菩薩＝王〕

【序分】

此本生因緣，是佛在祇園精舍時，就饒益世間的行為說的。關於此行為之事將在第十二編〈大黑本生因緣〉[16]中說述。

【主分】

從前，梵與王在波羅奈城治國時，菩薩受生於王后胎中。出生以後，命名之日，取名曰梵與王子。至十六歲，在得叉尸羅修習學藝，精通三吠陀，把十八科的學問完全修得。父王於是給他以副王之位。

16　本生因緣第四六九。

那時，波羅奈的市民們對神奉祀歸依，殺許多山羊、綿羊、雞、豚等牲畜，以種種的香、華或血、肉供祭。菩薩想道：「近來人民因祭神而殺許多的禽獸。大家都有著非法的傾向。將來父親去世，我若得即王位，要想出一個好的方案，使全國無一殺害生物之人。」一日，他乘車從城市外出，見有一大群人集在大菩提樹下，對樹神作著祈禱，或求男兒，或求女兒，或求名譽、財富，各想獲得自己所希求的一切。他從車下來，走近樹旁，供上香華，撒灑清水，就樹右繞，對神作了祀奉歸依，然後上車回去。從此以後，遇有機會，便與別的崇奉神者一樣，到樹下來以同樣方法作祭。

後來，父親去世，他就得了王位。他想廢止四非道[17]，施行十王法[18]，依法治國，實行自己的願望。以為自己已登王位，正是實現理想之時，便召集大臣、婆羅門、家長等來，對他們說道：「臣下們啊，你們知道我為何能登王位的？」大臣等道：「大干啊，我們不知道。」王道：「諸位，你們曾見我立在那菩提樹下，獻香合掌而表歸依嗎？」大臣等道：「大王啊，我們曾見到過。」王道：「那時我曾發過誓願，說我得登王位後，當來獻供物於樹神。現在我因了神的神通力獲得王位了，要去獻供物。你們趕快替我豫備這獻神的供物啊。」大臣等道：「大王啊，那麼豫備什麼呢？」王道：「臣下們啊，我曾對神立誓說：『在我為王時，如有犯殺生等五種不法或十種不善者，不論是誰，一一殺卻，把他臭腐的屍

17　四非道，謂欲望、瞋恚、愚癡、恐畏。
18　十王法，謂施與、持戒、大施、不忿、不害、忍辱、方正、柔和、修道、不爭。

肉與血來作犧牲。』現在你們可沿途擊鼓通告全國說：『我們的國王在副王時代曾對神發誓，在位時如有犯不法行為者，把他殺了來作供物。現在要殺犯五種或十種的不法行為者一千人，取其心臟或血肉去供神。為此通告全國，叫大家知悉。』以後如有作不法行為者，不論是誰，殺一千個，作為供物，完成我的誓願。」王為欲闡明此意，又唱出下面的偈語：

獻奉愚者一千人，　這是我的誓願。
現今多不法之人，　我將用以作犧牲。

大臣等聽了菩薩的命令，說道：「大王啊，知道了。」於是在波羅奈城十二由旬[19]間鳴起鼓來。國民自聽了這鼓聲以後，一個都不敢犯任何不法行為。在菩薩在位時，竟無一人犯五不法或十不法者[20]。如是，菩薩不誅一人，使全體人民守戒，自己又作布施等善行，死後與其伴侶生於天界。

【結分】

佛道：「比丘們啊，如來不但在此世作饒益行，前生也曾如此。」作此法話畢，復取了聯絡，把本生的今昔聯結起來道：「那時的群臣是佛的弟子，波羅奈王則就是我。」

19　一由旬約十二哩。
20　五不法謂五戒，十不善謂十戒。

第六章　願望品

五一　大具戒王本生因緣

〔菩薩＝王〕

【序分】

此本生因緣，是佛在祇園精舍時，就一個放棄努力的比丘說的。佛問那比丘：「比丘啊，聽說你放棄努力了，真的嗎？」那比丘回答道：「真的。」佛道：「比丘啊，你為何在解脫道上，忽然停止努力呢？古時有一賢人，雖失了王國也不放棄努力，因此終於把已失的名聲恢復過來了。」便講過去的事。

【主分】

從前，梵與王在波羅奈城治理國家的時候，菩薩從王妃的胎裡出生。命名那一天，取名為具戒太子。後來父王去世，繼承王位，號稱大具戒王，乃是一位虔誠公正的國王。王設立大施捨場，在波羅奈城四門各設一所，中心區一所，宮門一所，共計六所，捨施財物給貧苦的行人。自己又能守戒律，舉行說戒的儀式，具備忍辱、慈悲、愛愍之德，愛一切有生之輩，如懷中赤子，以正法治理國政。

當時有一個大臣，在宮中發動陰謀，終於敗露。別的大臣向王告發。國王親自查究，知道果是事實，便叫那大臣來，說道：「愚人，你作了惡事，不能讓你再留在國中。你攜帶自己的財產，率領妻子，到別國去吧。」將他驅逐出國去了。

那大臣逃出迦尸國，到拘薩羅國，向該國國王投誠，後來逐漸在那宮中得到信任。一日，他對拘薩羅王道：「波羅奈國猶如一座尚未被蠅蚋侵過的蜂房，那國王又極懦弱。祇要發動少許兵力，立刻可併吞波羅奈國。」拘薩羅王聽了他的話，心裡想道：「波羅奈是一個大國，而此人卻說祇消少許兵力，即可併吞，他一定是受他們雇用的間諜。」便對他道：「你定是得了他們的金錢，受他們雇用的。」他道：「不，王啊，我絕不是受雇的。我所說的話沒有虛假，假使不相信的話，你可試派一些人馬到他們邊界村中殺掠一下，當那些人被俘到波羅奈國王面前的時候，定會送他們財物，放他們回來的。」

拘薩羅國王想：「此人說得好大膽，姑且試試。」便派幾個臣下，命他們去殺掠邊界的村民。波羅奈人捉住這班強盜，解到國王面前。國王見了他們問道：「你們為何殺掠村民？」他們答道：「王啊，我們因為無法生活。」國王道：「既然如此，為何不早到我處來？以後不准作這種事。」便給他們財物，放了他們。他們回來將此事告知拘薩羅王。王以為僅僅由此一點，還不能貿然出兵，又派遣臣下到波羅奈腹地去施行殺掠。他們被捕時，又與上次一般，從國王處得了財物回來。但拘薩羅王仍不想即出兵，又派遣臣下，這回叫他們到波羅奈街市去打劫。那時候，波羅奈國王仍將財物送給這些強盜，把他們釋放回來。於是拘薩羅王知道「波羅奈國王是個良善的君主」，便決心「併吞波羅奈國」，帶領軍隊與象等出征了。

是時波羅奈國王有千名光景的大勇士，一個個都是常勝超群之輩，具有非常氣概，即使狂象怒奔衝來，也能毫無畏怖地加以抵抗，即使帝釋天的雷電落到頭上，也絲毫不會搖動，祇須大具戒王一聲令下，便整個閻浮洲也可以征服。他們聽到「拘薩羅王入寇」，便謁見國王奏道：「王啊，聽說拘薩羅王想來『侵佔波羅奈國哩』。我們立刻出陣，在拘薩羅王還未踏入我王國一步之前，就戰敗了他，將他俘虜來吧。」國王斥道：「你們不可因我去難為他人，有人要奪取我的王國，就讓他取去吧，你們不准出動。」拘薩羅王越過邊疆，進兵深入腹地。群臣又謁見國王，作同樣請求，但國王仍與以前一般，不肯許諾。拘薩羅王駐軍波羅奈城下，遣使到大具戒王處提出戰書說：『讓與王國，否則開戰。』大王派使者去答復道：「我不願戰爭，將王國取去吧。」於是群臣又進謁波羅奈國王奏道：「王啊，我們不讓拘薩羅王進城，即在城下將他擊潰，把他俘虜起來吧。」但國王始終如一，拒絕奏請，命人大開京城四門，自己坐在大大的王座中，率領著一千個大臣。

拘薩羅王率領大軍，湧進波羅奈城。他在路中沒有遇見一個敵人，由許多大臣簇擁著，走到宮城門口。只見城門大開，那清淨無垢的大具戒王，坐在莊嚴大寶座上。拘薩羅王立即下令，逮捕大具戒王與其一千名臣子，說道：「將這國王與大臣反縛起來，送往寒林屍場，掘下深及頸項的土坑，用泥土緊緊埋住，不許使有一人的手足得以活動，讓夜間狼來，將他們適當處置吧。」臣子們一聽這寇王的命令，便將國王與群臣緊緊反縛了帶走。此時大具戒王仍不對寇王起任何憤怒之心，而群臣平日深受薰陶，故雖被緊縛押走，仍無一人違反國王之命的。

寇王的臣下們就將大具戒王與其大臣帶到寒林，掘好深及頸項的土坑，將大具戒王位在中央，群臣分列兩邊，一一直埋入坑，蓋上泥土，牢牢築實，然後回去。大具戒王對寇王仍無憤怒之心，訓誡大臣道：「你們不可忘卻慈悲之心啊。」

夜半，狼群跑來，滿心想「享受人肉之宴」。國王與群臣見狼群近來，齊大聲叫嚷，狼群受驚逃去，再回頭一看，見無人追逐，便又重新回來。國王與群臣又照樣大叫，狼又逃走。如此逃了三次之後，再向四周望望，發覺此群人中，無一人前來追逐，便想：「這些人大概是死刑囚徒。」膽子壯了，又跑回來。現在不管人們如何叫嚷，再也不逃了。

於是狼的首領走向國王旁邊，別的狼走向其他諸人。善作方便的國王，見狼過來，便故意伸起脖子，讓狼來咬。狼正要咬國王時，國王突然張口，如鐵鉗似地用齒緊緊將狼咬住不放。狼被國王大力咬住，咽喉受扼，無法脫身，畏怖死亡，大聲悲號。他狼聞此悲聲，以為：「一定是我們首領被人捉住了。」不但不敢走近群臣，反而沒命地逃得一隻也不剩。

狼的首領因被國王用牙齒緊咬不放，痛苦不堪，身子前後掙扎，泥土自然鬆了起來。加之狼畏死恐懼，以四足搔扒掩在國王身上的泥土。國王知泥土已鬆，便將狼放走，使出大象般的偉力，擺動身體，漸漸脫出兩手。於是攀住坑沿，如風吹輕雲一般，縱身一躍，跳出土坑，便到地上。然後鼓勵群臣，挖去泥土，將各人從坑裡攙扶出來。如是，國王與諸大臣重得自由，離去寒林了。

正當此時，有一死屍被棄置在寒林，死屍橫躺著的地方，恰是兩個夜叉所管領的區域。夜叉無法分割這具屍體，互相商議道：「我們不能分割。大具戒王是正直的明君，定能給我們分割，我們去找他吧。」便拖起屍體的腿，找到國王請求著說道：「王啊，請你將這具屍體割開分給我們兩人吧。」國王道：「可以，我割開來分給你們吧，但我身體齷齪，先須洗一次浴。」

兩夜叉便運用魔力，把那供寇王用的有香氣的水攝來，供國王洗浴。國王洗完浴時，他們又把那為寇王摺疊著的衣服，攝來獻給國王。國王穿好衣服時，又把那裝有四種香料的香匣，攝來獻給國王。國王塗好香料時，又把那裝在黃金小盒中、安放在嵌寶扇子上的各種鮮花，攝來獻給國王。國王將鮮花在身上佩好時，他們又問國王：「還需要別的東西嗎？」那時國王告訴他們肚子飢餓，夜叉立刻便去把那原為寇王烹調好的許多香味佳美的食物，攝來獻給國王。

如是，國王洗完浴，塗上香料，打扮好身子，享用了許多香味佳美的食物。兩夜叉又攝得那為寇王所設的芳香飲料，裝在黃金器皿中，另附黃金的杯子。國王喝了這飲料，漱了口，洗了手。那時夜叉又攝得寇王所用的塗有五種貴重香料的擔步羅葉，獻給國王。國王嚼畢此葉後，他們又問：「還需要什麼東西嗎？」國王命令道：「你們將寇王枕上那把寶劍取來。」夜叉馬上攝來了，國王舉起劍來，豎起屍體，從頂心向下直劈為二，不偏不倚，分做兩片，乃將兩片屍體，公平分給兩個夜叉。然後，將劍拭淨，納入鞘中，佩掛腰間。

兩夜叉喫了人肉，十分高興，問國王道：「大王啊，還有什麼差使嗎？」國王命令道：「你們運用魔力，領我往寇王臥室，再帶這班臣子，各回自己家中去。」夜叉應道：「是，大王。」就一一遵命而行。

那時寇王正住在華麗的臥室內，熟睡在國王的寢床上。國王用劍鞘在他肚上打了一下。寇王驚醒過來，在燈光中認得是大具戒王，忙從床上跳下，鼓勇站立起來，向國王問道：「大王啊，在如此深夜，宮城又警衛森嚴，門戶緊閉，任何人都不能擅入，你居然腰佩利劍，身御華服，走近我的床邊來，這究竟是什麼道理呢？」國王便將自己到此的經過情形，一五一十講給他聽。寇王聽了大為感動道：「大王啊，我雖生而為人，卻不知道大王的德行。那喫人肉、吸人血的殘暴夜叉，倒深知道你的品德。從今以後，對你這樣戒德具足的人，決不敢再生陰謀了。」於是對劍設誓，乞求國王原恕。請國王睡在大床上，自己則睡在一張小的床上。

如是等到天明、太陽出來的時候，寇王擂鼓集合全軍與眾大臣、婆羅門、戶主。等他們齊集了，寇王便如於天空中托出滿月一般，對眾人盛稱大具戒王一切德行，再當眾人之面，乞國王寬恕，並將王國交還。說道：「從今以後，貴國如發生寇患，一切由我負責，請你好好治理自己的王國，把警衛之責交給我吧。」寇王又將進讒者判處死刑，然後率領自己的軍隊與象，回拘薩羅國去。

當時，大具戒王全身華服，在純白色王傘之下，坐在四腳成鹿爪形的黃金寶座上，觀察自己之光榮。心裡想道：「假如我不能忍耐努力，即不會有如此的光榮，一千名臣子的生命也不能救出吧。今以耐心努力之功，恢復已經喪失的名譽。使一千名臣子，得到生命的賞賜。故凡人不可喪失希望，常須努力。因努力的果報，是如是光榮。」他如是想時，滿心感激，唱出下面的偈語：

人須常生於希望，　賢者不可屈其心。

我過去所願望者，　今乃親見其實現。

菩薩〔大具戒王〕既唱了這感激的偈語，復道：「你們看啊，在戒行具足的人，努力的果報，必定是光榮的。」大具戒王於一生行善之後，依其業報，投生於應生之處。

【結分】

佛作此法話後，解釋四諦。釋畢四諦，那放棄努力的比丘，遂得阿羅漢果。佛乃把本生的今昔聯結起來道。「當時處心不正的大臣是提婆達多，千名臣子是佛的僧團，大具戒王則就是我。」

五二　小伽那迦王本生因緣　〔菩薩＝王〕

【序分】

此本生因緣，是佛在祇園精舍時，就一個放棄努力的比丘說的。此處所述全部故事，將重見於〈大伽那迦王本生因緣〉〔第五三九〕中。

【主分】

卻說，王坐在白傘之下唱下面的偈語：

人應努力奮發，　賢者不疲不倦。
我親見渡〔生死之〕海，　到達彼岸。

【結分】

此時那放棄努力的比丘，遂得阿羅漢位。這小伽那迦王就是等正覺者。

五三　滿瓶本生因緣〔菩薩＝財務官〕

【序分】

此本生因緣，是佛在祇園精舍時，就毒酒而說的。某時，舍衛城有一群無賴聚會商議：「我們沒有酒錢了，到何處去想法呢？」其中一人說道：「不必擔心，有一個方法在此。」大家問道：「有何方法？」那人道：「那給孤獨長者，手戴印戒，身穿華美的外褂，常到宮城去辦公。我們可設一酒肆，在勺上暗放麻藥，大家坐守在那裡，見給孤獨走過，便請他進來道：『財務官大人，請進來坐坐啊。』請他喝酒，等他受了麻醉，便把他的戒指與外褂搶來充當酒錢。」大家都贊成說：「好啊。」便照他的話去布置。

等到那大財務官走過門前，他們迎上去邀請道：「大人，請裡面坐坐，我們有上好的酒，請喝點兒再走吧。」長者心裡想道：「我乃得了預流果的佛門弟子，如何可以喝酒？我本不想喝，但不妨戳穿這班無賴漢的詭計。」主意既定，便步入他們的酒肆。留心探察他們的行動，知道「他們用如此這般方法放上毒藥」，心想：「我當場趕散他們吧。」便恫嚇著說道：「你們這班黑心的傢伙，酒壺裡放了毒藥滿想叫別人喝了酒麻倒，好偷盜人家的東西。故意開設酒肆大家坐在一處，只是稱讚酒好。你們之中，怕沒有誰能夠喝這酒的。假如這酒裡沒有放藥，你們就自己喝給我看看。」他們受了謊嚇，便都逃散了。財務官也就回去，想「將惡人此種詭計，稟告如來」。便到祇園精舍告訴佛。佛道：「家長啊，那些惡徒，今世想謀害你，前生也曾想欺騙過賢人。」接著應了財務官的請求，講出過去的事來。

【主分】

從前，梵與王在波羅奈城治理國家的時候，菩薩是波羅奈的財務官。那些無賴當時也同現在一般，商議之後，在酒中放上毒藥，等波羅奈財務官走來時，迎接上去，用與現在一般的話對他說。財務官不想喝酒，但心想揭破他們的詭計，便走進酒肆中去。留心他們的行動，知道「他們果然想如此這般」，打算「將他們趕散」。便對他們說道：「諸位，喝酒之後，上宮城服務，不大方便。讓我先去朝見王上，回來再喝，請你們坐在這裡等我吧。」說著就往宮城服務去了。

財務官從宮城回來。那些人道：「好，請進來吧。」將他邀進去了。他走進酒肆，見了放有麻藥的酒瓶，便對他們說道：「諸位，你們這種行為，實難叫人佩服。這酒瓶與剛才一般，並未減少一滴。你們口頭稱道此酒，自己卻一點不喝，既然如此好酒，你們就該喝點，一定此酒中放有毒藥。」便粉碎了他們的希望，唱出下面的偈語：

酒瓶依然滿著，〔自己不喝〕卻聲聲勸人。

由此我知道，　　這定非好酒。

後來，他一生積聚布施等善行，依照業報，投生於應生之處。

【結分】

佛作此法話後，又取了聯絡，把本生之今昔聯結起來道：「當時的惡人即現在的惡人，當時的財務官則就是我。」

五四　果子本生因緣〔菩薩＝隊商主人〕

【序分】

此本生因緣，是佛在祇園精舍時，就一位精通果木的優婆塞說的。當時，舍衛城有一大地主，招待佛所率領之僧團。他設席在自己庭園裡，請佛師徒喫白米粥與其他點心。後來主人命令園丁：「帶領諸位高徒到園中四處走走，送一點庵羅果與別的果子給他們。」園丁回聲「是」。帶領僧團往園中遊玩去了。那園丁每見一株樹木，立刻就能分辨「這果子還沒有熟，這個快要熟了，這個已經熟透了」，他說得句句都對。弟子們跑來告知如來道：「如來啊，那位園丁對果木真精通極了，站在地上，只消略略抬頭向樹上一望，立刻知道『這果子還沒有熟，這個快要熟了，這個已經熟透了』，而且說得一點不錯。」於是佛道：「精通果木的不單是這位園丁，古時賢人也深通果木呢。」接著，便講過去的事。

【主分】

從前，梵與王在波羅奈城治理國家的時候，菩薩出生於一豪商的家中。待他年紀逐漸長大時，趕了五百輛車子，出外經商。有一次，走到了一座大路邊的森林，便停歇在林子入口，召集全隊商人，對他們說道：「此林中有毒樹，你們遇見向未喫過的果子，不論一葉、一花、一果，沒有問過我，千萬不可上嘴。」他們答應道：「是。」便走進林中去了。走進林中不遠，見有一個村莊，村莊入口，有一株不知名的果樹。此樹枝幹花葉與所結的果子，完全與庵羅果一般無二。而且不但外表，連香味、生熟的區別，也完全與庵羅果一般。但若喫了此果，那人就會如中了訶羅訶羅毒一樣，立地喪生。

先到那裡的人之中，有幾個嘴饞的，以為「這是庵羅果樹」，便將果子摘來喫了。另有幾個，想「問了隊主再喫」，拿了果子站在那裡。隊主來了。他們問道：「隊主啊，我們可以喫此庵羅果否？」菩薩知「此非庵羅果樹」，阻止著道：「此庵羅果樹是一種不知名的毒樹，萬不可喫他的果子。」便叫已喫的人嘔吐出來，再給他們吞四甜劑[1]，使他們復原。

原來，過路的隊商，一向慣在這樹下休息，他們都以為這是庵羅果樹，喫了毒果，便都死亡。到了第二日，村人走出來見商人們都已死了，便提了死人的腳，把屍體拉到隱祕處所棄掉，然後將他們的車子與貨物全部掠去。

1 四甜劑是牛酪、糖、蜜、酥油四者。

那日天明時候，村人們也就嘴裡嚷著「牛是我的，車是我的」，急忙跑到樹下來。見眾隊商在樹下平安無恙，便問道：「你們如何知道這並非庵羅果樹？」眾隊商道：「我們本來不知，是我們隊主認出的。」村眾便問菩薩：「賢人啊，你如何認得此非庵羅果樹？」菩薩說道：「我因兩個原因知道的。」便說出下面的偈語來：

此樹不難攀登，　離村亦不遠。
〔樹上有佳果，　圓熟纍纍無人摘。〕
由此我知道，　這定非好果樹。

他又對眾人說法，然後平安地完成了行旅。

【結分】

佛道：「比丘們啊，昔時賢人也是如此精通果木的，」說畢此法話，便把本生之今昔聯結起來道：「當時的眾隊商是佛弟子，隊商主人則就是我。」

五五　五武器太子本生因緣〔菩薩＝王子〕

【序分】

此本生因緣，是佛在祇園精舍時，就一個放棄努力的比丘說的。佛問那比丘：「比丘啊，聽說你放棄努力了，真的嗎？」那比丘回答道：「世尊啊，真的。」佛道：「比丘啊，古時賢人在應努力的時候努力，終於獲得王位，」於是便講出過去的事來。

【主分】

從前，梵與王在波羅奈城治理國家的時候，菩薩從王妃的胎裡出生。在命名的那一日，父母招待八百婆羅門，將他們喜愛之物，逐一贈送他們之後，便問這位太子的相好。善於觀占相好的眾婆羅門，見太子相好圓滿，便預言道：「大王啊，太子有善相好，他將在大王百年之後，繼承王位，善於使用五種武器，因此得名，成為此閻浮提〔全世界〕第一人。」父母因了婆羅門的話，便給太子命名為五武器太子。

這太子知識漸開，到了十六歲的時候，王對太子說：「太子啊，現在你應該修練學藝了。」太子問道：「父王啊，我跟何人去學呢？」王說：「太子啊，健馱羅國得叉尸羅地方，有一位著名的阿闍梨，你跟他去學吧。這是送給老師的束脩。」說著便把千金交給太子，打發他動身。

太子到那師父處學習各種學藝。師父教會太子五種武器。太子即攜帶五種武器，辭別師父，從得叉尸羅城出發，身佩五種武器，回波羅奈來了。中途走到住著黏毛夜叉的森林。有人在森林入口遇見太子，告訴他道：「青年啊，千萬不可走進這座森林，林中有一黏毛夜叉，凡是遇見他的人，無不被他殺死的。」太子具有十分自信，以獅子一般不畏一切的氣概，走進林中去。到了森林中心，夜叉出現了。他的身子高如多羅樹，頭大如圓塔樓，碗口大的眼睛，一對蕪菁般的牙齒露出在外，嘴好似蒼鷹一般。腹有雜色手足作暗褐色。夜叉出現在菩薩面前，說道：「往哪裡走？站住，你是我的點心了。」菩薩便恫嚇他道：「夜叉啊，我有十分自信，才到此處來。你須留意，不得碰我，要不，毒箭貫穿你的胸膛，你將立刻倒斃呢，」說著，扯起弓來，射出那浸過訶羅訶羅毒汁的箭去。但那箭不過黏在夜叉毛上，沒有一點效果，他接連一枝枝射了五十枝箭，都黏在夜叉毛上。

夜叉一邊將那些箭一一拂落地上，一邊向菩薩衝過來。菩薩對他大喝一聲，拔出寶劍便擊過去，可是三十三把寶劍，又把把黏在夜叉的毛上。於是用槍刺去，槍仍是黏在夜叉的毛上。太子見槍又黏在毛上了，便用棍棒打去，棍棒也黏在毛上了。菩薩見棍棒又黏住了。便施大決心，大聲叫道：「夜叉啊，我乃五武器太子，難道你沒有聽到過我的名字嗎？我走進你林中來時，所依賴的並非弓劍之類的武器，乃是我自己，現在讓我將你打成粉碎吧。」叫著便舉起右手，向夜叉打去。右手又黏在夜叉的毛上了。再用左手打去，左手也黏住了。於是用右腿踢去，右腿也黏住了。再用左腿踢去，左腿也黏住了。後來又用頭撞去，想將他「撞個粉碎」，頭也在毛上黏住了。

如是，菩薩一身五處落入陷阱，五個部分好像被繩縛住，憑空懸掛了起來，但他依然不慌不忙，毫不示弱。夜叉心裡想道：「此人真是人中之獅，居然如此了得，絕非普通之人。被我這樣夜叉捕住了，還是毫不害怕。自我在這條路上殺人以來，倒還不曾遇見過這樣的人，他如何竟不怕死呢？」夜叉不能立刻將菩薩喫掉，便向菩薩問道：「青年啊，你為何不怕死？」菩薩答道：「夜叉啊，我為何要怕你？有生必有死，是一定的。何況我肚子裡有金剛利劍，你即使喫了我，也無法把這利劍消化。這利劍定會將你的心肝五臟細細割碎，使你死亡。這樣，我們兩個結果無非一同死而已，所以我不怕你。」菩薩這話，是指他身中智慧之利劍說的。

夜叉聽了菩薩的話，心裡想道：「這青年所說的是真理。這人中獅子的肉，即使切成豆粒一般的小塊，在我肚子裡一定也無法消化，倒不如放了他吧。」夜叉因為畏死，便放了菩薩，告訴他道：「青年啊，你是人中之獅，我不喫你的肉。你現在好比月亮逃出羅睺的口，脫出我的手掌了。快回故鄉去安慰你的親友吧。」菩薩便教訓夜叉道：「夜叉啊，現在我走了。你因前生也曾作惡，今世投生為殘忍兇惡的夜叉，喫人血肉。如果你今世再繼續為惡，你便將從黑暗再走進黑暗，一直迷下去。今天遇我之後，你不可再作惡事。犯殺生罪者，投生地獄、畜生界、餓鬼界或修羅族，即使得投人身，也必短命夭死。」菩薩以如是方法，為夜叉說五惡的惡報，五戒的善果，又以種種方法，警戒夜叉，而為說法。叫夜叉回心轉意，克己守分，受持五戒後，便任為森林之神，給以享受供養的權利，熱心地教誡一番才離開森林而去。他在森林入口，告訴眾人，說夜叉已經改悔，自己則攜帶五種武器，回到波羅奈城，重見他的父母。後來他繼任王位，以正法治理國家，於積聚布施等善行之後，乃依其業報，投生於應生之處。

已成等正覺的佛作此說法之後，復唱出下面的偈語：

捨棄愛著心，　能成無愛著者，
為求涅槃而修善法，　終會滅盡一切結。

【結分】

如是，佛以阿羅漢位為目標，將此法話講到最後，又解釋四諦。釋畢四諦，那比丘遂得阿羅漢位。佛乃取了聯絡，把本生之今昔聯結起來道：「當時的夜叉是指鬘，五武器太子則就是我。」

五六　金塊本生因緣〔菩薩＝農夫〕

【序分】

此本生因緣，是佛在舍衛城時，就一個比丘說的。相傳舍衛城有一良家子弟，聽了佛的說法，便歸依三寶〔佛、法、僧〕之教，出家修行。當時他的阿闍梨或和尚們為他解釋戒律道：「法友啊，這個名為一種戒，這個名為二種戒、三種戒、九種戒、十種戒、多種戒。這個名為小戒，這個名為中戒，這個名為大戒，這個名波羅提木叉〔戒本〕的制戒，這個名為根〔五官〕的制戒，這個名為行為的淨戒，這個名為常品使用戒。」他想：「戒的數目實在不少，我要受這樣多的戒，究竟難能吧？不能完全守戒，出家還有什麼意義？倒不如將來成一個家長，做些布施等善行，養育妻子的好。」於是他道：「師父啊，我不能守這許多的戒，不能守戒，出家又有何益？我還是還俗過活，將這衣缽奉還吧。」師父們說：「既然如此，向十力告辭去吧，」便帶他上法堂來見佛。

佛見他們，問道：「比丘們啊，你們為何無端將這比丘帶來？」他們答道：「世尊啊，這位比丘說：『我不能守戒。』交還衣鉢，所以我們將他帶來了。」佛道：「比丘們啊，你們何故對這比丘說許多的戒？他只能隨力遵守。你們以後不該如此說法。現在將這比丘交給我吧。」便對那比丘道：「比丘啊，你毋須守許多戒，有三種戒，你一定會遵守吧。」比丘道：「世尊啊，三種戒是可以守的。」佛便囑咐道：「好，以後你祇須守身、口、意三門，便是謹防身、口、意的惡業。現在你可以去了。不可還俗，要謹守此三戒。」於是比丘心意滿足，說道：「是，世尊啊，我必守此三戒。」便向佛禮拜，隨了阿闍梨、和尚等走了。

此比丘守著三戒，心裡想道：「諸位師父用各種名目對我說戒，因他們不是佛，所以不能使我領悟。等正覺者真個是佛，真個是無上法王，將那麼名目繁多的戒，歸為三門來授給我。佛真是我的擁護者。」從此頓增慧見，過了幾日，遂得阿羅漢位。

聚集在法堂的比丘眾聞此消息，互相談論道：「法友啊，佛對那位說『自己不能守多種戒律』準備還俗的比丘，將一切戒律，歸為三門授給他，使他得阿羅漢位，佛真了不得啊。」大家正這樣團坐著讚嘆佛的諸德。這時佛昇登法堂，問道：「比丘們啊，你們會集在一處談些什麼？」他們答道：「是如此這般的話。」佛道：「比丘們啊，沉重的包裡，分做幾個，背起來就輕了，從前有一賢人得到一塊大金子，無法提舉，把他分為數塊，然後運回去。」接著便講出過去的事來。

【主分】

從前，梵與王在波羅奈城治理國家的時候，菩薩是鄉村中的一個農夫。有一日，他在田地上耕作。那塊田地是村落的遺址，村中有一富翁，去世前曾把一個大金塊埋在地下，粗如大腿，長約四肱。那日菩薩在地上耕作，他的鋤頭忽然觸著那金塊，掏不下去了。他以為「大概是有樹根子吧」，把泥土挖開來看，原來是一個大金塊，他悄悄地將泥土依然蓋上，這日改在別的地方耕作。

太陽下山時，他將牛軛鋤頭放過一邊，心想：「將金塊挖出來吧。」試用手去扳，卻一動也不動。便在一旁坐下，心裡計算道：「我將一部分支持生計，一部分仍舊埋起來，一部分作資本做買賣，一部分做布施等善行。」即將金塊敲成四開。如此分開之後，金塊也就輕了。提出來運回家去，作四股放好。後來他做布施等善行，依其業報，投生於應生之處。

【結分】

已成等正覺者的佛，作此說法後，復唱出下面的偈語：

持豫悅之心，　　能成為豫悅者。
為得涅槃而修善法，　　終會滅盡一切結。

如是佛以阿羅漢位的頂端為目標，作此法話後，又取了聯絡，把本生之今昔聯結起來道：「當時得金塊的農夫就是我。」

五七　猴王本生因緣（菩薩＝猴王）

【序分】

此本生因緣，是佛在竹林精舍時，就徘徊著想殺佛的提婆達多說的。其時佛聽到「提婆達多徘徊著想殺佛」。便道：「比丘們啊，提婆達多徘徊附近，企圖殺我，不但今日如此，即在前生，他也想殺過我，結果是殺不了我。」接著便講過去的事。

【主分】

從前，梵與王在波羅奈城治理國家的時候，菩薩從猴胎裡出生。發育完全，成長後大如小馬，具有大力，獨居河岸。那河中有一座島，繁生著庵羅果、波羅蜜等種種果樹。河岸與島的中間，水面上露有石礁，菩薩力大如象，從河邊跳到礁石上，再從礁石跳到島上，去飽喫種種果子。待到天色晚了，又用同樣方法回來，宿在自己窩裡。第二日依然照樣出去，照樣回來，習以為常。

那時河中住有一對鱷魚夫婦。雌鱷魚正在懷孕，看見菩薩時常來去，便想喫菩薩的心臟，對公鱷魚說道：「夫啊，我想喫這猴王的心臟。」公鱷魚答道：「好，我去取來給你。」又道：「今日傍晚乘猴王從島上回來，就將他捕來吧。」他便出去，臥在礁石上，僅僅露出著頭。菩薩奔跑了一日，天色晚了，站在島上眺望礁石，心裡想道：「今天這礁石為何比平時高了一點？」原來菩薩對於水量與礁石的高度，知道得很正確的。所以他忽然發生一個念頭：「今天這河水並未增減一點，為何礁石比平時高了？一定是鱷魚臥在礁上想捉我了。」於是他想「試探一下子」，站在那裡，假裝對礁石說話的樣子喊道：「喂，礁石啊。」沒有回答。他連喊了三次「礁石啊」，礁石仍不回答，猴王又向礁石喊道：「喂，礁石啊，為何今天你不回答我了？」鱷魚想：「平時礁石一定回答猴王的，」便道：「猴王啊，你有何事？」猴王道：「你是誰？」鱷魚道：「我是鱷魚。」猴王道：「你為何臥在這裡？」鱷魚道：「我要你的心臟。」菩薩想道：「我別無歸路，現在必須欺騙鱷魚了。」便向鱷魚道：「喂，鱷魚啊，我捨身給你吧。你張開口來，等我過來，你就將我捕去吧。」

原來鱷魚將口張開時，眼睛就會閉住的。鱷魚想不到這一點，張開口，眼睛自然地閉住了。如此，鱷魚張著口，閉著眼，臥著等待。菩薩看好形勢，從島上縱身一跳，跳到鱷魚的頭頂，接著又是一跳，敏捷得像閃電一般，跳到對面的河岸上了。鱷魚見了這奇異的動作，心想：「這猴王多乖啦，」便道：「唉，猴王啊，在此世間具備四法（四德）的，能征服敵者，你似乎已全具四法了，」便唱出下面的偈語：

猴王啊，　正語、明智、剛毅與犧牲，
具足此四法像你樣的人，　能征服敵者。

鱷魚如是稱讚菩薩之後，便回自己窩裡去了。

【結分】

佛道：「比丘們呀，提婆達多徘徊附近，企圖殺我，並非始於今日，即在前生，亦已如此。」作此法話後，又取了聯絡，聯結本生之今昔道：「當時的鱷魚是提婆達多，雌鱷魚是婆羅門女栴闍，猴王則就是我。」

五八　三法本生因緣〔菩薩＝猴王〕

【序分】

此本生因緣，是佛在祇園精舍時，就一個徘徊著想殺佛的人說的。

【主分】

從前，梵與王在波羅奈城治理國家的時候，提婆達多從猴胎出生，在雪山地方，統治著自己所生的一群小猴。他擔憂這些小猴長大起來，會從他手裡奪去猴群的統治權，便用牙齒將小猴去勢。其時菩薩亦投生為一小猴。在他出世以前，母猴自知懷孕的時候，因保護自己的胎兒，逃入山麓的森林中去，待到月分滿足，生下了菩薩。這小猴長大起來，到達懂事的年齡，氣力很大。

有一日，他問母親道：「媽啊，我的父親在何處呢？」母猴道：「兒啊，你的父親住在某山之麓，治理猴群。」菩薩道：「媽啊，妳帶我見父親去吧。」母猴道：「兒呀，你不能去見父親，因你的父親恐他的兒子會奪去他的統治權，他要用牙齒將你去勢呢。」母親雖如此告訴了他，他依然道：「媽啊，妳還是帶我見他去，一切我自己小心就是了。」母猴便帶兒子去見父親。父親一見自己的兒子，心裡想道：「這孩子長大起來，一定不讓我再統治猴群了，非就結果他不可。」便打算「假裝去抱他，將他一把挾死」。便道：「兒啊，這許久你在何處呢？」說著便用力一把將菩薩抱緊。但菩薩力大如象，他也將父親挾住，幾乎將父親的骨頭都挾碎了。

於是父親心裡想道：「這孩子大起來會殺我的，現在我用什麼方法將他殺死呢？」忽然想到：「近處有一個湖，湖中住有羅剎（鬼），將他送到湖裡叫羅剎喫了他吧。」他便對兒子道：「兒啊，我年紀已經老了，將這猴群讓給你吧。今日我就叫你為王。在如此這般的地方有一個湖，那裡開著兩支黃蓮華，三支青蓮華，五支紅蓮華，你去將他採來。」兒子道：「是，我去採來。」說著就出去了。他到了湖邊，並不急忙下湖，先看看四邊的腳跡，卻只見下湖的腳跡，沒有上來的腳跡。他心裡便明白了：「這湖一定是羅剎的住所。父親自己無力殺我，便叫羅剎喫我，我還是不下湖去，設法把花採取吧。」他走到無水的地方，很快地縱身一躍，採了露出水面的兩支花，又跳到對岸。以後又從那邊岸上跳回來，用同樣方法，把花又採了兩支。如此來回採著，在湖的兩岸堆了一大堆花，卻沒有落進羅剎管領區的水裡去。

他想：「再多也不好帶了。」便拿起採好的花，放在一處束起來。這時候，那羅剎想道：「我在此處居住這許多時候，倒沒見過如此聰明驚人的行為。他如心如意採了這許多花，卻不跳進我的管領區來。」便將水分成兩股，從水中現身到陸上，走到菩薩面前說道：「猴王啊，在此世間，具有三法〔三德〕的人，便能征服敵者，你似乎正具此三德呢。」他這樣稱讚菩薩，復唱出下面的偈語：

猴王啊，　熟練、勇氣與智慧，
具足此三德像你樣的人，　能征服敵者。

那居住水中的羅剎，這樣用偈語稱讚菩薩之後，便問：「你採了這花，作何用處？」菩薩道：「父親叫我繼承王位，因此我採了花去。」羅剎道：「如你這種優勝的人，決無親自拿花之理，我給你送回去吧。」說著便拿起花來，跟在菩薩後面走。其時父親遠遠望見，心裡想道：「我差他去，是要羅剎將他喫了，現在他反而命羅剎送花回來，一切都完了。」嚇得心房碎成七瓣，當場死去。於是群猴集合，便推菩薩為王。

【結分】

佛說畢此法話，乃取了聯絡，把本生之今昔聯結起來道：「當時猴群之王是提婆達多，猴王之子則就是我。」

五九　打鼓本生因緣　〔菩薩＝鼓手〕

【序分】

此本生因緣，是佛在祇園精舍時，就一個粗暴的比丘說的。佛問那比丘道：「聽說你性情粗暴，真的嗎？」他回答道：「真的，世尊。」佛道：「比丘啊，你的粗暴並非始於今日，前生也就如此，」接著便講過去的事。

【主分】

從前，梵與王在波羅奈城治理國家的時候，菩薩出生在鼓手的家裡，住在某處村中。他聽說波羅奈舉行祭禮，打算「到人眾聚集處打鼓掙一點錢」。便帶了兒子到波羅奈去了。他在那裡打鼓，掙得很多的錢，與兒子一同回去。中途走過一座森林，林中素有強盜。當時父親阻止正在不歇地打鼓的兒子道：「兒啊，別這樣不歇地打，須打一會，停一會，像王侯過境時的鼓聲一般。」兒子雖受了父親如此吩咐，一心想用「鼓聲嚇退強盜」，依然不歇地打。強盜剛聽到大鼓聲，以為「是王侯的大鼓」，連忙躲避。後來聽鼓聲接連不斷，知道「不是王侯的大鼓」，又回來了。經過仔細探查，知道只有父子二人，便立刻將他們打倒地上，把錢搶去了。菩薩道：「你接連不歇地打鼓，將我們辛苦掙得的錢全部丟失了。」便唱出下面的偈語。

打鼓打鼓莫過度，　打過度了就不好。
打鼓得到了百金，　因打過度又失了。

【結分】

佛說此法話後，又取了聯絡，把本生之今昔聯結起來道：「當時的兒子是粗暴的比丘，那父親則就是我。」

六〇　吹螺本生因緣〔菩薩＝吹螺者之子〕

【序分】

此本生因緣，是佛在祇園精舍時，就一個粗暴的比丘說的。

【主分】

從前，梵與王在波羅奈城治理國家的時候，菩薩生在吹螺者的家裡。他在波羅奈舉行祭禮的時候，跟父親到城裡去吹螺，掙得許多錢，歸途經過有強盜的森林，他阻止不停地吹螺的父親。父親想「用螺聲嚇退強盜」，依舊不停地吹。強盜跟上面故事中所講一般地跑來，將他們的錢搶走了。菩薩與上述故事一般地，唱出下面的偈語：

吹螺吹螺莫過度，　吹過度了就不好。
吹螺得到了財寶，　因吹過度又失了。

【結分】

佛說畢此法話，復取了聯絡，把本生之今昔聯結起來道：「當時的父親是粗暴的比丘，兒子則就是我。」

第七章　婦女品

六一　厭惡聖典本生因緣

〔菩薩＝阿闍梨〕

【序分】

此本生因緣，是佛在祇園精舍時，就一個煩惱的比丘說的。此事又重見於〈蘊摩檀蒂女本生因緣〉〔第五二七〕中。佛對那比丘道：「比丘啊，女人是淫蕩、放恣、鄙陋、卑劣的。你為何因如是鄙劣的女人煩惱呢？」接著便講過去的事。

【主分】

從前，梵與王在波羅奈城治理國家的時候，菩薩出生在健馱羅國得叉尸羅城婆羅門的家裡。他在懂人事的年齡，對三吠陀與各種學藝已具高深的造詣，是當時著名的阿闍梨。

其時波羅奈某婆羅門族生了一個男孩。父母在此孩出生之日，焚燒火炬，其後使火繼續不絕。到那男孩十六歲時，父母吩咐他道：「兒啊，在你出生的時候，我們焚了火炬，其後仍使火繼續燃燒，永不熄滅。如你將來真願去梵天世界，便帶這火炬往森林中去，供養火神，努力修行，昇入梵天。如你希望居家度日，你可往得叉尸羅去，跟那位著名的阿闍梨求學，然後回來治理家務。」年輕的婆羅門答道：「我不願往森林奉侍火神，還是治理家務吧。」於是拜別父母，帶了千金束脩，到得叉尸羅去了。在那裡修畢學業，就回到家中來。

父母原不願兒子度在家的生活，實在希望他到森林去奉侍火神，母親便想使兒子明瞭女人的罪惡，以便將他送往森林，她以為：「那位聰明博學的阿闍梨，定會對我的兒子講述女人的罪惡吧。」就問：「兒啊，你將學問全部修畢了嗎？」兒子道：「修畢了，媽媽。」母親道：「那麼，你學過厭惡聖典了？」兒子道：「還沒有學過。」母親道：「你沒有學過厭惡聖典，如何可說修畢全部學問呢？再去學吧。」兒子說道：「是。」就重新向得叉尸羅出發去了。

卻說，那師父也有一位母親，年紀一百二十歲了。師父親自服侍老母洗浴、飲食等事。人家見他如是，大家都譏笑他。師父想道：「我還是搬到森林裡去，在那邊服侍我的老母吧。」於是便到一個寂寞的森林中，在有溪流處揀了一塊好地方，造起一所仙人隱居的茅舍，將熟酥、硬米等一一運入，帶老母同去居住。從此以後，他住在那邊服侍自己的母親。

那青年到得叉尸羅，師父已不在那裡了。探問：「師父往哪裡去了？」聞到上面的消息，便找到森林中去，向師父頂禮之後，恭立一旁。師父問他道：「你為何回來得如此快速？」青年道：「我好似還沒有在先生跟前學過厭惡聖典呢。」師父道：「誰對你說，必須學厭惡聖典呢？」青年道：「師父啊，是我母親說的。」菩薩想道：「並無所謂厭惡聖典，大概他母親要他知道女人的罪惡吧。」便道：「好吧，我教你厭惡聖典。從今天起，你代我服侍母親，親手給他洗浴、飲食。你不可忘了，你一邊揩拭母親的手足頭背，一邊要稱讚她：『老太太，妳年紀雖然這樣大了，身體卻還長得這樣美，年輕的時候，更不知怎樣美呢？』你給母親洗手灑香水的時候，你須稱讚她手足的美。如是，我母親有什麼話對你說，你須不怕羞恥，毫不隱瞞地告訴我，那你就會學得厭惡聖典了。不然，你是學不到的。」

他說：「師父啊，我知道了。」便遵守師父的吩咐，去依言行事。卻說，那老母因被青年一再讚賞，心裡想道：「這青年一定願意與我歡樂度日了。」這盲目衰老的婦人，居然發生了愛欲之念。一日，當青年讚賞她身體美麗的時候，老母問道：「你願與我歡樂度日嗎？」青年道：「老太太，這是我的心願，可是師父很嚴厲呢。」老母道：「如你願意（與我一起歡樂度日），就將我兒子殺了吧。」青年道：「我受師父種種教育之恩，如何可以單為愛欲殺他啊？」老母便道：「如果你不拋棄我，我就自己殺他吧。」女人原來就是如是淫蕩、鄙陋而卑劣的。連這樣老的女人，一有愛欲之念，受煩惱的驅使，便會想殺如此孝順的兒子。

他將此事毫不隱瞞地告訴菩薩。菩薩道：「青年啊，你告訴得好。」便測算母親的壽命，知道「這日正是母親的死期」，便道：「好，青年啊，現在我就試試母親吧。」師父便砍了一株優曇婆羅樹，照自己身體大小，彫了一個木像，用布蒙頭包住，仰放在自己的床上，再用一條線牽住了。布置既定，對他弟子說道：「你拿一柄斧頭去，將這條引路的線交給母親。」他去了，說道：「老太太，師父正在屋子裡，睡在自己的床上，我結好一條引路的線。妳拿這柄斧頭去，假如妳能夠，就將師父殺了。」老母道：「你不會拋棄我嗎？」青年道：「我如何會拋棄妳呢？」老母拿起斧頭，顫著手站起身來，扶著引路的線走去。終於用手摸一摸床上，心想：「不錯，這是我的兒子。」便揭去木像頭上的布，舉起斧來，滿望「一下就砍死他」，望咽喉邊砍了下去。這時候，只聽得訇然一聲，才知道原來是一個木偶。菩薩便問道：「母親，妳做什麼呢？」老母喊了聲：「我上當了。」當場倒地而死。原來運命注定，老母須在這屋子裡突然昏倒而死的。

師父見老母已死，便送去火葬。火葬場的火燄熄滅之後，便手指著森林的花，然後伴青年坐在自己茅舍的門口，對他說道：「青年啊，並無別的厭惡聖典。原來女人就是可厭惡的東西。你母親叫你『學習厭惡聖典』，送你到我這裡來，就是要你明瞭女人的罪惡。現在你已明明白白看見我母親的罪惡，從此你可以知道女人是淫蕩而鄙陋的。」訓誨之後，送他回去了。

青年別了師父，回到父母家中，那時母親問他道：「你學了厭惡聖典了嗎？」青年道：「是，學了，媽媽。」母親道：「那你現在如何打算，還是離了俗世去奉侍火神，還是度家庭生活呢？」青年道：「我已明白看見女人的罪惡，再不願過家庭生活，出家去吧。」他宣布了自己的意向，唱出下面的偈語：

世間婦女實淫蕩，　彼等不知自制。
猶如烈火能燒盡一切，　煩惱之燄熾盛而無知。
吾當棄彼等而出家，　修行隱仙之道。

他如是痛斥女人之後，就辭別兩親出家，委身於剛才所說的隱遁生活，死後生於梵天界中。

【結分】

佛道：「如是，女人淫蕩鄙陋，實為痛苦之源。」於是解釋四諦。釋畢四諦，那比丘遂得預流果，佛乃取了聯絡，把本生之今昔聯結起來道：「當時的母親是迦毗羅尼，父親是大迦葉，婆羅門弟子是阿難，那師父則就是我。」

六二 產卵本生因緣 〔菩薩＝國王〕

【序分】

此本生因緣，是佛在祇園精舍時，就一個煩惱的比丘說的。佛問那比丘：「聽說你正在煩惱，真的嗎？」比丘答道：「真的。」佛道：「比丘啊，女人最難管束。昔時有一賢人，在一個女人出胎以後，始終加以管束，結果還是管束不了。」接著便講過去的事。

【主分】

從前，梵與王在波羅奈城治理國家的時候，菩薩從王妃的胎裡出生。待到成人，博通一切學藝。國王去世後，繼承王位，以正義治理國家。他常與司祭同作骰子之戲，擲骰子的時候，每次唱著這樣的賭歌：

一切河水都彎流， 一切森林由木成。
一切女人得到機會， 便要做惡事。

一邊唱，一邊在銀盤裡擲黃金的骰子。這樣唱著擲著，國王便一定贏錢，司祭一定輸。

因此司祭眼看得要將房子財產都輸光了。

於是他心裡想：「長此以往，我的財產要全部輸光了。我必須找一個從未見過男人的女子，幽禁在自己的家裡。」又想：「要找一個從未見過男人的女子來管束是不可能的。」便決定：「找一個剛出世的女孩到自己家裡管束起來。待到長大了，幽禁在自己家裡，使她受嚴格的管教，堅守貞操。如此擲勝骰子，便可贏王家的錢了。」原來他有先知之術。他找到一個懷孕的貧婦，預知她「一定生女孩子」，便叫那婦人來，給她錢，叫她住在自己家中。待那孕婦生產之後，又給錢叫她回去。將剛剛出世的女孩，不使一切男人見她，立刻交給婦人養育。待這女孩長大了，帶領回來，養在自己的家中。

在這女孩長大以前，司祭從不與國王擲過一次骰子。直到將女孩領回自己家中以後，才說：「大王啊，再作骰子之戲吧。」王說：「好吧。」就與以前一般擲起骰子來了。當國王照例一邊唱賭歌一邊擲骰子的時候，司祭馬上接上來加添一句道：「但我家的姑娘卻是例外。」從此以後，國王連續輸錢，司祭總是贏的。國王想道：「司祭家裡一定藏著一個貞淑的女子。」便差人去探聽。他的臆測果然不錯。便想：「既然如此，便設法破壞那女子的戒行〔貞操〕吧。」於是招一個無賴漢來，問道：「你能不能破壞司祭家那女子的戒行？」那人答道：「能。」國王給那人錢，說道：「那麼快給我去辦吧。」

那人得了國王的錢，採辦香料、薰香、樟腦之類，在離司祭家不遠地方，開了一家香料店。司祭家的房子是七層樓，有七扇樓門，每扇樓門設有女門岡。除那位婆羅門〔司祭〕以外，一切男子都禁止入內，連傾倒垃圾的簍子，也須得經過檢查方得拿進去。所以司祭以外的男子，沒有一個人能會見那姑娘。

卻說，那姑娘有一個侍女。這侍女出外替姑娘購買香料與鮮花，常在無賴的店鋪一帶地方行走。無賴不久就知道「她是姑娘的侍女」。一日，見那侍女來了，便從鋪子裡跑出來，跪在侍女腳下，兩手抱住她的腿，一邊哭泣，一邊問道：「媽啊，這許久妳在什麼地方呢。」還有一批跟無賴勾通的人，站在旁邊，故意附和著道：「看那手足、面相與身上的衣服，母子兩人幾乎完全相同。」侍女見旁人都如此說，也被鬧糊塗了，以為「這真是我的兒子」，自己也哭了起來。於是兩人便流淚擁抱在一處。

這時候那人問侍女道：「媽啊，妳住在什麼地方呢？」侍女道：「兒啊，我在司祭家服侍青年小姐，那是一位受著緊那羅（歌神）的深恩的絕世美人。」那人道：「媽啊，妳現在到什麼地方去呢？」侍女道：「我給小姐去買香料與鮮花。」那人道：「媽啊，妳何必上別家鋪子裡去。從今以後，隨便多少，請到我的鋪子裡來拿好了。」說著，不受她的錢，給她擔步羅（蒟果）、多拘羅迦（香）與別的許多鮮花。侍女回到家中，那姑娘見了這許多香料與鮮花，說道：「我的婆羅門（司祭）今日為何如此高興？」侍女道：「妳為什麼這樣說？」姑娘道：「買了這許多香料與鮮花。」侍女便解釋道：「並非今日主人給我特別多的錢，這是從我兒子的鋪中拿來的。」從此以後，侍女將婆羅門給他的錢，自己收起，專從兒子的鋪子去拿香料與鮮花。

過了兩三日以後。那人鋪起病榻來睡了。侍女到鋪子門口來，不見兒子，便問：「我兒子到何處去了？」有人告訴她：「妳兒子病了。」便立刻跑進那人寢室，坐在病床邊撫著他的背，問道：「兒啊，你如何病了？」那人不作聲。侍女道：「兒啊，你如何不說話？」那人道：「媽啊，我即使要死，不能對妳直說的。」侍女道：「兒啊，你不對我說還對誰說呢？」那人道：「那麼，我說吧。我的病不是別的，因聽說那小姐長得非常美麗，心中起了愛念，只要得到那位小姐，我的性命便得救了。如得不到，我只好死了。」侍女道：「兒啊，這件事你不必擔心，憑我吧。」這樣鼓勵了他一番，便拿了許多香料與鮮花回去，告訴姑娘道：「小姐啊，我兒子從我口裡聽到小姐長得美麗，對妳愛得要死了。如何是好呢？」姑娘道：「如果妳能帶他進來，也好吧。」

侍女聽姑娘如此說，便在司祭家中到處打掃，掃攏了許多垃圾，裝在一隻盛花的大簍子裡，搬出到外邊去。守門的婢女來檢查簍子時，便將垃圾撒在她的身上，守門的婢女只好連忙逃開。如是，遇到有人查問，侍女立刻將垃圾投撒。從此以後，侍女在簍子裡裝了東西進出，守門的婢女都不敢再來檢查了。侍女知道時機成熟，便將那人裝在簍子裡，運到姑娘的地方。那人便破壞了姑娘的戒行，在屋子裡逗留了一、兩日。乘司祭出去，兩人尋歡作樂。司祭一回家，那人便躲藏起來。

又過了一、兩日，姑娘對那人說：「現在你必須離開這裡了。」那人道：「讓我打過了婆羅門再走吧。」姑娘道：「那你就打他好了。」又將那人藏了起來。婆羅門回家時，姑娘對他說道：「今日我想跳舞，你給我吹笛吧。」司祭道：「好啊，姑娘，妳就跳舞吧。」於是便吹起笛來。姑娘道：「你望著我，我怕難為情。將你美麗的臉遮沒了，我來跳舞吧。」司祭道：「妳既然怕羞，就這樣辦吧。」姑娘用一條厚布將他的眼睛、臉孔包住。婆羅門被包好了臉，吹起笛來。姑娘跳了一會，說道：「我很想在你的頭上打一下。」婆羅門被姑娘弄迷昏了，也不問什麼理由，答應道：「好，妳打吧。」姑娘便向那人作一暗號，那人跑出來立在婆羅門身後，在他頭上打了一下。婆羅門幾乎被打得眼珠迸出，頭上長起一個老大的塊，覺得很痛，說道：「妳將手拿來。」姑娘伸出手去，放在他的手上。婆羅門道：「手倒是很軟的，打起來卻這麼厲害。」

那人打了婆羅門，立刻又躲起來。姑娘將那人藏好，解去婆羅門臉上的布，拿油抹了他頭上的傷處。等婆羅門出外，侍女再將那人放進簍子裡帶出去。那人立刻到國王跟前，將經過情形，一一稟告。於是，國王對上朝來的婆羅門道：「婆羅門，我們來擲骰子吧。」他答道：「是，大王，我們來玩玩吧。」國王叫人搬出骰子檯，照以前一般，一邊唱著賭歌，一邊擲骰子。婆羅門不知道那姑娘已經破了戒行，接唱著道：「但我家的姑娘卻是例外。」但他雖這樣唱，還是接連地輸錢。

國王明白一切，說道：「婆羅門啊，有什麼例外，你那姑娘已經破戒了。你從那姑娘出世以後，始終管束，設了七道門岡，以為『管得周到了』，可是女人這東西，即使你一天到晚藏在懷裡帶著走，也是管不住的。忠於一個男子的女人，世間不會找得出一個。你那姑娘告訴你，她『要跳舞』，叫你吹笛，用布包住你的臉孔，叫自己情夫打你的頭，放他偷偷逃走，怎麼你現在把那姑娘作為例外呢？」接著，唱出下面的偈語：

婆羅門在那姑娘面前，　掩蔽了面目吹笛。
妻子只好當作產卵者來飼養，　賢者誰肯信任女人。

菩薩向婆羅門如是說法，婆羅門聞菩薩說法之後，回家責問那姑娘道：「妳犯了如此如此的罪行麼？」姑娘道：「夫啊，誰對你說那樣的話？我決沒有這種事情。打你的是我，不是別人。假如你不信，我可以發誓說：『我在你之外，從沒碰過別個男子的手。』不信，我可跳入火中（行試罪法）去。」婆羅門道：「好吧。」便堆起許多木柴，將火燃著，命姑娘走過去，說道：「妳有自信，便跳進火中去吧。」

姑娘於事前曾私下囑咐侍女：「到你兒子處去，叫他『先到那地方，當我將跳入火中的時候，拉住我的手』。」侍女走到那人處，照樣告訴他。那人便預先走來，雜在觀眾中。姑娘想欺騙婆羅門，站在人眾前說道：「婆羅門呀，我除你之外，從未碰過別的男子的手。我的誓言是誠實的，這火決不會燒我。」說著，便要跳進火中去。這時，那人突然跑出來說道：「大家看司祭婆羅門的行為啊，他將如此美貌的女子投入火中。」說著，拉住了姑娘的手。姑娘摔開他的手，對司祭說道：「我的誓言被破壞了，我不能再投入火中。」司祭問道：「這是為何？」姑娘答道：「我發過誓，除了我夫之外，我不曾碰過別人的手，但現在我的手被這男子拉過了。」婆羅門悟到：「我受了這女人的騙了。」便鞭打姑娘，將她趕走。原來女人是這樣萬惡的。她們犯下任何深重罪惡，為了欺哄自己的丈夫，也會白晝公然地發誓說：「我決沒有這種事情。」她們不貞如此，所以有一首這樣的歌：

女人好比刁滑的賊，　真理在她們極其難得。
好比水中游魚的徑路，　那性情不可窺測。
虛偽在她們猶如真理，　真理在她們猶如虛偽。
牛入豐草的牧場，　多多益善地尋求美草，
她們不絕地尋求丈夫亦如是。　女人好似殘暴的強盜與蛇，
又好似容易崩塌的沙堆。　凡是人所說的她們無不知曉。

【結分】

佛道：「女人是如此難以管束的。」說畢此法話後，又解釋四諦。釋畢四諦，那煩惱的比丘遂得預流果。佛復取了聯絡，把本生之今，昔聯結起來道：「當時的波羅奈王就是我。」

六三　棗椰子本生因緣　〔菩薩＝仙人〕

【序分】

此本生因緣，是佛在祇園精舍時，就一個煩惱的比丘說的。佛問那比丘道：「比丘啊，聞說你正在煩惱，真的嗎？」比丘答道：「真的。」佛道：「女人是忘恩負義的叛徒，你何

故為女人煩惱？」接著便講過去的事。

【主分】

從前，梵與王在波羅奈城治理國家的時候，菩薩正過著仙人的生活。他在恆河邊上造了一所小小的仙居，獲得了定力與神通力，在禪定的悅樂中安居著。那時波羅奈財務官有一個女兒。這位姑娘性情殘暴，人家都稱她「惡女」，她常常打罵奴婢。一日，奴婢們說：「往恆河遊玩去吧。」陪姑娘出去。她們玩到天色晚時，忽然起了風暴，眾人見風暴驟至，連忙四散逃走。隨從財務官姑娘的奴婢們商量道：「這正是我們丟棄姑娘的機會。」便將姑娘推落水中，自行逃走了。大雨如注。天已快暗。奴婢們丟了姑娘回家，主人問道：「姑娘在何處呢？」答道：「是在恆河遊玩的，後來不知往何處去了。」家人四出搜覓，終於不知下落。

卻說，那姑娘曾大聲呼救，被潮水所沖，半夜時候，飄流到菩薩仙居的近處。菩薩聽到那呼救聲，想道：「這是女子的聲音，去救她吧。」便攜著草製的火炬到河邊去找到了那位姑娘，安慰她道：「不要害怕，不要害怕。」原來菩薩力大如象，立刻下水拉起了姑娘，帶到自己茅屋裡，給她裝起火來。姑娘烤著火忘了寒冷時，仙人又拿許多美味果子給她喫。姑娘喫畢果子，他問姑娘道：「妳家住何處，為何落入河中？」姑娘將經過情形告訴他。他便說道：「既然如此，暫時住在此處吧。」就請姑娘住在屋內，自己退到屋外去住。這樣過了幾日，終於對姑娘道：「現在妳可以離開這裡了吧。」但姑娘想：「叫這位仙人破了戒，陪我一同走。」不肯離開那小屋。

時間一日一日過去，姑娘使出女人的魔力與嬌態，終於使仙人破戒，失掉禪定的功夫。於是仙人伴姑娘移住到森林中。姑娘勸仙人道：「我們住在森林中沒有好處，還是到有人煙的地方去吧。」仙人便陪姑娘到邊界的村中，在那裡販賣棗椰子果謀生，來養女人。因他靠販棗椰子度日，人家就稱他做棗椰子賢人。村人送錢給他說道：「住在此處，把事情的善與惡教我們吧。」請他住在村口一所小屋裡。

這時候，強盜下山來洗劫邊界，一日，洗劫到這個村子，強拉村人替他們搬運劫來的贓物，回頭來又擄去了財務官的女兒。強盜到了自己窩裡，就釋放眾人回來，盜魁看中了那姑娘的美貌，便留作押寨夫人。菩薩四處探聽：「如此這般的一個女子到何處去了？」及聽到「被強盜擄去，做了押寨夫人」時，他想：「她不能離我過活，一定會逃回來吧。」便癡等著女人回來。可是財務官的女兒心裡卻在想：「我住在此處原幸福，不過那棗椰子賢人，必有一天會跑來將我帶回去。現在我假裝想念他，叫他來，將他殺了吧。免得他再來帶我回去。」便派一個人送信給賢人道：「我在此十分苦惱，請賢人親自來帶我出去。」

賢人得了音訊，十分相信，親自出發，到盜村口外，然後又差人去報信。女人出來會他道：「夫啊，假如我現在逃走，盜魁馬上會追上來，將我們兩人殺死。還是等到晚上再逃吧。」便將賢人帶進強盜家裡，請他喫飯，叫他坐在一間屋子裡。等到傍晚盜魁回家，飲了些酒，正有些醉意。她便問他道：「假如你現在在眼前看見你的仇敵，你將如何處置呢？」

盜魁道：「我如此如此處置。」女人便告訴他道：「你的仇敵離此不遠，就坐在隔壁的屋子裡。」

盜魁帶著火炬到那屋子看時，賢人正坐在那裡。盜魁便將他捕住，放在屋子正中，向他頭上手上，隨意亂打。賢人身受拷打，也不說什麼，只是口裡喃喃念道：「薄情忘恩的傢伙，負義的叛徒。」盜魁打他以後，又將他用繩綑翻在地，自己喫完晚飯，睡覺去了。次日朝晨，隔夜酒醒，張開眼睛，又將賢人拷打起來。賢人依然說昨夜同樣的話。盜魁心裡奇怪：「此人挨了毒打，還是不說別的，只念著同樣的話，倒要問他一問。」趁女的還沒起來，便問賢人道：「喂，你受了如此拷打，為何只說那一句話。」賢人道：「讓我來告訴你吧，」便從頭說明道：「我本是一個仙人，住在森林間，已經得到禪定。有一日，恆河中飄來這個女人，我將她救起，看護她。不料後來她誘惑我，使我失掉禪定。於是我離開森林，住在邊界村中去養她。她被強盜擄到了這裡，差人送信給我說：『我過得很苦，你來帶我出去吧。』結果使我現在落在你的手中。所以我這樣說。」盜魁想道：「這女人對這樣一位有德的恩人，尚且如此，何況對我，將來更不知會做出什麼行為來，必須將她殺死才好。」於是盜魁如此決心，安慰過賢人，將睡著的女人叫醒，帶了劍走到她面前，對她道：「我要把這人帶到村外去殺。」與女人一同到了村外，吩咐女人道：「妳將這人捉住，」於是舉起劍來，假作要殺賢人的模樣，轉將女人劈成兩片，把她棄捨在那裡。然後叫賢人沐浴，從頭到腳都洗淨，請他喫美味的食物。過了幾日，向賢人問道：「此後你將往何處去？」賢人道：

「我對世間的生活，一無願望，想回森林中居住，重新再度仙人的生活。」盜魁道：「那麼，我也出家吧。」二人便拋棄塵世，到森林中茅舍裡去了。就在那裡獲得五神通、八等至，死後生於梵天世界。

【結分】

已成等正覺的佛，說此二故事後，又取了聯絡唱出下面的偈語：

女人容易激動，　是忘恩者，是叛徒，又是離間者，

汝比丘勤於梵行，　必能住於安樂。

佛說此法話後，解釋四諦。釋畢四諦，那煩惱的比丘遂得預流果。佛把本生之今昔聯結起來道：「當時的盜魁是阿難，棗椰子賢人則就是我。」

六四　難知本生因緣〔菩薩＝阿闍梨〕

【序分】

此本生因緣，是佛在祇園精舍時，就一個優婆塞說的。據傳說，舍衛城有一位優婆塞，曾住三寶、五戒，已歸依佛、歸依法、歸依僧了。但他的妻卻破戒擅行惡事。在她作惡的日子，柔和得像百金購來的女奴，不作惡的日子，便像殘暴的貴婦人。他無法瞭解妻的性格，為妻所惱，弄得對佛的侍奉也疏起來了。

一日，他帶了香料與鮮花來敬禮佛。就坐時，佛問他道：「優婆塞啊，七、八日不見你

來了，為什麼？」他稟告道：「世尊啊，我的妻有時柔順得像百金購來的女奴，有時像殘暴的貴婦人。我不明瞭妻的性格，為妻所惱，因此少來佛前侍奉。」佛聞此語，說道：「優婆塞啊，女人的性格是難知的，古時賢人也曾說過。」又道：「生業重重，不易知曉。」於是應優婆塞的請求，說出過去的事來。

【主分】

從前，梵與王在波羅奈城治理國家的時候，菩薩是著名的阿闍梨，教授學問與五百個青年婆羅門。那時有一個他國的婆羅門弟子，到菩薩處來求學。他愛上一個女子，娶以為妻。住居在波羅奈城。從此有幾次沒有來侍奉師父。原來做他妻子的那個女人，破戒犯罪。在作惡的日子，則柔順得猶如女奴，在不作惡的日子，則像殘暴的貴婦人。他不明瞭妻的性格，被妻惱得心煩意亂，懶到師父處侍候。

過了七八日，他來謁見師父時，師父問他：「年輕的婆羅門啊，你為何久不來？」他回答道：「師父啊，我的妻有時愛我，則如女奴一般，有時則如貴婦人一般，殘忍兇暴。我不解妻的性格，因此心亂煩惱，不來師父處侍候。」師父道：「如你所說，年輕的婆羅門啊，女人作惡之日順從丈夫，柔順如女奴一般，在不作惡之日，傲慢頑固，視丈夫如無物。女人是如此邪曲不德的東西，其性難測。故女人的愛你或不愛你，大可不必掛在心頭。」便唱出下面的偈語，教訓那弟子婆羅門：

女人愛我不必喜，　女人不愛亦莫悲。

猶如水底游魚之路一般，　女人的性格是難測的。

菩薩如此教訓了弟子婆羅門，此後那弟子即不為妻所惱。那為妻的知道「自己的惡性已入師父之耳」，從此也不再作惡了。

【結分】

佛說此法話後，解釋四諦。釋畢四諦，此優婆塞遂得預流果。佛乃取了聯絡把本生之今昔聯結起來道：「當時的夫婦即是今日的夫婦，當時的師父則就是我。」

六五　懊惱本生因緣 〔菩薩＝阿闍梨〕

【序分】

此本生因緣，是佛在祇園精舍時，與上回同樣，也是就一個優婆塞說的。那優婆塞經過仔細調查，知道自己的妻有不守婦道的行為。便與妻口角，心中煩惱，有七、八日不到佛前來侍奉。

一日，那優婆塞到精舍來，向如來敬禮畢，坐在一旁。佛問：「你為何七、八日沒有來了？」他答道：「世尊，我因妻有不守婦道的行為，心中煩惱，所以疏怠了沒有來侍候。」佛道：「優婆塞啊，女人有此種惡行，不必煩惱，必須保守心境的冷靜。這話古時賢人曾說過。你因不知隔生之事，故不知其中因緣，」接著就應優婆塞之請，講過去的事。

【主分】

從前，梵與王在波羅奈城治理國家的時候，菩薩也與上回故事中所講的一樣，是著名的阿闍梨。有一個弟子見妻子存心不良，心生煩惱，好幾日不到師父那裡來。一日，師父問他，他便說出原因。於是師父說道：「弟子啊，女子原是萬人共有的。賢人雖知『女子有此種不良行為』，亦不動怒。」便唱出下面的偈語，教訓弟子：

世間諸婦女，　　猶如江河，道路與酒肆，
又如會堂與水廠，　　賢者知此故不怒。

菩薩如是教訓弟子，弟子聞教之後，即不再為妻的行為所惱。他的妻聽到「已被師父知道」，從此也不再作惡事了。

【結分】

佛說此法話後，解釋四諦。釋畢四諦，那優婆塞遂得預流果。佛乃取了聯絡，把本生之今昔聯結起來道：「當時的夫婦即是今日的夫婦，師父婆羅門則就是我。」

六六　優相本生因緣〔菩薩＝仙人〕

【序分】

此本生因緣，是佛在祇園精舍時，就愛欲而說的。據傳說，舍衛城有一良家子，聞佛說法，即歸依三寶之教，出家行道，修行禪定，堅守業處。一日，他在舍衛城托缽行走，見一豔裝婦人，他因貪圖歡樂，破壞了根（五官）的自制，對她注視，心中發生愛欲之念，猶如幼木被斧斤砍倒。從此陷入煩惱，心身的感覺衰退，如狂奔的野獸一般，不愛（佛的）教理，留長爪髮，穿著污穢的衣服。

他的法友比丘眾，見了他的煩惱形相，問他道：「法友啊，你的根（五官）與以前完全變過，是什麼緣故呢？」他答道：「法友啊，我心中毫無歡樂。」比丘眾便帶他到佛前去。佛問道：「比丘們啊，你們為何強將這個比丘帶來？」他們稟白道：「世尊啊，這比丘正在煩惱。」佛問那比丘：「比丘啊，這是真的嗎？」比丘答道：「世尊啊，真的。」佛又問：「誰使你煩惱？」比丘道：「世尊啊，我在托缽外出的時候，破壞了根的自制，注視一婦人，因此心中發生煩惱，大感痛苦。」

佛便對比丘說：「你破壞根的自制，貪圖歡樂，目視美色，因此擾亂心神，也不足怪。從前淨心的菩薩已得五神通、八等至，由禪定之力絕滅煩惱，飛行空中，也曾因破壞了根的自制，目視美色，失去禪定，心煩意亂，得大苦惱。原來吹得倒須彌山的颶風，對白象般大小的童山是沒有影響的。拔得起大閻浮樹的颶風，對斷崖上的灌木是沒有影響的。吸得乾大海的颶風，對小小的池沼是沒有影響的。與這情形一樣，得無上智慧而具有淨心的諸菩薩，煩惱也自然地會生出無明來，所以你不必怕羞。心神清淨的人，有時也會為煩惱所惑，博得無上聲名的人，有時也會遭逢恥辱。」接著便講過去的事。

【主分】

從前，梵與王在波羅奈城治理國家的時候，菩薩出生於迦尸國一位大富翁婆羅門的家裡。他到了懂事的年齡，就精通一切學藝，捨棄愛欲，去過禪定的生活，完成十遍處的淨業，獲得神通力與定力，享受著禪定的悅樂，居住於雪山地方。

有一次，他下雪山到波羅奈城來購買鹽、醋等，在國王御苑中宿了一夜。次日，收拾好攜帶的東西，披上樹皮製的紅色衣服，一邊肩頭披上，黑羚羊皮，將頭髮束起結成輪形，挑上一迦梨[1]重量的行李，拿起行杖，在波羅奈街市上托缽，走到宮城門口。國王愛他那行路的態度，便迎他進去，請他坐在華麗的椅席上，又請他飽食許多軟硬不同的美味食物。當他道謝的時候，國王留他在御苑居住，他應允了。此後十六年中，他就住在御苑中，每天往宮中進食，專心從事於國王一族的教化。

某時，因邊界發生叛亂，國王要出發去平定。臨走時候，吩咐一位名叫優相的王妃，叫她「悉心侍候仙人」，自己便上征途去了。國王出征以後，菩薩高興的時候，便到宮中服務。有一天，王妃替菩薩治好餐食，心想：「他今日來得遲了。」便以灑上名香的浴湯，洗了一個浴，穿上美麗的服裝，搬一張小榻到廳堂裡，躺著等候菩薩。

菩薩知時候已經不早，從禪定中起身，駕昇空際向宮城而來。王妃聽見樹皮衣褶之聲，

1　一迦梨（khari）約合六斗餘。

知道「仙人來了」，連忙跳起身來。當王妃匆忙起身的時候，她的華美的外衣滑落了。這時候，仙人正從窗口進來，破壞了根的自制，貪圖歡樂，出神地去注視王妃美好的肌體。這時他心中忽生愛欲之念，猶如被砍倒的幼木。於是，禪定立時消滅，像割去翅膀的鳥兒一般。他木然站著，手裡拿著食物，絲毫不想下嚥。他因煩惱而戰慄，退出宮城回到御苑中去，走進自己的小屋子，將食物放置床下。從此他愛慕那美好的肌體，被煩惱之火燃燒著，不食不飲，整整地在床上臥了七日。

第七日，國王平定了叛亂回來，先在都城四周，嚴肅巡視了一週，然後回到宮城。其時國王想「見見那位仙人」，走進御苑，跑到小屋子內，只見仙人奄臥床上。國王想：「他定是害了什麼病了。」叫人打掃小屋之後，走到仙人床邊，問道：「仙人啊，你害什麼病呢？」仙人道：「大王啊，我病非別，實為煩惱而生了愛著心了。」國王道：「你對誰起了愛著？」仙人道：「大王啊，是對了王妃。」國王道：「仙人啊，好，那麼便將王妃送給你吧。」說著，便陪仙人走進宮城，命王妃打扮起來，送給仙人。當送給他的時候，國王私下教誡王妃道：「妳須盡你的力，拯救這位仙人。」王妃答道：「大王啊，是，我救他就是了。」於是仙人便帶著王妃，離開宮城去了。

走出宮門的時候，王妃對仙人道：「仙人啊，我們需要一所住宅，你向國王請求，求他給一所住宅吧。」仙人走到國王面前請求道：「給我一所住宅吧。」國王便給他一所構造草率的屋，是人家造了作不淨處用的。仙人陪王妃走到那裡，她不肯進去。仙人道：「妳為何不進去？」王妃道：「太骯髒了。」仙人道：「那我如何辦呢？」王妃道：「你先將房子打掃一番吧。」又吩咐道：「去討鋤頭與籃子來。」將仙人使到國王處去了。仙人帶了鋤頭籃子來時，王妃叫他掃清糞尿與塵穢，又叫他取牛糞塗粉牆壁。隨後又命令道：「去拿床來，拿茶几來，拿絨毯來，拿水壺來，拿碗來。」一一拿來之後，又叫他拿水與其他種種東西來。仙人拿來了碗，又在水壺裡裝滿了水以後，倒好浴湯，鋪好床。兩人同坐在床上時，王妃伸手抓住仙人的鬍子道：「你忘記自己是一位仙人，一位婆羅門了嗎？」說著，便將仙人的臉，拉近自己身邊。

這時候，他的心清爽起來了。在此以前，完全是在無明的狀態中。「如是，愛欲之障，以無明為因，故名煩惱，爾比丘眾，一切盲動，皆以無明為本。」這些經文，就是應該在這裡稱引的。仙人心靈清醒後，想道：「此愛欲逐漸增長。將使我墮入四道[2]永不得抬頭。現在我應將這婦人送還國王，入雪山去。」於是帶了王妃謁見國王道：「大王啊，我已不要王妃，我的愛欲，因這位王妃而增長了。」接著唱出下面的偈語：

從前未得優相，　只有一種愛欲最旺盛。
自從那明眸歸我以後，　愛欲更生出別的愛欲來了。

這時，仙人重得失去的禪定，趺坐空中，向國王說法授教，然後飛行空中，到達雪山，

2　四道為地獄、餓鬼、畜生、修羅。

從此不再回到塵世來。如是奮勉梵行，不失禪定，遂生梵天世界。

【結分】

佛說此法話後，解釋四諦。釋畢四諦，那比丘得阿羅漢位。佛乃取了聯絡，把本生之今昔聯結起來道：「當時的國王是阿難，王妃優相是蓮華色，那仙人則就是我。」

六七　膝本生因緣〔菩薩＝國王〕

【序分】

此本生因緣，是佛在祇園精舍時，就一個鄉婦說的。某時，拘薩羅國有三個人在森林旁耕作。適有強盜在那座森林中劫掠了人家的財物逃走。人們追趕強盜，到了這三個人跟前，錯認「那三個人就是強盜」。對那三個人說道：「你們是在森林中打了劫，假裝農夫的吧？」便將他們逮捕了送到拘薩羅王的地方。這時候，來了一個婦人，哭喊著道：「給我一塊遮身的東西，給我一塊遮身的東西。」以後她又幾次到宮城裡來。國王聽到她的喊聲，便命人「給她遮身的東西」。隨從者拿了一塊布給她。婦人看了一看說道：「我所要的遮身之物並非這個。」隨從者到國王面前稟告：「那婦人說遮身之物並不是布。」國王叫婦人來，問道：「妳要遮身之物，是不是丈夫呢？」婦人道：「王啊，正是丈夫。對於婦人，丈夫就是遮身的東西，即使穿了千金的衣服，如果沒有丈夫，還是等於裸體。」下面的經文，便可引來解釋這個意義：

無水之河等於裸，　無王之國等於裸，
無夫之女也等於裸，　縱使有十位弟兄。

國王聽了婦人的話，大為首肯，便問：「此三人與妳是什麼關係？」婦人道：「王啊，一個是丈夫，一個是兄弟，一個是兒子。」國王道：「我同情妳的話，在此三人中交一個給妳帶去，妳要那一個呢？」婦人道：「王啊，小婦人活在世上，總可以找得丈夫，而且兒子還可以生的。但父母已死，不能再得兄弟。王啊，請將兄弟交給我吧。」國王聽她的話，十分讚許，便將三個人一起釋放了。如是，因一婦人的話，免除了三個男子的痛苦。

不久，僧團中知道此事。一日，比丘眾聚在法堂中談論起來：「法友啊，一個婦人免除了三個男子的痛苦哩。」圍坐著讚歎那婦人的功德。這時候佛來了，問道：『比丘們啊，你們聚集此處，談論何事？」比丘眾答道：「是如此這般的事。」佛道：「比丘們啊，此婦人拯救三男子，已非初次，即在前生，她也救過他們的。」接著便講過去的事。

【主分】

從前，梵與王在波羅奈城治理國家的時候，有三個男子在森林邊耕作。以下就與上面的故事相同。那時國王問道：「三個人中，妳要哪一個呢？」婦人道：「可否將三個都交給我？」國王道：「不，這不可以。」婦人道：「如果不可以三個一起交給我，便請將兄弟交給我吧。」國王道：「妳帶兒子或丈夫去吧，兄弟對妳有何用處呢？」婦人道：「兒子與丈夫是容易得到的，但兄弟卻難得，」於是唱出下面的偈語：

子回去了。

國王啊，我得兒容易，　　猶如放在膝頭的青菜。
我得丈夫亦容易，　　路上行人儘多著。
可是世間何處，　　可得同胞之兄弟。

國王讚許「這婦人說的是實話」。便將三人從獄中放出，交給婦人，婦人便領了三個男子回去了。

【結分】

佛道：「比丘們啊，不但現在如此，那婦人在前生也曾救三個男子脫離痛苦。」佛說畢此法話，乃取了聯絡，把本生之今昔聯結起來道：「從前的四個人就是現在的四個人，當時的國王則就是我。」

六八　娑祇多城本生因緣

〔菩薩＝婆羅門子〕

【序分】

此本生因緣，是佛在娑祇多城近處安闍那林時，就一個婆羅門說的。相傳，佛率領著一團比丘，正要入娑祇多城時，有一位住居娑祇多城的老婆羅門從城中出來，在內城口遇見十力。那婆羅門跪在佛的腳前，抱住兩腳說道：「兒啊，雙親年老，應受兒的供養，為何你如此久遠，不到我們這裡來？今日我終於見到你了，你也去見見母親吧。」便領佛到他家中去。佛到了他家中，同一團比丘，共在設好的座席就坐。婆羅門女也走出來跪在佛的面前，哭道：「兒啊，你如此久遠，到何處去了？衰老的雙親，不是應受兒子的供養嗎？」又叫自己兒女道：「到這裡來與你們兄長相見。」叫他們向佛作招呼。於是父母大喜，喜捨了許多施物。佛餐食畢，為兩人演說《老經》[3]。說畢此經，兩人得不還果。於是佛從座中起立，回安闍那林去了。

比丘眾坐在法堂上互相談論道：「法友啊，此婆羅門明明知道『如來的父是淨飯王，母是摩訶摩耶妃』，卻同他的妻皆呼如來為『兒』，而且佛也自認了，這究竟是何道理呢？」佛聽見了比丘眾的話，說道：「他們兩人是稱自己的兒子為『兒』的。」接著便講過去的事。

【主分】

佛說道：「比丘們啊，此婆羅門在過去五百生之間，接連是我的父親，五百生之間，是我的叔父，又五百生之間，是我的祖父。那婆羅門女也在五百生之間接連是我的母親，五百生之間是我的叔母，又五百生之間是我的祖母。如是，我一千五百生之間，曾蒙這婆羅門親手撫養，一千五百生之間，曾蒙這婆羅門女親手養育哩。」等正覺者講畢三千生的故事，就唱出下面的偈語：

念其人而心悅，　雖未經見而生愛。

3 《老經》（Jarāsutta），小經集經第四品第六經。

若有這樣的人，　你當信他。

【結分】

佛說此法話後，乃取了聯絡，把本生之今昔聯結起來道：「當時的婆羅門夫婦是今日的婆羅門夫婦，兒子則就是我。」

六九　吐毒本生因緣　〔菩薩＝醫師〕

【序分】

此本生因緣，是佛在祇園精舍時，就法將舍利弗說的。相傳，長老在進食〔嚼食〕的時候，眾人為僧團送許多食物到精舍裡來。全團比丘喫過之後，還剩下很多，眾人道：「長老啊，放著留給進村托缽的人喫吧。」恰巧與長老同住精舍的一位青年僧進村去未回，便替他留下食物。但青年僧並未回來，眾人說：「快到正午了。」於是就將留下的食物請長老喫。長老剛剛喫完，青年僧便回來了。於是長老告訴青年僧道：「法友啊，大家給你留下的一分，被我喫掉了。」因為青年僧有「長老啊，美味的東西，人人皆適口的呢」的話，大長老聽了心中煩亂，便下決心：「從此以後，不進嚼食。」據說，舍利弗後來果然不進嚼食。全僧團知道舍利弗不進嚼食了，大家坐在法堂上談論此事。那時佛問：「比丘們啊，你們聚集此處，談論何事？」比丘眾答道：「是如此這般的事。」佛道：「比丘們啊，舍利弗對於已經捨棄之物，即使喪失生命，也不肯再取的。」接著便講過去的事。

【主分】

從前，梵與王在波羅奈城治理國家的時候，菩薩出生在專治蛇咬的醫師家裡，行醫謀生。當時有一鄉人被蛇咬了，家人立刻請了這位醫師去。醫師問道：「還是塗藥治毒呢，還是找那條咬他的蛇來，叫他從傷口吸去毒汁呢？」他們道：「找蛇來吸去毒汁吧。」醫師便帶了蛇來，問道：「咬他的是你麼？」蛇答道：「是我。」醫師便命蛇道：「在你咬過的地方，用你的口將毒汁吸去。」蛇道：「凡我既已吐出的毒，向不重新吸取，以後我還是不吸取。」醫師拿木柴燃起一堆火，對蛇命令道：「你如不吸取毒汁，便投身到火中去吧。」蛇道：「我寧投身火中，決不吸取自己所吐的毒汁。」接著便唱出下面的偈語：

我吐出之毒當咒詛，　豈可吸取。
與其為了怕死吸之而苟延生命，　寧願不吸而喪生。

蛇如是唱著，便向火中投去。於是醫師將蛇攔住。用藥與咒語治癒了那人的毒。醫師向蛇授戒，訓誨他道：「以後不可傷人。」就放他走了。

【結分】

佛道：「比丘們，舍利弗雖拋棄生命，也不採納既已捨棄之物。」說法話畢，乃取了聯絡，把本生之今昔聯結起來道：「當時的蛇是舍利弗，醫師則就是我。」

七〇　賢人本生因緣　〔菩薩＝園丁之子〕

【序分】

此本生因緣，是佛在祇園精舍時，就一位名叫質多羅象舍利弗的長老而說的。據傳說，他是舍衛城的良家子。一日，耕作完畢回來，順便走到精舍裡，從一個上座僧人的碗中，分享到了油潤的美味食物。他心裡想：「我們日夜用手勞動，做了許多工，卻從沒有喫到這樣好的東西。我還是出家為僧吧。」於是他出家了，經過一個半月的努力，未得開悟，為煩惱所苦，又還俗了。但因生計困難，又回來為僧，學習阿毘達磨〔論〕。如是六次離開精舍，又立刻回來。到第七次出家時，已通曉七部論典，讀過許多比丘法，增添慧識，得阿羅漢位。與他為法友的比丘眾便譏笑他道：「法友啊，現在你的心，為何不像以前一般煩惱呢？」他道：「我以後再不能過在家的生活了。」

他如是得了阿羅漢位，法堂裡就有這樣的談論：「法友啊，長老質多羅象舍利弗，具有如是到達阿羅漢位的能力，卻曾經六度還俗，在家生活真是有害得很。」這時佛來了問道：「比丘們啊，你們聚集此處，談論何事？」他們稟告道：「是如此這般的話。」佛便說道：「比丘們啊，凡夫的心，易浮難制，每對事物生執著之念，一經執著，便不能驟然拋棄。制御如是之心，乃是善事。一旦心可制御，便生幸福與悅樂。

心輕浮而難制，　　隨處思逞欲。

制心誠是善業，　能制心則生悅樂。[4]

古時有一賢人，因執著於一柄鋤頭，不忍棄去，生貪欲心，六次還俗。及第七次出家，始得禪定，克服貪念。這就是此心難制之故。」接著便講過去的事。

【主分】

從前梵與王在波羅奈城治理國家的時候，菩薩生在園丁家中，長大以後，名叫「鋤頭賢人」。他用鋤頭耕作土地，種植青菜、南瓜、蒲盧、胡瓜等物，出賣與人，藉以糊口。他除了這柄鋤頭，再無其他財產。一日，他想：「有家毫無用處，還是棄之出家吧。」將鋤頭藏起，棄家去作出家人了。但是惦念那柄鋤頭，不能抑制貪欲之念，便因那柄鈍鋤頭，停止了出家生活。如是二次、三次、以至六次。藏起了鋤頭出家，又為了鋤頭還俗。

在第七次的時候，他想：「我為這柄鈍鋤頭，幾次還了俗，現在將他抛在大江裡出家去吧。」於是跑到江邊。他想：「要是看見這鋤頭沉落的地方，一定又會起回來撈他的心念的。」便抓起鋤柄，使出巨象般大力，在頭上揮了三圈，閉緊眼睛，向江心扔去。發出獅子吼聲，大叫三遍道：「我得勝了，我得勝了。」

恰巧，波羅奈王平定邊界叛亂回來，在江水裡洗了頭髮，全身盛裝，騎著象經過那裡。忽然聽到菩薩的叫聲，便說：「這個人大叫『我得勝了』，究竟他戰勝了誰呢？叫他過

4　《法句經》第三五偈。

來。」就把他叫了過去。問道：「喂，漢子，現在我是戰勝者，我正得了勝回來，你戰勝了誰呢？」菩薩道：「大王啊，縱使你得了一千個勝仗，一萬個勝仗，要是戰不勝煩惱，還不能算真正的勝利。而我卻抑制了心中的貪念，戰勝了煩惱。」他注視大江，入水遍處定，得大自在力，趺坐空際，向國王說法，唱出下面的偈語：

可被征服的勝利，　不是真勝利。
不能征服的勝利，　方是真勝利。

國王聞此說法，頓離妄見，絕滅煩惱。遂傾心於出家生活，同時也絕滅了對王權的煩惱。國王問道：「現在你將到何處去？」菩薩道：「大王啊，我想入雪山去過出家生活。」國王道：「那麼，我也出家吧，」便與菩薩一同離開那裡。軍人、婆羅門、家長、一切庶民，凡是在那裡的人，都跟國王一起去了，走得一個也不剩。

波羅奈的居民互相商談道：「我們的王聽了鋤頭賢人的說法，帶領軍隊同去出家了。我們留在這裡還做什麼呢？」周圍十二由旬的波羅奈居民都出家去，那隊伍長到十二由旬。菩薩率領了這許多人向雪山進行。

這時帝釋天座上頓生溫味。帝釋天探究之下，知道「鋤頭賢人帶領大批人眾來集體出家了」。想道：「來了這大批人眾，必須添造房子。」便告毘首羯磨道：「喂，鋤頭賢人帶領大批人眾，集體出家來了，必須添造房子。你到雪山地方去，在平正地區，造一處大隱棲所，要三十由旬長，十五由旬寬。」他應聲道：「是，天王。」便遵命造屋去了。

此故事僅為簡要的記述，詳情在〈護象本生因緣〉〔第五〇九〕中。內容彼此完全相同。

毘首羯磨造了許多茅舍作隱棲所，把那些作怪聲的野獸、禽鳥、鬼怪驅除，四周開闢了寬度一步的通路，然後回自己居處去。

鋤頭賢人率領徒眾，走進雪山地方，到達帝釋天撥贈的隱棲所，又得到毘首羯磨所造的出家資具。自己先做了僧人，然後逐一剃度眾徒，分撥茅舍。放棄了可以與帝釋天界的主權相比的一切的主權。將三十由旬的隱棲所住得滿滿的。

鋤頭賢人完成了其他遍處的淨業，住於梵位，對徒眾教授修行的要點。凡得定者，皆至梵天界，凡敬奉此種人者，亦得至梵天界。

【結分】

佛道：「比丘們啊，如是，心之為物，一旦因煩惱之力而生執著，即難脫去。欲免發生貪念，實甚困難。他實能使賢人成為無知。」佛說此法話後，解釋四諦。釋畢四諦，有人得預流果，有人得一來果，有人得不還果，也有人得阿羅漢果。佛乃取了聯絡，把本生之今昔聯結起來道：「當時的王是阿難，徒眾是佛弟子，鋤頭賢人則就是我。」

第八章　婆那樹品

七一　婆那樹本生因緣〔菩薩＝阿闍梨〕

【序分】

此本生因緣，是佛在祇園精舍時，就長者出身的帝沙大德說的。某日，有互相友善的舍衛城居民善男子三十人，攜帶香華被服，率領大批隨從到祇園精舍來，想「聽佛的說法」，坐在赤鐵樹與沙羅樹的林垣中。傍晚時候，佛自佳香薰過的香室中出來到法堂上，昇登莊嚴佛座。他們便率領隨從步上法堂，以香華供奉佛前，向佛的如印有輪輻而開放著的吉祥蓮華一般的雙足頂禮，退坐一旁，恭聽說法。是時他們發願：「聽懂佛的說法，我們就出家吧。」於是當如來要離開法堂的時候，便上前向如來頂禮請求許他們出家。佛允許了。他們便從阿闍梨與和尚受具足戒，五年之中，住在阿闍梨與和尚處，熟習兩種本典要目，深知應為與不應為之事，心悅三明而獲得之，縫衣染色，思「行沙門之法」，向阿闍梨與和尚告辭，到佛前敬禮畢退坐一隅，懇求道：「世尊啊，我們覺得有〔存在〕是可憂、畏怖、生、老、病、死，意欲正確解脫此種流轉輪迴之境界，請為我們說行處〔業處〕的法。」佛從三十八行處中，揀擇了利益最多的行處，說給他們聽。他們既從佛獲得行處，向佛行了偏袒右肩的敬禮，回到庵室謁見阿闍梨與和尚，取了衣鉢，出去「行沙門法」了。

其時，他們中間有一個比丘，名叫長者出身帝沙大德，疏懶無志，貪欲深重。他想：「我不能住在閒寂之處，又不能坐禪，也不能作托鉢生活。我去了有何用處？還是回去吧。」便放棄精進努力，雖跟比丘眾走了一陣，不久就回轉了。那比丘眾遊方在拘薩羅人之間，走到一個荒村，在附近幽靜處安居下來，整整三個月間，苦練修行，極觀察的奧義，在大地叫喊聲中，得阿羅漢果。安居完畢以後，又舉行自恣儀式，離開此處，欲「將修行所得的功德，向佛稟告」，一路行來，到達祇園精舍。先見了阿闍梨與和尚，然後到佛前謁見如來，頂禮就座。佛向他們打了招呼。他們應對以後，便將自己修行所得的功德，告知如來，佛深為嘉許。長者出身帝沙大德見他們表白功德，也發念談談沙門之法。比丘眾向佛告辭道：「世尊啊，我們想找幽靜處去住。」佛道：「好。」比丘眾便向佛作禮，退回庵室去。

那長者出身帝沙大德，夜間努力做功課，忽然修起沙門法來，中夜時分，站在床邊打瞌睡，忽然跌倒地上，折了腿骨，疼痛難熬。比丘眾因看護他之故，不能起程。佛前奉侍的時刻一到，眾比丘又到佛前去奉侍佛。佛向他們問道：「比丘們啊，昨日你們向我告辭，不是說『明日起程』的嗎？」比丘眾答道：「世尊啊，今日本來要起程的，只因法友長者出身帝沙大德，夜間忽然修起沙門法來，瞌睡失足，跌折腿骨，因此我們不能起行了。」佛道：「比丘們啊，平時不精進努力，在不適當的時分，忽然用起功來，因此耽誤你們的行期，如是之事，並非始於今日，即在前生，那比丘也曾耽誤過你們的行期。」接著復應比丘眾之請，講過去的事。

【主分】

從前，在健馱羅國得叉尸羅地方，菩薩是一位著名的阿闍梨，對五百名婆羅門青年教授學藝。一日，弟子們到林中去採取木柴。其中有一個疏懶的青年，看見一株大婆那樹，以為是枯木。心裡想：「先睡一覺，然後上樹去折些枯枝拿回去就是了。」便將上衣鋪在地上，呼呼入睡了。別的青年婆羅門將柴束好要回去的時候，用腳踢那青年的背，將他喚醒，便自己回去了。那懶青年爬起身來，擦擦眼睛，神志還未清醒，便爬上樹去，將樹枝拉近身來，要想加以折斷，不料直立的梢頭，彈傷了他的眼睛，他一手掩住眼睛，一手折斷未枯的枝條，跳下樹來，將枝條束好，匆匆帶了回去，放在重疊著的柴堆上。恰巧這日某村有一富家，因準備「明日舉行婆羅門會」招待師父。師父吩咐弟子們道：「明日要到某村去，你們喫了東西動身，早晨早些煮好乳粥，將你們自己的與我的都端出來。」於是他們很早地喚醒婢女，叫她煮粥，告訴她：「快點給我們煮粥。」婢女拿柴去時，拿了擱在上邊的青柴，吹了好一會，老是吹不旺，太陽卻已昇起來了。弟子們看看天色已經不早，不能動身了，走到師父跟前。師父問道：「為什麼還不動身呢？」弟子道：「師父，我們不去了。」師父道：「為什麼？」弟子道：「有一位懶青年，同我們一起去採柴，在婆那樹下睡了一覺，後來匆忙爬樹，傷了眼睛，將青柴採來，放在我們採來的柴上面。煮粥的婢女，以為是乾柴拿來發火，直到太陽出來，還是發不旺，所以耽誤了我們的出發。」師父聽了那青年的行為，說道：「因一個愚人的行為，發生了這樣的阻礙，」便唱出下面的偈語：

將當前應做之事，　留待以後去做者，
猶如那採婆那樹的，　把痛苦留與後來。

菩薩這樣地向諸弟子講了原因，行布施等善行，死後依照業報，投生於應生之處。

【結分】

佛道：「比丘們啊，此等人之成為你們的阻礙，並非始於今日，即在前生，亦已如此。」佛作此法話後又取了聯絡，把本生之今昔聯結起來道：「當時傷目的青年，是這個折斷腿骨的比丘，其他青年是今日的佛弟子，婆羅門的師父則就是我。」

七二　有德象王本生因緣　〔菩薩＝象王〕

【序分】

此本生因緣，是佛在竹林精舍時，就提婆達多說的。比丘眾集合法堂互相談論道：「法友啊，提婆達多是忘恩之徒，不知如來的威德。」佛走來問道：「比丘們啊，你們集合此處，談論何事？」他們答道：「是如此這般的事。」佛道：「比丘們啊，提婆達多之忘恩，並非始於今日，即在前生，也是一個忘恩之徒，從不知道我的威德。」接著便應他們的請求，講過去的事。

【主分】

從前，梵與王在波羅奈城治理國家的時候，菩薩投生在雪山地方一隻母象的胎中。他從象胎出生，全身潔白，猶如銀子，目似寶石，發五色光，口深紅如赤絨氈，鼻如銀環作黃金斑，四足光亮如加髹漆，如是為十波羅蜜所嚴飾，狀貌無比。及至知識成熟，山中群猴都聚會一起，給他服役，追隨著他。如是，他在八萬猴群圍繞之中，居於雪山，後來見到群居生活中有罪惡，便離開群眾，獨自移居於森林中。因為他有德的緣故，被稱為有德象王。

有一次，有一住居波羅奈的林中人，到雪山上尋求生活之資，走錯方向，迷失道路，心裡畏死，張著兩手悲哀徬徨。菩薩聽見他高聲嘆息，發生慈悲心，想「將此人從苦難中搭救出來」，便走近他去。他見象來，驚慌逃避。菩薩見他逃跑，馬上站住。那人見菩薩站住，自己也站住，及見菩薩走近來，就又逃了。後來象又站住，他也又站住。這時他心裡想道：「那象見我逃時便停下來，見我停了又走過來，大概沒有害我的意思，或者是要救我出苦吧。」便鼓起勇氣站住不動。菩薩走過來問道：「你為何一邊走路一邊嘆氣呢？」林中人答道：「主啊，因為我走錯方向，迷失道路，怕喪失生命。」

於是，菩薩便帶他到自己住處，住了幾日，給他飽喫各種果子。說道：「不要害怕，我帶你到上人間之路吧。」便叫他坐在自己的背上，向人間之路走去。不料這個心懷欺友之念的漢子，想道：「要是有人問我，我一定要告訴他。」坐在菩薩的背上，把樹林或山作為目標而前進。一會兒，菩薩帶他走出森林，到了通波羅奈城的大路，說道：「好，你走這條路吧。不管有沒有人問你，你可千萬別將我的住處告訴人家。」安慰了他一番，回到自己的住處去了。

那人到了波羅奈，走過開設象牙商店的街上，見象牙工人正在用象牙雕刻器物，便問道：「如果有活象的牙齒，值錢嗎？」工人答道：「什麼話？活象的牙齒，比死象的貴得多呢。」那人便想：「我去弄活象牙來吧。」就帶了糧食與利鋸，走到菩薩的住處來。

菩薩見了他，問道：「有什麼事嗎？」那人道：「主啊，我為貧窮所累，實在活不下去了。想問你討一點牙齒的斷片，你如肯給我，我拿去賣了，便可靠這點錢過活，所以特地跑來的。」菩薩道：「好吧，我就給你牙齒，你帶了鋸牙的傢伙來嗎？」那人道：「我把鋸帶來了。」菩薩道：「那你就鋸了帶去吧。」菩薩屈了腿，牛也似地臥在地上。那人鋸了兩邊的牙尖。菩薩用鼻子捲起那兩塊牙片說道：「我將這牙齒給你，並非因我不愛他，這牙齒具有一切智的資格，能解一切法。他對我是比千種功德、十萬種功德更為可貴。我送你這牙齒，是為了獲得一切智。」便將得一切智種子的一對牙片，送給他了。

他拿回去賣掉，將錢花光，又到菩薩處來了。說道：「主啊，我賣掉你的牙齒，所得的錢都還債了，請你將剩下的牙齒再給我吧。」菩薩應允道：「好的。」又同上次一般伏倒身體，將剩下的殘牙給他了。他賣掉了又跑來道：「我不能生活了，將牙根也給了我吧。」菩薩說：「好的。」又同以前一般坐倒，這惡人從大薩埵（菩薩）的銀環一般的鼻子，爬上那像開羅沙峰的頭頂，用腳跟踏住兩邊的牙根，將牙肉扳開，用鋸子鋸取牙根而去。

這惡人的影子一離開，四那由陀二十萬由旬厚度的大地，雖然負得起須彌山與猶剛達拉山等巨大的重量，受得起臭穢的糞尿，卻似乎容不得那惡德的肉塊（林中人），忽然迸裂開來，從阿鼻地獄立刻射出火燄，像一條毯子一般將此欺友之人包圍纏繞住了。當此惡人這樣地沉淪於地獄時，住居林中的樹神說道：「這忘恩欺友的人即使將轉輪聖王的全部領土都送了給他，也永不會滿足的。」就叫林木出聲說法，唱出下面的偈語：

忘恩之徒，　常遇地崩。

縱使與以全國的土地，　亦不能使他喜足。

如是，天神叫森林說法。菩薩活到世壽終盡，依其業報，投生於應生之處。

【結分】

佛道：「比丘們啊，提婆達多之忘恩，並非始於今日，即在前生亦然。」佛作此法話後，把本生之今昔聯結起來道：「當時欺友者是提婆達多，樹神是舍利弗，有德象王則就是我。」

七三　真實語本生因緣　〔菩薩＝仙人〕

【序分】

此本生因緣，是佛在竹林精舍時，就提婆達多徘徊著圖謀殺佛之事說的。某時，比丘眾會集法堂，談論道：「法友啊，提婆達多不知佛之威德，想加以殺害而徘徊著哩。」佛走來問道：「比丘們啊，此刻會集於此，談論何事？」比丘眾答道：「是如此這般的事。」佛道：「比丘們啊，提婆達多想伺機殺我，並不始於今日，前生他也有過如此企圖。」於是就講出過去的事來。

【主分】

從前，梵與王在波羅奈城治國時，有惡逆王子者，暴戾惡逆，如被擊之蛇，與人交談，必至罵詈毆打而後已。因此宮庭內外的人都嫌憎他，畏懼他，視同入眼的塵埃，噬人的毒蛇。一日，他想游水去，率領許多從者走到河岸。在那一剎那，黑雲蔽空，四方晦暗。他命令侍者們道：「帶我到河之中流去洗澡，然後陪我回去。」侍者們陪王子到了那裡，心想：「不管國王如何處治我們，我們還是把這惡人殺死了吧。」於是說道：「請下去吧，惡徒啊。」將他沉入水中，自己則從水中起來，回到了岸上。人問：「王子在何處？」他們回答道：「我們並沒有看見王子。他見雲起就潛入水中，比我們先回來了吧？」大臣們到王那裡去，王問：「我王子今在何處？」大臣們答道：「陛下啊，我們不知道。我們以為他見烏雲四起，已經先回來，故我們也就回來了。」王叫人開了城門，自己來到河岸，命人尋覓。可是各處尋遍，終於沒有見到王子的蹤影。

話說，王子於雲起天黑、傾盆大雨之時，被沖至河之中流，找到一根木頭，就坐在那上面隨流漂去，他因畏死而慟哭著。卻說，波羅奈有一位長者，死前曾在河岸埋有四億金的錢財，由於對那注錢財的愛著心，投生為岸上的蛇。另有一人也於死前在那裡埋了三億金，由於對於那注錢財的貪欲心，投生為岸邊的鼠。因為水向他們的住處浸入，他們乃從水所浸入之道出去，橫斷了水流前進，漂到了王子所坐的木頭旁，便一在此端，一在彼端，停在木頭上。這河岸上有一株棉樹，樹上有小鸚鵡棲息著。樹因根被水沖擊，倒在水面上。小鸚鵡在大雨中不能飛翔，也去停在那木頭的一端之側。於是四者便一同漂流而去。

那時，菩薩生在迦尸國西北某婆羅門家裡，長大後出家修仙，在河灣上結了草庵住著。菩薩在夜半游步時，聽到那王子的痛哭聲，心想：「如我這樣有慈悲心的仙人，不該坐視他人淹死，把他拉上岸來，救救他的命吧。」於是安慰那王子道：「不要害怕，不要害怕。」他就分開水流前進，把那木頭的一端拖住了向上拉。因為他力大如象，而又用力甚猛，所以一口氣就拉到河岸，攙起王子，叫他立在岸上。菩薩又見到蛇等，也把他們拉起，帶回庵室，生起火來。菩薩覺得蛇等受難較重，所以先使蛇等取暖，然後輪及王子，使他們一一都恢復了體力。給與食物時，也先給蛇等以各種果實，而後給與王子。王子以為「這個脾氣古怪的仙人，不敬我王子，卻對畜生們表示敬意」，遂對菩薩起了憎惡之念。

數日後，大家的體力都已恢復。河水退時，蛇向仙人致敬禮道：「尊師啊，靠了尊師的救助，我得保全生命。我非貧乏者，在彼處埋有四億金。如於尊師有用，我可把那注錢全部奉獻。倘若到了那裡，請喚一聲『蛇啊』就是。」說畢走了。鼠也同樣地招待仙人，說道：「請立在某處喚一聲『鼠啊』好了。」說畢即去。鸚鵡也向仙人行了敬禮，說道：「尊師啊，我雖無金，但有豐富的粟。如於尊師有用的話，則那邊就是我的住處，請到那兒來，喚一聲『鸚鵡』，我可告訴親族們，叫他們將粟滿載在許多車上送來。」他說了這話也走了。最後的一個就是王子了。他當然不把恩將仇報的意思吐露，心裡雖有「他如到我的地方來，我就把他殺掉」的意思，口上卻說：「尊師啊，請於我即王位時來，我當供給四種資糧。」

說後去了。他歸去以後，不久就即了王位。

菩薩打算「試他們一下」。先到蛇那裡去，站在相距甚近之處喚起蛇來。蛇即時應聲而出，向菩薩致敬禮道：「尊師啊，此處有四億金，我把他都取出來，請你拿去吧。」菩薩道：「讓他仍放著，必要時再取出來吧。」於是轉身到鼠那裡去，一喊之後，鼠也立即出來了。菩薩又來到鸚鵡的地方，喚聲「鸚鵡」，鸚鵡一聽到喊聲，就從樹梢上下來，向菩薩作了敬禮，問道：「尊師啊，告訴我的親族們，叫他們從雪山地方為尊師拿天然的糙米來如何。」菩薩道：「必要時再拿來吧。」更從那裡轉身，說：「去見國王吧。」到那裡後，就宿在王的御苑中，次日整衣行乞，而入城市。恰好，那忘恩的國王，騎在有彩飾的象背上，率領大批群臣向城市行右肩儀式。王自遠處瞧見菩薩，心想：「那個乖僻的仙人，行乞著向我走近來了。在他未及對大眾宣布於我有恩的話以前，就把他的頭斬掉吧。」就去回顧從者。從者道：「大王，有什麼事？」王吩咐道：「那個乖僻的仙人，大概是對我有所求吧，正在向我走近來。別讓我看見這樣不祥的仙人，將他捕起來，縛住手臂，遊街毆打後，趕至城外，在刑場斬首，曝屍示眾。」從者們答應說：「是。」就去將無罪的大薩埵（菩薩）綁了起來，遊街毆打，押赴刑場。菩薩於被毆擊時，不哭呼「媽呀，爸呀」，亦不怨尤，唱出下面的偈語來：

賢人曾說過，　　枯朽之木材，
其性情尚較某種人為勝，　　此語誠不虛。

每被毆擊一下，菩薩就唱此偈一回。附近賢良的人們聽了這偈語，問道：「出家人啊，我們大王曾受過你的恩惠嗎？」菩薩把搭救王子的經過講了一遍之後，說道：「我那樣地從洪水中把那國王救出，但我反而招得了這樣的苦難。追悔從前不把古聖賢的話放在心上，所以如此唱著。」聽了這話，剎帝利族、婆羅門族等城市住民都非常憤激道：「這個忘恩的國王，對於這樣有德，雖犧牲自己生命亦所不惜的人，竟不感恩，如是惡徒，擁戴了有何利益，把他捉起來啊。」群眾從四方集來，用箭、槍、石、槌等武器，將騎著象而來的王殺死，拖了他的兩足擲入溝中，然後請菩薩行即位之灌頂禮，使登王位。菩薩依正義施行政治，一日，因欲優遇那蛇等，便帶了許多臣下赴蛇居處，喚聲「蛇啊」。蛇出來作禮，說道：「主啊，這是你的財產。請取去吧。」王將四億金授與大臣們。又到鼠那裡，喚一聲「鼠啊」。鼠也出來作禮，將三億金交給他。王將金授與大臣們。再到鸚鵡的棲所去，喚一聲「鸚鵡」。鸚鵡也出來，將頭伏在王的兩足上作禮，說道：「主啊，將米拿來呈上吧。」王道：「米待必要時再拿來，喂，一淘去吧。」說後就帶了七億的財貨與三者，昇至市中壯麗的樓閣高臺上，叫他們看守財物。替蛇造了黃金之筒，替鼠造了水晶之窟，替鸚鵡造了黃金之籠，作為居處。每日以黃金板上所炒的美味穀粒為蛇與鸚鵡之餌食，以有香味的米作鼠之餌食，復作其他施與等善行。於是四者（王、蛇、鼠、鸚鵡）畢生互相和愛地過著日子，死後各依其業報，投生於應生之處。

【結分】

佛道：「比丘們啊，提婆達多的圖謀殺我，並不始於今日，在前生也是如此。」佛作此法話後，又取了聯絡，把本生的今昔聯結起來道：「那時的惡王是提婆達多，蛇是舍利弗，鼠是目犍連，鸚鵡是阿難，後來即位的正義之王則就是我。」

七四　樹法本生因緣〔菩薩＝樹神〕

【序分】

此本生因緣，是佛在祇園精舍時，就關於水之爭議說的。當時因知自身的親族〔釋迦族〕有難，乃騰空趺坐於羅希尼河的上空，放出深青色的光明，使親族驚奇，然後從上空降下，坐在河岸上，就爭議而作法話。此處只述其要點，詳情當閱〈鳩那羅本生因緣〉〔第五三六〕。

那時，佛向親族說道：「大王啊，你們親族不可不互相和合一致，若親族和合一致，則不致為敵所乘。人類固然如是，即無心之樹木亦不可不和合。」又說：「從前雪山地方，暴風來襲沙羅樹林，那沙羅樹林中，有喬木，有灌木，有叢木，互相依傍著。所以一株樹亦未被吹倒，風來只是吹過樹梢而已。同時在廣場上，有一株枝葉繁茂的大樹，因他不與別的樹木聯合，遂連根倒在地上。所以你們也不可不和合一致。」接著就答應了他們的請求，講出過去的事來。

【主分】

從前，當梵與王在波羅奈城治國時，最初的毘沙門大王已死，帝釋天立另一毘沙門為王。當這毘沙門接任時，送書信給喬木、灌木與叢林之神，叫他們所管領的樹木各自卜居在所希望的地方。那時菩薩在雪山地方一沙羅樹林中為樹神，告訴親族道：「當你們定居的時候，不可定居在廣場上的樹木中間，請定居於此沙羅樹林，圍繞在我所定居的四周。」於是聰明的樹神們，聽從菩薩的忠告，圍繞著菩薩，各自定下了住處。但有些愚昧的樹神卻說：「我們若定居於森林中，是毫無意義的。不如卜居於行人眾多的村落與都市的入口吧。因為村落、都市附近的樹神，收入、名譽都較好。」遂定居於一株立在通衢旁的大樹旁邊。一日，暴風雨起來了，風雨停止後，那株根深柢固的最老的大樹，也枝折根斷而倒了。這暴風雨曾向那毗連立著的沙羅林襲來，四面八方地吹打，但竟不能吹倒一樹。那些住處被破毀了的樹神們，因為失了依靠，便拉著孩子們的手到雪山來，將自己的災難告訴沙羅中的諸樹神。諸樹神把他們到來之事告訴菩薩。菩薩道：「因為不聽賢者之言，住到不可靠的地方去，致有此結果。」作了法話，唱出下面的偈語：

樹木在森林中，　也要親族多才好。
大樹如獨立，　風來也會被吹倒。

菩薩講述此由來，命終後，依其業報，投生於應生之處。

【結分】

佛道：「大王啊，如此，親族是應該和合的。要和合一致，親愛過日才好。」佛作此法話畢，又取了聯絡，把本生的今昔聯結起來道：「那時的諸樹神是佛的弟子們，那賢明的樹神則就是我。」

七五　魚族本生因緣〔菩薩＝魚王〕

【序分】

此本生因緣，是佛在祇園精舍時，就自己所喚之雨說的。一時，拘薩羅國天旱不雨，穀物枯槁，各處湖沼都已乾涸。那祇園精舍門房近處之祇園蓮池，水也乾了。烏鴉與鵄等用槍尖般的嘴將泥中的魚、龜啄來啖食。佛見魚與龜的災難，動了大慈悲心，心想：「今日我用神通使天下雨吧。」乃束裝等待天明，待托鉢的時刻一到，就由大群比丘教團簇擁著，放著佛的威光，入舍衛城去托鉢。食事畢，停止托鉢，從舍衛城回到精舍來。即立在祇園蓮池的階上，對長老阿難道：「阿難，取浴衣來，我要在祇園蓮池洗一個澡。」阿難答道：「世尊啊，祇園蓮池中已沒有水，只剩泥土了。」佛道：「阿難啊，佛的威力是廣大無邊的，你拿浴衣過來。」於是阿難將浴衣拿來交給了佛。佛以浴衣的一端遮蓋下體，以一端裹住全身，打算「在祇園蓮池洗澡」，立在池階上。

一剎那間，那帝釋天的鋪著淡黃色氈子的石座，發生溫味了。帝釋天心想：「是何緣故？」後來被他知道了，乃喚司雨雲的神來，吩咐道：「喂，佛要在祇園蓮池洗澡，現在立在階上，趕快使拘薩羅國全境都下大雨。」他奉命說：「是。」就以一雲為內衣，一雲為外衣，著在身上，唱著雲之歌，向東方世界飛去。在東方起了一團油糟形的雲，不久就化成十萬片雲，於是雷聲隆隆，電光閃閃，降下傾盆大雨來。拘薩羅國全部都滿溢著水了，好像洪水泛濫似的。雨不停地降下，頃刻間降滿了祇園蓮池，水溢到階端。

佛在祇園蓮池沐浴畢，將二件赤衣著在裡面，束緊腰帶，披上佛所常用的大上衣，露出一方的肩膀，由比丘教團圍繞著，來到香室中所設的佛座上坐下，萬事經比丘教團準備好後，從座而起，立於寶石的階上，對比丘教團施訓。然後步入芳香馥郁的房中，垂下右脅，如獅子般而臥。到了夕暮，比丘眾集合法堂，談論道：「諸師啊，請看，十力成就了忍辱〔堪忍〕、慈悲之行。正當五穀枯萎，各處池沼乾涸，魚、龜陷於大苦惱中，佛起了慈悲之念，為欲把許多有情從苦惱中拯救出來，遂著了浴衣立在祇園蓮池的階端，立刻使拘薩羅全國下起雨來，使如浸在大洪水中，替許多有情解除了身心的苦惱，然後步入精舍。」正談論間，佛從香室走到法堂來，問道：「比丘們啊，你們此刻會集於此，談論何事？」比丘們答道：「談論如此這般之事。」佛道：「如來於許多有情困厄之時使天下雨，並不始於今日，前生投生於畜生胎中，為魚族之王時，也有過這樣的事。」說著就講起過去之事來。

【主分】

從前，就在這拘薩羅國舍衛城之祇園蓮池附近，有一個四周生著蔓草的池。菩薩投生為魚，被魚群圍繞著住在這裡。那時國中也久不下雨，穀物枯槁，池沼乾涸。魚與龜皆潛入泥土中。此池中之魚亦入泥中，隨處潛匿，但烏等用嘴將他們啄出來了。大魚〔菩薩〕見同族遭此災難，心想：「除我以外，無有能拯救他們的苦惱者。立誓使天下雨，使一族解脫死的痛苦吧。」於是破土而出，把那色如呈漆黑樹的堅器、光如琢磨過的紅寶石的眼睛張開，仰望著虛空對波叢奈天王高聲說道：「波叢奈啊，我正為著一族而苦惱。當德高的我苦惱時，你何以不下雨呢？我雖受生於同類相食的境界，但絲毫未曾吞食過魚，或其他生類。也未嘗有剝奪任何生類的生命之事。望因此真實之言，為我下雨，將我同族從苦惱中解救出來。」他好像命令侍者、僕役似地呼喚著天神之王波叢奈，唱出下面的偈語來：

波叢奈啊，使雷響啊。　使烏鴉之寶[1]消逝啊。
使烏陷入憂悶啊。　使我脫去悲戚啊。

如是，菩薩像命令侍者、僕役般呼喚波叢奈，叫他在拘薩羅全國降下大雨，替許多有情解除了死之苦痛。命終後依其業報，投生於應生之處。

【結分】

佛道：「比丘們啊，如來喚雨並不始於今日，前生受生為魚時，也有過喚雨的事。」作此法話後，又取了聯絡，把本生的今昔聯結起來道：「那時的魚群是佛的弟子們，波叢奈天

1　烏鴉之寶指魚，使消逝即使魚得水不現蹤影之意。

王是阿難，而魚族之王則就是我。」

七六 無憂本生因緣 〔菩薩＝道士〕

【序分】

此本生因緣，是佛在祇園精舍時，就一個住在舍衛城的優婆塞說的。那優婆塞原是一個證得了預流果的聖弟子，因事與隊商一同乘車趕路。當在一森林中解開了車子張天幕時，他在一株離隊商不遠的樹下散步。五百山賊計算著時刻，想「劫掠野營」，攜了弓、槌等武器，將那場所包圍。優婆塞仍然漫步著。山賊們看見了他，心想：「他一定是野營的衛士。且等他睡熟後再動手劫掠吧。」因沒有機會下手，只好在四周立了等著。自夜之初刻起直至中刻、後刻，那優婆塞老在那裡漫步。天明了，山賊們知已失去機會，就拋棄手中的石子與槌等等逃走。

優婆塞把自己的事辦好後，回到舍衛城，到佛的地方來參詣，問道：「世尊，護衛自己，也就是護衛別人嗎？」佛答道：「是的，優婆塞啊，護己即是護人，護人即是護己。」優婆塞道：「世尊啊，我覺得確是如此。我曾與一隊隊商一同趕路，在樹下漫步著，以圖警護自己，可是結果竟守護了全體隊商了。」佛道：「優婆塞啊，在前生，賢人們也因守護自己結果守護了他人。」說後應眾人的請求，講起過去之事來。

【主分】

從前，當梵與王住在波羅奈城治國時，菩薩生在婆羅門的家裡。及長，知諸欲都是罪惡，遂從仙人出家為道士，住於雪山地方。有一次，為求鹽與醋，到有人煙的地方來。在托缽而行的途中，與一隊隊商同行。當到了某森林，隊商紮野營歇宿，他在距隊商不遠的樹下，徘徊逍遙，享受禪定之樂。那時有山賊五百人，喫完了夜飯，打算「劫掠那車隊商」，便前來包圍。見了那道士，忖道：「如果他看到我們，就會報告隊商的。且等他睡著後劫掠吧。」遂在那裡停住。道士通宵漫步著。山賊們因無隙可趁，就棄了各自所攜帶的槌與石子等物，向車隊商叫說道：「隊商們啊，假使今日沒有在那樹下漫步的道士，你們將遭遇大搶劫了吧。你們明日應該向那道士作大供養才是。」說畢就走了。天明以後，隊商們見了山賊所丟棄的槌與石子等物，心裡非常害怕，來到菩薩（道士）的地方，作了敬禮，問道：「尊師，你曾見到山賊嗎？」菩薩道：「是，見到的。」隊商道：「尊師啊，見了那許多山賊，不恐怖嗎？」菩薩道：「諸位，見山賊而害怕的，是有錢財的人。我是沒有錢財的，怕誰呢？無論住在聚落或住在森林，在我都是不會起恐懼畏怯之心的。」說著就為他們說法，唱出下面的偈語來：

我靠了慈與悲，　走上了平直的大道。
在聚落亦無憂，　在森林亦無畏。

菩薩藉此偈語示法。大眾皆起歡喜之心，崇仰菩薩。菩薩一生修習四梵住，後來轉生於梵天界。

【結分】

佛作此法話後，復取了聯絡，把本生的今昔聯結起來道：「那時的隊商是佛的弟子們，道士則就是我。」

七七　大夢本生因緣　〔菩薩＝婆羅門〕

【序分】

此本生因緣，是佛在祇園精舍時，就十六個大夢說的。一日，拘薩羅國大王夜間入睡，於天將明時做了十六個大夢，驚醒過來，心想：「做了這樣的夢，怕會發生什麼吧？」於是懷著死的恐怖，在床沿上，坐以待旦。天明以後，婆羅門祭司等到王的地方來問安說：「大王睡得安適嗎？」王道：「阿闍梨們啊，怎能睡得安適呢？天將明的時候，我做了十六個大夢，做了這些夢以後，覺得害怕。阿闍梨們啊，請把緣由講給我聽聽。」祭司等道：「若大王把夢情告訴我們，我們便能解得。」王就向婆羅門祭司講述所做之夢，並且問道：「做了這樣的夢，吉凶如何？」眾婆羅門搖搖手。王問道：「為什麼搖手？」婆羅門道：「大王，那是大惡夢啦。」王道：「其結果如何？」婆羅門道：「總不出三障吧，或是王國之障，或是生命之障，或者是財產之障。」王道：「不能解除的嗎？」婆羅門道：「那夢實在太凶，難以解除。但我們總得解除他。如果不能解除的話，我們的修行有什麼用處呢？」王道：

「怎樣給我解除呢？」婆羅門道：「大王，我們在每條十字街口舉行供養。」王為恐懼所襲，說道：「阿闍梨們啊，那麼我的性命宛如全在諸位尊師手中了。趕快給我以幸福。」

婆羅門等想：「賺他一注大錢吧，叫他拿許多嚼食與噉食來吧。」心中暗自歡喜，於是說道：「大王勿憂。」他們這樣把王安慰，就出了宮殿，在城外設起供養的祭壇，收集了許多四足〔獸〕之群與鳥群以後，心想「有可取的該趁機多取」，便屢次到王那裡來。這時，王妃摩梨迦覺察了他們的詭計，便來到王的地方，問道：「大王啊，婆羅門何以常到這裡來？」王道：「妳雖使我歡悅，但妳不知道耳朵裡有毒蛇在爬呢。」王妃道：「大王，那是什麼話呢？」王道：「我做了那樣的惡夢。婆羅門們說三障中必有一障發生，要消除之，須行供養，所以常到這裡來的。」王妃道：「大王啊，試到那人天兩界最第一的婆羅門那裡去問問夢的意義怎樣？」王道：「妳所說的人天兩界最第一的婆羅門是誰呀？」王妃道：「大王不曉得那位人天兩界的第一人、通曉一切、純淨無垢的大婆羅門嗎？那是世尊。世尊是懂得夢的意義的吧。願大王前去詢問一下。」王道：「那麼就去吧，」說了就到精舍來，向佛作了敬禮，然後坐下。

佛發出和雅的聲音，問道：「大王為什麼來得這樣早？」王道：「世尊啊，我於天將明時做了十六個大夢，非常不安，婆羅門們對我說：『大王，那是極惡的夢，為消除災禍起見，須在各十字路口舉行供養。』所以我作了供養的準備。因此有許多生類為了死的恐怖戰慄著。世尊是人天兩界中的第一人者，無論屬於過去、現在或未來，沒有一個教導之法不映現於世尊的智眼中。請世尊為我一說這些夢的結果。」佛道：「大王啊，你說得不錯，人天兩界除我以外，沒有一人能知曉這些夢的意義與結果。我解釋給你聽吧。但你試把所見的夢告訴我。」王道：「是，世尊。」便依了下面的項目，講述所見的夢境。

牡牛、樹木、牝牛、小牛與馬，　鐵鉢、牝豺、水瓶與蓮池，
生米與栴檀木，　瓢沉、巖浮、蛙呑毒蛇，
好鳥隨烏行，　狼怕山羊。

王道：「世尊以為如何？我最先做了這樣一個夢。有四隻安闍那色的黑牡牛，從四方到宮庭來，作著互相搏鬥的姿勢。但當許許多多人聚攏來看鬥牛時，牛在表面上雖吼著叫著，欲搏鬥的樣子，卻不鬥而去了。最初所做的夢就是如此。這夢將產生怎樣的結果呢？」佛道：「大王啊，這結果，在王與我的時代，是不會顯現的。將來有一個時代，國王不顧正義而貪婪，人民沒有正義感，世間入了邪路，善衰惡昌。那是世界將破滅的時代，雨將不及時而降，雲絕稻枯，發生饑饉。在那時，忽然雲從四方生起，好像要降雨了。女人怕曬在太陽下的穀物被淋濕，急忙去搬入屋內。男人急忙拿了鋤頭與畚箕，出去修理堤防。天像要下雨了，雷聲隆隆，電光閃閃，但結果恰如那牡牛欲鬥未鬥一樣，雲散天清。那夢的結果，就是如此，於你是什麼障也不會有的。夢所示的是未來之事。婆羅門們為想騙取自己的生活之資，所以那樣說罷了。」佛這樣地把夢的結果講了以後，說道：「大王，請把第二個夢講來。」

王道：「世尊，其次我做了一個這樣的夢。小樹與灌木破土伸長，長到一臂、半臂的高度，就開花結實了。這是我所做的第二個夢。這將產生怎樣的結果呢？」佛道：「大王啊，這結果，將在世界毀滅、人類壽命縮短之時代顯現吧。將來眾生愛欲熾盛，女子還未到青春期就出入男子之間，有月經而懷孕，產兒育女。那些幼女有月經，好像幼樹開花一般，那些幼女產兒育女，有如幼樹結實一樣。這夢的意義如此，所以你不必怕。大王，請講第三個夢。」

王道：「世尊，我夢見一隻牡牛吮吸當日所生之犢的乳汁。這是第三個夢。其結果如何呢？」佛道：「這結果會在將來世人不敬老時代產生吧。將來有一時代，眾生對於父母或舅姑不肯孝養，自理財產，乃至對老人供給衣食與否，全憑自己高興。老人孤獨無依，仰兒子的鼻息而過日子。那情景，恰如那老牛吮吸當日所生的犢的乳汁一般所以你不必害怕。請講第四個夢。」

王道：「世尊，我夢見司車者駕軛於牛，順次不將軛加在身材高大的大牛身上，卻將不馴的小牛繫在軛上。這些小牛不會拉車，便棄了軛站著，車子毫不能向前駛行。這是第四個夢。這將產生怎樣的結果呢？」佛道：「這結果將在將來沒有正義的國王的時代產生吧。將來有一時代，為國王者沒有正義而貪婪，不給有學識、通典故、能成就事業的大人物以榮譽，無論在法堂、在裁判所，都不錄用有學識、通法律的老大臣，卻把榮譽給與年幼無能之輩，使他們在法庭任職。他們不懂政治上的情形，不能博得政譽，遂行政事，毫無能力，結果將拋棄事務之軛吧。老大臣們既得不到榮譽，縱使能處理政務，也將說：『此事與我們無關，我們是門外漢，內部的年輕人總該知道吧？』而不肯著手那待理的事務。這樣萬事都會使為國王的蒙受不利。那情形宛如將無力拉車的小牛繫之於軛，而順次將能曳軛的大牛捨棄一樣。因此你不必害怕。請講第五個夢吧。」

王道：「世尊，我夢見兩側有口的馬。人從兩側與以秣草，馬用兩張嘴啖食。這是我的第五個夢。這會有怎樣的結果呢？」佛道：「這也要到將來無正義之念的王的時代，才會顯其結果。將來有一時代，無正義的愚昧的國王們，任用不公正的、貪婪的人們為裁判官。他們是惡人，對於善事漠不介意，而且生性愚鈍，當在法庭上審判時，從原告與被告兩造受取賄賂，以肥私囊。那情形正與馬用兩方的嘴喫秣相似。以此理由，你不必怕得。請講第六個夢吧。」

王道：「世尊，我夢見人們洗清了價值十萬金的黃金器皿，拿去放在一匹豺的面前道：『撒尿於此啊。』於是那豺就撒尿在裡面。這是我的第六個夢。其結果將怎樣？」佛道：「這結果當在將來顯現。將來有一時代，為國王者沒有信仰，對於系統純正的良家子弟懷抱疑念，不與以榮譽，而重用卑賤之人。於是良家衰微，卑賤之家取得權力，良家的人們困於生活，因想『依賴彼等為生』，便將女兒嫁給卑賤者。良家之女與卑賤的男子同居起來，那情形恰與老豺在黃金器皿中撒尿相同。因此你不必害怕。請講第七個夢吧。」

王道：「世尊，我夢見一個男子在搓繩，每搓好一支就擲於腳旁。有一隻雌豺，臥在他所坐的椅子下，覺得餓了，便偷偷地把繩喫了。這是第七個夢。其結果將如何呢？」佛道：「這結果也當在將來顯現。將來有一時代，婦人熱戀男子，愛裝飾身體，喜逛市街，耽於嗜好品，品行不端，把那與丈夫從耕作、牧牛等業辛苦得來的錢財去與情夫飲酒，或以華蔓、薰香、塗香等物飾身。拋棄了要緊的事務，從牆穴中凝視著情夫，搗碎了次日應播的種子，作成乳粥或飯與情夫共食，浪費丈夫財產。那情形，恰與那臥在椅下的飢餓的牝豺喫搓好了擲在腳下的繩相同。因此你不必害怕。請講第八個夢吧。」

王道：「世尊，我夢見王宮入口，有一隻滿貯著水的大瓶，被許多空瓶圍著。四姓[2]幾次從四方給水瓶運了水來，每當注入那已貯滿了水的瓶子時，水就溢出迸散。這樣地把水注了好幾次，但對於空瓶卻並沒有顧到。這是第八個夢。這夢將產生怎樣的結果呢？」佛道：「這夢的結果也當在將來顯現。將來有一時代，這世界滅亡，國土瘦瘠，國王們窮困得陷於悲慘狀態，連王中之王，其寶庫中也只有十萬迦訶婆那。到了這樣窮乏的境地，國王們便將一切土地作為自己所有的耕作地，苦惱的人民拋棄了自己的職業，替王播種、耕耘、收割、貯藏五穀與蔬菜，替王在甘蔗地中種作，造製糖的機器，搬運機器來製糖，替王開闢花園與果園，替王將各處所產的穀類取來，儲滿於王之庫藏，對於自己家中的倉庫只好聽其空著。這情形正與不顧空水瓶，只將水注入滿貯著水的瓶子的情形相同。所以你不必害怕。請講第

2　四姓，指剎帝利、婆羅門、毗舍、首陀四種階級。

九個夢吧。」

王道：「世尊，我夢見一個深的蓮池，被五種蓮花覆蔽著，諸方皆有進口。二足〔人〕與四足〔獸〕從諸方下去，到池中去飲水。那中央深處之水混濁，岸邊二足與四足步入處之水反澄清。這是第九個夢。其結果將怎樣呢？」佛道：「這結果也將在未來顯現。將來有一時代，為國王者毫無正義之感，因貪欲等故，以邪道執行政治，審判不公正，心念賄賂而貪財，對於人民無忍辱、慈悲之心，待遇苛酷，視人民如草芥，橫加壓迫，藉各種名義橫征賦稅以入私囊。人民為租稅所苦，無力完納，乃離村市，遷居邊鄙地方，以致中部地方人口稀疏，邊鄙地方人口稠密，恰與蓮池中央之水混濁，四周之水澄清一般。所以你不必害怕。請講第十個夢吧。」

王道：「世尊，我夢見一個鍋子裡飯沒有煮化。所謂沒有煮化者，是米分做三部，一部分過於柔軟，一部分是生米，還有一部分是煮得很好。這是第十個夢。這將產生怎樣的結果呢？」佛道：「這結果也將在未來顯現。將來有一時代，為國王者沒有正義感，在這些不正的國王們所統治的國中，婆羅門、家主〔居士〕、市民、鄉人乃至沙門婆羅門，一切人們皆陷於不義，還有他們的守護神、受供養之神、樹神、虛空之神，連這些神祇也陷於不義了。在這些不正的國王們的國土，風不均勻地狂吹著，使虛空的神殿為之動搖，因此動搖，諸神震怒，而不下雨，即使降雨也不普及全國領土，也無益於耕作與播種。與這領土上一樣，在其他人間的居處、聚落、池沼，也不普遍下雨，若池之前方降則後方不降，後方降則前方不降。在某些地方雨降得過多，致穀類不結實。在某些地方不降雨，致穀物枯槁。在某些地方及時而降，致有收穫。這樣在同一王國生長的穀類，也將如一個鍋中之飯，各不相同，因此你不必害怕。請講第十一個夢吧。」

王道：「世尊，我夢見一販賣者，以值十萬金的栴檀樹的良材換取酸腐的酪漿。這是第十一個夢。這將產生怎樣的結果呢？」佛道：「這結果當在將來我聖教將滅亡之時代發生。將來有一時代，貪資具的無恥的比丘增多了，他們之中，有些人會把我訶責貪戀資具而說之法，為了獲得衣服等四種資具而向人去說，為著資具而遠離正法，成為外道〔異教徒〕，他們的說法，目的不是導人傾向涅槃，只是『聽了我修辭完備的如蜜的聲音，也許肯施與高價的衣服等物，或生施捨之心』的打算。有些人會坐在街頭、十字路口或王宮的門前，為了一迦訶婆那[3]、半婆陀[4]、一摩沙迦[5]而說法。如是，將我有涅槃之價值的正法，為了四種資具，或為了換取一迦訶婆那、半迦訶婆那的金錢去說，那情形正如以價值十萬金的栴檀樹的良材換取酸腐的酪漿。因此你不必害怕。請講第十二個夢吧。」

王道：「世尊，我夢見空虛的葫蘆沉下水中。這將產生怎樣的結果呢？」佛道：「這結果也要在將來國王無正義的時代，世界逆轉時才顯現。那時國王們不與出身高貴的名門之子

3　迦訶婆那（kahāpaṇa）等於二十摩沙迦。
4　婆陀（pāda）等於五摩沙迦。
5　摩沙迦（māsaka）係一種低值的貨幣，價值八十貝齒。

以名譽，卻給出身卑賤之輩以名譽。出身卑賤者得了權力，名門的子弟則陷於貧窮。不論在王面前、在宮門前、在大臣面前、在裁判所中，出身卑賤者的言說，將確立不動，有如那空虛的葫蘆下沉，而豎立於水中。又在教團集合時，在教團的作法上，或衣、缽、庵室等的處分上，破戒惡德的人物的言說，會被認為濟度世人的教言，而有慚愧心的比丘的言說卻沒有人作如是想。諸如此類，凡事顛倒，那情形恰如空虛的葫蘆下沉。以此理由，你不必害怕。請講第十三個夢吧。」

王道：「世尊，我夢見一塊高塔似的大堅巖，如船一般浮在水上。這將產生怎樣的結果呢？」佛道：「這結果也要在上面所講那樣的時代顯現。那時，無正義的國王，給出身卑賤之輩以名譽，使之掌握權力，而名門之人則反任其陷於窮困，絲毫不表敬意。不論在國王面前、大臣面前或裁判所中，善於判斷的良家子弟的言說，不被接受，如堅巖之不能下沉而豎立在水底。他們一開口，就被卑賤之輩嘲笑說：『你說什麼話呀？』即在比丘會集之所，值得尊重的比丘所發的言說，也不被容納，那情形恰與巖石浮在水面，不豎立到水底去一般。因此之故，你不必害怕。請講第十四個夢吧。」

王道：「世尊，我夢見有一隻小得如甘草花的蛙，很快地向大毒蛇撲去，如嚙水蓮之莖一般地嚙裂其肉，然後把他吞下。這將產生怎樣的結果呢？」佛道：「這結果也要在將來世界快破滅的時代顯現。那時，人們貪欲熾烈，受煩惱的驅使，聽憑年輕妻子之意，在家中凡僕從、傭人、牛、水牛、金、銀等等，一切皆成為她們的所有物。當他們詢問『那金錢與衣服等在什麼地方』時，她們就說：『總在什麼地方吧，你要做什麼用。自己家裡有沒有，你似乎知道的。』如是用種種言語來衝撞，把他們壓制得如僕役一般，力爭自己的權利。那情形恰如甘草花似的小蛙吞食毒蛇一樣。因此你不必害怕。請講第十五個夢吧。」

王道：「世尊，我夢見一隻十惡的鳥，在村落中盤旋，而羽毛金黃，名叫『黃金色』的大鵲，卻附隨在後。這將產生怎樣的結果呢？」佛道：「這結果也要到將來國王昏庸無能的時代才顯現。將來有一時代，國王們拙於御象術等等，而卻勇於戰爭。國王們怕喪失國土，不把權力給與出身相同的貴公子，而給與替王取鞋、澡浴或理髮的僕役。門第與出身高貴的貴公子，在王室得不到地位，困於生活，只好隨從那些掌握權力的出身卑賤之輩。那情形恰與黃金色的大鵲隨侍著烏鴉一樣。因此你不必害怕。請講第十六個夢吧。」

王道：「向來是豹喫山羊的，而我卻夢見山羊向豹撲去，將其吞嚙。那時，狼從遠處見了山羊，就顫抖著逃入草叢隱匿。我做了這樣的夢。這將產生怎樣的結果呢？」佛道：「這結果也要在將來國王無正義的時代才顯現。那時門第卑微之輩，因被王所寵愛而獲得權力，門第高貴的人們，則無聲名而困窮。得王寵愛之輩，能使王採納自己的意見，在裁判所中也極佔勢力。假使良家子弟關於自己有承繼權的田地等說：『這是我們所有的。』他們就提出抗議說：『不是你們的，是我們的。』就到法庭之類的地方去爭訟，使他們受鞭韃等刑罰，並且威嚇他們道：『你們不知安分，倘要與我們爭呢，請爭就是。我們要將你們的事告訴國王，把你們的手腳切斷。』良家子弟聽得膽寒了，就會說：『這東西是你的，請拿去吧。』

於是將自己的所有物交出，然後回到自己家中，懷著驚怖而躺在床上。惡比丘任意使善良的比丘受苦，而善良的比丘們卻得不到庇護，逃入森林，臥於草叢中。這樣良家的貴公子與善良的比丘受出身卑賤之輩與惡丘比的迫害，那情形恰如狼因畏懼山羊而逃走一般。因此你不必害怕。這夢要在未來才會應到，婆羅門們的話，並非出於正直之心，亦非出於對於你的好意。他們只是打算『獲得多金』，著眼於物質上的利益。為了生計，才說這樣的話的。」

佛這樣地講述了十六個大夢的結果，又道：「大王啊，你做這些夢並不始於今日，從前的國王們也做過這樣的夢。婆羅門也如現在一樣，為供養而利用了那些夢。後來依了賢者們的指示，到菩薩那裡去詢問。古時的賢人，也曾用了與我同樣的方法，為國王們解過夢。」接著就答應了王的請求，講起過去之事來。

【主分】

從前，當梵與王在波羅奈城治國時，菩薩生在北部地方的婆羅門的家裡，長大後從仙人出家，體得了神通與等至的修行，在雪山地方享受著禪定之樂度日。那時，波羅奈梵與王做了這樣的夢，詢問婆羅門等，婆羅門等因了現在同樣的緣由，去作生贄供養之祭。在他們之中，有一司祭的弟子，是個賢明而有學識的年輕婆羅門，他對他師父道：「師父，我們從師父學習過三部吠陀聖典，其中有『決無殺此可以福彼之事』的話。」師父道：「弟子，我們不是用此方法可以弄到許多錢嗎？難道你要保護國王的財產嗎？」年輕的婆羅門道：「那麼，師父，你做你的吧。我在你的地方已無事可為了。」就遊步到王的御苑去。

那日，菩薩曉得了這原委，心想：「今日我若到人間去，許多生類得脫繫縛吧。」乃騰空飛行，降下御苑，坐在吉祥的盤石上，宛如黃金之像。年輕的婆羅門走近菩薩，施了敬禮，然後坐在一隅，攀談起來。菩薩也與他作了懇切的招呼，然後問道：「青年，國王依正義行政治嗎？」青年道：「尊師，國王實在是個正直之人，但婆羅門們使他無信仰。國王做了十六個夢，把夢情告訴婆羅門們。婆羅門們說：『舉行生贄供養祭吧。』於是舉行祭典。尊師啊，設法使王明白『這是那些夢的結果』，中止了祭祀，使許多生類脫離恐怖，如何？」菩薩道：「青年啊，我們不認識王，王也不認識我們，倘若王來詢問，我們就向他說明。」青年道：「尊師，我去陪他來吧。請暫時坐在這裡，等我回來。」青年得到菩薩的許可，跑到王那裡，說道：「大王啊，有一個在空中飛行的道士，降落在大王的御苑中，邀大王前去，說可以把大王所做之夢的結果說明給大王聽。」王聽了他的話，馬上帶了許多從者到御苑來，向菩薩作了敬禮，坐在一邊，問道：「尊師，你知道我所做之夢的結果嗎？」菩薩道：「大王，那是知道的。」王道：「那麼請講給我聽聽。」菩薩道：「大王，我當講給你聽，請把所做的夢告訴我。」王道：「是，尊師。」於是就先提出夢的項目。

牡牛、樹木、牝牛、小牛與馬，　鐵鉢、牝豺、水瓶與蓮池，
生米與栴檀木，　瓢沉、巖浮、蛙吞毒蛇，
好烏隨烏而行，　狼怕山羊。

然後如波斯匿王那樣把夢情講了一遍。菩薩也為王詳述夢之結果，一如佛所講述。「因

此之故，你不必害怕，」大薩埵這樣安慰了王，使許多生類脫了繫縛，然後再昇至空中，對王施教誡，授以五戒，復作法話道：「大王啊，嗣後切勿再跟婆羅門們屠殺家畜，行生贄之供養。」就騰空而起，飛到自己的居處去了。王依遵了他的教誡，施行施捨等善事，後來依其業報，投生於應生之處。

【結分】

佛作此法話後，說道：「因為是夢，你不必怕。不要再舉行生贄之祭了啊。」佛如是使王停止生贄之祭，為許多生類保全了性命。又取了聯絡，把本生的今昔聯結起來道：「那時的王是阿難，青年是舍利弗，仙人則就是我。」

七八　依里沙長者本生因緣〔菩薩＝理髮師〕

【序分】

此本生因緣，是佛在祇園精舍時，就一個貪欲的豪商說的。距王舍城不遠，有一個市鎮名叫糖鎮，那裡住著一位長者，綽號「貪欲豪商」，有八億財產。他是連草尖上的一滴油也不肯施與人的，自己也不使用，也不想把自己所積的財產用於孩子、沙門、婆羅門身上，恰如羅剎〔鬼〕所管領的蓮池一樣，置之不用。

一日，佛在黎明從大慈悲的等至起來，觀察全世界能成菩提的眾生，見住在相離四十由旬之處的長者與其妻，已到得預流果的時機。那長者在前一日，曾為供國王使役而進宮，在歸途中見一飢餓的鄉人在喫餡子酸了的饅頭，自己也覺得餓了。一壁走回家去，一壁這樣想：「假使我說要喫饅頭，許多人也想與我同喫吧，這樣我便非花費許多米、酥與糖不可。所以這話對誰都講不得。」他忍了餓走著。他在行走中漸漸憔悴起來，肢體顯露出血管來了。他因耐不住飢餓，便跑入臥室，倒到床上睡下。雖然餓到如此地步，他還是怕花費錢財，不對任何人說。

這時他的妻來了，撫著他的背問道：「你精神不舒服嗎？」長者道：「沒有什麼不舒服。」妻道：「莫非國王動怒了嗎？」長者道：「國王一點也不動怒。」妻道：「那麼，莫非孩子們或者女婢、男僕、有什麼事不稱你的心嗎？」長者道：「這樣的事也沒有。」妻道：「你有什麼切望的物事嗎？」妻雖這樣問他，他卻因怕花錢，只是臥著不答。於是妻道：「你有什麼願望，請說吧。」他吞吞吐吐地道：「實在我有一個願望。」妻道：「你願望什麼？」長者道：「我想喫饅頭。」妻道：「那麼你為什麼不說呢？難道你是貧窮之人嗎？現在我就去做足供全鎮人民喫的饅頭是了。」長者道：「為什麼做這樣的事呢？他們是自食其力的吧。」妻道：「那麼做足供本街住民喫的饅頭吧。」長者道：「妳真有錢。」妻道：「那麼做足供全家喫的饅頭吧。」長者道：「妳的度量真大。」妻道：「那麼做足供家中孩子們喫的饅頭吧。」長者道：「為什麼這樣顧到孩子們呢？」妻道：「那麼做足供你我二人喫飽的饅頭怎樣。」長者道：「妳也想喫嗎？」妻道：「那麼做只供你一個人喫的吧。」長者道：「倘使在這裡做，許多人會張著眼睛看見的吧。不要用精米，請你拿了碎米、竈與鍋子，再帶一點極少的乳酥、蜜與糖，到七層樓閣上的大高臺去做。讓我到那裡來獨自坐著喫吧。」

妻答應說「是」。就叫人拿了應用的東西，登到高閣，叫婢女來請主人去。主人先把房門關上，又將所有門戶上了鎖，登到第七層的高臺，復將入口堵塞好，然後坐下。於是妻就架起鍋子，在竈下燃著了火，做起饅頭來。

卻說，佛在黎明對大德大目犍連道：「目犍連啊，在距王舍城不遠的糖鎮，有一個貪欲的長者，他想喫饅頭，因怕被人看見，在第七層的高閣上叫妻做著饅頭，你可到那裡去，引導那長者離了我欲，叫他們夫婦拿了饅頭與乳、酥、蜜糖，用你的威力把他們帶到祇園精舍來。今日我與五百比丘一同用饅頭當飯吧。」大德道：「是，世尊。」他奉佛之命，立即用神通力，前往該鎮，在正對高閣的窗口的空中，整衣而立，如一尊寶珠之像。長者見了大德，就心驚肉跳起來了。「我因怕這種傢伙，所以到這裡來的，而這傢伙卻來站在窗口。」他忘了一切，就如投入火中的鹽與糖一般，沸然大怒道：「沙門啊，你立在空中想得到什麼呢？雖然在無路的空中徘徊著表示有道，但你是什麼也得不到的。」大德仍在那裡徘徊著。長者道：「你雖然在徘徊，但能得到什麼呢？即使趺坐在空中，也是什麼都得不到的。」大德果然趺坐在空中。長者道：「你雖然坐著，但能得到什麼呢？即使過來站在窗檻上，也是什麼都得不到的。」大德果然站在窗檻上。長者道：「你站在窗檻上，能得到什麼呢？即使放出煙來，也是什麼都得不到的。」大德果然從身上放出煙來，樓閣上滿是煙了。長者的兩眼好像被人用針刺了一下，因為他怕房子燒起來，所以不敢說「即使迸出燄火也是什麼都得不到」的話。心想：「這沙門真是固執，不得到一點東西是不會走的，給他一個饅頭吧。」於是對妻說道：「喂，燒一個小饅頭給那沙門，把他趕出去吧。」

妻將少許熟粉投入鍋中。但立刻成了大饅頭，膨脹至佔滿了鍋子的地位。長者見了，以為「大概她把熟粉放得太多了」，因而親自在匙的尖端盛了些許的熟粉投入。可是饅頭脹得比前更大。這樣每燒一次總是愈來愈大。他無可奈何，對妻說道：「喂，請給他一個饅頭吧。」她從籃中去拿一個饅頭，不料所有的饅頭都黏成一個了。她向長者道：「你看，饅頭黏成一個，分不開了。」長者道：「讓我來分分看吧。」可是他也不能把饅頭一一分開。二人握住了一邊拉，也拉不開。長者為取那饅頭使盡氣力，弄得汗流浹背，飢餓也忘了。他對妻道：「喂，我不要喫饅頭了，請把這籃饅頭全給了這比丘吧。」她執著籃走近了大德。大德對他們說法，把三寶的功德說給他們聽。告以「有所謂施與，有所謂供養」，像天空之月那樣，明朗地宣示供養與施與的功德結果。

長者聽後，起了信仰心，便道：「尊師，請進來，坐在這裡喫饅頭。」大德道：「長者啊，等正覺者（佛）想喫饅頭，與五百比丘都在精舍。假使你願意的話，請叫夫人拿了饅頭與牛乳等來，一同到佛的地方去吧。」長者道：「尊師，佛此刻在什麼地方呢？」大德道：「長者啊，佛在離此約四十由旬的祇園精舍。」長者道：「尊師啊，不花許多時間，怎能走這麼多的路呢？」大德道：「長者啊，如果你願去，我會用神通力帶你去。好像這樓梯的頂上是你的居處，樓梯的下端就是祇園精舍的大門一般，只花走一次樓梯的工夫，帶你到祇園精舍吧。」長者答應道：「尊師，那麼去吧。」大德把樓梯的頂端仍作為頂端，口中念道：「給我把這樓梯的下端作為祇園精舍的大門啊。」這樣一念，其事就立即實現了。於是大德使長者與他的妻到了祇園精舍。所花的時間，不到走一次樓梯的工夫。

他們二人到了佛的地方，報告進餐的時刻已到，佛走入食堂，帶著比丘眾坐在特設的高座上。長者向以佛為首的教團獻奉供養之水，夫人則將饅頭放入如來的缽中。佛取了足以支持自己生命的一些水與饅頭，五百比丘也照樣地取了。長者施捨了牛乳、酪、酥與糖便離去。佛與五百比丘食畢。又叫長者夫妻喫了一個飽，但饅頭還沒有完。再普遍分給精舍中的全體比丘與喫殘食的伙伴，仍然沒有完。於是長者告訴佛道：「世尊，饅頭一點也沒有減少哩。」佛道：「那麼把他倒棄在祇園精舍大門那裡吧。」他們便把他丟在門屋相近的洞窟裡。這場所稱為「鍋燒饅頭」，至今猶存。大長者與其妻回到佛的地方來，站在一旁。佛表示了謝意以後，二人就都成預流果，向佛致敬。他們回去時，一踏上門房的階梯，說也奇怪，就站在自己的樓閣上了。從此大長者把八億財產完全用在佛的教說上。

第二日，等正覺者往舍衛城托缽，回到祇園精舍後，對比丘眾與以善逝（佛）的訓誡，便進香室入定。薄暮時，比丘眾會集法堂，坐著談論大德的威德道：「法友啊，你們看到大目犍連大德的威神力嗎？他不是立刻使貪欲長者成為無欲之人，使他拿了饅頭到祇園精舍來拜佛，證得預流果嗎？大德真有大威神力啊。」這時，佛走來問道：「比丘們啊，此刻你們會集於此，談論何事？」比丘眾答道：「是如此這般之事。」佛道：「比丘們啊，比丘若欲教導在家人，不可損害他們的家或使之苦惱，應該如採花粉的蜜蜂那樣，與他們的家接近，使他們曉得佛的威德。」接著，就稱讚大德，唱出《法句經》中的偈語〔第四九偈〕來。

蜜蜂不損花之色香，　將花粉採之而去。
牟尼游行聚落間，　情形亦復如此。

佛為說明大德的威德起見，又道：「比丘們啊，目犍連的誘導貪欲長者，並不始於今日，前生也曾誘導他，使他曉得業與報的關係。」接著就講起過去之事來。

【主分】

從前，當梵與王在波羅奈城治國時，波羅奈有一個叫做依里沙的長者，他擁有八億財產，凡人所有的缺陷，他無不具備。跛足、駝背、獨眼、慳吝、有邪見、貪婪。對人固一毛不拔，自己也不肯花用，他的家屋，好像羅剎〔鬼〕所管領的蓮池。祖先七代都是慈善家，但從他做了主人以後，即背棄家法，將慈善堂燒掉，窮苦的乞丐來求乞，就拳足交加，而後把他拖出去。他只是牢牢地保守著財產。

有一日，他在國王處服役完畢返家，途中，有一個行路疲乏的鄉下人，拿了酒瓶坐在椅上，將酸酒滿倒杯中，取腐敗的魚為肴而飲。他見了也想飲酒了，但他覺得：「如果我飲酒的話，其餘許多人也都會想飲吧？這樣我的財產就要減少了。」便把欲望壓抑著。在搖搖擺擺行走間，終於抑制不住了，肢體疲乏無力得有如棉花一般，而且現出血管來了。一入住室就倒下臥榻而睡。妻走過去，撫著他的背問他（一切都如上面所述）。「那麼只造供你一個人喝的酒吧，」妻結果這樣說。長者想道：「若在家造酒，許多人會都想喝吧？即使叫酒店送來，也不能坐在這裡喝的。」於是出一摩沙迦叫酒店送來了一瓶酒，交家僕拿著，出城到河岸來，走進離大路不遠的叢林中，叫家僕放下了酒瓶離得遠遠地，然後斟滿杯中，飲起酒來。

他父親是曾行過施與等慈善事業的人，今在天上界為帝釋天。那時，這位帝釋天正在想：「自己的慈善事業有沒有被施行。」結果知道未被實行。他兒子破壞了家規，焚燬慈善堂，驅逐窮人，固執貪欲心，怕施物於人，自己在隱祕處竊自飲酒。就打算「去說服他，使他明白業與報的關係，而行施捨，獲得轉生天界的資格」。於是下降人間，現作跛足、駝背、獨眼的人相，與依里沙長者一般無二，然後進了王舍城，站在宮殿門口，叫人通報自己已到，通報者回說：「請進去，」就入宮站著向王作禮。王問道：「大長者啊，在這規定外的時間到此，為了何事？」帝釋天道：「王啊，不為別的。我家裡有八億財產，請大王叫人去取來，收藏在你的寶庫中。」王道：「不，我已夠了。我家裡的財產比你的財產還多。」帝釋天道：「假使，你沒有用處，就取來施給什麼人吧。」王道：「長者，請施捨吧。」長者道：「是，大王，」說著就向王作禮而出，到依里沙長者的家裡去。侍從的人們圍繞著他，但能認出這非依里沙本人的卻一個也沒有。

他走進家中，站在大門的門限上呼司門者來，吩咐道：「如果有與我狀貌相像的人來，說『這是我的家』而想進來者，就把他拖出去。」說著登上高閣，坐在華美的席上，喚長者之妻過來，浮著微笑道：「喂，來行施捨如何？」聽了他的話，長者的夫人、孩子與家僕等互相談講道：「長久沒有起施捨之念了，大概今日飲了些酒，所以心地柔和，便有施捨之意了吧？」於是夫人道：「請你任意施捨就是了。」長者囑咐道：「那麼請喚鼓手來，叫他擊鼓通知全市：『有人要金、銀、寶石、珍珠等物，請到依里沙長者家裡去。』」於是夫人差人照他的意思去做了。許許多多的人執了籃子與袋等等，聚集到長者的門口來。

帝釋天叫人開了貯滿著七寶的庫藏，說道：「把這奉送各位，請大家隨意拿去吧。」許許多多的人將財寶取出，山一般地堆積在地上，然後裝滿在帶來的容器中而去。有一個鄉人，把依里沙長者的牛繫在自己的車上，滿載了七寶，出城向大路前進，一面在那叢林附近曳車而行，一面獨自讚揚著長者的功德道：「我主依里沙長者啊，仗你的恩惠，如今我即使畢生不營生計，也可以過日子了。我的財產，就是你的車、你的牛、你家中的七寶，既非我母親所給與，也不是我父親傳授給我的。仗你的恩惠，我得到了如許財產。主啊。」

長者本人聽到了這話，大驚，心裡忖道：「那人呼著我的名字說如此這般的話，但國王是不會把我的財產施與世人的。」急忙從林中出來，認得是自己的牛與車，便抓住牛繩，說道：「你這傢伙，這牛是我的，車子也是我的。」那鄉下人走下車來道：「惡棍，依里沙長者對全市作了施捨。你是何等樣人？」說著就衝上前去，雷打似地在他肩膀上痛毆一頓，便曳著車子走了。他顫抖著爬起身來，拂去灰塵，急速跑上去追攔。鄉下人跳下車來抓住他的頭髮，把他抑住，對他的腦頂毆打，又捉住他的咽喉，把他朝來的方向擲去，自己便駕車前進。這時，長老酒醒了。

他顫抖著慌忙跑到自己的家門口，向那些取他財產的人們道：「喂，這究是什麼一回事呀？國王叫你們來掠奪我的財產嗎？」說著就不顧一切，上前去捉。人們集起來把他毆打，將他投擲在腳下。他痛得瘋狂了，想走進家中去時，守門者道：「你這不良的鄉下人，往哪裡去？」說著就用竹棒毆擊，捉住他的項頸把他拉出。他想：「除國王外我已沒有可以依恃的了。」於是走到國王的地方，問道：「大王，你叫人搶劫我家嗎？」王道：「長者啊，我並沒有下令搶劫。你不是前來說：『假使你不取的話，我將施捨我的財產。』命人在市中擊鼓以行施捨嗎？」長者道：「不，大王，我不曾到你的地方來過。你不知道我生來就是愛財如命的嗎？雖然僅僅附在葉子尖端的油滴，我也不曾施與過誰的。請大王喚那行施捨的人來查問一下。」

王差人去請帝釋天來。王與大臣們都辨不出二人有何不同。那吝嗇長者道：「大王，覺得如何，他是長者呢，還是我是長者？」王道：「我們不曉得。有曉得的人嗎？」吝嗇長者道：「大王，我的妻曉得的。」說著就叫人喚了妻來，大家問她道：「哪一個是你的丈夫呢？」她道：「是這一個，」就去站在帝釋天身邊。喚了孩子與家僕等來詢問，也都站在帝釋天身邊。吝嗇長者更思忖道：「我頭上有一個瘤，被頭髮掩住，理髮師應該知道，去喚他來吧。」於是向王說道：「大王，理髮師知道我甚深，請差人去叫他來吧。」那時菩薩為理髮師。王差人喚了他來，問道：「你能認出誰是依里沙長者嗎？」理髮師道：「大王，看了頭就可明白。」王道：「那麼，你看一看兩人的頭吧。」在這一剎那間，帝釋天在自己頭上造了瘤。菩薩檢查二人的頭，見都有瘤，便道：「大王啊，兩人頭上都有瘤。我分辨不出這兩人中，誰是依里沙長者。」接著就唱出下面的偈語來：

兩人都跛腳，都傴僂，　都是獨眼，
頭上都有瘤，　我不知誰是依里沙。

長者聽了菩薩的話，就戰慄起來，因擔心財產，昏暈過去，當場仆倒於地。在這一剎那，帝釋天道：「大王啊，我非依里沙，我是帝釋天。」說著就示大慈愛心，立在空中。眾人替依里沙揩了面孔，注以冷水。他爬起來向諸天之王的帝釋天作著敬禮站著。帝釋天向他說道：「依里沙啊，這財產是我所有，不是你的。我是你的父親，你是我的兒子。我積了施捨等善行，故得生為帝釋天。但你破壞了我的家規，成為吝嗇之人，貪婪無厭，燒燬慈善堂，驅逐乞丐，一味保守著財產，自己既不用，也不施與他人，恰如羅剎管領了東西，置之不用。你如果能將我的慈善堂重建，施行慈善就好。否則我就要使你的財產化為烏有，而且要用這金剛杵割斷你的頭，使你喪命。」

依里沙長者因怕死發起抖來，立誓道：「嗣後當行慈善。」帝釋天聽他如此發誓，便坐在虛空中說法，使他堅守五戒，然後向自己的住處而去。依里沙亦因行了施捨等的慈善事業，後來得生於天界。

【結分】

佛道：「比丘們啊，目犍連調御貪欲長者，並不始於今日，前生也曾調御過。」佛作此法話後，復取了聯絡，把本生的今昔聯結起來道：「那時的依里沙就是那個貪欲長者，帝釋天是目犍連，王是阿難，理髮師則就是我。」

七九　嘈音本生因緣 〔菩薩＝商人〕

【序分】

此本生因緣，是佛在祇園精舍時，就某大臣說的。拘薩羅國有一大臣，欺蒙國王，往邊境的村落中徵收了國稅以後，與盜賊同謀，對他們道：「我帶領人們入森林去，你們就在村中搶劫，把搶得的財物分一半給我。」於是在清晨就召集眾人，到了森林之中，盜賊們隨即入村，殺牛食肉，在村中擾亂一番而去。到了薄暮，大臣由許多人圍繞著歸來了。不久，他這勾當被人知道，向國王告發。王命人喚那大臣來，究其罪狀，處以重刑，另派別人為村司，然後到祇園精舍，以此事來告訴佛。佛道：「大王，他這種行為並不始於今日，前生也曾做過。」接著就因了王的請求，講起過去的事來。

【主分】

從前，當梵與王在波羅奈城治國時，將邊境的村落賜給一個大臣。一切都如前面所述。那時，菩薩為一商人，在邊境巡行做買賣，到那村中住下。當那村司於傍晚由許多人圍著，敲著鼓近來時，他想：「那惡吏串通了盜賊搶劫村落，盜賊逃入森林以後，就裝出從容自若的樣子，敲著鼓走過來了。」於是唱出了下面的偈語：

那不知慚愧的漢子，　曾將人誘出，
劫牛殺食且焚其廬舍，　今正發出嘈音擊鼓而來。

菩薩這樣地用偈責備他。不久，他的勾當無人不知了，王遂處以應得之罪。

【結分】

佛道：「大王啊，他幹這種勾當並不始於今日，前生也已如此。」佛作此法話後，又把本生的今昔聯結起來道：「那時的大臣便是今日的大臣，那個唱偈的賢人則就是我。」

八〇　殘忍軍本生因緣

〔菩薩＝弓術士〕

【序分】

此本生因緣，是佛在祇園精舍時，就一個口出大言的比丘說的。某時，有一比丘在長老、中年及年輕的比丘間，到處誇耀出身，妄言道：「朋友，世上沒有與我相同之族，也沒有與我相同的姓。我生於這樣的大剎帝利族，姓氏無有與我同等者。我有金銀等無限的財貨，即連我的家僕也喫米飯，著迦尸國所產的衣服，塗迦尸國所產的香料。我因現在做了出家人，才喫這種粗惡的飯，穿這種粗劣的衣裳的。」但有一個比丘探出了他的出生地，告訴別的比丘們，說他所說的是妄語。比丘眾集合法堂，談論他的不德道：「法友啊，那比丘信奉了導人解脫的教法而出家，卻到處妄作誇語，自命不凡。」佛走來問道：「比丘們啊，你們現在會集於此，談論何事？」他們答道：「是如此這般的事。」佛道：「比丘們啊，那比丘口出大言，並不始於今日，前生也曾到處口出大言的。」接著就講起過去之事來。

【主分】

從前，當梵與王在波羅奈城治國時，菩薩生在某市西北部婆羅門的家裡，長大後在得叉尸羅地方，從有名的阿闍梨修習三部吠陀與十八種學藝，嫻熟一切技藝，被人稱為小弓博士。他從得叉尸羅出來，為求可以表顯自己一切技術的職位，到了彌沙塞地方。

菩薩生來身矮而背屈。自忖道：「如果我到任何一國的國王那裡去，王會說：『這樣的矮子，能代我們做些什麼呢？』還不如舉一個身材適度、外表俊偉的漢子為代表，靠他謀生吧。」於是菩薩就物色這樣的人才，在一所紡織工場中，找到一個職工名叫殘忍軍的。與他攀談道：「你叫什麼名字？」職工道：「我叫殘忍軍。」菩薩道：「你體格這樣美好，為何操這種賤業呢？」職工道：「因為不能餬口呀。」菩薩道：「請勿再幹這種行業了。我是今世第一流的弓術家，可是我若投到某國國王那裡去，王見了也許要，不快，說『這樣的矮子能替我們作些什麼』的。你若代表了我去見王說：「我是弓術士。」那王就會給你俸錢，你的生計就可比現在好得多了。我就從事於你所做的行業，在背後靠你過活吧。這樣，我們兩人都會幸福吧。依我的話辦啊。」那人答應道：「是。」

於是菩薩帶了他到波羅奈去，自己做了弓術士的隨從者，叫那職工在前，站在王宮門口，叫守門者前去通報。當守門者回告他們「進去」時。二人就進去向王作了禮，站在一旁。王問：「你們來此何事？」殘忍軍道：「我是弓術士，遍天下沒有一個弓術士及得上我的。」王道：「你在我這裡供職要多少俸錢呢？」殘忍軍道：「大王，半個月給我一千金，我就在大王這裡供職吧。」王道：「站在那邊的是誰？」殘忍軍道：「大王，是我的弟子。」王道：「好，你就在這裡供職好了。」從此以後，殘忍軍即在國王的地方供職，有什麼事務時，都由菩薩代為處理。

那時，迦尸國某森林中，有一隻虎，出擾行人往來的要道，喫了不少的人。眾人將這事告訴國王。王喚殘忍軍來，問道：「你能捕虎嗎？」殘忍軍答道：「大王，假使我不會捕虎，怎稱為弓術士呢？」於是王特給津貼以為獎勵。他回到家中，將此事告知菩薩。菩薩道：「好，去得。」殘忍軍道：「你不去嗎？」菩薩道：「我不去，教你一種方法就是。」殘忍軍道：「請你教我。」菩薩教他道：「你不可慌張地獨自到虎穴去。你得糾集地方上的居民們，叫他們拿一千或二千張弓前去，如果見虎縱起來，你就逃入草叢中，俯伏而臥。當居民們射捕老虎把他擒住時，你用齒咬取一根籐，然後執籐之端，走到死虎旁邊，說：「這虎是誰殺死的。我因想用籐把此虎像牡牛一般縛住了，帶到國王那裡去，所以跑入草叢中去取籐的。我還沒有把籐取來，誰就把他殺死了。」這樣，居民們會恐懼起來，對你說：『老爺，請勿告訴大王。』並給你許多錢吧。而且虎算是你捕住的，從國王的地方也可得到許多賞金吧。」

殘忍軍說聲「曉得」而去。他用菩薩告訴他的方法捕虎，除了森林的害物，被許多人圍著，回到波羅奈來謁國王，稟告道：「大王，我已將虎擒住，森林已安全了。」於是國王大悅，賜了他許多錢財。

又有一日，眾人告訴國王道：「有野牛擾害某條道路。」王立刻叫殘忍軍前去，他用菩薩所教的方法，與捕虎一樣地捕了那野牛回來了。於是又從王受了許多錢，獲得了極大的權勢。他因醉心於權勢，就對菩薩輕蔑起來，不聽從菩薩的話了，甚至說出這樣無禮的話來：「我並非靠你過活的。你不是我的隨從嗎？」過了幾日，某敵國之王來圍波羅奈城，送通牒給王道：「請把王國交出，否則開戰。」王主張「戰」，派殘忍軍前往。他全身武裝起來，穿了軍服，乘在武裝的象背上。菩薩怕他陣亡，也全身武裝了，坐在殘忍軍背後。象由許多人圍著，出城向戰場而去。殘忍軍聽到戰鼓聲，就顫抖起來了。菩薩心想：「他也許會從象背上墮下而死。」便用軛繩繞住殘忍軍，使他不會從象背上墜下。殘忍軍到了戰場，就因死的恐怖戰慄得洩出溲便來，污及象背。菩薩道：「殘忍軍，你前後判若兩人。以前像個戰士，現在卻連溲便都嚇出了。」接著就唱出下面的偈語來：

殘忍軍啊，你先作壯語，　後來嚇得洩出溲便。
先後判若兩人，　說欲奮戰而今忽挫折。

菩薩這樣地把他譏斥了一頓之後，說道：「你不必怕。有我在此，你為什麼要萎縮呢？」說著就扶殘忍軍下了象背，鼓勵他道：「你洗個澡回家去吧。」菩薩想：「今日正是我顯揚名聲的時候了。」遂馳入戰場吶喊著擊破了敵人的陣營，把敵王俘獲，回到波羅奈王的地方來。王大悅，賜以極大的榮譽。從此小弓博士的名字，在全世界是無人不知了。他給生活之資與殘忍軍，叫他回去。自己積了許多施與等善行，後來依其業報，投生於應生之處。

【結分】

佛道：「比丘們啊，那比丘的誇口，並不始於今日，前生也已如此。」佛作此法話後，復把本生的今昔聯結起來道：「那時的殘忍軍就是口出大言的比丘，小弓博士則就是我。」

第九章　飲酒品

八一 飲酒本生因緣 〔菩薩＝仙人〕

【序分】

此本生因緣，是佛在憍賞彌城附近瞿師羅園時，就娑竭陀〔善來〕長老說的。世尊在舍衛城過了雨安居期以後，遊行各處。當抵跋陀越市鎮時，牧牛者、農夫、旅人等前來參拜世尊，並向世尊說道：「尊師世尊啊，請勿到庵婆津去。庵婆津有結髮外道的道院，裡面有一條極毒的毒龍，名曰庵婆津守者的棲居著。這毒龍或許要危害世尊也未可知。」如是勸阻世尊前往。世尊裝作沒有聽到他們的話的樣子，雖然眾人阻止了他三次，但終於到庵婆津去了。

卻說，當世尊在跋陀越附近某森林時，有一隨侍佛的長老，名曰娑竭陀，具有民眾神通的妙力，他到這道院來，走入龍王的棲所，鋪了草薦，趺跏而坐。龍怒不可遏，放出煙來，長老也放出煙來。龍揚起火燄，長老也揚起火燄來。龍的火不曾使長老感到苦惱，而長老的火卻給龍以苦惱。那長老於頃刻之間，折服了龍王，使受三歸與五戒，然後回到佛的地方來。

佛安適地住在跋陀越，然後再回到憍賞彌城來。娑竭陀長老降服龍王的消息，傳遍了全國。憍賞彌城的居民出來迎接世尊，向世尊致敬。更趨至娑竭陀長老的地方，敬禮了長老，然後退而立在一隅，這樣說道：「尊師啊，如果尊師有想要而得不到的東西，儘管告訴我們，可以歸我們來辦的。」長老默然不語。於是有些人說：「朋友，鳩羽色的酒，出家人不易得到，而且也是他們所想要的東西。你們如將清澄的鳩羽色酒獻給長老，也許是對的。」市民們答應稱「是」。次日，招待佛去受供，到了市中，市民們想「各人在自己家中供養長老吧」，於是置備了鳩羽色的清酒，招待長老，每家將清酒進獻，長老飲得大醉，欲到市外去，卻在關口倒下了，說著囈語躺在地上。

佛進食畢，想出市而去時，見長老這樣倒臥著，就道：「比丘們，陪娑竭陀回去吧。」叫比丘眾陪他回到園內。比丘眾使長老臥下，把他的頭向著如來的腳。長老一轉身，他的腳對著世尊了。佛問比丘眾道：「比丘們啊，你們覺得怎樣？娑竭陀從來對我所表示的敬意，如今還有嗎？」比丘眾道：「沒有了，尊師。」佛道：「降伏庵婆津的守者龍王的是誰呢？」比丘眾道：「尊師啊，那是娑竭陀。」佛道：「但若是現在，他能降伏棲居水中的蜥蜴嗎？」比丘眾道：「尊師，那是不能的。」佛道：「比丘們啊，像這種飲了會不省人事的東西，飲得的嗎？」比丘眾道：「飲不得的。」於是世尊把長老斥責了一頓，喚比丘眾過來，說道：「飲含有酒精的烈酒，犯波逸提之過失。」這樣制定了戒條，便從座而起，步入香室中去了。

比丘眾聚集在法堂上，論飲酒之過道：「法友們啊，飲酒不是大罪惡嗎？那娑竭陀既有智慧，又有神通，只因飲了酒的緣故，便做出那種連世尊的大德也不知道的人的舉動來了。」世尊走到那邊來，問道：「比丘們，你們現在會集於此，有何談話？」大家都回答道：「是如此這般的事。」佛道：「比丘們啊，出家人因飲酒以致喪失意識，並不始於今日。在前生也是如此。」說著就講起過去的事來。

【主分】

從前，當梵與王在波羅奈城治國時，菩薩生在迦尸國西北部婆羅門的家裡，長大後出家修仙，獲得神通力與禪定，享受著禪定之樂，與弟子五百人同住在雪山地方。不久雨期近了，弟子們就向師父說道：「師父啊，我們到村邑去喫點鹹與酸的食物，然後回來。」師父道：「我留在這裡吧。你們可到村邑去休養身體，過了雨期再回來。」大家說聲「是」。對師父行了敬禮，就赴波羅奈，住在國王的御苑中。次日，出城到某村落去托缽，得到充分的食物，至第三日回進城來，人們歡喜地迎接他們，施以食物。不久，又去將此事告知國王道：「大王，有五百仙人從雪山地方來，住在御苑中。都是勤修無欲的高德之士。」王聞知他們的德行，就赴御苑，向他們禮拜致敬，留他們在雨季四個月間住在這裡，且邀入宮中受供。嗣後這班出家人便日日在王宮中進餐，住於御苑。

後來有一日，城內舉行酒祭。國王覺得「酒在出家人是不易得之物」，便施了他們許多好酒。行者們飲了酒回到御苑，泥醉的結果，有的跳，有的唱，有的且唱且跳，將傢具與其他器物亂丟一陣而臥。等到酒醒睜開眼睛來，見到或聽到自夥間如此荒唐的醜態，悲泣著說：「我們做了與出家人不相應的事了。我們離開了師父，致犯此罪。」於是立刻離了御苑，回到雪山來，先把用具整頓完畢，然後禮拜了師父坐下。師父問道：「你們怎樣？在村邑中能獲得充分的食物，安樂過日嗎？大家都能和睦相處嗎？」弟子們道：「師父啊，我們生活過得很舒服。但我們飲了不應飲的東西，因此失了本性，不能守持正念，大家竟至唱起來、跳起來了。」他們這樣地把情形申述了一遍以後，唱出下面的偈語來：

我們飲了酒，　或跳、或歌且泣。
飲了這使人昏迷的東西，　不變猿猴尚算萬幸。

菩薩責備他們道：「不想認真地過共同生活者原是如此。」又道：「從今以後，不准再做這樣的事。」菩薩如是對他們施訓，自己則不退轉地修禪定，後生於梵天界。

【結分】

佛作此法話後，把本生的今昔聯結起來道：「那時的仙人群即現在佛的從者，那仙人群之長則就是我。」

八二　知友本生因緣〔菩薩＝天王〕

【序分】

此本生因緣，是佛在祇園精舍時，就一個不從順的比丘說的。這本生因緣是迦葉佛時代的故事，詳第十編〈四門本生因緣〉〔第四三九〕中。

【主分】

那時，菩薩唱出下面的偈語來：

你遠避了瑠璃與銀， 又遠避了摩尼。
而固執於石， 終生不能脫離。

菩薩唱畢此偈，便到天上界的住處去了。彌多文達迦舉起了鐵輪[1]受大苦惱，他的罪消了以後，隨其業報，投生於應生之處。

【結分】

佛作此法話後，把本生的今昔聯結起來道：「那時的彌多文達迦是這個不從順的比丘，天王則就是我。」

八三 不幸者本生因緣 〔菩薩＝長者〕

【序分】

此本生因緣，是佛在祇園精舍時，就給孤獨長者的一個朋友說的。這人與給孤獨長者是幼年朋友，曾從同一的教師修習學藝，他的名字叫不幸者。他後來陷入不幸，不能維持生活，遂到長者的地方來。長者安慰他，與以薪給，叫他整頓家事，他遂做了長者的幫手，處理一切事務。當他來到長者旁邊時，人們對他說「坐呀，不幸者」、「立呀，不幸者」、「食呀，不幸者」等等的惡語。

1 鐵輪（uracakka）亦譯作胸輪，是地獄中用以使罪人受苦的一種刑具，係用石或鐵製成，用以在頭上旋轉時，受者感到非常的苦痛。

一日，長者的知友熟人們到長者處來，告訴長者道：「大長者啊，別把那人留在身邊了，要是聽到了『立呀，不幸者；坐呀，不幸者；食呀，不幸者』的聲音，就是夜叉也會遁走的。他與你身分不同，他是貧窮不幸的人，於你有什麼用呢？」給孤獨長者答道：「名字不過是名目而已，賢人決不以名字定人價值。不可只聞聲音而判斷吉凶。我不能徒為了名字之故，遺棄兒時的竹馬之交。」長者這樣地駁斥了知友熟人們的話。有一日，他要到自己的莊園去了，便將家事托付了不幸者。

盜賊們說：「長者下鄉去了，到他家去搶吧。」於是手裡拿了各種武器，趁著黑夜，前來把長者家圍住。卻說，那個不幸者防有盜來，坐著未睡。及知道確有盜賊來了，就呼喚家人道：「你去吹螺貝，你去擊大鼓。」如是獨自在家中奔走大聲呼喚，像在糾集人眾的樣子。盜賊們心想：「家中無人的話是誤傳，大長者仍在家裡哩。」便當場棄了石、槌等物逃走了。次日，眾人見了那些遺棄在四處的石、槌等物，嚇得發抖，互相談論道：「昨夜倘沒有這樣聰明的管家人，盜賊將任意進來，把家中搶劫一空了吧。靠了這位聰明的友人之助，長者之家才安然無恙啦。」大家這樣稱讚他，待長者從村莊回來，就把經過報告給長者聽。長者告訴他們道：「你們曾叫我辭退這位管家事的朋友。如果那時我聽了你們的話，將他辭去，那麼今日我的家裡將一物不剩了吧。名字並非價值的標準，有才能的心才是標準呀。」於是給他以更多的薪給。長者覺得「現在我有『故事的供養品』了。」便到佛的地方來參詣，將此事從頭細述一遍。佛道「居士啊，那不幸的朋友，為了自己而作家事的監督，並不始於今日，前生也是如此。」接著就因了長者的請求，講出過去之事來。

【主分】

從前，當梵與王在波羅奈城治國時，菩薩是一位聲譽極隆的長者。在他朋友之中，有個名叫「不幸者」的，其經過全如前面所述。菩薩從莊園回來，聽了經過情形，便道：「假使我聽從了你們的話，將這樣的朋友遺棄，那麼今天我家裡將一物不剩了吧。」說畢，就唱出下面的偈語來：

同行七步者是朋友，　同行十二步者是知友。
同居一月或半月者是親族，　同居一月以上者就等於自己。
我怎能因自己的利益，　遺棄舊交的不幸之友。

【結分】

佛作此法話後，把本生的今昔聯結起來道：「那時的不幸者是阿難，波羅奈長者則就是我。」

八四　利益門本生因緣〔菩薩＝長者〕

【序分】

此本生因緣，是佛在祇園精舍時，就一個敏於洞察利益的少年說的。舍衛城有一個富有的長者，那長者有個聰慧的兒子，雖還只有七歲，卻善於洞察利益。一日，他走到父親面前，向父親提出了關於利益之門的質問。父親回答不出，心中忖道：「這是極微妙的問題，在這個廣大的世界之中，上自有頂天，下至無間地獄，除一切知者的佛以外，無人能解答這個問題。」於是他陪了兒子，叫他拿了許多花環、香與塗香之類到祇園來，呈獻於佛，向佛禮拜，然後退而坐在一隅，對佛說道：「世尊啊，此子天性穎悟，極善於洞察利益，曾就利益之門向我提出質問。我不知道，所以到世尊這裡來的。世尊啊，請為解答這個問題。」佛道：「信士啊，我在前生也曾為此子解答過問題。那時他原已懂得。只因他已轉生了好幾回，所以記不起來了。」說著就答應了長者的請求，講起過去之事來。

【主分】

從前，當梵與王在波羅奈城治國時，菩薩是一位很有錢的長者。他有一個年方七齡的兒子，生來穎悟，敏於洞察利益。一日，他走到父親那裡，問道：「父親，什麼是利益之門呢？」他父親就唱出下面的偈語，來解答這個問題：

最上第一之利是無病、　德、賢者所是認者、學問、
依法而行及捨離執著，　這六者是利之最良的門。

菩薩這樣為此子解答了關於利益之門的質問。後來他就堅持這六法，永不捨離。菩薩自己行了施捨與其他善行，依其業報，投生於應生之處。

【結分】

佛作此法話後，將本生的今昔聯結起來道：「那時的孩子即今日之孩子，大長者則就是

我。」

八五　有毒果本生因緣〔菩薩＝隊商主〕

【序分】

此本生因緣，是佛在祇園精舍時，就一個厭棄出家的比丘說的。相傳，有一良家子弟，以純正的歸依之心入了佛道。有一日，他在舍衛城托缽行走，注目於一個裝飾華麗的婦人，因此起了厭棄出家之念。他的阿闍梨與和尚，陪他到佛的地方來。佛問道：「比丘啊，聽說你厭棄出家了，真的嗎？」及聽到了「真的」的回答，便道：「比丘啊，沉湎五欲時雖然快樂，但縱欲是受生於地獄等處的根源，譬如喫有毒果。有毒果色、香、味俱極佳美，但喫的都因此碎了內臟而死。前生也有許許多多的人，不知此果之有毒，為其色、香、味所迷，喫了此果，以致喪生。」接著就講起過去之事來。

【主分】

從前，當梵與王在波羅奈城治國時，菩薩是隊商之主，率領著五百輛車子，從東國往西國。到了森林邊界以後，他召集了從者們，訓誡說道：「這森林中有些樹是有毒的。遇有向來未喫過的果實，須先問過我然後再喫。」從者們通過了那座森林，來到盡頭時，見有一株樹，樹枝因果實而下垂著。其幹、枝、葉、果以及形、色、香、味等等，都與庵羅果相像。有些人為其佳美的色、香、味所惑，誤以為是庵羅果，把果實摘來喫了。有的說：「須問了隊主然後再喫。」把果實拿在手中站著。菩薩來到他們的地方，叫手持果實者立刻丟去，已經喫下的則叫他們嘔吐出來，給與藥品。其中有若干人得了救，但第一個喫的卻喪了命。菩薩平安地到達了目的地，得了贏利，然後回到自己的故鄉，施行施捨等善事，隨其業報，投生於應生之處。

【結分】

等正覺者的佛，既講此過去之事，復唱出下面的偈語來：

不知將來的災禍，　　恣縱諸欲者，
等於為熟果所誘惱，　　而去喫有毒果。

佛道：「諸欲當享受時雖覺快樂，但到了其所結的果成熟時就會害人。」又把這與教義聯絡起來，說明四諦。於是那厭棄出家的比丘遂達初果，其他比丘，則有的達初果，有的達第二果，有的達第三果，又有達阿羅漢果的。佛作此法話後，把本生的今昔聯結起來道：「那時的群眾即今佛的諸弟子，隊商主則就是我。」

八六　驗德本生因緣〔菩薩＝祭司〕

【序分】

此本生因緣，是佛在祇園精舍時，就一個作道德的試驗的婆羅門說的。相傳，他曾事拘薩羅王，受三歸，守五戒，通達三吠陀之精義。王說：「他是有德之士，」故對他特別尊敬。他想：「這位國王對我表示敬意，遠在別的婆羅門以上，過分地尊敬著我。我要試探一下，究竟國王表示這樣的敬意，是為了我的出身、姓、族、地位、學藝、事業優越呢，還是因為我有德呢？」一日，他在國王處服務完畢，回到家裡去，途中從一個司藏官的室中擅自拿取了一個迦訶婆那的貨幣。司藏官為了尊敬婆羅門的緣故，默坐不作聲。第二日又擅自拿取了兩個迦訶婆那的貨幣，司藏官仍默忍著。到了第三日，他抓了一握的迦訶婆那貨幣。這時司藏官對他說道：「你連這一次已三次偷取大王的財寶。」於是大聲喊道：「我把偷大王財寶的賊捉住了。」如是喊了三次。就有許多人從各處趕到，對他說道：「在今日以前你一向裝著有德者的樣子呢。」把他毆打了二、三下，然後將他綁了，拖到國王面前來。王悔恨地說道：「婆羅門，你為什麼要幹這種不道德的勾當呢？」遂下令「將他處刑」。婆羅門道：「大王，我並非盜賊。」國王道：「那麼為什麼從司藏官室中盜取迦訶婆那貨幣呢？」婆羅門道：「大王之所以尊敬我，是為了我的出身等等呢，還是由於我的德行呢？我為了要試探此事，所以這樣做的。不過，現在我已明白大王的對我表示敬意是為了我的德行，並非為了我的出身等等。請大王依照刑法治我以應得之罪。我以此理由，已斷定德行是世間最可貴的東西。但欲作與德行相應之事，在家沉湎於欲，是不成的。我想今日就到祇園去，在佛的地方出家。請大王准我出家吧。」結果得了王的許可，便向祇園而去。那時他的親族、朋友、熟人們齊來阻止他，但都沒有結果而回去了。

他到佛的地方請求出家，得了出家與受戒的許可，修行不怠，精修觀行，於達阿羅漢果時，便來到佛前告訴佛道：「尊師啊，我的出家已達究極。」向佛說明了得果之事。不久，這事就遍傳於比丘眾之間。

一日，比丘眾集合法堂，稱讚他的德行道：「法友們啊，隨侍國王的婆羅門某，試驗自己的德行，得了王的准許出了家，今已達阿羅漢果。」這時佛走來問道：「比丘們啊，你們在這裡會談著什麼？」他們稟告道：「是如此這般的事。」佛道：「比丘們啊，因試自己之德出家救了自己的，不止這個婆羅門，賢人們在前生也曾因試自己之德出家，而救了自己。」接著就講起過去之事來。

【主分】

從前，梵與王在波羅奈城治國時，菩薩任職為王之祭司。他不煩心於酬施多寡，只是專念於德行，堅守五戒。至於王對他較其他婆羅門更為尊敬等事，都與前面所述的故事相同。當菩薩被綁縛了拉到國王的地方去時，途中有幾個玩蛇者正在玩蛇為戲，有的執了蛇尾，有的執了蛇頭，把尾卷在項上。菩薩見了，對他們道：「你們不可執蛇尾，或執蛇頭把蛇尾卷在項上。蛇會來咬你們，使你們喪命的。」玩蛇者道：「婆羅門啊，蛇是有德的，品行端正，並不是那樣不道德的東西。而你卻因了自身的不道德與品行不端，作了盜取國王財寶的賊，被綑綁了拉去見王哩。」於是他想：「蛇不咬人、害人，尚可得有德者的名聲，何況人呢？在這世界上道德真是至高無上，沒有比這更高的東西了。」

後來他被拉到王的面前來了。王問：「這人是誰？」臣下道：「大王這是盜取大王財寶的賊。」王道：「那麼依王法處罰他。」婆羅門道：「大王啊，我並非盜賊。」王道：「那麼你為什麼盜取迦訶婆那貨幣呢？」婆羅門作了如前面故事中所述那樣的申辯以後，又道：「我因這理由，斷定在這世界上道德是最可貴的東西。」接著又引蛇為證，讚美道德道：「別的且不說，那毒蛇因不咬人、不傷害人，尚博得了有德者之名，那麼就可知道德是至高無上的東西。」他說這話後，唱出了下面的偈語：

德真是可貴。　世間唯德至高無上。
試看那毒蛇。　成了有德者便不傷人。

菩薩這樣地用此偈為王說法後，捨離五欲成為神聖的出家之人，入雪山地方，修得五種神通力與八種禪定後生於梵天界。

【結分】

世尊作此法話後，把本生的今昔聯結起來道：「那時王的從者即今佛之從者，祭司則就是我。」

八七　吉凶本生因緣 〔菩薩＝仙人〕

【序分】

此本生因緣，是佛在竹林精舍時，就一個占觀衣服之相的婆羅門說的。相傳，王舍城中有一個婆羅門，他極迷信，不信三寶，心懷邪見，家中富有資財，生活窮奢極侈。他藏在衣箱中的一襲衣服被鼠咬齧，一日，他洗了髮，喚道：「拿衣服來。」僕役們告以衣服已被鼠咬齧。他想：「倘將這一襲被鼠咬過的衣裳放在家裡，會因此發生大災難吧？這衣服是不吉之物，與厄神相同，我不可將他給與孩子們、僕役或田夫們。因為凡觸此衣服者，是會遭災難的。還是叫人丟到墓場去吧。但交給僕役們去丟是不行的，因為他們也許會對這衣服引起欲念，佔有了去，以致遭逢災禍。還是交給兒子吧。」於是喚自己的兒子來，吩咐他道：「兒啊，你不可用手去接觸。把他掛在杖上去丟在墓場，然後把身子連頭洗過，再回家來。」

這日，佛在清晨遍觀應予濟度的親族，知道這父子二人有入初果的機根，便如那沿著鹿所往來之道而行的狩鹿師一般前進，放出六道金色佛光，站在墓場的入口。青年奉父親之命，把那一襲衣服像蛇似地掛在杖端，向墓場的入口走來。佛問道：「青年，你幹什麼？」青年道：「你瞿曇[2]啊，這一襲衣服已被鼠咬齧過，與厄神相同，有如有毒之物。我父親怕『叫別人來丟掉，也許會引起欲念而佔為己有』，所以特差我來。我答應父親『丟掉後當連頭洗過』，才到這裡來的。你瞿曇啊。」佛道：「那麼請丟掉吧。」青年把衣服丟了。佛道：「這已成了我們可用的東西了。」說著就當著他的面，拾取那不吉物。他雖阻止道：「你瞿曇啊，那與厄神相同，不可拾取，不可拾取。」但佛卻把這拿著自回竹林精舍去了。

青年急急地回來，告訴他父親道：「父親，沙門瞿曇將我丟在墓場的一襲衣服拾起，說

2　「你瞿曇啊」（bho Gotama）是婆羅門族人用以呼佛之語，多少含有侮蔑之意，因此婆羅門族人被稱為「bhovadin」（以「你」稱呼佛者）。

是『這個我們可用的』。不顧我的阻止，把他拿了到竹林精舍去了。」婆羅門想道：「那一襲衣服是不吉物，與厄神同，若著此服，沙門瞿曇會遭災難吧，結果將埋怨我們吧。還是另用許多衣服供養沙門瞿曇，叫他把那襲衣服丟棄了吧。」於是他，叫人拿了許多衣服，與兒子同到竹林精舍，會見了佛，站在旁邊。婆羅門道：「你瞿曇啊，聽說你在墓場拾取了那襲衣服，真的嗎？」佛道：「真的，婆羅門。」婆羅門道：「你瞿曇啊，那襲衣服是不吉之物，你著了會遭災禍吧？精舍中人也會全體遭災吧？如果你們的內衣或是外衣已不堪用了，請用這些衣服來替換，叫人把那襲丟了吧。」佛對他道：「婆羅門啊，我們是出家人，被遺棄於墓地、街頭、垃圾堆、浴場、大路等處的衣類，於我們正是相應的東西。你不但在今世，即在前生也抱著這種見解。」接著就答應了他的請求，講起過去之事來。

【主分】

從前，摩揭陀國王舍城中，有一公正的王，名曰摩揭陀王。那時，菩薩出生在西北部某一婆羅門之家，到了能辨別事理的年齡，出家修仙，獲得神通力與禪定，居住於雪山地方。某時，他離了雪山地方，來到王舍城國王的御苑，就在那裡住下。第二日進城托鉢，王一見到他，就請到宮中，供養食物，並請他長住御苑，不再他往。菩薩就在宮中進食，住在御苑。

那時，王舍城中有一「占觀衣服之相的婆羅門」住著，他在衣箱中藏置一襲衣服等事，一如前面所述。青年前往墓場時，菩薩已先他而往，在墓場的入口等著。後來拿了他所棄的一襲衣服回御苑去。青年把這事告知他的父親，父親以為「那出入於王宮的行者或將遭禍」。便走來告訴菩薩道：「行者，請你丟了你所拾得的衣服，以免遭禍。」行者道：「被棄於墓場的衣服，正與我們相應，吉凶我們並不介意，介意於吉凶，在佛、獨覺、聲聞們不認為好事，所以賢人是不應介意吉凶的。」他如是為婆羅門說教。婆羅門聞教，就打消自己的意見，歸依了菩薩。菩薩不退轉地精修禪定，轉生於梵天界。

【結分】

等正覺者佛述此故事，為婆羅門說法，復唱出下面的偈語：

脫離迷信、吉凶之兆、夢、相之念者，　已超越迷信之過。
折伏雙雙的煩惱[3]，　不再受生於輪迴界。

這樣，佛既以偈為婆羅門說法，更說明四諦之理。說畢四諦，婆羅門與其子都入了初果。佛把本生的今昔聯結起來道：「那時的父子即現在的父子，行者則就是我。」

八八　沙蘭巴牛本生因緣〔菩薩＝牛〕

【序分】

此本生因緣，是佛在舍衛城時，就惡罵之誡說的。這事出於前面〈歡喜滿牛本生因緣〉

3　所謂雙雙的煩惱，即成雙而起的煩惱。如忿與恨、覆與惱是。

〔第二八〕。在此本生因緣中，菩薩是健馱邏國得叉尸羅某婆羅門的牛，名叫做沙蘭巴。

【主分】

佛講述前生之事畢，復唱出下面的偈語：

只說善言，　　不說惡語。
說善言得福，　　說惡語有禍。

【結分】

佛作此法話後，把本生的今昔聯結起來道：「那時的婆羅門是阿難，婆羅門之婦是蓮華色，沙蘭巴牛則就是我。」

八九　詐欺本生因緣　〔菩薩＝商人〕

【序分】

此本生因緣，是佛在祇園精舍時，就一個詐欺漢說的。詐欺漢的故事，見〈鬱陀羅迦苦行者本生因緣〉〔第四八七〕中。

【主分】

從前，梵與王在波羅奈城治國時，在某村附近有一個虛偽的結髮道人住著，他是欺騙的修行者。某家主在自己的林中築了草舍，請那行者住在裡面，從自己家中備了美味的飲食供養他。他誤信那個騙人的行者是有德之人，因為怕遭盜劫，便把黃金首飾百件搬入草舍，埋在地下，說道：「尊者啊，請你照顧一下。」行者對他說道：「朋友，對於出家人不可說這樣的話，我們對於別人的東西是不起欲念的。」家主道：「尊者，你說得有理。」相信了他的話走了。邪惡的行者心想：「只要有了這點東西，終生就可過活了。」兩、三日以後就取金改放在路旁某處，仍來住在草舍中。次日，他在家主宅中喫完了飯以後，說出這樣的話來：「朋友啊，我已麻煩了你好多日子，與人久住一處，勢必親狎，親狎在我們出家人是過失，因此我想離開這裡了。」家主雖幾次懇留，也不答應再耽擱下去。於是家主道：「既如此說，那麼請便吧。」送他至村口而返。

行者走不多遠，心裡想道：「非哄騙一下那家主不可。」遂在結髮中放了草，重新回來。家主問道：「尊者，為什麼又回來了？」行者道：「朋友啊，有一片草葉，從你家的屋頂落在我的頭髮中，不與而取，在我們出家人是不相應的，所以把他拿來了。」家主道：「尊者，那麼請把他丟了就去吧。」家主覺得「他人之物，一芥不取，我的師父真是有德之士」，向他作禮而別。

時菩薩正為作買賣而赴邊境，中途寄宿在那分人家，聽了行者的話，以為：「這邪惡的行者的地方，家主一定藏著什麼東西哩。」遂向家主詢問道：「喂，家主，你沒有東西寄存在這行者的地方嗎？」家主道：「有的，有黃金首飾百件。」菩薩道：「那麼請去點查一下。」家主跑到草舍去，見所藏之物已不在，急忙回來告訴說道：「已沒有了。」菩薩道：「那黃金不是別人取去的，一定是那個騙人的行者取去的。喂，趕快去追捕他吧。」於是火急地捉住了那虛偽的行者，用手打他，用腳踢他，逼他交出黃金來留下。菩薩見了黃金，責備他道：「你取一百件首飾時於心無愧，而對於一片草葉倒難為情呢。」接著就唱出下面的偈語：

人稱讚你說，　言語柔和而親切。
你為一芥而心不安，　卻不為百件首飾而羞慚。

菩薩這樣非難他，又訓誡他道：「偽善者啊，從此以後，不可再幹這種勾當了。」後來菩薩依其業報，投生於應生之處。

【結分】

佛作此法話後，又道：「比丘們啊，那比丘不但現在在此處詐騙他人，即在前生也做過騙人的事。」並把本生的今昔聯結起來道：「那時的偽行者是這個詐騙的比丘，那賢人則就是我。」

九〇　忘恩本生因緣　〔菩薩＝長者〕

【序分】

此本生因緣，是佛在祇園精舍時，就給孤獨長者說的。長者有一個未曾會過一面的朋友，是住在邊地的長者。某時，那友人將邊地所產的物品裝載在五百輛車上，吩咐傭人們道：「喂，你們把這些貨物運到舍衛城去，當著我朋友給孤獨長者的面全部賣出，裝了所換得的貨物回來。」他們答應說：「是。」依照長者的囑咐，到舍衛城會晤大長者，進呈禮物，並詳告一切。

大長者道：「諸位來得很好。」一面替他們料理宿處，並給以金錢，一面問朋友長者安否。及賣掉了貨物，就給以所換的物品。他們回到邊地，將此行經過報告主人的長者。

後來，給孤獨長者也照樣將五百車貨物運至彼處。長者的使者們到那地方去，拿了禮物，去會晤住在邊地的長者。那長者問道：「你們從什麼地方來？」使者們答道：「從舍衛城你的朋友給孤獨長者那裡來。」長者戲弄他們道：「給孤獨長者是誰？」收下禮物，說「你們回去吧。」便送他們出門。不留他們住宿，也不給金錢。他們自己賣掉了貨物，換得別的物品，回到舍衛城，將此行經過報告長者。

那個住在邊地的長者，如前回一樣，再派五百輛貨車到舍衛城來。使者們拿了禮物，來會見大長者。給孤獨長者的傭人們道：「主人，他們的宿處、倉庫與零用錢都由我們去料理吧。」於是叫他們將車子放在城外適當的地方，對他們道：「諸位，請在這裡住宿，由我們家中供給粥、飯與零用錢。」就糾集僕役們，於夜間奪取那裝載在五百輛車上的貨物，撕破他們的外衣與內衣，將牛趕走，脫去車輪，把車棄置於地，把車輪拿去。從邊地來的人們，因自己所有之物連內衣都沒有了，便慌張向邊地逃走。

大長者的傭人們，將此事報告大長者。給孤獨長者覺得「這正是極好談話的資料」。便到佛的地方來，把此事的始末詳述了一遍。佛道：「居士啊，那住在邊地的長者作這樣的行為，並不始於今日，在前生也已如此。」接著就答應了大長者的請求，講起過去之事來。

【主分】

從前，當梵與王在波羅奈城治國時，菩薩是波羅奈的長者，富有資財。他在邊地有一個未曾見過一面的長者朋友等事，與前面故事中所說的完全相同。當傭人們報告了「今日我們做了這樣的事」以後，菩薩道：「不念舊情的人。到了後來當逢這樣的結果。」接著就為當場在那裡的人們說法，唱出下面的偈語來：

受人幫助與利益，　而忘記舊情，
日後有事，　便無人為他處理。

菩薩這樣地唱偈說法後，施行施捨及其他善業，依其業報，投生於應生之處。

【結分】

佛作此法話後，把本生的今昔聯結起來道：「那時邊地的住者，即今邊地的住者，波羅奈城的長者則就是我。」

第十章　塗毒品

九一　塗毒本生因緣〔菩薩＝賭徒〕

【序分】

此本生因緣，是佛在祇園精舍時，就漫不經心而受用資具之事說的。相傳那時的比丘得了衣服等物，常漫不經心地去受用。因漫然受用生活的四要物，不加思索，以致墮生於地獄、畜生的很多。佛知道這原因，所以用種種方法對比丘眾說法，講述漫然受用物質之禍。說道：「比丘們啊，獲得比丘生活的四要物之後，不加思索，漫然享用是不行的。所以，從今以後，非考慮了去受用不可。」又指示反省的規則，如「比丘們啊，比丘須思索著去受用衣服，衣服是禦寒之具」。如斯把文句一一定好，又道：「比丘們啊，〔比丘生活的〕四要物，非這樣經過思索而受用不可，不加思索而受用等於服毒。從前曾有人毫不經心，不知過錯而服毒，等到結果顯現，遂受大苦。」接著就講起過去之事來。

【主分】

從前，當梵與王在波羅奈城治國時，菩薩生在一個大富翁的家裡，成年後為大賭徒。時另有一個邪曲的大賭徒，他與菩薩爭勝負，自己勝時不破壞賭場的秩序，覺得自己要負時，就將骰子投入口中，說：「骰子沒有了。」把賭場秩序破壞而去。菩薩知道了這情形，說道：「好，那麼我也有辦法。」於是取了骰子回到自己家中，在骰子上塗了毒，乾後再塗。幾次弄乾了，拿到他的地方，說道：「喂，來賭勝負吧。」他說聲「好」。擺了賭場，與菩薩爭勝負，因見自己要負了，便取了一粒骰子，投到嘴裡去。菩薩見他這樣做，便道：「你把他嚥下，才會明白這是什麼東西吧。」為了責備他，唱出下面的偈語來：

你嚥下了塗有劇毒的骰子，　不曾自知。
嚥吧，嚥吧，你這萬惡的賭徒，　到後來你將受苦。

菩薩正這樣唱著的時候，那個賭徒因毒發已氣力漸弱，眼睛發眩，仆身倒地。菩薩覺得「現在非救他的性命不可了」。遂給以採自藥草的吐劑，叫他把毒吐出。又給他喫醍醐、蜜、糖等物，使他復原。然後訓誡他道：「以後不可再幹這樣的事。」自己則施行施捨等善業，依其業報，投生於應生之處。

【結分】

佛作此法話後，又道：「比丘們啊，不加思索而享用資具，正與不思索而服毒相同。」然後把本生的今昔聯結起來道：「那時的聰明的賭徒就是我。」

九二　大精本生因緣　〔菩薩＝大臣〕

【序分】

此本生因緣，是佛在祇園精舍時，就長老阿難說的。某時，拘薩羅國王的宮女心裡這樣

1 「大精」（mahāsara）之「精」，即樹心之意。

想道：「佛的出世是難得的。生而為人與六根〔身心〕完具，也極難得。我們雖生逢這個難得的好時機，卻不能如願前往精舍聞法、作供養、行布施，我們過著籠中之鳥般的生活。稟告國王，請他招待一位可以為我們說法的比丘，我們就從他那裡傾聽法門吧。我們從他那裡學習一切我們所能學習之事，並且施行布施等等善事吧。這樣，我們便不致辜負這個好時機了吧。」於是她們一齊去見國王，將這個意思告知，王答應說「好」。

一日，王想去遊御苑，喚司苑者來，命他掃除御苑。司苑者正在掃除的時候，見佛在一株樹下坐著，遂去稟告國王道：「大王，我已把御苑掃除乾淨了，佛正坐在苑中樹下呢。」國王道：「那麼我們到佛那裡去拜聽法門吧。」於是就乘了嚴飾之車，入苑來參詣佛。時有一個不還果的信士，名叫傘掌的，正坐在那裡聽佛說法。王見了有些懷疑，暫時站著，既而這樣忖道：「他若是惡人，不會坐在佛的旁邊聽法的。大概不是惡人吧。」便走近佛去，禮拜後坐在一旁。信士為了尊敬佛之故，見了王既不迎拜，亦不行敬禮，因此王對他感覺不快。佛知王不快，便稱讚信士的德行道：「大王啊，這位信士，博學而通曉聖典，已捨離諸欲。」國王覺得「佛既如斯稱賞他的德行，他當非下賤之徒」。便道：「信士啊，你要什麼東西，請告訴我就是。」信士應了聲「是」。王在佛的地方聽了法門，作右繞之禮而去。一日，王見這位信士喫完朝餐後，拿了傘正欲向祇園精舍去，便喚他近來道：「信士，聽說你很博學，我的宮女們想聽習法門，可否請你誦法門給她們聽呢？」信士道：「大王，在家之人在大王的內殿中說誦法門，是不適宜的。倘是尊者，那就相宜了。」王覺得「這人所說的話有理」。送他出門以後，就喚了宮女們來，問道：「宮女們，我到佛那裡去請一個比丘來，為大家說法門、誦法門吧。但在八十個大弟子中去請誰來呢？」她們大家經過商議以後，說是去請法之寶庫的阿難長老。王來到佛那裡，禮拜後，坐在一旁，說道：「尊者啊，我宮中的宮女們說要從阿難長老聽習法門，請叫長老到我宮中去說誦法門。」佛答應說：「好。」隨即傳命令給長老。從此王的宮女們，便從長老聽習法門了。

後來有一日，國王冠上的寶珠失落了。王聽到寶珠失去，便命令大臣們道：「將宮中所雇的人一一捉起來搜查，叫他們把寶珠拿來。」大臣們從宮女起，搜查王冠上的珠子，但搜查不出，許許多多的人都受了嫌疑。是日，阿難長老到王宮裡來。平時宮女們見了長老總是非常高興聽習法門的，這日大家都悶悶不樂。因此長老問道：「諸位，為什麼今日這樣呢？」宮女們答道：「尊師啊，大臣們說是要搜查王冠上的寶珠。自宮女們起，凡是宮中所雇的人都被疑到，說不定誰會遭怎樣的禍呢，因此我們悶悶不樂。」長老安慰她們：「不要擔憂。」隨即去見國王，在特設的座上坐下，對王說道：「大王，聽說大王的寶珠不見了。」王道：「尊師，是的。」阿難道：「不能使盜取者繳出來嗎？」王道：「把宮中所有的人如數拏住了審問過，但不能使他們繳出來。」阿難道：「我有一個法子，可以使大家不受嫌疑，而使盜取者把寶珠繳還。」王道：「什麼方法呢？」阿難道：「大干，分草把。」王道：「尊師，什麼草把呢？」阿難道：「大工，請按照嫌疑者的人數造具草把，每人給以一個草把與一塊泥土，令他們『清早把他拿來放在如此這般的地方』。盜寶珠者便會將寶珠裡在裡面繳來吧。如果第一日就繳來，那就行了。若是不繳來呢，第二日、第三日仍照這樣做去。如是，可使大家不受嫌疑，而將寶珠取回吧。」長老說畢自去。

國王依照長老的話，備了三日草把，但寶珠卻沒有回來。到第三日長老來了，問道：「大王，寶珠回來了嗎？」王道：「不，尊師，還沒有。」阿難道：「那麼，大王啊，請在寬大的庭中低窪處擺一隻大缸，滿貯以水，四方張幕遮蔽起來，命『所有宮中所雇的人與宮女們，都著了外衣，各自走進幕內，洗了手然後出來』。」長老說了這個方法自去。國王依計而行，那盜取寶珠者自己想道：「聽說那被稱為法之寶庫的阿難師，承擔了此事，寶珠不出現是不罷休的。我還是把他放在大家所意想不到的地方吧。」於是暗自帶了寶珠，跑入幕內，丟在缸中而去。

在大家從幕內出來之後，把缸中之水倒掉，寶珠就被發見了。國王非常歡喜，說道：「靠了長老的幫助，我不使大家受嫌疑，而得將寶珠取回。」那些宮中所雇的人們，說是「靠了長老的威德，我們能脫離大苦惱」。也十分高興。於是「靠了長老的威德，國王冠上的寶珠回來了」，這話就傳遍於全城的人民與比丘眾之間。

比丘眾集合法堂讚頌長老的功德道：「法友們啊，阿難長老靠著自身的博識、賢才與善巧的方便力，使大家不受嫌疑，用方便搜出了國王的寶珠了。」佛來到那裡，問道：「比丘們，現在你們會集於此作何談論？」比丘眾答道：「是如此這般的話。」佛道：「比丘們啊，阿難取回已入他人之手的物品，並不始於今日，在前生，賢人們也曾使大家不受嫌疑，用方便把落入畜生之手的物品取回。」接著就講起過去之事來。

【主分】

從前，當梵與王在波羅奈城治國時，菩薩精通一切技術，為王之大臣。一日，王帶領了許多從者到御苑去，在園林中遨遊後，因想作水中遊戲，跑入苑內的蓮池，並喚宮女們過去。宮女們卸除了頭上的首飾，用外衣包裹著放在筐裡，叫婢女們看管，自己便跑入蓮池中去了。

那時，一隻棲在苑中的雌猿，正在樹枝間坐著，見王妃卸除了首飾，包在外衣中，然後放在筐裡，便想把王妃的珍珠的首飾戴在自己的頭上，等待婢女目光他移。婢女目不轉睛地看管著寶珠，東張西望，忽而打起盹來了。猿知婢女不曾留意到，就疾風似地降下來，將大珍珠的首飾戴在自己頭上，又疾風似地跳上樹枝間，因怕別的雌猿看到，便把他藏匿在樹洞中，裝出若無其事的樣子看守著。

婢女醒來，發見珍珠已失，驚怖得發抖，不知如何是好，就大聲叫喊起來道：「一個男子把王妃的珍珠拿了逃走了。」守衛者從各處趕到聽取婢女的話，奏聞於王。王命「捕賊」。許多人走出御苑來喊著「捕賊」，到處巡查著。

那時路上有一個村夫，捧著供物，將去獻神，聽到這叫嚷之聲，便驚駭而逃。人們見了他，心想：「他是盜賊吧。」遂追上去把他捉住毆打他，並且罵道：「呸，你這萬惡的盜賊，你想盜取這樣貴重的首飾嗎？」他想：「如果我說『我沒有取』，今日恐怕便要沒有命了。他們會把我毆斃吧。倒不如承認了吧。」於是他說道：「是老爺，是我盜取的。」他們把他綁了來見國王。國王問道：「你盜取了那貴重的首飾嗎？」村夫道：「是，大王。」王道：「現在放在何處？」村夫道：「大王說到貴重的東西，我以前連臥榻與椅子都不曾見過。實在是長者叫我來盜取那貴重的首飾的。我盜取後就交給他了。他總知道吧。」於是王召喚長者來，問道：「你從這人接受了貴重的首飾嗎？」長者道：「是，大王。」王道：「那麼放在什麼地方呢？」長者道：「我呈獻給祭司了。」於是又召喚祭司來，作同樣的訊問。他又承認道：「我給與音樂師了。」王又召喚音樂師來，問道：「你從祭司受到了貴重的首飾嗎？」音樂師道：「是，大王。」王道：「放在什麼地方？」音樂師道：「由於愛欲之情，我送給了妓女了。」又喚了妓女來問，答說：「並沒有收受。」審問到第五個人，天夜下來了。王道：「時候已經不早，明日再審問吧。」就將五人交給大臣（菩薩）自己進城去了。

菩薩想道：「這首飾是在御苑中失掉的，而這位村夫卻在苑外。苑門口又有精悍的守衛者看守著，所以苑內之人，也決不能取了首飾遁走。這樣看來無論苑內之人，苑外之人，當無盜取的方法。這不幸者雖說『我交給長者了』，但這恐怕是為想自己得赦才這樣說的吧。長者說『我呈獻給祭司了』，恐怕是想與祭司一同得脫罪，才這樣說的吧。祭司說『我給與音樂師了』，怕是因為想托音樂師之福，在牢獄中愉快過日才這樣說的吧。音樂師說『已送給妓女了』，想是情願自去尋訪，才這樣說的吧。這五個人都不是盜賊。苑中棲著許多的猿。那首飾一定是入於某雌猿之手了。」他走到國王那裡，說道：「大王，請把盜賊交給我。這案件由我去審問明白吧。」國王道：「好，你去把這事弄明白。」就把五個人交了給他。

菩薩叫家中的奴僕來，吩咐他們道：「把這五個人留在一處，好好看住他們，留心聽他們互相說些什麼話。聽了就來報告我。」奴僕們依照著吩咐去做。當那五個人會齊時，長者向村夫道：「喂，你這惡徒，我與你在什麼地方會見過呢？什麼時候你把首飾交給我的？」村夫道：「老闆，大長者，說到貴重的物品，我是連用樹心作腳的臥榻與椅子都不曾見過。實在是因為想靠了你脫罪，才這樣說的。請老闆不要動怒。」祭司也對長者說道：「大長者，你自己沒有得到的東西怎麼會給與我呢？」長者道：「我們二人在國內算是有地位者，因此我覺得我們二人倘在一處，事件就可早日解決。所以這樣說的。」音樂師也向祭司說道：「婆羅門，你什麼時候把首飾交給我的？」祭司道：「我覺得與你住在一起，可以愉快過日，所以這樣說的。」妓女也對音樂師說道：「你這音樂師真壞，我什麼時候到你那裡去來？還是你什麼時候到我的地方來過？你什麼時候把首飾交給我的？」音樂師道：「妳這女人，何必動怒呢？我們五人這樣住在一起那就是家族生活。我想不厭倦地愉快過活，所以這樣說的。」

菩薩從僕人們聽到了這些話知道他們確非盜賊，心想「用方便叫雌猿把盜去的首飾落下」。便叫人用假珠子造了許多首飾，將苑內的雌猿捕來，把假珠子的首飾繫在她們的手足與頭上，仍放他們回去。還有一隻雌猿，因重視首飾，儘躲在苑內不出來。菩薩吩咐僕人們道：「你們去把苑內所有的猿都調查一遍。假使看到戴有那首飾的，就恫嚇她，把首飾奪回來。」

那些雌猿們說是「得到首飾了」，非常高興，在苑內跳來跳去，然後來到那隻雌猿的地方來，說道：「請妳看看我們的首飾。」那雌猿終於隱忍不住，說道：「這假珠造的首飾有什麼用呢？」便把珍珠首飾戴在頭上出來了。僕人們見了，就使她放下首飾，取回來交給菩薩。菩薩拿去給王看，稟奏道：「大王，這就是你的首飾。那五個人都不是盜賊。這是那棲在苑中的雌猿盜去的。」王問道：「你何以知道首飾在雌猿的手中？你又怎樣把他奪回來的呢？」於是菩薩把經過詳情述了一遍。國王大喜道：「戰爭之時希望有勇士，在別的時候則希望別一種人才，」他褒揚菩薩唱出下面的偈語來：

戰爭時希求勇士。　談話時希求口齒清晰者。
飲食時希求知友。　有變故時希求智人。

王既如斯稱讚菩薩，復以七寶供養，厚重猶如雨前密雲。聽從菩薩的教誡，作施捨等善行，後來依其業報，投生於應生之處。

【結分】

佛作此法話後，稱長老之德，又把本生的今昔聯結起來道：「那時的王是阿難，賢明的大臣則就是我。」

九三　信食本生因緣〔菩薩＝長者〕

【序分】

此本生因緣，是佛在祇園精舍時，就漫然受用資具之事說的。相傳那時比丘眾常藉口「這是母親給與的，那是父親給與的，這是兄弟、姊妹、舅母、舅父、從父、從母給與的。我們如若在家，這當然也是可以收受的」，把親族們所贈的生活四要物，漫然使用，視為當然。佛曉得了這事，覺得「非為比丘們說法不可」，遂召集比丘眾，告誡他們道：「比丘們，比丘受了親族與他人們所施與的生活四要物，使用時非經過一番思索不可。漫然使用者，死後就不免為夜叉、餓鬼。不加思索而使用這些物品，與服毒同。因為毒之為物，不論是可靠之人給與的，或是不可靠之人給與的，都可殺人。在前生，曾有漠不經心，服了自己得來的毒而喪生的。」接著就講起過去之事來。

【主分】

從前，當梵與王在波羅奈城治國時，菩薩是一個極富的長者。他手下有一個牧牛的，當穀物成熟之時，那人就帶牛入森林，在那裡造了牛欄，住著管牛，時常拿了牛酪來給長者。後來有一隻獅子在那牛欄近處，建了棲所。雌牛因畏懼獅子，身體瘦損起來，乳也少了。一日他拿了牛酪回來時，長者問道：「牧牛的啊，怎麼牛酪這樣少了？」他就告以原由。長者道：「那獅子沒有什麼喜愛的嗎？」牧牛的道：「主人有的。那獅子與一隻雌鹿要好。」長者道：「能把她捕住嗎？」牧牛的道：「主人，能夠的。」長者道：「那麼把那雌鹿捕住，從額角起把毒塗在全身的毛裡，塗了弄乾，塗了弄乾，經過兩三日後，把她放掉。這樣獅子由於愛慕之情，會舐著雌鹿的身體，以致喪命吧？然後你拿了他的爪、牙、脂肪回來。」於是給以毒藥，叫他回去。牧牛的張了網，用計捕住那雌鹿，依長者之計行事。獅子見了雌鹿，因強烈的愛情舐著她的身體而死。牧牛的拿了獅皮等物，回到菩薩的地方來。菩薩聞得了經過情形，說道：「不可對他人起愛欲之情。獅子雖是勇猛的百獸之王，卻也因愛欲去舐親暱的雌鹿的身體，以致中毒而亡。」接著就為在座的人們說法，唱出了下面的偈語：

勿信不可信之人，　亦勿妄信所信之人。
信陷人於災難，　猶雌鹿之於獅子。

菩薩這樣為在座之人說法，自己則作施與等善行，後來依其業報，投生於應生之處。

【結分】

佛作此法話後，把本生的今昔聯結起來道：「那時的長者就是我。」

九四　畏怖本生因緣〔菩薩＝活命師〕

【序分】

此本生因緣，是佛在毘舍離城附近波蒂迦園時，就善星說的。一時善星曾為佛的侍者，拿著衣缽在各處遊行，因傾心於拘羅剎帝利所教之法，交還了十力〔佛〕的衣缽，去投靠拘羅剎帝利了。當他生為迦羅犍伽迦阿修羅時，善星以在家之身，往來於毘舍離城的三城垣間，謗毀佛道：「沙門瞿曇不曾獲得堪稱上智見的人間以上之法。沙門瞿曇所說之法，是由推理的思惟得來的，而且是由自己的理解得到的。縱使為某人說此種法，亦不能導行者至苦惱斷絕的境界。」

是時尊者舍利弗為托鉢故往來各地，聽到他在謗佛，就回來將此事向佛報告。佛道：「舍利弗啊，愚人善星正在動怒，因怒所以這樣說的。因動了怒，所以他又說：『即使有人實行此法，亦不能被導至苦惱斷絕之境。』他又因為無智而謗我。他不知道我的德。舍利弗啊，我有六神通[2]。這是我所有的人間以上之法。我有十力[3]，有四無所畏[4]，有破四生智[5]，有破五趣智[6]。這是我的人間以上之法。我雖有人間以上之法，而他卻說：『沙門瞿

2 六神通係指神變不可思議無礙自在的智慧，共有六種：（一）神足通或神境通，即能將一身化成多身將多身化成一身，雖有銅牆鐵壁，崇山峻嶺之障礙，亦能自在通行之智慧。（二）天眼通。（三）他心通。（四）宿命通，即能知自己及一切眾生前生之事的智慧。（五）天耳通，即能聞一切眾生語言與世間種種音聲之智慧。（六）漏盡通，即能斷絕一切煩惱之智慧。

3 十力係如來獨有的十種智力之謂。（一）知覺處非處智力。（二）知三世業報智力。（三）知諸禪解脫三昧智力。（四）知諸根勝劣智力。（五）知種種解智力。（六）知種種界智力。（七）知一切至處道智力。（八）知天眼無礙智力。（九）知宿命無漏智力。（十）知永斷習氣智力。詳閱《大智度論》第二十五卷。

4 四無所畏是佛化他上的無畏的自信。（一）一切智。（二）漏盡。（三）說障道，即障害的認識。（四）說盡苦道，即救濟道之認識說示。

5 破四生智，即不受卵、胎、溼、化四生。

6 破五趣智，即指不再受生地獄、餓鬼、畜生、人、天五道而入涅槃之智慧。

曇沒有人間以上之法。』倘若他不放棄此語、放棄此心、放棄此見，那他就將如拿來放置之物一樣，會墮入地獄去吧。」佛這樣地稱讚他所有的人間以上之法，接著又說：「舍利弗啊，聽說善星信著拘羅剎帝利的難行道的邪說。信邪說的人，是不會信我的。距今九十一劫以前，『這裡有真理嗎？』我曾這樣地窮究過外道的邪說，修習四分完備的梵行。論到苦行，我是極度的苦行者。論到粗食，我是極度的粗食者。論到厭俗，我是極度的厭俗者。論到遁世，我又是極度的遁世者。」接著答應了長者的請求，講起過去之事來。

【主分】

從前，距今九十一劫以前，菩薩因想「窮究外道之教」，作了活命派的出家人。赤身裸體，以塵土塗身，避世獨處。見了人就像鹿一般地遠避，食不潔之物，食犢之糞。他為使心不鬆懈起見，住在深林中可怕之處。他住在那裡，在下雪的時期，有八日，晚上出了深林睡於原野，太陽出來之後，再回到深林中去。夜裡在原野如浸在雪水中，白晝在深林中水滴落濕了他的身子，他這樣不分晝夜地忍耐著寒苦。在暑夏的最後一月，白晝住於原野，晚上跑入深林。他白晝在原野為暑熱所苦，晚間在無風的深林中熬受大苦。汗從全身湧出來。那時他就想起未曾聽到過的下面的偈語來：

牟尼受渴又受凍，　獨自赤身裸體，
坐在可怖的林中而不向火，　專心於己之所志。

菩薩這樣地修著四分完備的梵行，當自己臨終時，見地獄之相顯現，知道「堅執此種修行乃無益之事」。在那一剎那就捨棄舊見，得了正見而生於天上界。

【結分】

佛作此法話後，把本生的今昔聯結起來道：「我就是那時的活命師。」

九五　大善見王本生因緣 〔菩薩＝王〕

【序分】

此本生因緣，是佛臥在般涅槃床上，就阿難長老「世尊，請勿在此小城入涅槃」這一句話說的。佛說：「生於那羅村的舍利弗長老於如來在祇園精舍時，在迦底迦月團圓之日在婆羅迦入滅，還有大目犍連於迦底迦月黑分之半時入滅，則我也非在拘尸那揭羅城入滅不可。」於是順次遊行各處，來到這個地方，在沙羅雙樹間朝南而臥，不再起身。這時阿難長老懇求道：「尊師世尊啊，請勿在這凹凸不平的小城、森林中之城、枝葉之城入滅。請世尊在王舍城或其他大城市入寂吧。」佛道：「阿難啊，不可把這裡稱作小城、森林中之城、枝葉之城，我在前生為善見輪王時，曾住在此城。那時，這裡是用寬十二由旬的寶珠牆圍繞的大都城哩。」說著應長者的請求，講過去之事，說《大善見經》。

【主分】

那時大善見王出了正法王宮，來到貼近的多羅樹林中，垂了右脅，臥在以七種寶珠製成的精美的臥榻上，似乎將不起了。須跋陀妃見了，說道：「大王，請自王都拘舍婆提起，在八萬四千個王都之中任選一處吧。」大善見王道：「妃子，不要這樣說，請教我說：『不要選取、拋棄你的願望呀。』」妃又問道：「大王，這是什麼緣故呢？」王答道：「我今日恐怕要死了。」當時妃嗚咽而泣，指著兩眼，好容易才說出這幾句話來。其他八萬四千個侍女也悲泣起來。諸大臣中也都忍不住悲傷，大家都哭了。

菩薩制止他們說：「不要再哭，大家別再出聲。」又喚著王妃教誡她道：「妃子，不要悲泣。有為之法，雖微細如一粟，也不是常住的東西。一切都是無常而有壞滅性的。」接著就唱出了下面的偈語：

諸行實無常，　是生滅之法。
有生必有滅，　生滅息止才是樂。

如是，大善見王由無死的大涅槃，得至上之教，教人「行施與、守戒、守布薩」等等，自己則生於天上界，

【結分】

佛作此法話後，把本生的今昔聯結起來道：「那時的須跋陀妃是羅睺羅的母親，國寶的王子是羅睺羅，其餘的人們是今日佛之從者，大善見王則就是我。」

九六　油缽本生因緣〔菩薩＝王子〕

【序分】

此本生因緣，是佛在宋婆國提沙迦村附近的深林中時，就《國美經》說的。佛在此處說道：「比丘們啊，假如有一大群人喊著『國美國美』聚集到這裡來。假如那位著名的國美唱起歌來，就有更多的群眾喊著：『國美在歌舞了，』聚集攏來。時有一人走來。那是好生惡死、好逸惡勞的人。假定有人告訴他說：『喂，你拿了這滿盛著油的缽，從許多人與國美之間穿過去，一個人拔刀跟著你走。』比丘們啊，你們將作何感想呢？那人會毫不經意地拿著走嗎？」比丘眾道：「不，尊師，不會的。」佛道：「我之所以提出這個譬喻來，是為了要使你們懂得他的寓意。這譬喻的寓意是這樣的，所謂『滿盛著油的缽』，是關於身的想念之意。因此之故，比丘們啊，你們非如是修養不可：『我們得修習身想念，完成身想念。』比丘們啊，你們不可不如是修養。」佛如是以意義與文句說《國美經》。

世尊引證此經開示說：「欲作身想念之修養者，應不捨想念，努力修養，如手持滿而將溢之油缽的人。」比丘眾聽到了此經與其意義，這樣說道：「尊師啊，要如那人的樣子，持油缽而行，目不顧視國美，是困難的。」佛道：「那人沒有做難事，這是很容易的。何以呢？因為他是受著拔刀之人的恫嚇，捧持油缽而行著。古時賢者由於精進努力，不捨想念，克制諸根，目不視化現的天人，到達後終於獲得王位。這才困難哩。」接著就講起過去之事來。

【主分】

從前，當梵與王在波羅奈城治國時，菩薩是他的王子，為一百個王子中之最幼者。及年漸長，他有了辨別事理的能力。那時辟支佛等在國王宮中受著食物的供養，菩薩做了他們的侍者。一日，他心中忖道：「我有許多兄長，我在這都城中，能否得到王家的領土呢？」他又忖道：「把這去問問辟支佛等吧。」次日，辟支佛等來了，以淨水瓶漉水、洗腳、塗油、喫了嚼食而坐。菩薩向他們禮拜，然後坐在一邊，以這事相詢。他們告訴菩薩道：「王子啊，你在這都城中是得不到領土的。離此一百二十由旬的健馱邏國，有一名叫得叉尸羅的地方，你如能到那裡去，則第七日就可得到領土吧。但途中的大森林中有邪魔。繞森林而行，路程一百由旬，其中須穿過林間者計有五十由旬。這叫做非人道路。有女夜叉們在路上建了村莊與家屋，上懸裝有金星的花樣的天蓋，設著華貴的臥榻，張著各種顏色的帳幕，她們以天女的裝飾品裝飾身體，住在屋內，見有男人來了，就用蜜一般的言語引誘他們說：『你好像很辛苦了，請進來休息一下，喝些水，請進來。』於是為來客設座，用她們美貌的魔力迷住他們，使他們成為煩惱的俘虜，與她們一同犯罪，然後當場吞喫他們，使之喪生。對好色者用姿色去擒他，對好聲者用如蜜之歌與音樂之聲去擒他，對好香者用天界之香去擒他，對好味者用天界的各種美食去擒他，對好觸者用兩頭置有紅色枕頭的天界的臥榻去擒他。如果你能克制諸根，不去看她們，不捨想念而去，則第七日就可在那裡取得領土吧。」菩薩道：

「諸位尊師，好，承諸位尊師指教，我怎會去看女夜叉呢？」說著，就請辟支佛們作守護的祈念，帶了守護之砂與絲，拜別辟支佛們與雙親，回到家中告訴僕役們道：「我要到得叉尸羅去接受王位。你們仍在這裡好了。」五個僕人道：「我們也去。」王子道：「你們去不得。聽說路上有女夜叉，會將為姿色等等所迷的人，隨其所好，一一迷住，使之成為她們的俘虜。這是大邪魔。而我是懷著戒心去的。」五人道：「王子，我們跟你同去，怎會去看那可愛的美色呢？我們也要到那裡去。」王子道：「那麼要當心啊。」就帶領五人出發。女夜叉們造了村莊等等待著。

在這一行中，有一個是好色者，見了這些女夜叉，他的心給她們的姿色勾引去了，較別人稍落後。王子道：「你為什麼落了後呢？」那人道：「王子，我因腳痛，在路上一家人家休息了片刻才來的。」王子道：「喂，不要對這些女夜叉發生欲念啊。」那人道：「這個，王子，我確是不能去了。」王子道：「那麼你以後會明白吧。」說著帶領其他四人而去。那個好色的人到女夜叉的地方去了。她們一同使他犯了罪，當場結果了他的性命，然後趕上前面去，又造了一家人家，提了各種樂器，坐著唱歌。在這裡，一個好聲者走得慢起來了。女夜叉們把他喫了，再趕到前面去，將香盛入各式各樣的香箱中，開了店等著。在這裡，一個好香者走得慢起來了。女夜叉們把他喫了，再趕到前面去，將各種美味的天界的飲食品盛在器皿中，開設了飲食店等著。在這裡，一個好味者走得慢起來了。女夜叉們把他喫了，再趕到前面去，設了天界的臥榻等著。在這裡，一個好觸者走得慢起來，也被喫掉了。

菩薩只剩得一個人了。一個女夜叉道：「這真是意志堅決的人。我若不喫此人，誓不回去。」緊緊地跟著菩薩而行。到了森林的對面，樵夫與其他路人們見了這女夜叉，問道：「在妳前面走著的是什麼人呢？」女夜叉道：「諸位，他是我的情夫。」人們道：「喂，這般美麗得像花環一般的黃金色的妙齡女子，棄了自己的家，為愛慕你而追隨著你，你為什麼要與她為難，不與她同行呢？」菩薩道：「諸位，這不是我的配偶者，是女夜叉。我有隨從者五人，全被她喫掉了。」女夜叉道：「諸位，男人這東西，動起怒來，就會把自己的配偶者稱作夜叉、稱作餓鬼的。」女夜叉復向前行，裝出懷孕的樣子，後來又裝出一度生過兒子的樣子，腰裡抱著孩子，隨在菩薩之後而來。每當有人見到，必作如前的詢問。菩薩也如前地回答。最後到了得叉尸羅了。女夜叉藏過了孩子，獨自隨之而行。菩薩到了都門，在一家人家中坐下。女夜叉因了菩薩的威光，不能走進那家去，化成天女，站在門口。

這時，得叉尸羅的國王正到御苑去，中途見到她，就動了心，差人前去探聽這女子有沒有丈夫。那人走近了她，問道：「妳有丈夫嗎？」女夜叉道：「有的，老爺，那個坐在屋中的就是。」菩薩道：「這不是我的配偶者，這是女夜叉，我有五個伴侶，全被她喫掉了。」女夜叉道：「老爺，男人這東西，動怒時就會隨便胡說的。」那人把雙方所說告訴國王。王道：「無主之物，是屬於王的。」遂喚那女夜叉來，同騎在象背上，在城中右繞巡遊一周，回到宮中，立此女為第一個王妃。國王洗澡、塗油、喫完了晚餐，就上床去睡。那女夜叉也喫了些自己所愛喫的食物，化粧之後，上床與王同眠。王滿足了欲望睡去時，女的轉身背著王哭起來了。王問她道：「妳為什麼哭泣。」女夜叉道：「大王，我是你在路旁看到帶來的。你宮中女人很多。我恰如住在敵人之間。將來談話時，她們如果說：『妳的雙親、姓氏、出身有誰知道？妳是路旁被人拾來的。』我將羞得不能抬頭。假如你把全國的主權與命令權交付給我，那就誰也不敢對我說我所不願聽的話了。」王道：「妃子啊，國中的人民與我並無何種關係。我不是人民之主。只在有人背叛國王，作不軌之事時，我才是他們之主。以此理由，我不能把全國的主權與命令權讓給妳。」女夜叉道：「那麼，大王，倘不能將全國與都中的命令權交給我，至少可將宮中的命令權交給我，使我對宮中所有的人行使權威吧，大王。」王因與天女似的她相接觸，弄得神魂顛倒了，不能拒絕她的要求，便說：「妃子啊，好的，把對宮內之人的命令權讓給妳吧。妳對他們行使妳的權威就是了。」她答應道：「是。」

當王入了睡鄉時，那女夜叉偷偷地回到夜叉之城，喚了夜叉們來，親自結果了王的性命，把筋、皮、肉、血等都喫得乾乾淨淨，只剩了一點骨頭。其餘的夜叉們也在大門口，自雞犬起，把宮內的東西統統喫掉，只剩骨頭。第二日，人們見宮門儘是關著便用斧破門而入，只見宮中遍地都是骨頭，便道：「那人說：『這不是我的配偶者，是女夜叉。』確實不錯。然而大王毫不曉得，把她帶到宮中來，立為王妃。一定是那女夜叉喚了夜叉們來，把所有的人統統喫去了。」

卻說，那日，菩薩在那人家，頭上頂了守護之砂，身上繫了守護之絲，執著刀，正在等待日出。人民將宮殿角角落落都掃除過，在地上鋪了綠葉，塗香於葉，又撒了花，解開了花環，薰香後再編成花鬘。他們一面做著這些工作，一面互相商議道：「竟有這樣的人，雖那女夜叉化成天女，緊緊跟在後面，諸根不為所攪亂，甚至對她不看一眼，真是有勇氣、智慧的偉大人物。如由這樣的人執政，則國內將和平而治吧？我們願擁戴這樣的人做國王。」於是大臣與市民齊心一致去見菩薩，說道：「大王，請為本國執政。」遂迎入城中，使乘在堆著寶玉的東西上，舉行灌頂儀式，任作得叉尸羅之王。王不作國王所不應做的四事，不破十種王法，依正義治國，行施與等善事，後來依其業報，投生於應生之處。

【結分】

等正覺者的佛既述此本生因緣，又唱出下面的偈語：

未曾到過的地方，　　人若要去，
須謹護著自己的心，　　猶如手捧滿盈的油缽。

如是，佛以涅槃為目的，把法話說到了頂點，又將本生的今昔聯結起來道：「那時國王的從者即今佛之從者，登王位的王子則就是我。」

九七　因名得福本生因緣　〔菩薩＝阿闍梨〕

【序分】

此本生因緣，是佛在祇園精舍時，就一個相信可因名得福的比丘說的。相傳，某門第之家有一子，取名「惡者」。他衷心歸依此教，就出了家。他因比丘眾向他說：「法友惡者，來呀。法友惡者，給我站住。」心裡忖道：「在這世間，說到『惡』，總是指可厭的、不幸的事。請改取一個吉祥的名字吧。」於是到阿闍梨與和尚那裡去，說道：「尊師們啊，我的名字不吉，請給我改取一個別的名字。」他們告訴他道：「法友啊，名字不過是符號罷了。只靠名字，是什麼利益也得不到的。所以請你仍滿足於自己的名字吧。」他再三懇求不已。他想因名得福的事，在僧團中是無人不知了。一日，比丘眾會集法堂，互相談論道：「法友們，比丘某想靠名字獲得福運，他似乎以為吉祥是隨意可得的。」佛走進法堂來，問道：「比丘們啊，你們此刻會集於此，有何談話？」比丘眾道：「是如此這般的事。」佛道：「那並不自今日始，在前生他也是一個認福運可因名而招得的人。」接著就講起過去之事來。

【主分】

從前，菩薩在得叉尸羅是個有名的阿闍梨，對五百個弟子教授吠陀。在弟子中有個名曰「惡者」的少年。他對別人說「惡者來呀、惡者去呀」等類的話，心裡忖道：「我的名字不吉，請人改取一個名字吧。」於是到師傅的地方來，說道：「師父，我的名字不吉。請為我換一個別的名字。」師傅告訴他道：「你去巡歷全城，調查合乎自己心意的吉利名字，回來以後，就改變名字，另用新名吧。」他答說：「是。」就帶了盤費出發，從這一村走到那一村，最後到了某城。那城中有一個人死了，那人名曰「有命」。他〔惡者〕見親族與其他人們正在把那人扛到墓地去，便問道：「這人叫什麼名字？」人們道：「他的名字叫做『有命』。」惡者道：「名曰有命之人也會死的嗎？」人們道：「不論曰有命或曰無命，人都不免一死。名字只不過是符號罷了。你像是個不懂事的人哩。」他聽了這話，就棄了對於名字的偏見，入都城去了。

這時，有一個婢女因借了錢不還，她的主人等使她坐在門口，用繩抽打她。那婢女名曰「守寶」。他在街上走著，見這女人正被人毆打著，便問：「為什麼毆打此人？」人們道：「因為這女人借了錢不還。」惡者道：「她叫什麼名字？」人們道：「她曰『守寶』。」惡者道：「名字既曰『守寶』，為什麼連所借之款都不償還呢？」人們道：「不論名曰守寶或曰無寶，她總是一個窮人。名字只不過是符號罷了。你像是個不懂事的人哩。」

他更進一層棄了對於名字的偏見了。出了都城在大路上行走，途中見一迷路者，問道：「你走來走去幹什麼？」那人道：「實在是因為迷了路。」惡者道：「你叫什麼名字。」那人道：「我曰『善旅』。」惡者道：「善旅也會迷路嗎？」那人道：「不論名字是否曰善旅者，都會迷路的。名字只不過是符號罷了，你像是個不懂事的人哩。」

他完全棄了對於名字的偏見，回到菩薩的地方來了。菩薩問道：「如何，你已找到稱心的名字了嗎？」他回答道：「師父啊，不論名曰有命或曰無命都要死的。不論名曰守寶或曰無寶都是貧乏的。不論名曰善旅或不曰善旅都會迷路的。名字只不過是符號罷了。福運不能靠了名字招致，是靠行事才得到的。不改名字也罷了。」菩薩將他所見之事與所為之事聯結起來，唱出了下面的偈語：

有命的死去，　守寶的貧窮，
善旅者迷路，　惡者見了這些便回來了。

【結分】

佛既述此本生因緣，又道：「比丘們，不但今日，即在前生，這人也以福運是靠名字而得的。」最後把本生的今昔聯結起來道：「那時的男子即今日這個男子，師傅之從者即佛之從者，師傅則就是我。」

九八　邪商本生因緣〔菩薩＝商人〕

【序分】

此本生因緣，是佛在祇園精舍時，就一個不正商人說的。舍衛城有甲乙二人合做生意。他們把貨物裝載在車上，下鄉銷售，獲利而返。不正商人思忖道：「他已多時喫粗惡的食物，睡在不舒服的地方，很是疲乏著。回到自己家中以後，會任性喫各種美味的飲食，因消化不良而死吧？那時我就把這貨物分作三分，把其中的一分給他的兒子們，我取其餘二分吧。」因此之故，他嘴上雖說「今天分吧，明天分吧」，卻始終沒有分貨物的意思。

他雖不願分，那個好商人卻強迫他把貨物分開了。好商人分了貨物以後，到精舍去，禮拜世尊，寒暄畢，佛道：「很遲呢。從前你總是一到此處，就來訪我的。」他就把遲來的原因稟告世尊。佛道：「信士啊，那人為不正商人，並不始於今日，在前生，他也是個不正商人。現在他想騙你，在前生他也曾想欺騙過賢人們。」接著就應好商人的請求，講起過去之事來。

【主分】

從前，當梵與王在波羅奈城治國時，菩薩生在波羅奈商人的家裡。命名之日，取名「賢人」。成年後，他與另一商人合做生意。那商人的名字曰「大賢」。他們將貨物裝在五百輛車子上，從波羅奈出發，到鄉間去賣，賺了錢，再回到波羅奈來。當他們分貨物時，大賢道：「我非得三分之二不可。」賢人道：「那是什麼理由呢？」大賢道：「你是賢人，而我是大賢人。賢人得一分，大賢人得二分，這是理所當然的。」賢人道：「我們二人所出販貨的錢與牛等物不是完全一樣的嗎？你得二分何以是理所當然的呢？」大賢道：「因為我是大賢人呀。」二人這樣互相爭論著，終於吵鬧起來了。

後來，大賢心想：「我有妙計。」叫自己的父親跑進了一株蝕空了的樹中，說道：「父親，我們來時，請你說一句『大賢人得二分是理所當然』。」便到菩薩的地方來，對菩薩道：「朋友，我應否得二分，那樹神是知道的，那麼去求示於神吧。」說著就祈求道：「樹神啊，請你裁判我們的訴訟。」於是他的父親變換了聲音，說道：「那麼試把事由供上。」大賢道：「神啊，這人是賢人，而我是大賢人。我們合資經商。這樣誰應得多少呢？」樹神道：「賢人應得一分，大賢人應得二分。」菩薩聽到如此裁判訴訟，心想：「現在須得試驗一下，他究竟是不是神。」於是拿了稻草來，塞住樹洞，對他燃起火來。火燃起來以後，大賢人的父親半身被燒，就爬上去抓住樹枝，從樹上墮地，唱出下面的偈語來：

賢人實好，　大賢實不好。
我為兒子大賢故，　身體被灼傷。

他們把貨物分做二分，各自取得應得之分，後來依其業報，各自投生於應生之處。

【結分】

佛道：「他在前生也是個不正商人。」佛既說此過去之事，又把本生的今昔聯結起來道：「那時的不正商人即今之不正商人，好商人則就是我。」

九九　超千本生因緣〔菩薩＝阿闍梨〕

【序分】

此本生因緣，是佛在祇園精舍時，就凡人會提出來的質問說的。這故事見〈沙羅槃伽仙本生因緣〉〔第五二二〕中。某時，比丘眾會集法堂，說道：「法友們，法將舍利弗曾把十力說得很簡單的事詳細加以說明哩。」於是便談起長老的功德來。佛來到那裡，問道：「比丘們啊，你們現在會集於此，作何談論？」比丘眾道：「是如此這般的事。」佛道：「比丘們啊，舍利弗把我所簡單講述的事詳細說明，並不始於今日，在前生也曾如此。」接著就講起過去之事來。

【主分】

從前，當梵與王在波羅奈城治國時，菩薩生在西北方婆羅門的家裡，在得叉尸羅修習一切學術，後棄諸欲出家修仙，獲得五神通與八禪定，住在雪山地方。他有五百個行者的弟子。後來在雨季時，他率領了行者的半數，到有人煙的鄉里去攝取鹹味與酸味的食物。

時菩薩死期已至。弟子們詢問菩薩所成就的造詣道：「你得到了什麼美德呢？」菩薩說了一句「一無所成」，就生到光音天、梵天的世界去了。凡是菩薩，縱使修得色界定的，也不會因不可能的理由，生於無色界的。弟子們覺得「我們師父一無所成」，故不曾向他的墓場致敬。

那些弟子回來，留守的弟子們問道：「師父在何處？」及聞知「師父已死」，上弟子就問：「問過師父所成就的造詣嗎？」弟子們道：「是問過了。」上弟子道：「怎麼說？」弟子們道：「說是一無所成，所以我們不曾向師父致敬。」上弟子道：「你們沒有理解師父所說的意思。師父已得到了無所有處定了。」他雖反覆地說，他們卻不相信。菩薩曉得了此事，覺得「愚魯之輩，不信我上弟子的話。我把這緣由顯給他們看看吧」，遂從梵天界到來，在道院上顯示大威神力，立在空中，稱讚著上弟子的智慧力，唱出下面的偈語來：

超過千數的無智者集在一處，　　悲泣至一百年，

不及一智慧者，　　領悟所說的意義。

大士這樣立在空中說法，使行者們心折後，就回到梵天界去了。那些行者們壽終後，亦

生於梵天界，

【結分】

佛作此法話後，把本生的今昔聯結起來道：「那時的上弟子是舍利弗，大梵天則就是我。」

一〇〇　嫌惡色本生因緣〔菩薩＝王〕

【序分】

此本生因緣，是佛在孔地耶村附近孔達陀那林時，就拘利耶王的公主須波婆沙說的。她是一個信心深厚的婦人，那時懷孕已七年之久，忽起陣痛，七日間感到劇痛。她雖為此劇痛所苦，心裡仍這樣想念：「那世尊為使人脫離此種痛苦而說法，所以為等正覺者。世尊的弟子們為欲脫離此種痛苦而修行，所以是真正的修行者。涅槃沒有此種痛苦，所以是大安樂之所。」她靠這三個念頭，忍受著苦痛，叫丈夫到佛的地方去，傳達自己的消息與致敬之語。佛聽了致敬的傳言，說道：「拘利耶王的公主須波婆沙啊，願妳安泰，願妳平安產下壯健的兒子。」世尊這樣一說，公主果然平安產下了壯健的兒子。丈夫回到家中，見已生一子，便說：「真不可思議。」對於如來的威力，心中充滿了不可思議稀有之念。

須波婆沙產後，想對佛與其弟子們作七日供養，復叫丈夫去邀請。時佛與其弟子們，同在大目犍連長老的信者之家受供。佛為了要給與須波婆沙以供養的機會，差人至長老的地方，請他答應，七日間與比丘眾一同去受她的供養。到了第七日，須波婆沙把兒子悉婆利王子打扮了，使他禮拜佛與比丘眾。順次禮拜後，復帶兒子到舍利弗長老的地方來。長老向他點點頭，說道：「悉婆利啊，你好嗎？」他道：「尊師，我怎麼能好呢？我住在血壺之中有七年之久哩。」便繼續與長老交談。須波婆沙聽了他的話，覺得「我兒生後不過七天，竟能與坐在佛之次席的法將〔舍利弗〕講話了」，心中充滿了歡喜之情。佛問道：「須波婆沙啊，妳還想再有個這樣的孩兒嗎？」公主答道：「尊師，如能再得七個這樣的兒子，則於願已足。」佛致祝賀之辭，表示了隨喜之意而去。悉婆利王子到了七歲，就歸依佛教，滿二十歲後，受具足戒，為善業者，為所得第一人者，使大地發聲，昇至阿羅漢位。在善業者中，處最上之地位。

一日，比丘眾集合法堂，互相談論道：「各位法友，悉婆利長老是那樣的大善行者，久立誓願，已得入涅槃之身，然卻住在血壺之中至七年之久，七日間受生產之苦。母子都受盡了大苦惱。這是由於什麼業呢？」佛來到那裡，問道：「比丘們啊，你們此刻會集於此，談論何事？」比丘眾稟告道：「談著如此這般的事。」佛道：「比丘們啊，大善行者悉婆利住在血壺中至七年之久，在七日間受生產之苦，都是由於他的夙業。須波婆沙受懷胎之苦至七年之久，在七日間受生產之苦，也是由於自己的夙業。」接著就講起過去之事來。

【主分】

從前，當梵與王在波羅奈城治國時，菩薩投生於波羅奈國王元妃的胎裡，生後達成年時，在得叉尸羅修習一切學術。父死以後，繼承王位，公正治國。時拘薩羅國王率大軍來攻波羅奈城，殺害其王，強佔其元妃為自己的元妃。當時波羅奈王的王子於父死時，從陰溝中逃出，糾集兵馬回到波羅奈城，駐在城的附近，送信給國王說：「把王位讓還，否則請戰。」國王送回信去說：「戰吧。」王子的母親聽到了這個消息，送信給王子說：「用不著交戰，可圍住波羅奈城，將四方交通截斷，絕其柴、水與糧食，待人民疲困時，可不戰而把城取得。」他聽了母教，在七日間斷其交通，將城封鎖起來。城中的人因交通斷絕，於第七日取了國王的首級，獻給王子。王子入城即了王位，後來依其業報，投生於應生之處。

【結分】

他在七日之間斷絕了交通，將都城封鎖而佔領之。其業報是住在血壺中七年，七日間受生產之苦。但他曾伏在最勝白蓮（佛）的足下，說「我要成為所得第一人者」，行大施，作祈願，在毗婆尸佛時，與都城住民們一同供養價值千兩的酪丸，而作祈願。因此功德之力，得成為所得第一人者。須波婆沙因送信去說：「兒啊，可封鎖都城而取之。」致胎內懷了七年的身孕，受七日間的生產之苦。佛述此過去之事畢，以等正覺者的地位唱出了下面的偈語。

現不快為快，　現不可愛為可愛，
現苦為樂，　以克服不注意之徒。

佛作此法話後，又把本生的今昔聯結起來道：「那時，封鎖都城而得王位的王是悉婆利，其母即須波婆沙，父親波羅奈王則就是我。」

第十一章　超百品

一〇一 超百本生因緣〔菩薩＝婆羅門〕

瞑想百年而尚愚昧者，　縱使多至一百人以上，
遠不及一度聽聞，　即能領悟真相的一個智者。

此本生因緣，其故事、文章、結構皆與〈超千本生因緣〉〔第九九〕完全一樣。所不同的，只是上面的偈語而已。

一〇二 蔬菜商本生因緣〔菩薩＝樹神〕

【序分】

此本生因緣，是佛在祇園精舍時，就一個賣蔬菜的優婆塞說的。他住在舍衛城，以賣蔬菜與瓠瓜等為生。有一個女兒，是個可愛的美人，德行兼備，純潔無瑕，只有一個缺點，就是始終露著笑容。那時有門當戶對的人家前來說親，要想娶她。父親心裡忖道：「這孩子已非出嫁不可，但她始終作著笑容。若是女兒品行不端而嫁了人，則勢必玷污父母的面子。且一試這孩子品行是否端正吧。」

一日，他叫女兒拿了籃子，帶她到森林中去摘野菜。他為了試女兒的心，故意裝出欲火中燒的樣子，低聲說著甘言蜜語，用手臂去把女兒抱住。女兒急得大聲哭泣起來，說道：「爸爸，這真是意想不到的事，如水中起火一般使人驚奇。請不要這樣。」父親道：「女兒

啊，我用手將妳摟抱，只不過想試試妳看。喂，妳快告訴我，妳究竟是不是品行端正的孩子？」女兒道：「爸爸，當然端正。我見了男人，為愛欲所燃的事，一次都不曾有過呢。」

於是父親對女兒安慰一番，陪她回家料理喜事，把她嫁到丈夫家裡去。然後拿了香水、華鬘等物到祇園精舍來禮佛，向佛拜畢，獻上贈物，坐在一旁。佛道：「長久不見了。」他即向佛講述前面的情形。佛道：「優婆塞啊，你女兒在好久以前已德行兼備了。你試探她並不始於今日，前生也曾如此。」接著就應他的請求，講起過去之事來。

【主分】

從前，當梵與王在波羅奈城治國時，菩薩生為森林中的樹神。那時波羅奈有一個賣蔬菜的優婆塞住著，發生了與剛才所述同樣的事件。他試用臂將女兒抱住。女兒哭著唱出了下面的偈語：

我父應為我作救苦之盾，　卻在森林中作狎行。

我為何在林中哭泣，　就為了那應為我作盾的人施加暴行。

於是父親安慰著她，問道：「女兒啊，妳是處女嗎？」女兒道：「爸爸，我確實是處女啊。」父親遂伴她回家，設了喜宴，把她嫁至夫家。

【結分】

佛作此法話後，說明四諦。說畢四諦，這優婆塞得了預流果。佛乃把本生的今昔聯結起來道：「那時的父女二人即今之父女。那目睹此事的樹神則就是我。」

一〇三 仇敵本生因緣〔菩薩＝商人〕

【序分】

此本生因緣是佛在祇園精舍時，就給孤獨長者說的。長者到他所管領的村落去，歸途中遇到盜賊。他想：「不可在路上停留，非立刻回舍衛城去不可。」於是便火急地驅牛回到了舍衛城。次日，他到寺中來，以此事告佛。佛道：「居士啊，在前生賢人也曾在途中遇盜，於路上不停片刻，終於回到了自己家中。」接著就應他的請求，講起過去之事來。

【主分】

從前，當梵與王在波羅奈城治國時，菩薩是個富有資財的商人。他因應人之招往某村赴宴，歸途遇見了盜賊。他在路上毫不耽擱，火急地趕回自己家中，喫了種種的美肴，躺下精美的臥床去，叫道：「我居然從盜賊手中脫出，回到了安樂的家中了。」感激之餘，唱出下面的偈語來：

賢者見有敵人， 不在彼處停留。
若一夜或兩夜與敵同在， 則必將受苦。

菩薩感激地這樣唱了以後，積布施等善行，依其業報，投生於應生之處。

【結分】

佛作此法話後，把本生的今昔聯結起來道：「那時的波羅奈商人就是我。」

一〇四　知友比丘本生因緣〔菩薩＝天子〕

【序分】

此本生因緣，是佛在祇園精舍時，就一個墮落的比丘說的。這已見於前面〈知友本生因緣〉〔第八二〕中。[1]惟此處所述者，是迦葉佛時代的事。

【主分】

那時，有一墮落地獄的男子，頂著鐵的車輪受刑[2]。他向菩薩問道：「尊師啊，我究犯了什麼罪？」於是菩薩答道：「你犯如此這般之罪。」接著就唱出下面的偈語來：

欲由四增至八，　由八增至十六、三十二。
鐵輪壓逼貪欲無厭之人，　對斷欲者卻只在頭上空轉。

菩薩後來自往天界去了。那個墮落地獄的人也於惡盡時，依其業報，投生於應生之處。

【結分】

佛作此法話後，把本生的今昔聯結起來道：「那時墮落的比丘即彌多文達迦，天子則就是我。」

1 彌多文達迦的事，在〈婁沙迦長老本生因緣〉〔第四一〕中亦有述及。
2 地獄的刑具。受此刑具者，其身觸及車輪，即碎為微塵。

一〇五　弱樹本生因緣

〔菩薩＝樹神〕

【序分】

此本生因緣，是佛在祇園精舍時，就一個怯懦的比丘說的。相傳，他是舍衛城某家之子，曾聞佛說法而出家，可是非常怕死。不論在日間或是夜間，只要聽到風聲、鳥獸聲、或是見到枯木的搖顫，就會感到死的威脅，發出大聲四處奔逃。原來，他不曾想到自己也總有一日非死不可的。假使他知道自己不久也會死，就不該怕死，正因他還未曾仔細對死作過瞑想，所以怕死而無可如何。他怕死的事，不久即為別的比丘們所知。一日，他們在法堂上談論道：「法友啊，比丘某為死所脅，十分怕死。做比丘的人不是都應確信自己非死不可，仔細瞑想死之一事的嗎？」那時佛出來問道：「比丘們啊，此刻會集於此，作何談論？」比丘眾答以「是在作如此的談論。」佛就把那比丘喚出來，問道：「聽說你很怕死，真的嗎？」他回答道：「世尊啊，那是真的。」於是佛道：「比丘們啊，不可對這比丘動怒。他之非常怕死並不始於今日。在前生也是如此。」接著就講起過去之事來。

【主分】

從前，當梵與王在波羅奈城治國時，菩薩生而為雪山的樹神。時波羅奈王將御用的寶象交給飼象者，叫他施以不動術的訓練。於是人們將象吊在木樁上，使之不能動彈，然後持槍將四周圍繞起來，開始不動術的訓練。象忍不了受訓練的苦，毀了木樁，衝開了人們，奔入雪山去。人們捕他不住只好回來了。象到了山中，就怕死起來，聽了風聲也曾戰慄著怕死，拚命地逃來逃去，好像仍被縛在木樁上，受不動術的訓練似的。他這樣地失了身心之樂，老是戰慄著在徘徊。樹神見了他那情形，就在樹叢中唱出下面的偈語來：

弱樹在林中被風吹折，　亦非稀有之事。

象啊，你若對此恐懼，　無疑會瘦損而死。

樹神這樣地與以激勵之語，因此他後來也不恐懼了。

【結分】

佛作此法話後，說明四諦。說畢四諦，那比丘就證得預流果。佛又把本生的今昔聯結起來道：「那時的象就是這個比丘，樹神則就是我。」

一〇六　汲桶女本生因緣〔菩薩＝仙人〕

【序分】

此本生因緣，是佛在祇園精舍時，就一個肥胖姑娘的誘惑說的。這事件在第十三編〈小那羅陀苦行者本生因緣〉〔第四七七〕中亦將講到。佛向那比丘問道：「比丘，你真的害著相思嗎？」比丘答道：「世尊，真的。」佛問：「牽引你的心的是誰呢？」比丘稟告說：「是一個肥胖的姑娘。」於是佛道：「比丘啊，那是使你入迷的惡姑娘。前生你也曾為她之故而破戒，怯怯地在四處徬徨，後來幸而遇到賢人，得入幸福的生活。」接著就講起過去之事來。

【主分】

這事件發生於梵與王在波羅奈城治國之時，在小那羅陀苦行者本生因緣中也要講到。那時菩薩於黃昏時拿了果子回到仙居，推開了門以後，就對兒子小苦行者說道：「愛子啊，你平常總是給我搬柴、取飲食物、燃火，然而今日卻一事不作，只坐在這裡歎息，究竟是為了什麼緣故呢？」兒子道：「爸爸，當你出去拾果子時，有一個女子走來，誘我與她同去。但我想向你拜別後再走，所以不曾去，只叫她在如此這般的地方等著我。待你來後再去。」菩薩知道無法使兒子斷念，就許其離家，說道：「愛子啊，那麼你就到那裡去吧。但那女人如果想喫魚肉，想要牛油、鹽、米等物，她就會說『把這拿來』、『把那拿來』，使你疲於奔命吧？那時你可想起我的住處，逃回到這裡來。」於是他與那女人一同出發到村裡去了。可是當那女人到了自己的家宅時，卻說「拿肉來」、「拿魚來」，凡有所欲，不論何物，都叫他拿給她。他覺得那女子竟把自己當作奴隸、僕人而役使，於是逃回父親的地方，與父親招呼畢，就站著唱起下面的偈語來：

我本幸福度日，　　那汲桶般的女子使我受苦。
她是以妻的美名作掩護的竊賊，　　向我要油、要鹽求索不休。

菩薩安慰他道：「愛子啊，在這裡修習慈、修習悲吧。」於是就為他說四梵住，又為他說遍處定。他不久就獲得了神通與等至，修習梵住，與父同生於梵天界。

【結分】

佛作此法話後，說明四諦。說畢四諦，那比丘就證得預流果。佛乃把本生的今昔聯結起來道：「那時的肥胖姑娘即今之肥胖姑娘，小苦行者即那煩惱的比丘，其父親則就是我。」

一〇七　投擲術本生因緣〔菩薩＝大臣〕

【序分】

此本生因緣，是佛在祇園精舍時，就一個擊落白鳥的比丘說的。他是舍衛城的良家之子，精於投彈術。某日，聽佛說法，遂歸依了佛教，出家受具足戒。然而他不好學問，品行也不好。一日，他帶了一個年輕的比丘，到阿契羅婆底河去洗浴，當站在堤岸時，有兩隻白鳥正在空中翱翔。他就對年輕的比丘道：「用石子投擊那後面的一隻白鳥的眼睛，使他墮在腳下吧。」年輕比丘道：「怎樣擊落他呢？能夠把他擊落嗎？」比丘道：「日慢，試從這一隻眼睛擊穿另一隻眼睛，使他墮下吧。」年輕的比丘道：「什麼，你在說癡話哩？」比丘道：「怎麼？那麼你看著就是。」說著就拾起一塊三角形的石子，撮在指上，向那白鳥擲去。那石子發出聲音，白鳥心想，一定有什麼災禍了，就停住了聳耳傾聽。在這間不容髮之際，他又拾起一塊圓石，巧妙地擊中了那停住著向四周環顧的白鳥的眼睛。石子從另外一隻眼睛穿過，白鳥發出慘叫聲，恰好落在他們的腳下。比丘眾於他歸來後，責備他道：「你實在做了不德之事了。」就把他帶到佛的地方來，稟告說：「世尊，他做了這樣的事。」於是佛把那比丘譴責了一頓，說道：「比丘們啊，他擅長此術，並不始於今日，在前生他也很擅長的。」接著就講起過去之事來。

【主分】

從前，梵與王在波羅奈城治國時，菩薩是他的大臣。那時王的祭司是大饒舌家，常好辯論。他一饒舌起來，別人就無插嘴的餘地。王心裡疑惑著，不知有沒有這麼一日，有人出來使他減短冗長的話語，以後王就巡行各處，祕密尋訪這樣的人才。

這時，波羅奈城有一個跛者，工投彈術。街上群兒把他載在車裡，拉到波羅奈城門口一株蒼鬱的大榕樹下，圍繞著他，給以小錢，叫他在樹葉上造出象形，造出馬形。於是他連續投礫，在榕樹的葉上現出各種形狀來。所有樹葉都破碎，滿是洞了。那時王在赴御苑的途中，經過那裡，群兒因恐懼故，一齊逃走了，只有跛者留在那裡。王到了榕樹的根邊，坐在車上，見樹影已比平常稀疏，再一仰視，但見所有樹葉都已破碎，便問：「這是誰做的事？」從者道：「大王，是跛足的人。」王想：「如果靠了這人的力量，或能減縮婆羅門冗長的話吧？」於是問道：「那跛者在什麼地方呢？」從者探出他在樹間，稟告說：「大王，他在這裡。」於是王召喚他出來，屏退左右，問道：「我身邊有一個饒舌的婆羅門，你能使他沉默嗎？」跛者道：「大王，有一那利山羊糞就能成功。」

於是王帶跛者入宮，叫他坐在幕後，在幕上穿一孔，又設了婆羅門的坐席與那孔相對，在跛者旁邊放置一那利的乾山羊糞。侍候之時一到，婆羅門來了，王叫他坐在坐席上開始談話。婆羅門與王講起話來，不容他人有插嘴的機會。這時跛者從幕孔中將山羊糞連續擲入他口中去，宛如蠅飛一般。那羊糞一入他口中，便從喉頭下去了。每當羊糞飛擲過來之時，婆羅門就囫圇地吞下去，好像飲油似地。一那利的山羊糞如數入了他的胃裡，其量約半阿拉加。

王曉得羊糞已完了，說道：「師啊，你因饒舌之故，吞食了一那利的山羊糞，而毫不自知。要消化他當然不容易。快回去吞點稗與水，把羊糞清除了使健康恢復吧。」

嗣後，婆羅門就守口如瓶，即使有人與之談話，也緊守不言。王以為「我得耳朵清淨，全是跛者的功勞」，遂將有十萬金收入的四方的四村賜給跛者。菩薩來到王的旁邊，說道：「大王，賢人在世非修得學藝不可。跛者只賴投擲之術，贏得如此的成功。」接著便唱出下面的偈語來：

技藝實可讚，　試看那跛者，
只因有投彈術，　也居然獲得四方的村邑。

【結分】

佛作此法話後，把本生的今昔聯結起來道：「那時的跛者即那比丘，王即是阿難，賢大臣則就是我。」

一〇八　村女本生因緣　〔菩薩＝大臣〕

【序分】

此本生因緣，是佛在毘舍離附近大林中重閣講堂時，就一個離車族的王說的。這離車王虔敬而富有信心，邀請以佛為首領的比丘團至自己的邸宅，行大布施會。他的夫人身體非常肥胖，看去好像腫脹似的，服裝亦極骯髒。佛食畢道了謝，回到寺中，向比丘眾賜訓戒後，退入香室去了。比丘眾在法堂上互相談論道：「法友啊，那位離車王的夫人真醜得無話可說，身體那樣臃腫，衣服那樣齷齪。王居然能與她同居，而感到滿足哩。」這時佛出來問道：「比丘們啊，你們會集於此，有何談話？」比丘眾道：「在作如此的談話。」佛道：「比丘們啊，這事並不始於今日。在前生王也曾與肥胖的女人同居而滿足。」接著就應他們的請求，講起過去之事來。

【主分】

從前，當梵與王在波羅奈城治國時，菩薩是他的大臣。那時有一個身體肥胖、衣服粗惡的村女，因事被差到御苑附近來，不巧要出恭了，遂用所著的襯衣掩蔽了身子，坐著大便，完畢後立即站起。那時王恰從窗口眺望御苑，見了這女子，想道：「那女子雖在御苑內出恭，亦顧慮到羞恥與危險，用襯衣掩住身子，事畢馬上站起。那女子一定是健康的。若娶了她，家裡也會清潔吧？生在那潔淨人家的孩子，也會成純潔、有德的人吧？我就以她為正夫人吧。」於是他先去調查，及確知她非有夫之婦以後，便娶為正夫人。她頗得王的寵愛，不久就生下一子。這兒子後來成為轉輪聖王。菩薩目擊她的榮達，把下面的話稟告國王：「大王啊，凡是值得學習的技術，不可學的理由是絕對沒有的。試看那有大福運的女人，只因出恭時顧慮到羞恥與危險，用襯衣蔽身，遂獲得了這樣的顯達。」又說及值得學習的事物的性質，唱出下面的偈語來：

應該學習的當努力學習，縱使那是頑固的。
不見那生於鄉村的女子，因出恭的巧技博得王的寵愛嗎？

大薩埵〔菩薩〕如是說學習價值的功德。

【結分】

佛作此法話後，把本生的今昔聯結起來道：「那時的夫婦即今日的夫婦，那賢大臣則就是我。」

一〇九　粉糕本生因緣〔菩薩＝樹神〕

【序分】

此本生因緣，是佛在舍衛城時，就一個窮人說的。在舍衛城，供養對以佛為首的僧團，有時由一家舉行，有時則由三、四家聯合舉行，有時由若干人會集舉行，有時由全街舉行，有時由全城舉行。那時正是由全街供養，人們在街上走著談論「對以佛為首的僧團施與米飯或獻呈糕餅」的事。那條街上住著一個做短工的、非常貧窮的人。他想：「我不能獻呈米飯，只好獻些糕餅吧。」於是他把柔滑的赤粉搓成圓形，加了水，用挨加草的葉包好，在熱灰中烤熟，拿了站在佛前，預備進呈給佛。一聽到「將糕餅獻上來」，他就第一個上去，把他的粉糕放入佛的缽中。佛不取食別人所進的糕餅，而獨喫他的粉糕。立時，「等正覺者〔佛〕喫著窮人所獻粗惡的糕，毫無嫌惡之色」的話，傳遍了全城，自國王、大王以至門衛，都來了，向佛禮拜，然後走近窮人面前，說道：「喂，給你食物吧，奉送二百金吧，給你五百金吧。請將功德[3]分給我們。」他覺得此事須問過佛才行，即走到佛的旁邊，稟告此事。佛道：「可領受施物，把功德回向一切眾生。」因此他把人們的施物都收受了。他想，也許有人會出兩倍於前數的財物吧，結果卻有人出了四倍的財物，甚至有出八倍的財物的，一轉瞬間，他就得了九千萬金。佛對他們道謝，回寺，就比丘應禁與應為之事授了善逝之教，就退入香室去了。到了傍晚，王召那個窮人入宮，授以宮庭出納官之職。比丘眾在法堂上互相談論道：「法友啊，佛取那窮人所進呈的粗糕來喫，如飲甘露，毫無嫌惡之色。那個窮人也領受了許多施物，並且得了出納官的職位，飛黃騰達了呢。」等等的話。這時佛出來問道：「比丘們啊，你們此刻會集於此，作何談論？」比丘眾答道：「在談著如此的話。」佛道：「比丘們啊，我不厭他的糕粗而取來喫，並不始於今日。當前生為樹神時也曾喫過。

3 所謂功德（patti），即指對於善行所獲的果報。而此果報可依作善行者的意志歸向他人（即所謂回向）。在前述故事中，窮人供養佛的果報是廣大的，所以大家為欲得其果報之一分，而施金懇求窮人。

那時他也因我做了出納官。」接著便講起過去之事來。

【主分】

從前，當梵與王在波羅奈城治國時，菩薩生為蓖麻樹的樹神。某時，村人正在祭神，一時迎神的行列來了，村人對於各自所奉的樹神，供獻祭品。那時有一個窮人，見人們在禮拜樹神，也就向一株蓖麻樹拜了起來。別人都替各自所奉的神帶來了各種華鬘、薰香、塗香與嚼食、噉食等物，而他只帶來了粗糕與盛在椰子器皿中的一杯水，因此他站在蓖麻樹旁邊，想道：「神一晌喫天界的嚼食的，恐怕我的神也不會喫這種粗糕吧。徒然損失粉糕有什麼意思呢？還是由我自己喫吧。」他正將回去。那時菩薩在樹幹的繁茂處站起來道：「啊，你這個人啊，如果你是富人，就會把如蜜的嚼食獻呈給我吧？然而你是貧窮之人，若連你那糕都不領受，那麼另外還能受點什麼來喫呢？別將供物拿回去。」說著，就唱出下面的偈語來：

人的食物，　　也就是神的食物。
把那粉糕拿來，　　別將我的一分取去。

他回頭來，見了菩薩，就供呈供物，菩薩喫畢，問道：「你拜我有何目的？」他道：「我很窮困，想靠你的助力脫離貧困的境遇，所以對你禮拜的。」菩薩道：「啊，你不要憂慮。你對知恩施惠者作了供養了。在這蓖麻樹的四周，接連都是寶瓶。所以你可告訴國王，用車運去，堆積在御苑中。這樣，國王一定非常歡喜，當任你為出納官。」說畢，菩薩就不見了。那窮人遵命而行，王遂授以出納官之職。他因菩薩之助而榮達，後來依其業報，投生於應生之處。

【結分】

佛作此法話後，把本生的今昔聯結起來道：「那時的窮人即今之窮人，蓖麻樹的樹神則就是我。」

一一〇　全總括問

此全總括問，全部當在〈大隧道本生因緣〉〔第五四六〕中敘述。

第十二章　設問品

一一一　驢馬問

此驢馬問，也當在〈大隧道本生因緣〉〔第五四六〕中敘述。

一一二　不死皇后問

此不死皇后問，也當在上述本生因緣中敘述。

一一三　豺本生因緣　〔菩薩＝樹神〕

【序分】

此本生因緣，是佛在竹林精舍時，就提婆達多說的。那時，比丘眾會集法堂，坐著談論提婆達多的不德道：「各位法友，提婆達多率領五百比丘，到了迦耶西沙地方，說是『沙門瞿曇所為的不是法，我所為的才是法』，把比丘引入自己的異端邪說，並謊言已被委任，破壞僧團的和合，在一期中舉行二次布薩。」這時佛出來問道：「比丘們啊，你們現在會集於此，作何談論？」比丘眾答道：「談著如此這般的話。」佛道：「比丘們啊，提婆達多的撒謊，並不始於今日，在前生他也曾撒過謊的。」接著就講起過去之事來。

【主分】

從前，梵與王在波羅奈城治國時，菩薩生為墓地林的樹神。某時，波羅奈舉行祭典，人們打算「對夜叉供祭品」，在廣場或街道上遍撒魚肉，又在缽中盛了多量的酒放置著。有一隻豺於夜半從陰溝鑽入城內，喫了魚、肉，飲了酒，爬進蓬奈格草叢中，一直睡到天亮。一覺醒來，見了陽光，心想：「現在已逃不出了。」遂走到路旁隱匿起來，以免被人看見。他見了別的人們，沉默著一聲也不響，及見一個婆羅門僧走近來洗面，便這樣忖道：「婆羅門是利令智昏的。我撒個謊，用金來誘惑他，叫他讓我入他懷中，匿在外衣下端，帶出城外去吧。」於是作人語呼喚道：「婆羅門啊。」婆羅門道：「叫我的是誰？」豺道：「是我，婆羅門。」婆羅門道：「有什麼事？」豺道：「婆羅門啊，我有二百金，如果你能把我放在懷中，用外衣遮隱起來，帶出城外，不給任何人看見，那我就把那二百金送給你。」婆羅門因貪金故，答應說：「好，」就依所說的樣子把豺帶出城外。行不多遠，豺就向他問道：「婆羅門啊，此地是什麼地方？」婆羅門道：「是某地。」豺道：「請再往前些。」如斯再三央請，及行到了大墓地，他道：「就請在這裡讓我下來。」婆羅門把他放下。豺道：「婆羅門啊，請把你的外衣攤開。」婆羅門因貪金故，便把外衣攤開了。豺又道：「請向這樹根掘下去。」婆羅門專心致志去掘穴。豺就蹲在婆羅門的外衣上，在四隅與中央五處撒糞撒尿，把外衣弄污之後，跑入墓地林去了。

這時，菩薩站在樹木繁茂之處，唱出下面的偈語來：

婆羅門，你居然會相信　那偷飲酒的豺，
他連一百個貝殼也沒有，　何處會有二百金呢？

菩薩唱此偈畢，說道：「婆羅門啊，你去把你的外衣洗滌一下，洗個澡去作自己的業務吧。」說完就不見了。婆羅門道：「我確實上了當了，」快快而去。

【結分】

佛作此法話後，把本生的今昔聯結起來道：「那時的豺是提婆達多，樹神則就是我。」

一一四　中思魚本生因緣〔菩薩＝魚〕

【序分】

此本生因緣，是佛在祇園精舍時，就兩個年老的長老說的。他們在鄉村的森林中過了雨期，說是「要去會佛」，預備好了旅行的食糧，可是在說著「今天動身吧、明天動身吧」的中間，一個月過去了，於是重復準備食糧，在同樣的情形下，一個月又過去，兩個月也過去了。因了他們的懈惰與對於住處的依戀，遂虛度了三個月的時日。好容易才從那裡出發，來到祇園精舍，入公用之室，放好了衣鉢，來參見佛。這時比丘眾問道：「法友啊，你們兩位已好久不來見佛了，怎麼這樣遲延呢？」兩人就將原由說明。於是這兩人的懈怠懶惰的情形，在比丘僧團中已無人不知了，大家正在法堂上談論著。這時佛出來了，問道：「比丘們，你們現在會集於此，談論何事？」比丘眾答道：「在談論如此的事。」佛喚那兩人來，問道：「比丘們，聽說你們因懈惰而來得遲慢，真的嗎？」兩人答道：「世尊，真的。」佛道：「比丘們啊，他們懈惰並不始於今日，前生也曾懈惰過，有過對於住所戀戀的事。」接著就講起過去之事來。

【主分】

從前，梵與王在波羅奈城治國時，波羅奈河中有三條魚，一條名叫過多思，一條名叫過少思，還有一條名叫中思。他們從森林中出來到了人境，中思對其他兩條魚道：「這人境多危險，實在可怕。漁夫投各種網或魚籠來捕魚，所以我們還是到森林裡去吧。」然而其他兩條因了懈惰與對於食物的愛著，只是說著「明天去吧，明天去吧」，因循復因循，終於三個月過去了。那時漁夫在河中投下網來了，過多思與過少思先去求餌，因眼睛遲鈍，不見有網，便鑽入網內去了。中思隨後到來，見有網，知其同伴二魚已入網內，想「救那懈惰而眼光遲鈍的二魚性命」，遂從外邊繞行到網內，作出破網從前面逃出的模樣給他們看，攪亂著水，行至網的前面，再向網內游去，作出破網從後方逃出的模樣給他們看，攪混了水，躲在後方。這時漁夫覺得「魚破網逃去了」，遂執住網的一端拉將起來。那兩條魚也從網的破洞裡漏脫，落在水中了。如是，他們因中思魚的救助，保全了性命。

【結分】

等正覺者的佛述此過去之事畢，唱出了下面的偈語：

過多思與過少思兩魚，　已被捕在網中。

因中思魚的拯救，　再在彼處相會。

佛作此法話後，說明四諦。說畢四諦，二長老即證得預流果。佛又把本生的今昔聯結起來道：「那時的過多思與過少思即現在的二長老，中思魚則就是我。」

一一五　警告者本生因緣〔菩薩＝鳥王〕

【序分】

此本生因緣，是佛在祇園精舍時，就一個發警告的比丘尼說的。她原是舍衛城良家之女，出家得具足戒後，蔑視沙門之法，貪嗜食物。入城乞食時，選擇別的比丘尼所不到的一角，受精美的供養。她為味覺之欲所囚，心想：「假若別的比丘尼也到那裡去乞食，我將得不到什麼了吧，我必得想法使她們不到那裡去。」於是來到比丘尼的居所，對比丘尼警告道：「長老尼啊，在如此如此的地方，有可怕的象，可怕的馬、可怕的犬徘徊著，是非常危險的所在。不要到那邊去乞食吧。」比丘尼眾聽了她的話，沒有一人到那方去探看。一日，她在那裡行乞，正欲急忙跑入一家人家去，忽然一隻可怕的羊襲來，把她的腳骨折斷了。人們急忙過來，把她折斷的腳骨裹紮好，載在床上，扛到比丘尼的居所去。比丘尼眾嘲笑她道：「她對別人發警告，自己卻在那方行走，折斷了腳骨回來了。」這事不久就遍傳於比丘僧團之間，無人不知。一日，比丘眾在法堂上談論她的不德道：「法友們，聽說那個發警告的比丘尼，對別人發出了警告，而自己卻在那方巡行，因可怕的羊而折斷了腳骨哩。」那時佛進來，問道：「比丘們啊，你們現在會集於此，談論何事？」比丘眾答道：「在談論如此這般的事。」佛道：「她的發警告並不始於今日，前生也曾發過警告，但自己卻並不實行，以致常常受苦。」接著就講起過去之事來。

【主分】

從前，梵與王在波羅奈城治國時，菩薩在森林中投生在鳥的胎裡，成年後為鳥的首領，率領數十萬隻鳥赴雪山。他們滯留在那裡時，有一隻暴亂的雌鳥向大路出發去尋食，得到車上落下來的米、豆、果物之類，心想：「現在不要讓別的鳥到這方面來。」於是警告鳥群道：「大路實在是危險之處，有象、有馬、還有可畏的牛拉著車等在通行。我們不能急速起飛，所以不可到那邊去。」因此鳥群給那雌鳥取名叫「警告者」。一日，雌鳥向大路出發時，聽到從大路疾馳而來的車聲，回頭一看，以為「相離很遠」，依然四處走著，車以風也似的速度，駛近雌鳥，她來不及飛起，車輪在她身上碾過了。鳥王呼集群鳥時，見雌鳥不在，說道：「警告者呢，去把她找來。」搜尋者見雌鳥在大路上已被裂成兩段，即來報告鳥王，鳥王道：「雌鳥禁止他鳥到那裡去，而自己卻在那裡走，以致裂成兩段。」接著就唱出下面的偈語來：

那鳥警告他鳥，　　自己卻為欲所動，
被車碾轢，　　失了羽毛而倒斃。

【結分】

佛作此法話後，把本生的今昔聯結起來道：「那時的警告者即今發警告的比丘尼，烏的首領則就是我。」

一一六　背教者本生因緣

〔菩薩＝演藝者〕

【序分】

此本生因緣，是佛在祇園精舍時，就一個不受教的比丘說的。關於那比丘的事蹟，當於第九編〈鷹本生因緣〉〔第四二七〕中詳述。佛喚那比丘來，說道：「比丘啊，你這樣地不聽教言，並不始於今日。在前生也有過不受教的事。那時他因不聽賢者之教而行，遂至觸槍而死。」接著就講起過去之事來。

【主分】

從前，梵與王在波羅奈城治國時，菩薩生在演藝者的家裡，成年時既有智慧，藝亦高超。他從一個演藝者學跳槍的技藝，與師父一同在四處巡行獻技。這位師父有跳過四支槍的本領，卻不能跳越五支槍。一時，他在某村演藝時，因為喝醉了酒，竟將五支槍排成一列，說是「要跳過去給人看」。菩薩對他說道：「師父，你沒有跳五支槍的技藝。請將一支槍取去。假使跳過去，第五支槍會刺著你，使你喪命的啊。」但師父已完全醉了，說道：「你怎知道我的本領？」不聽勸告去跳，四支槍都跳過，但跳到第五支槍時，被槍刺穿，發出慘叫，倒在那裡了。菩薩向他說道：「你不聽賢者之言，致招不幸。」接著就唱出下面的偈語來：

師父，你做了極難之事，　這是連我也不敢希望的。
雖跳過了四支槍，　卻被第五支槍所刺穿。

這樣唱畢，他從師父的身上拔去了槍[1]，執行了應該執行之事[2]。

【結分】

佛作此法話後，把本生的今昔聯結起來道：「那時為師父的即今之背教者，弟子則就是我。」

一一七　鷓鴣本生因緣　〔菩薩＝仙人〕

【序分】

此本生因緣，是佛在祇園精舍時，就拘迦利[3]說的。關於他的事情，當在第十三編中〈達迦利耶青年本生因緣〉〔第四八一〕中詳述。佛道：「比丘們啊，拘迦利因自己的言語而喪命，並不始於今日。前生也曾因此喪命。」接著就講起過去之事來。

1 直譯當為「使師父離開槍」。
2 指荼毗。
3 拘迦利是跟從提婆達多的背教者之一人。

【主分】

從前，梵與王在波羅奈城治國時，菩薩生於西北婆羅門的家裡，成年後在得叉尸羅城修習一切學藝，捨離諸欲，出家度仙人生活，獲得五智八果。雪山地方的仙人之群，齊來奉他為師，他遂做了五百仙人之師，享受著禪定之樂，住在雪山地方。某時，一個患黃疸病的苦行者，正在持斧劈柴，另有一饒舌的苦行者來到那裡，坐在他的旁邊，說：「這樣劈啊，那樣劈啊。」弄得那個苦行者不快起來，發怒說道：「你又不是教我劈柴術的先生。」便揮起銳利的斧頭，向他一擊，結果了他的性命。菩薩收拾了他的屍體。那時在離仙居不遠的蟻塔之下，有一隻鷓鴣棲著，不問朝夕，老是立在蟻塔之頂，大聲鳴囀。一個獵師聽到了鳴聲，知道必有鷓鴣棲著無疑，遂循聲而往，把他殺了，持之而歸。菩薩不再聽見鷓鴣的聲音了，因問苦行者們道：「這裡向來有鷓鴣，為何近來不聽見他的叫聲呢？」他們以事由告知。菩薩把這兩件事聯結起來，在仙人之群的中間唱出下面的偈語來：

所說的話過於高聲，　或過於強烈、過於冗長。
愚者因此被殺。　太會叫的鷓鴣亦如此。

菩薩修習四梵住，後來生於梵天界。

【結分】

佛又道：「比丘們，拘迦利因自己的言語而喪命，並不始於今日，在前生也曾如此。」作此法話畢，把本生的今昔聯結起來道：「那時背教的苦行者即拘迦利，仙人之群是佛的僧眾，仙人之師則就是我。」

一一八　鶉本生因緣　〔菩薩＝鶉〕

【序分】

此本生因緣，是佛在祇園精舍時，就優多羅舍蒂的兒子說的。優多羅舍蒂是舍衛城的大富豪，有一個智者離了梵天界，投生在他妻子的胎裡，達成年後，面目端正，具有梵天的風貌。一日，舍衛城舉行迦底加祭[4]的夜祭，全城的人都熱中於祭典。他的朋友（別的豪商之子）都已有了妻子，只有他因居住梵天界已久，不曾紛心於煩惱。因此他的朋友商議道：「給優多羅舍蒂的兒子帶一個女人來，一同參與祭典吧。」於是來到他的旁邊，對他說道：「朋友，城中有迦底加祭的夜祭，你也帶一個女人來，一同舉行慶祝吧。」雖然那小豪商說：「我不要女人。」他們卻再三強迫他答應，給一個妓女全身裝扮了，帶她到他家裡來，說：「到這位哥兒身邊去。」領那女人入了寢室，他們便回去了。然而小豪商對那走進寢室來的女人不瞧一眼，也不說一句話。那女人心裡想道：「我雖有這樣美好的姿容，引人的魅力，而這位男人卻不願見我，也不願對我說話。好，那麼向他現得意的嬌態，使他瞧我吧。」於是顯出女人的嬌態，裝出不勝愉快的樣子，露著皓齒微笑。小豪商見了，就領悟了

4　原文「kattika」係月分之名，在今曆十月與十一月之間，此月的滿月與迦底加星（二十八宿中的昴宿，即牡牛星座）接近，故有此名。所謂迦底加祭，即是月所舉行之祭祀。

齒骨之相（觀念），心中起骨鎖想[5]，又悟知她的全身如一骨鎖，便給了她一點錢，說聲「出去吧」，把她送了出去。她從他屋中出來，路上為一個貴族所見，拿錢給她，把她帶到自己的邸宅去了。七日以後，祭禮完畢了。妓女的母親因女兒不曾回來，便到豪商們的地方去，問道：「我的女兒在何處？」他們同到優多羅舍蒂的兒子家裡去，問道：「那女人在什麼地方？」小豪商道：「那時我就給了她一點錢打發她回去了。」妓女的母親道：「女兒失蹤了。請給我去找來。」說著就拉了小豪商到國王面前來申訴，王便開始審理這樁案件。王問：「那些豪商的兒子們把她女兒帶到了你的地方以後就回去的嗎？」小豪商道：「大王，是的。」王道：「現在在什麼地方呢？」小豪商道：「我不知道。當晚我就馬上叫她回去了的。」王道：「現在不能把她帶來嗎？」小豪商道：「大王，這是辦不到的。」王道：「假如不能把她帶來，給我用王刑[6]處治他。」警吏就把他反綁起來，捉去，將執行王刑了。於是「某豪商的兒子因尋不到妓女，將受王刑」的風聲，傳遍了全城。大眾都將手按在胸部，站住了說：「這究竟是怎麼一回事？你蒙了冤罪。」悲歎著跟隨著小豪商而去。那時小豪商想道：「我所以受此種苦，是由於度在家生活的緣故。倘從此得到允許，我還不如去到大瞿曇、等正覺者那裡出了家吧。」卻說，那妓女聽到了這風聲，就問：「究竟為何如此嘈雜？」及知道了事情的原委以後，便火急地奔入群眾之間，叫道：「諸位請讓路、請讓路，

5 十種不淨業處之一。以為人體無非是骨鎖之觀法。
6 「rājāṇā」本係王的勅令之意，但此處係「rājadanda」（王親自所科之刑罰）的意思，故譯為「王刑」。

使國王的警吏得看見我。」說著就把自己指點給他們看。警吏見到了她，就將她交給她母親，然後解了小豪商的縛，把他釋放了。他由朋友圍繞著到河邊洗了頭，回到家中，朝餐畢，從父母處得到了出家的許可，攜帶衣類，由眾人圍繞著來參見佛，致了敬禮，請求出家，蒙佛許可出家入團。他由不倦的業處，增長智見，不久就達到了阿羅漢位。一日，比丘眾會集法堂，談論他的德行道：「法友們啊，優多羅舍蒂的兒子於發生死的恐怖時，覺悟佛教的功德，決心於脫離此苦後即出家。一被釋放，他就照這見解立時出家，終於得到最上果。」這時佛出來問道：「比丘們啊，你們此刻會集於此，談論何事？」他們答道：「在談論如此之事。」佛道：「比丘們啊，於發生死的恐怖時，想『靠此方便以脫此苦』而脫離死的恐怖者，不止優多羅舍蒂的兒子一人。古時的賢者，也曾於發生死的恐怖時，想『靠此方便以脫此苦』，而得脫離死的恐怖之苦。」接著就講起過去之事來。

【主分】

從前，梵與王在波羅奈城治國時，菩薩生死流轉，投生於鶉的胎中。當時有一個捕鶉者到森林中來，捕了許多鶉，放在家裡飼養，賣給拿金來買者以營生計。一日，他又捕了許多鶉，菩薩也給捕去了。菩薩〔鶉〕想道：「如果飲食這給與我的餌食，他會將我捉住，交給來買的人吧。若是不食而瘦弱，則人們見我如此瘦弱，便不會把我帶走吧。這樣我就可以幸福，所以我還是用這方法吧。」他依計實行，瘦得只剩皮與骨了。人們見了，便不將他買走。當別的鶉都沒有了的時候，獵師把菩薩從籠中取出，放在門口，又把他放在手掌上，查驗「這鶉究竟怎樣了」。那時菩薩乘他不備，就振翼飛回森林去了。眾鶉見了問道：「為何好久不見你，你到何處去來？」菩薩答道：「我被獵師捕去了。」眾鶉道：「你怎麼逃回來的？」菩薩道：「我想出一計，不喫所餵的餌，也不喝飲料，遂得逃出。」接著就唱出下面的偈語來：

無思慮的人，　不會有好結果。
請看思慮深遠者的結果啊，　我得免於死與束縛。

菩薩如是把自己所行之事的原由告訴他們。

【結分】

佛作此法話後，把本生的今昔聯結起來道：「那時得免於死的鶉就是我。」

一一九　非時叫喚者本生因緣〔菩薩＝阿闍梨〕

【序分】

此本生因緣，是佛在祇園精舍時，就一個非時叫喚的比丘說的。據說，那比丘本是舍衛城良家之子，後來歸依佛教，遂出了家。但他不曾學習出家人的義務與學問。關於「何時應該盡義務、何時應該出席、何時應該暗誦經典」等規則，一點也不知道。無論在初夜在中夜或在後夜，一醒轉來就發出大聲，弄得別的比丘眾連想微睡都不成。比丘眾集合法堂，談論他的不德道：「法友啊，這比丘因這尊貴的教出了家，而於義務、學習、時或非時卻都不曉。」這時佛出來問道：「比丘們，你們此刻會集於此，談論何事？」比丘眾答道：「在談論如此之事。」佛道：「比丘們啊，他非時發出叫聲，並不始於今日。在前生也曾非時發出叫聲。因不知時與非時之故，結果被扭斷頭頸而喪生。」接著就講起過去之事來。

【主分】

從前，梵與王在波羅奈城治國時，菩薩生在西北婆羅門的家裡。成長以後，窮究一切學藝的蘊奧，成了名聞全城的阿闍梨，以學藝教五百年輕弟子。那些年輕的婆羅門們，養著一隻報時的雄雞，每晚一聽到啼聲，就起身修習學藝。後來這雄雞死了，他們出去尋求別的雄雞。一日，有一個婆羅門在墓地林中拾薪，發見一隻雄雞，遂帶回關入籠中飼養。但那雄雞因生長於墓地之故，不知應該啼叫的時刻，或在夜半啼叫，或在黎明啼叫。當在夜半啼叫時，他們起身修習學藝，及太陽昇起，已不能再用功，疲倦欲睡，竟至對於自己的工作連看也不能看了。在白晝啼叫時，他們連暗誦的餘暇也得不到。因此他們說：「這傢伙在夜半或白晝啼叫，因了此故，我們不能成就學藝。」將其捕住，扭其頸，結果了他的性命，然後告訴阿闍梨說：「我們把非時啼叫的雄雞殺死了。」阿闍梨作教誡道：「他因未受教育而死。」接著就唱出下面的偈語來：

此雞未受父母的養育，　亦未曾住過師傅家裡，
時與非時，　俱不知道。

說此事後，菩薩終了天年，依其業報，投生於應生之處。

【結分】

佛作此法話後，把本生的今昔聯結起來道：「那時非時啼叫的雄雞就是這個比丘，門弟子是佛的侍眾，阿闍梨則就是我。」

一二〇　解縛本生因緣〔菩薩＝司祭官〕

【序分】

此本生因緣，是佛在祇園精舍時，就年輕的婆羅門女栴闍說的。關於她的事情，當在第十二編〈大蓮華王子本生因緣〉〔第四七二〕以下詳述。此時佛道：「年輕的婆羅門女栴闍以毫無根據之事謗我，並不始於今日，前生也曾謗毀過我。」接著就講起過去之事來。

【主分】

從前，梵與王在波羅奈城治國時，菩薩生於祭司之家，成年時遭父喪，自為司祭官。那時，王為滿足妃的願望。說道：「妃子啊，妳願望什麼，不論何事都無妨，試說看。」妃答道：「我的願望是極難達到的，我只有一個願望，就是請你今後不要見了別的女人而起煩惱。」王最初不允，經她再三強他答應，沒奈何只好答應下來，嗣後在一萬六千個舞妓之中，不對任何一人送秋波了。那時王國的邊境發生叛亂。邊境的警備軍與盜賊交戰了二、三回，終於送信來說：「今後我們無法鎮壓了。」王集合大軍準備親自出征，喚妃過來道：「妃子，我要到邊境去，在邊境當有各種戰事。勝敗之數未定。在這種地方要保護婦人很不容易，妳一個人留在這裡吧。」妃道：「大王，我不能留在這裡。」經王拒絕再三，乃請求道：「那麼你每行一由旬，為知道我安否起見，務請差一人來。」王答應說「好」，叫菩薩留守城中，自己統率了大軍出發。每行一由旬，必差一人到妃那裡來，命他「報告我平安無恙，問了王妃安否回來」，妃向差來的使者問道：「王差你來此為了何事？」使者答以：「為欲知道王妃是否安好。」妃道：「那麼你到這裡來。」就與他邪淫。王前進了三十二由旬的路程，差了三十二個使者來，妃與他們都作了同樣的勾當。王鎮撫邊境、激勵住民畢，便上了歸途，又同樣地差了三十二個使者來，她又與他們作了與前同樣的勾當。王回來後，留在凱旋軍的陣營中，送信給菩薩，叫他「全城作準備」。菩薩令全城作了準備，把王的休息之所也準備好，然後到妃的地方來。妃見菩薩容姿俊美，情不自禁，便道：「婆羅門，請上床來。」菩薩道：「請別說這樣的話。國王有尊嚴，我也怕為不端之事，所以這種事在我到底是辦不到的。」妃道：「六十四個臣下都不敬重王，也不怕作不端之事。只有你尊敬王，只有你怕做不端之事嗎？」菩薩道：「王妃啊，要是他們也這樣想，那就不會做那樣的事了吧。然而我知道這是做不得的，所以不作此種亂行。」妃道：「你囉囉嚇嚇地講什麼？假使不聽從我的話，斬你的頭。」菩薩道：「請便。即使此生被斬首，百千生亦被斬首，我也不能幹此種勾當。」於是妃威嚇菩薩道：「好，你記著。」便走入自己的臥室，身上造出爪痕，手腳上塗了油，穿著污濁的衣服，裝出臥病的樣子，喚了婢女來，吩咐道：「如國王問起妃在何處，只說『有病』好了。」菩薩出去迎接國王去了。王整了行列入城，進宮不見王妃，便問：「妃子在何處？」婢女答道：「大王，王妃有病。」王立即趕至寢殿，撫摩著妃的背部，問道：「妃子，妳的病況如何？」妃最初默然不語，後來三次注視國王，說道：「妃「大王啊，你實際上並沒有死。不知像我這樣的女人是否尚算有丈夫的呢？」王道：「妃子，這話是什麼意思呢？」妃道：「奉大王之命留著守城的司祭，因巡閱居室來到這裡，我不從他，就毆打我滿足了自己的欲望而去。」這時王怒火中燒，嘴裡咄咄作聲，出了寢殿，命令門衛與侍從道：「快去把司祭反綁起來，當作死刑犯拖出城外，赴刑場斬首。」於是他們急忙去把菩薩反綁起來。行刑的鼓響了，菩薩心想：「國王確被那狠毒的妃下了先手了。我今日靠自己的力量拯救自己的性命吧。」乃對那些人們道：「你們殺我也好，但請讓我見過了大王再殺。」人們道：「為什麼？」菩薩道：「我是大王的侍者，做過許多事，因而曉得許多大寶物的所在。大王的財產是我管理的，所以倘使我不能與王一見，許多財富就將喪失了。待我將財產交代國王以後，再盡你們的職務吧。」於是他們使他與王相會，王看見了他，就道：「喂，婆羅門，你在我面前不覺得羞恥嗎？你為什麼幹那樣的惡事呢？」菩薩道：「大王，我生於婆羅門族，未嘗殺害一小蟲，雖一片草葉，不與亦決不取，未嘗因愛欲之故張眼看他人之妻，在戲笑時亦未嘗說過謊語，亦未嘗喝過一滴的酒。在你們之中我才是個無罪的人。那愚昧的女人因愛欲而拉我的手，經我拒絕，就恫嚇我，發表了自己所作的惡事，歸罪於我，然後入室去。我是無罪的。那帶信來的六十四人倒都有罪。請大王喚他們來問『你們曾否依從妃的話』吧。」國王將他們六十四個人捕獲了，喚妃出來，然後問道：

「這女人與你們幹過惡事嗎？」及聽到了「大王，幹過」的口供，王就下令把妃反綁起來，命「將六十四人斬首」。這時菩薩對王說道：「大王，他們是無罪的。這是妃為滿足自己的欲望叫他們幹的，所以他們是無罪的，請饒恕他們吧。又，妃也是無罪的，女人這東西，對於淫欲原不知厭足。這是一種天性，必然地附著她們，無法擺脫，所以也請饒恕了她。」菩薩用種種理由向王為他們說項，將六十四人與愚昧的女人釋放，並各給以相當的住處。如是把他們釋放安頓好了以後，復走近國王身旁說道：「大王，因盲目的愚者的謠言，本無受縛之理的賢者竟被反縛起來，因賢者的合乎真理之言，已被縛者得到解放。如是，愚者使不應受縛者受縛，賢者則使被縛者得解放。」接著就唱出下面的偈語來：

愚者一言，　不應縛者也會被縛。

賢人開口時，　連被縛者也得到解放。

大薩埵（菩薩）既如是用偈為王說法，又道：「我受此苦，是因我過著在家生活之故。從今以後不再作家事了。大王，請許我出家吧。」他得了出家的許可，將許多資產送給了眼中含著淚的親戚們，出家去度仙人生活，住於雪山，證得神通與解脫的聖果，生於梵天界。

【結分】

佛作此法話後，把本生的今昔聯結起來道：「那時品性不良的王妃是年輕的婆羅門女栴闍，王是阿難，司祭則就是我。」

第十三章　吉祥草品

一二一 吉祥草本生因緣〔菩薩＝草神〕

【序分】

此本生因緣，是佛在祇園精舍時，就給孤獨長者的知友說的。給孤獨的朋友、夥伴、親族、親戚等幾次反覆地諫勸他說：「大長者啊，他〔長者的知友〕在出身、種族、財產、穀物各方面都不及你，你怎麼與他相親近呢？請停止了吧。」然而給孤獨以為「友誼的結合，應該不問對方是否不及己、勝於己、或等於己的」，不聽他們的忠告。當赴自己所管領的村莊時，曾任這位知友為資產管理者。此等情事，已詳〈不幸者本生因緣〉〔第八三〕中。卻說，給孤獨將自己家中之事稟告佛時，佛道：「長者啊，朋友決無不好的。保護朋友的技倆才是真正的尺度吧。有可稱作朋友之人，則不論其與己相等者、或較己低劣者，應認為統是好的。何以故？因為他們都能使你免除降在自己肩上的重擔。你現在靠你知友成了家財之主，前生亦賴知友成為天宮之主哩。」接著就應他的請求，講起過去之事來。

【主分】

從前，梵與王在波羅奈城治國時，菩薩生而為宮庭的吉祥草叢中之神。在這宮庭中，離王座不遠之處，有一株樹幹挺直、枝向四方伸展的幸樹。王的近侍常加尊崇，名之為摩迦迦樹〔王樹〕。這樹有一個具大威力的神王、菩薩與他非常親暱。

某時，梵與王住在一座獨柱殿中，那柱子動搖了，有人把這事告知國王。王喚木匠來，對他們說道：「木匠，我的獨柱殿的柱子動搖了。去拿一根材木來，裝裝牢穩。」他們答應道「是」。可是找不到相當的木材，既而在宮庭中發見了那株王樹。當他們到國王那裡去時，王問道：「怎樣，找到適當的木材了嗎？」他們稟告道：「大王，找到了。但我們不能砍他。」王道：「為什麼？」他們道：「我們別處找不到木材，只在宮庭中找到了那株王樹。所以我們不能砍那王樹。」王道：「不，去把他砍來將殿裝牢穩吧，我再種別的王樹就是了。」他們答應道「是」。就取了供物走進宮庭，說聲「明天來砍吧」。向王樹作了供養，然後回去。樹的女神得知了這事，心想：「明天我們的天宮要沒有了。領孩子們到何處去呢？」因不曉得到什麼地方去好，只抱著孩子的頭頸淌淚。她的朋友森林諸神走來，問：「這是什麼一回事？」等到聞知了此事，因為自家也想不出阻止木匠砍伐的方法，便抱住那位樹神哭泣起來了。

　　這時，菩薩因「要拜訪樹之女神」，也到了那裡，聞知這事，就安慰女神道：「不，不要憂慮。我不會坐視樹被砍伐的。明日木匠來時，請看我的辦法。」次日木斤來時，菩薩化作一隻避役，先木匠而行，爬入王樹的根中，使樹身顯出許多洞孔，爬到樹枝頂上，搖搖頭，停在那裡。木匠的頭目見了那避役，用手叩樹，咒詛那參天的大樹說道：「是一株滿是洞孔的樹，這是不中用的。昨日居然一點沒有注意到，還作了供養。」於是便離那裡而去。

　　樹之女神靠菩薩的扶助，成了天宮的女主。許多友好的神祇齊來向她道賀。樹之女神覺得「天宮已歸自己之手」，心裡非常滿足，對這些神祇講述菩薩的功德。「各位尊神啊，我們雖有威力，卻愚昧而不懂得這個方便。然而吉祥草神智慧具足，給我作了天宮之主。實在不論是與己相等者、勝於己者、或不及己者，都可以做朋友的。因為凡是友人，都能依各自的能力，免除他朋友所遭到的苦難，使之住於安樂。」她如是把朋友讚歎了一回以後，唱出下面的偈語來：

把與己相等者認為勝於己者，　不及己者亦然，
他們在你危難時將給予最上之利，　猶如我在幸樹中獲吉祥草神之助。

幸樹之神用這偈向諸神說法道：「因此，為脫離苦惱起見，勿只求與己相等者、勝於己者，雖不及己的學徒亦當與之為友。」她一生與吉祥草神相交，後來依其業報，投生於應生之處。

【結分】

佛作此法話後，把本生的今昔聯結起來道：「那時的幸樹之神是阿難，吉祥草神則就是我。」

一二二　愚者本生因緣〔菩薩＝象〕〔菩薩＝婆羅門〕

【序分】

此本生因緣，是佛在竹園精舍時，就提婆達多說的。比丘眾在法堂上對提婆達多下惡評

道：「法友啊，如來面孔光耀如滿月，具有八十隨好相，三十二大人相[1]，身被一尋的圓光所圍繞，大光明兩兩成對放射出來，成就了至妙的榮光。提婆達多見了這莊嚴的容姿，心中不生淨信，轉生嫉妒，若有人說：『諸佛具足如是戒、定、慧、解脫、解脫智見。』他聽了，忍耐不住那名聲，便起嫉妒之心。」這時佛過來問道：「比丘們，此刻會集於此，談論何事？」比丘眾答道：「在談論如此這般的事。」佛道：「比丘們啊，提婆達多因人對我的崇讚之辭，而生嫉妒心，並不始於今日。前生也有過這事。」接著就講起過去之事來。

【主分】

從前，當某摩揭陀王在摩揭陀國的王舍城治國時，菩薩生而為象。他全身白色，具足了上述的色身之美。王說：「他容相圓滿。」遂以他為王象。一日，適逢祭典，全市整飾得莊嚴如天都，王跨在打扮得十分美麗的王象上，率了許多行列，巡視城內。群眾佇立觀看，見王象美到無可批評，眾口一致褒讚道：「哦，他的美啊，哦，他的步態，哦，他的嬉戲之態，哦，他的容相的圓滿，這樣漂亮的皙白的象，實在配做轉輪聖王〔之象〕哩。」

王聽到王象這樣受人褒讚，不能忍耐，起了嫉妒之心，打算「今日使他從山的懸崖絕頂墜下而死」，便喚了馴象師來，問道：「那象訓練得怎樣？」馴象師道：「訓練得很好。」王道：「不，未曾訓練得好。」馴象師道：「大王，訓練得很好的。」王道：「若是訓練得

1 三十二相，八十隨好相，是佛陀及轉輪聖王的特相。

很好，那麼能夠從那座毘富羅山的崖頂下來嗎？」馴象師道：「大王，可以的。」王道：「那麼到那邊去。」

王自己下了象，叫馴象師騎象上崖頂去。馴象師坐在象背上，當他騎著象登到崖上時，王自己被一群宮臣圍繞著攀登上山崖，使象向著懸崖，對馴象師說道：「你說我的象已訓練得很好，如果如此，試叫他用三隻腳站立。」馴象師坐在象背上，用鉤[2]向象作暗號，說道：「朋友〔象〕啊，用三隻腳站立啊。」既而王道：「叫他用兩隻前腳站立。」大薩埵〔象〕就提起兩隻後腳，用前腳站立了。再叫他「同樣地用後腳站立」，他就高舉起兩隻前腳，用後腳站立了。再叫他「用一隻腳站立」，他就高舉起三隻腳，用一隻腳站立了。王見象不曾墜落，便道：「如果能夠的話，試叫他懸空而立。」馴象師思忖道：「在全閻浮提，沒有一隻象訓練得能與他比肩。王一定在希望他墮崖而死。」他附著象的耳朵說道：「朋友啊，那國王指望你墜死。你與這位國王是不相應的。倘使你有行空之力，那麼，就讓我坐著，帶我昇上空中，到波羅奈去吧。」

這具足了福德的神通的象，立刻昇上空中了。馴象師道：「王啊，這象具足了福德的神通，與這樣不德的愚者不相應，要福德具足的賢王才相應。這樣不德的人，縱使得到了這樣的名騎，也不會明白他的功德，別的騎乘物縱使得了榮命，也會同樣地歸於烏有的。」他坐

2 原文「paṇṇika」，據斯戴特的辭典中所說，係「Saṇṇikā = sk. Sṛṇi」之誤。今依斯戴特氏譯出。

在象背上，唱出下面的偈語來：

愚者因象贏得了名聲，　卻做不利於己之事。
導自己與他人，　至傷害之境地。

他如是用偈向王說法後，便說聲「再會」[3]，騰空自到波羅奈去，在波羅奈王宮庭上空停住。全城人民驚叫說：「龍象為我們國王騰空而來，停在王宮的上空哩。」王也立刻聽到了，出來說道：「你若為使我歡喜而來，請降到這地上來。」菩薩（象）降到地上來了。馴象師從象背上下來，向王致敬，王問：「從何處來？」他回答說：「從王舍城來。」並將一切經過情形告知。王道：「你到這裡來，很是難得。」心中十分歡喜，將全城嚴飾起來，令象入了王象舍，又將全國分成三分，以一分獻給菩薩，一分贈給馴象師，其餘一分則歸為己有。

自從菩薩到來後，全閻浮提洲的領土，都歸入王的掌中了。他成了閻浮提洲第一個國王，積布施等福德，依其業報，投生於應生之處。

【結分】

佛作此法話後，把本生的今昔聯結起來道：「那時的摩揭陀王是提婆達多，波羅奈王是舍利弗，馴象師是阿難，而象則就是我。」

3 「再會」，原文作「tiṭṭha dāni tvaṁ」，直譯為「請你站在那裡」，故引伸其義，譯為「再會」。

一一三　鍬柄本生因緣　〔菩薩＝阿闍梨〕

【序分】

此本生因緣，是佛在祇園精舍時，就羅盧陀維長老說的。相傳，他談法之際，不知道言語的適當不適當，如「在此種情形下應說這種話，在那種情形下不應說這種話」之類，所以在有喜慶之時卻說不吉利的話，致不受人歡迎的祝詞道：「他們正站在牆外，乃至在街上十字路口行剌。」反之，在有凶事時卻說祝賀之詞，說「許多人、天想舉行慶典」、「這種慶典可行一百回、一千回」等話。

一日，比丘眾在法堂上談論道：「法友啊，羅盧陀維不知道適當不適當，到處說各種不應說的話。」那時佛走到那裡來，問道：「比丘們，你們此刻會集於此，談論何事？」比丘眾答道：「在談論如此這般的事。」佛道：「比丘們啊，羅盧陀維說話時，愚鈍而不知適當與否，並不始於今日，前生也是如此。他實在是個永恆的愚人。」接著就講起過去之事來。

【主分】

從前，梵與王在波羅奈城治國時，菩薩生在婆羅門族富豪的家裡，長大後在得叉尸羅修習一切學藝，成為波羅奈城名聞遐邇的阿闍梨，為五百個梵志講授學藝。那時在這些梵志們裡面，有一個十分愚鈍的梵志，他雖作了法弟子修習學藝，但因天性愚昧，不能領會，遂為菩薩的侍者，奴隸般地操作著一切勞役。

一日，菩薩喫畢晚飯，躺在床上，那梵志替菩薩洗淨了手足與背，並塗了香。將離去時，菩薩吩咐說：「你在床腳裡墊些什麼再去吧。」梵志在一隻腳裡墊好了，但在另一隻腳裡找不到適當的東西，便用自己的腿支撐著過了一夜。

早上菩薩醒來，見到他，問道：「你為什麼坐著？」梵志道：「阿闍梨啊，因為找不到墊床腳的東西，所以用腿支撐了坐著。」菩薩吃了一驚，想道：「那個特殊的我的近侍弟子，在許多梵志們之中，真是愚昧，決不能成就學藝的。我要怎樣才能使他成為學者呢？」這時心裡便浮出一個念頭來。「有一個方便。我待那梵志採了柴與樹葉歸來時，試問問他看：『今天你看見了什麼東西，又做了什麼事情？』這樣，他會告訴我『今天看見了這個，做了如此這般的事』吧。那時我就問他：『那麼你所見的是怎樣的東西，你所做的是怎樣的事呢？』那他就會用出譬喻或來歷，說『如此這樣』吧。這樣使他逐漸用譬喻與來歷講說，以此方便，或能使他成為學者吧。」於是喚了他來，吩咐道：「梵志啊，從今日起，你如去採柴與樹葉，歸來後，就把你所看見的，所享受的，所飲的，所食的，統統照實告訴我。」他答應道：「是。」一日，他與梵志們一同到森林裡去採柴與樹葉，見蛇而回，報告道：「阿闍梨，我看見了蛇。」阿闍梨問道：「蛇是怎樣的？」梵志道：「拿比方來說，恰如鍬的柄。」阿闍梨道：「妙，妙，你所舉的譬喻好極了，蛇的確如鍬的柄。」那時菩薩心想：「梵志說了妙喻，大概可以成為學者吧。」又有一日，梵志在林中見到了象，報告說：「阿闍梨，我見到了象。」阿闍梨問道：「象是怎樣的？」梵志道：「打個比方，恰如鍬柄。」

菩薩心想：「象的鼻子有如鍬柄，牙的形狀也是這樣。他因愚昧，不能正確、精細地說得完全吻合，所以是就牙而說的吧。」默然不語。可是又有一日，他被人邀請了去喫冰糖，遂報告道：「阿闍梨啊，今日我們喫過冰糖了。」阿闍梨問道：「冰糖的形狀是怎樣的？」他回答道：「比方說，恰如鍬柄。」阿闍梨心想：「說得有幾分近似，」默然不語。又有一日，被人邀去喫酪與乳。他回來後說道：「阿闍梨啊，今日我們喫了酪與乳了。」問他「酪與乳的形狀怎樣，」他就回答說：「用譬喻來說，恰如鍬柄。」

阿闍梨想：「那梵志說『蛇的形狀恰如鍬柄』，這是極恰當的。說『象的形狀恰如鍬柄』，這就象牙來說，也有幾分適當。說『冰糖的形狀恰如鍬柄』，這只有一點兒相當。至於酪與乳始終是白色的，其形狀是依容器而定的，這譬喻全然不對。這愚人確是無法教導的了。」於是就唱出下面的偈語來：

愚者在一切處，　說不適當的話語。
他連酪與鍬柄也不能辨別，　將酪誤認作鍬柄。

【結分】

佛作此法話後，將本生的今昔聯結起來道：「那時愚昧的梵志是羅盧陀維，名聞遐邇的阿闍梨則就是我。」

一二四　庵羅果本生因緣〔菩薩＝仙人〕

【序分】

此本生因緣，是佛在祇園精舍時，就一個勵精於任務的婆羅門說的。相傳，他是舍衛城的良家之子，歸依佛教，出了家，勤於職務。他周到地履行對於阿闍梨與和尚的服役，擔任飲食、布薩室、事火室等的任務，在十四種大行、八十種分行上，也無不盡其職責。他掃除精舍、僧房、中庭以及通至精舍的路，與眾人以飲料，眾人也因他勤於職務，感到歡喜，定時以五百量的食物相供養。於是得到了極大的供物與尊敬，許多人靠他得安樂度日。

一日，比丘眾在法堂上談論道：「法友啊，幸而有那樣一個比丘，勤於任務，因之得到許多供物與尊敬。靠他一個人之力，大家的生活過得很安樂。」那時佛走來問道：「比丘們，你們此刻會集於此，談論何事？」他們答道：「在談論如此這般的事。」佛道：「比丘們啊，那比丘的勵精於任務，並不始於今日。在前生，有五百仙人去覓果實，也靠他一人所採的果實，得以延續生命。」接著就講起過去之事來。

【主分】

從前，梵與王在波羅奈城治國時，菩薩生在西北的一個婆羅門的家裡，長大後在仙人的地方出家，被五百個從者伴隨著，住於山麓。那時雪山大旱，到處水乾，畜類因得不到水，都有將要渴死之勢。

此時在這些道士裡面，有一道士見了他們的乾渴之苦，便砍了一株樹作成管子，絞了水盛在裡面，以供畜類飲用。許多畜類成群來飲，弄得道士竟連摘果實的時間都沒有。他不進食，只是施水。

群畜想道：「那人施水給我們，自己連摘果實的工夫都沒有，人已餓得非常困倦。我們趕快想法子吧。」他們互相商量：「今日來飲水者，依自己的力量去摘些果子回來吧。」於是各畜類依自己之力，摘了蜜甜的芒果、野薔薇果、麵包樹之果回來，給他一個人摘來的果子，幾乎足以載滿兩輛半的車子。五百道士喫過後，還有許多可以貯藏起來。菩薩見了說道：「靠了一個人的勵精於任務，使這許多道士都得到了果子，得以維持生活。人確不可不精進。」接著就唱出下面的偈語來：

凡人應該精進，　　賢者不知疲倦。[4]
試看精進之結果吧，　　不求而得到庵羅果。

大薩埵〔菩薩〕這樣地教誡仙人之群。

【結分】

佛作此法話後，把本生的今昔聯結起來道：「那時勵精於任務的道士是那比丘，仙群之師則就是我。」

4　最初二句參閱第五十二〈小迦奈格王本生因緣〉。

一二五　迦多訶迦奴隸本生因緣〔菩薩＝長者〕

【序分】

此本生因緣，是佛在祇園精舍時，就一個誇口的比丘說的。他的事蹟，與上面所述者相同。

【主分】

從前，梵與王在波羅奈城治國時，菩薩是個富裕的長者。他的妻生了一子。是日，女奴也產生一子。兩兒在一處長大，長者之子學文字時，奴子作為侍僮而隨行，共同學習，兼做若干件工作。他漸漸地擅長讀書了，並且長得眉清目秀，取名迦多訶迦。他以管理長者家中的財寶為業，自己思量道：「我決不能老以管理財寶為業。如果稍有過失，就會綁縛了受責，把奴隸的食物配給我。恰好附近另有一位長者，是我家長者的朋友。現在我佯作奉我家長者之命，帶信給他，哄騙那長者說：『我是長者之子，』娶他女兒為妻，安樂度日吧。」於是自己摘取了貝葉寫道：「我是某人，今差小兒到府上來見你。我們聯姻為親戚，是相應的。請你將令嬡嫁與小兒，叫他們二人住在那裡。我有暇就來。」信尾蓋了長者的印，然後任意取了用款、顏料、衣服等物，到附近的那位長者家去，向長者拜揖而立。那長者問道：「你從何處來？」奴子道：「從波羅奈來。」長者道：「你是何人之子？」奴子道：「波羅奈長者之子。」長者道：「來此何事？」這時迦多訶迦就將貝樹葉呈上道：「請看這個。」

長者讀了貝葉上所寫的話，非常歡喜道：「現在我的生活才算有意義了。」便把女兒嫁他，叫他住在那裡。那住宅甚大。當粥、嚼食與衣類、香料等拿出來時，他輕蔑地說道：「這樣的粥、嚼食與飯，是鄉下烹調。」又輕蔑縫製衣類的人等說：「他們是鄉下人，所以不曉得製外衣，也不曉得製香料，嗅花上的香氣。」

卻說，菩薩因為不見了奴子，就說：「迦多訶迦不見了。到什麼地方去了吧？去把他尋回來。」就差人到各處去尋訪。其中有一個使者恰到那裡去，見到了他，認明是他無誤，便避免為他所覺，歸來告訴菩薩。菩薩聽了這情形，心想：「做了不好的事了，去捉他回來吧。」乃求國王允其所請，率領了許多從者出發。「聽說長者到鄰村去了」的風聲傳遍了四方。迦多訶迦聽到「長者來了」的消息，心裡忖道：「他一定不是為別的事情來的，定為了我的事而來。假使我現在逃走，不再回來怎樣？不，這裡自有樂趣。還是跑到主人來的路上去，執奴隸之役，請他饒恕吧。」從此以後，他就在公眾之前這樣說：「別的愚人，因自己愚魯之故，不知父母的恩德。當父母用飯時，不行敬禮而與父母同喫，但我當雙親用飯時，必捧壺、或拿唾器、拿盤、拿水瓶與扇而坐。」並說明奴隸對於主人所應做的一切事情，如在休息之時，也拿了水瓶到有遮陰的處所去之類。

他這樣地教誨眾人畢，於菩薩已到近處時對岳父說：「岳父，聽說我的父親來會你。請你預備軟硬兩種食物。我拿了禮物，到途中去迎接他。」岳父答應說「好」。迦多訶迦拿了許多禮物，帶著許多從者前往。到後向菩薩致敬禮，並獻呈禮物。菩薩接受了禮物，與他互作寒暄。朝餐時張了天幕，入蔭處休息。迦多訶迦叫從者回去，自己拿了水瓶，走近菩薩面前，完畢了水的所作以後，拜跪著說道：「主人，我可把你所要的財寶獻給你。只請你不要毀損我的名譽。」菩薩因他很能精勵，心軟了下來，便安慰他道：「別怕，我不會來阻礙你的。」於是進入鄰村了。

主人的款待，很是隆重。但迦多訶迦只管以奴隸的資格為其所應為之事。菩薩安坐以後，鄰村的長者說道：「大長者啊，我讀了你的貝葉書，已把女兒嫁給令郎了。」菩薩把迦多訶迦認作兒子，說了些相當親愛的話，使長者滿意。可是從此以後，就厭見迦多訶迦了。

一日，菩薩喚長者的女兒過來道：「媳婦，請看我的頭上有蚤嗎？」她走近去，站著捉蚤。菩薩用溫語問道：「怎樣，我兒子對於妳苦時、樂時都親切嗎？你們二人相愛著和平過活嗎？」媳婦道：「令郎別的沒有缺點，只是對於食物要出怨言，叫我為難。」長者道：「媳婦啊，不論在什麼時候，這是惡習慣。讓我來教妳一個使他閉口的方法。妳要好好記住，我兒子如果在喫飯時口出怨言，妳就照我所教的樣子，當面說說看吧。」他教她一首偈語，過了幾日，自回波羅奈去了。迦多訶迦拿著許多軟硬食物隨行，並獻呈許多財物，禮拜而歸。從菩薩回去那一日起，他又極度傲慢起來了。一日，長者的女兒搬出各種美味的噉食，拿著匙進呈時，他就向她對食物發出怨言。長者的女兒依菩薩所教，唱出下面的偈語來：

到了別處，　　若作種種誇語，

他歸來將遭破滅，　　　　進食吧，迦多訶迦啊。

迦多訶迦心想：「一定是長者把我的名氏告訴了她，她一切事情都講給她聽了吧。」從此便不再怨食物不好，隨所給與而喫，後來依其業報，投生於應生之處。

【結分】

佛作此法話後，把本生的今昔聯結起來道：「那時的迦多訶迦是口出大言的比丘，波羅奈的長者則就是我。」

一二六　劍相師本生因緣〔菩薩＝國王之甥〕

【序分】

此本生因緣，是佛在祇園精舍時，就那替拘薩羅國王觀察劍相的婆羅門說的。相傳，他每於劍工拿劍來向國王進呈時，用鼻嗅劍，觀察劍相。有人送贈物給他，他就對那人說：「劍相具足，適於國王之用。」若不送贈物給他，則他就侮蔑那人的劍，說是「缺相」。

卻說，有一個劍工製成一劍，劍鞘中放入了微細的胡椒，拿到國王的地方來。王喚那婆羅門來，叫他「相劍」。婆羅門拔出劍來一嗅，胡椒吸入鼻中，打起噴嚏來了。因了那噴嚏，鼻子撞著了劍鋒，就被割成兩段。他鼻子被割的事，遍傳到比丘教團中了。一日，比丘眾在法堂上就這事互相談論道：「法友啊，聽說國王御用的劍相師因占觀劍相，割斷了鼻子了。」這時佛走來問道：「比丘們啊，你們會集於此，談論何事？」比丘眾答道：「在談論如此這般之事。」佛道：「比丘們啊，那婆羅門因嗅劍割斷鼻子，並不始於今日，前生也有過同樣的事。」接著就講起過去之事來。

【主分】

從前，梵與王在波羅奈城治國時，有一個替王占觀劍相的婆羅門。一切情形與前面所述者完全一樣。那時王遣醫生到他那裡去，治療鼻尖，給他用蠟做了一個假鼻鑲上，仍使他充任近侍。

波羅奈王沒有王子，只有一個王女與外甥。他把二人在自己身旁養育。二人長大以後，成了互相戀慕的伴侶。因此國王召集諸大臣，告訴他們道：「我的外甥是這王位的繼承者，把女兒嫁了他給他灌頂吧。」說後又思量道：「我的外甥究是血族，所以還是給他娶個別個國王之女而灌頂，女兒則嫁給別的國王吧。這樣我的血族就可繁殖，我的工統可以有二支了。」於是與諸大臣協議，說是「非給他們隔離不可」，便使外甥住在一處，王女住在他處。他們已十六歲了，深相愛慕，王子心想：「用什麼方法把舅父的女兒從王宮裡帶出來吧。」於是喚了女大相師來，贈以千金。相師道：「如何報謝？」王子道：「妳所嘗試的事沒有一件不成功的。請用什麼理由，把我舅父的女兒從王宮裡帶出來。」相師道：「主啊，曉得了。我到大王那裡去，這樣稟告他吧：『大王啊，王女有惡運之神附身。但他離開王女，不加監視，已好久了。我乘這時機使王女坐在車中，率領許多武裝之人，排成大隊到墓場去，在圓壇後方，把死人臥在榻下，上置王女，濺以一百另八壺的香水，洗滌惡運之神使之流去吧。』這樣稟告後，我便帶領王女到墓場去。你在我去之日拿胡椒少許，叫武裝的人們圍繞了乘車先我到墓場去，將車停在墓場之門的一邊，命武裝的人們到墓地的林中去，你自己去到墓場圓壇的後方，佯裝死人臥在那裡。我到那裡後將臥榻置在你上面，叫王女坐在榻上吧。你在那瞬間可將胡椒粉放入鼻孔，打二、三次噴嚏。打到第三次噴嚏，我就棄了王女而逃。那時你可走近去，向王女的頭灌頂，並向你自己頭上灌頂，帶領王女回到你自己那裡去。」王子贊成道：「確是妙計。」

相師乃到國王那裡去，將這事稟告國王。王答應了。又向王女告以實情。王女自然也承諾了。出發的那日相師通知王子，各率大隊向墓地而去。為使伴隨的人們畏懼起見，更道：「我將王女置於榻上以後，死人會在榻下打嚏，打嚏以後，就會從榻下出來，將所見到的第一個人抓住哩。大家要小心啊。」

王子先到，依吩咐臥在那裡，大相師捧著王女，走到圓壇的後方，說聲「不要害怕」，給她坐在榻上。那時王子將胡椒粉放入鼻孔，打起嚏來。他打嚏完畢，大相師立即棄了王女，大聲叫喊，第一個先逃走了。相師一逃走，沒有一個人再能停留，大家都棄了所拿的武器而逃。於是王子按照預定的計劃行事，領了王女回到自己的地方去了。

大相師來到王的地方，把一切經過情形稟告國王。王覺得「當初我養育他們原想把她嫁給他，他們原是水乳交融地在一處成長的」，遂答應下來，後來將王位讓給外甥，以王女為正妃。

劍相師又做了新王的近侍。一日，他來侍候國王，向了太陽站立著，他的蠟鼻酥了，落在地上，他覺得羞恥，便伏下頭去。王笑著對他說道：「師啊，不要擔憂。噴嚏在有些人是善的，在有些人是惡的吧。你因噴嚏斷了鼻子，而我卻因此娶了王女而獲得王位。」

王這樣說了，又唱出下面的偈語來：

同一件事對於有些人是善的，　對於有些人卻是惡的。

所以沒有一切都善的東西，　也沒有一切都惡的東西。

王用此偈敘述了這段因緣。後來施行布施等善事，依其業報，投生於應生之處。

【結分】

佛由此說法，說明世人所謂善惡的不一律，又把本生的今昔聯結起來道：「那時的劍相師即今之劍相師，王的外甥則就是我。」

一二七　迦藍都迦奴隸本生因緣　〔菩薩＝長者〕

【序分】

此本生因緣，是佛在祇園精舍時，就一個口出大言的比丘說的。其中兩樁事件〔序分與主分〕與〈迦多訶迦奴隸本生因緣〉〔第一二五〕完全相同。

【主分】

在這裡，那個波羅奈長者的奴隸，名叫迦藍都迦。他逃出去，娶了近地某長者的女兒，與許多從者同住在那裡。波羅奈長者叫人尋訪，不知他的下落，便派珍愛如子的小鸚鵡，叫他「去尋迦藍都迦」。小鸚鵡這裡那裡地走著，到了那村子。那時迦藍都迦為欲作河上之遊，叫人拿了花鬘、薰香、塗香與軟硬兩種食物來到河邊，正與長者的女兒坐在船上遊河。

在這裡，作河上之遊的上流社會人士，都飲和有烈性之藥的牛乳，使整日在水上嬉遊，不致感到寒冷。迦藍都迦滿銜著這種牛乳，用以漱口，漱後將那牛乳吐出。吐時不吐在水上，卻吐到了長者女兒的頭上。

小鸚鵡走到河邊，停在無花果樹的枝上張望著，認出了迦藍都迦，並見他將牛乳吐在長者女兒的頭上，便道：「喂，奴隸迦藍都迦啊，請你想想自己的出身與在世間的地位。滿銜著牛乳漱口，吐在出身高貴、幸福而有信仰的長者女兒的頭上，是不行的。你得知道身分啊。」接著便唱出下面的偈語來：

到處為家，　　我是住在森林中的。

你若被人找到，就將捉住，　　迦藍都迦啊，飲牛乳吧。

迦藍都迦認得是小鸚鵡，恐怕「事情敗露」，便道：「喂，主人，你何時來的？」鸚鵡知道「他並不是因歡迎而喊我的。他想絞我的頭頸，殺死我哩」，便道：「我對你沒有什麼事。」就從那裡飛到波羅奈來，將所見情形詳細告訴長者。長者道：「那傢伙做了不當的事了。」便去對他發出命令，帶到波羅奈來，使受奴隸之食。

【結分】

佛作此法話後，將本生的今昔聯結起來道：「那時的迦藍都迦是那比丘，波羅奈的長者則就是我。」

一二八　猫本生因緣　〔菩薩＝鼠王〕5

【序分】

此本生因緣，是佛在祇園精舍時，就一個欺詐的比丘說的。那時佛就那比丘的欺詐說道：「比丘們啊，這並不始於今日。在前生他也是個欺詐者。」接著就講起過去之事來。

【主分】

從前，梵與王在波羅奈城治國時，菩薩受生於鼠族，具有覺智，身大如小豬，率領數百隻鼠的從者住在林中。那時有一隻豺，在各處徬徨著，見了這一群鼠，心想：「欺騙這些老鼠，把他們喫了吧。」在鼠的住處附近，面向太陽，吸著風，以一隻腳站著。

菩薩〔鼠〕從住處出去覓食，見到了這豺，心想：「是有德者吧。」遂走近旁邊，問道：「你叫什麼名字？」豺道：「名曰有法。」鼠道：「你本是四足著地的，為什麼用一腳

5　本章一二八猫本生因緣，猫，本為貓之俗字，但查原譯本所附原名為「bijārajātaka」，而次章一三七〈貓本生因緣〉，其原名為「babbujātaka」，則猫似非貓之俗字，另有所指矣。又本節中所見之主要動物為豺，不見有貓，但〈豺本生因緣〉全經凡五見，別有原名，則貓又非豺之誤字。未見原典，無從決擇，姑乃仍之。

站著呢？」豺道：「我若用四隻腳著地，大地就將不能支持，因此用一腳站著。」鼠道：「為什麼張開了嘴站著呢？」豺道：「我是什麼東西都不喫的，只喫風而已。」鼠道：「那麼為什麼朝著太陽站著呢？」豺道：「因想禮拜太陽。」菩薩聽了這話，心想「定是有德者」，從此以後，便與群鼠朝夕奉侍他。但當他們奉侍完畢而回去時，豺攫住列在最後的一鼠，咬其肉，喫完以後，揩揩嘴，仍自站著。

一群的鼠漸漸地減少了。老鼠們想道：「以前我們住處是不夠的，住著很是擁擠，現在卻有餘地而很寬敞了，這是什麼緣故呢？」乃將此事告知菩薩。菩薩一面想：「何以鼠少下去了呢？」一面對豺起了懷疑，打算「試他一下」，便於敬禮之時，使群鼠先行，自己走在後面。豺向他撲來時，菩薩見那傢伙飛撲過來，想捕捉自己，便說道：「哦，豺啊，你這樣修行律法不是背叛律法嗎？你為了欺騙他人，所以掛著法律的招牌而行走。」接著唱出下面的偈語來：

以法為招牌，　暗中作惡，

使人信用，　故人名之為猫。

鼠王這樣唱著，飛撲過去襲擊豺的頭部，咬住顎下的頸動脈，將脈管咬破，結果了他的性命。群鼠回轉身來喫完了豺而去。據說，實際上先來的喫得著肉，後到的並未喫著呢。從此以後，群鼠就毫無憂慮了。

【結分】

佛作此法話後，把本生的今昔聯結起來道：「那時的豺是現在的欺詐的比丘，鼠王則就是我。」

一二九　火種本生因緣〔菩薩＝鼠王〕

【序分】

此本生因緣，是佛在祇園精舍時，就一個欺詐的比丘說的。

【主分】

從前，梵與王在波羅奈城治國時，菩薩是群鼠之王，住在林中。那時有　隻豺，當森林中火災勃發之時，不能逃脫，乃將頭靠著一樹站著。他全身的毛統燒掉了，只有頭上靠著樹的一部分尚留有如髻的小小一叢毛。一日，他在巖上的蓄水池中飲水，顧影見髻，說道：「我有了經商的資本了。」遂在森林中徬徨，發見了鼠穴，說：「欺騙這些老鼠們，把他們吞食了吧。」就如前〔參閱第一二八〕所述，站在近處。

那時菩薩出去覓食，見到了他，覺得「是有德者」，走近前去，問道：「你叫什麼名字？」豺道：「我名曰火種。」菩薩道：「為什麼來到此地？」豺道：「為保護你們。」菩薩道：「打算怎樣保護我們？」豺道：「我知道用拇指計數的法術。你們明朝出外覓食時我來計數，歸來時再來計數。這樣朝夕念著數保護你們。」菩薩道：「那麼請保護吧，伯父。」他答應說「好」，出去時數「一、二、三」，歸來時也照樣地數著，把列在最後的一隻鼠捉來喫。以下與前面一樣。只是在這裡，鼠王回轉來突立著道：「喂，火種啊，你頭上的髻，不是因法而生著，是為了要想肥胃而生著的。」接著唱出下面的偈語來：

那髻不以德為因，　那髻以食為因。
用拇指數是無用的，　火種啊，你須知足。

【結分】

佛作此法話後，把本生的今昔聯結起來道：「那時的豺是那比丘，鼠王則就是我。」

一三〇　拘悉耶女本生因緣〔菩薩＝阿闍梨〕

【序分】

此本生因緣，是佛在祇園精舍時，就舍衛城某女子說的。相傳，那女子係某信心甚深的優婆塞婆羅門之妻，無有信心，罪業深重，夜間耽於邪淫，日間不做一事，裝出臥病模樣，躺在床上呻吟。那婆羅門問道：「妻啊，妳有什麼不舒服嗎？」妻道：「因為風邪身體作痛。」婆羅門道：「那麼妳要些什麼呢？」妻道：「請給我拿甘蜜、極好的粥、米飯、油等來。」婆羅門將妻所求的東西統統拿來給她，替她做一切事，好像奴隸一樣。

妻於婆羅門回家時臥在床上，不在家時就與情夫二人過光陰。婆羅門因「妻所患的風邪一點不見痊可」，一日，拿了薰香、花鬘等物，到祇園精舍來，向佛禮拜，然後坐在一隅。

佛問道：「婆羅門，發生了什麼事情了嗎？」婆羅門答道：「世尊，妻說身患風邪。我替她搜求好的酪、油與最上的食物。妻的身體已健了，膚色也好。只有風邪沒有痊癒。我看護著她，連到這裡來參詣的工夫都沒有。」佛知道婆羅門的妻邪惡，便道：「婆羅門啊，前生賢人曾說過：『如果妻這樣地臥床不起，疾病不好，就以如此這般為藥。』只因輪迴了幾回，所以你不曉得了。」接著就應他的請求，講起過去之事來。

【主分】

從前，梵與王在波羅奈城治國時，菩薩生於婆羅門的大豪族之家，在得叉尸羅修習一切學藝，成為波羅奈名聞遐邇的阿闍梨。王城的剎帝利與婆羅門族的兒童多數來跟他修習學藝。那時，有一個住在鄉下的婆羅門，從菩薩學三吠陀與十八學處，定居於波羅奈，每日分二、三次來參訪菩薩。婆羅門的妻是個無信仰心、罪業深重的女人。一切與上面所述的情形一樣。

菩薩聽了「因此原由，竟連受教誡的閒暇都沒有」的話，曉得「女主人（妻）是騙他而臥著的」，心想，「把適於治她的病的藥教他吧」，便對他道：「你嗣後不可給她以酪、牛乳與飲料等物。將五種果子投入牛的糞尿之中，盛在新的銅器裡面，使帶點銅臭。然後拿著繩、索子或樹藤說：『這是於妳的病有效的藥，喫了此藥便去服務，或作與妳所喫的食物相當的工作吧。』說畢你且唱下面的偈語：

妳若不服藥，就以繩索、樹藤抽打。

抽打了幾千下以後，抓住妳的頭髮，
將妳在地上滾轉，再用手毆打。

這樣一來，她從那瞬間起會立刻做事了吧。」婆羅門表示同意地說：「不錯。」便如所教地製了藥，說道：「妻啊，請服此藥。」妻道：「這是誰教你的？」婆羅門道：「妻啊，是阿闍梨。」妻道，「請丟了。我不要服。」梵志取出繩子等來道，「妳若要不服，那就服這足以治妳病的藥吧。否則就給我做與所喫的粥、米飯相當的工作。」說著就唱出下面的偈語來：

當應言語而食，　應食而言語。
妳拘悉耶啊，　言語與食在妳是兩不相應。

婆羅門女拘悉耶聽了此偈感到驚怖，於是受阿闍梨的教誡，開始做事，知道「欺瞞阿闍梨非自己的能力所及」，奮發地著手做事了。悟到「阿闍梨知我罪深，從此以後不宜再有此種舉動」，由於對於阿闍梨尊敬之念，從此以後就慎於作惡，保守德操。

【結分】

那婆羅門之妻聽了這話，也覺得「正覺者（佛）知道了我的事情」，由於對佛的尊敬之念，不再為惡行了。

佛作此法話後，把本生的今昔聯結起來道，「那時的婆羅門夫婦即今之婆羅門夫婦，阿闍梨則就是我。」

第十四章　不與品

一三一 不與本生因緣〔菩薩＝長者〕

【序分】

此本生因緣，是佛在竹林精舍時，就提婆達多說的。恰巧那時，比丘眾集合法堂，談論道，「法友啊，提婆達多不知感恩，不知如來之德。」佛走進法堂來，問道：「比丘們，你們此刻會集於此，談論何事？」比丘眾答道：「在談論如此這般的事。」佛道：「比丘們啊，提婆達多不知恩德，並不始於今日。他在前生也曾不知恩義。」接著就講起過去之事來。

【主分】

從前，摩揭陀王在摩揭陀國的王舍城治國時，菩薩是擁有八億金財產的長者，名曰螺長者。當時波羅奈也有個有八億金財產的辟利耶長者。這兩位長者非常莫逆。可是因了某種事情，波羅奈的辟利耶長者遭了不幸，全部財產都喪失光了。他因陷於窮困，無處投靠，便帶了妻去投靠螺長者，從波羅奈出發，徒步走到王舍城，來訪螺長者的住宅。螺長者道：「好友來了。」擁抱相迎，慇懃地加以款待。過了幾日，螺長者問道：「哦，朋友，你來此何事？」他回答道：「我遭了不幸，全部財產都喪失了，沒有可以投靠的地方。」螺長者道：「原來如此。你不必焦憂。」說著便叫人開了自己的寶庫，取了四億金給他，此外，財產、從者、甚至家畜與物品也全部分作二分，將一半給他。辟利耶帶了財產回到波羅奈，就重興家門了。

後來，同樣的不幸降臨到螺長者身上了。那時螺長者想道：「我以前曾人大地扶助過朋友，將財產平分了給他。如今那友人見了我當不致拒絕，去投靠吧。」於是帶了妻，步行到波羅奈。向妻說道：「妻啊，跟我在街市上一同行走，於妳是不相稱的。我雇馬車來接妳，妳乘著馬車，率同許多從者隨後來吧。在我打發馬車來以前，請暫在這裡等候。」乃將妻留在城門口的一家人家的屋裡。

於是自己進了波羅奈城來訪問長者之家，告以「友人螺長者從王舍城來了」。辟利耶迎接他說：「請進來。」可是見了他的服裝，不站起身來，也不向他寒暄，只問：「你來此為了何事？」螺長者答道：「為拜望你而來。」他又問道：「你耽擱在何處？」螺長者道：「宿處還沒有定。我把妻留在城門口的一家人家的屋裡而來。」他道：「我這裡沒有地方留你們住宿。現在我將食物送給你，請你拿了到什麼地方去烹調來喫吧。」就吩咐僕人道：「用布片包一頓婆[1]粉糠給他。」據說那日，他曾叫人篩淨了裝在一千輛左右車子上的糙米，貯藏在倉庫裡。他以前曾從螺長者處得四億金而歸的，這忘恩的大惡徒，只以一頓婆的粉糠贈給恩友，僕人將一頓婆的粉糠盛入籃中，拿到菩薩的地方來。菩薩心中想道：「這惡徒以前曾受過我四億金，而現在他只給我一頓婆粉糠。我收不收呢？」一種念頭隨即浮現在

1　頓婆（tumha）與一阿爾訶迦（alhaka）相差無幾，約二升左右。

腦中了。「這不可信賴的忘恩者，因我零落之故，棄絕了與我的友情。若說他所給的粉糠是粗惡之食而不收受，那我也棄絕了友情了。世間愚人以所給之物微薄而拒絕收受，因此常破壞友情。我把他所給的粉糠收下，用自己之力建立友情吧。」便將那粉糠包在布片中，走向街頭，回到妻所停留的家裡來了。

妻向他問道：「你得到了什麼？」他回答道：「妻啊，我的朋友辟利耶長者給了我一頓婆粉糠，叫我走出。」妻道：「你為何領受了呢？這樣的東西怎能報謝四億金呢。」說著，就嗚咽起來。菩薩道：「妻啊，妳不要哭。我因怕斷絕了與他的友情，想用自己的力來建立友情，所以把那東西收下了。妳為什麼悲傷呢？」接著就唱出下面的偈語來：

吝惜而不與，　愚人彼此的友情便斷絕。

所以雖只半摩那糠，　我也並不辭謝。

如是則友誼不斷，　必能永久。

長者之妻聽了此偈，仍然哭泣不止。恰巧那時，有一個螺長者送給辟利耶長者的農僕，從門口進來。這農僕聽到了長者之妻的泣聲，便走了進來，遇見昔日的主人夫婦。這時農僕俯伏在主人的腳下，哭著問道：「主人，你因何事來此？」長者將經過情形全盤坦白地告訴了他。農僕安慰他道：「主人，我知道了。請你不必憂慮。」說後就伴送到自己家中，叫夫妻二人洗了澡，勸他們用飯。又去關照別的人們。說：「舊主人來了。」過了幾日以後，所有的農僕，喧擾著到宮庭去控訴。

國王喚他們近前，問道：「究竟是什麼一回事呢？」他們將事件毫無遺漏地稟告國王，國王聽了他們的話，便喚兩長者來，先向螺長者問道：「大長者，聽說你曾將四億金給與辟利耶長者，這話是真的嗎？」他回答道：「大王啊，我的朋友為求助於我到王舍城來時，四億金自不消說了，且曾不問生物與無生物，將所有的財產平分了，以一半給與他。」國王又問辟利耶長者道：「那是事實嗎？」他回答道：「大王，是的。」於是國王又問：「此次螺長者來訪你時，你可曾好好款待他呢？」他默然不答。國王復對他道：「那時你不是叫人用布片包了一頓婆粉糠給與他的嗎？」他聽了這話，依然不答。國王與各大臣商議「應如何處置」後，命令臣下道：「你們去到辟利耶家中，將他家中的全部財產給與螺長者。」菩薩稟道：「大王啊，我不要別人的財產。只將從前我所給他的交還我就好了。」於是國王命將屬於菩薩的財產交還。

菩薩復得了從前給與辟利耶長者的財產，與許多農僕回王舍城，重興家業，作布施等善行，依其業報，投生於應生之處。

【結分】

佛作此法話後，把本生的今昔聯結起來道：「那時的辟利耶長者是提婆達多，螺長者則就是我。」

一三二　五師本生因緣〔菩薩＝王子〕

【序分】

此本生因緣，是佛在祇園精舍時，就阿闍波剌榕樹下三魔女誘惑之經說的。佛引用了以下面的句子開始的經：

愛、嫌惡與染的三女，　　豔冶奪目而出現。
然而如風吹飄落的綿毛一般，　　佛將她們屏退了。

佛這樣地將此經說至最後時，比丘眾集合法堂，談論起來道：「法友啊，三魔女現出美若天女的幾百種姿態，走近佛去誘惑他。但佛竟連眼睛也不曾張開。佛的威力不是驚人嗎？」這時佛來到法堂，問道：「比丘們，你們此刻會集於此，談論何事？」比丘眾答道：「在談論如此這般之事。」佛道：「比丘們啊，我已滅盡一切漏，獲得一切智了。不看魔女，毫不足怪。前生我煩惱未盡，希求菩提時，也未嘗因煩惱而破了根之自制去看天女般美容，以是遂獲得了大王國。」接著就講起過去之事來。

【主分】

從前，梵與王在波羅奈城治國時，菩薩是一百個兄弟中之最年少者，詳情與前面得叉尸羅本生因緣[2]中所說相同。那時得叉尸羅的市民，來訪住在市外的菩薩，要求獻呈王權，行

2　得叉尸羅本生因緣，係指〈油鉢本生因緣〉〔第九六〕。

了灌頂禮。後來他們以天都般的飾物裝飾得叉尸羅，以帝釋宮的莊嚴裝飾宮城。菩薩進了得叉尸羅市，在宮城的樓閣上揭起純白的天蓋，昇至鑲著寶石的玉座，以天王般的尊嚴儀容就位。又有大臣、婆羅門、居士、剎帝利的王子等，身上著了種種華美的服裝，侍立在國王的周圍。一萬六千個美若天女的舞妓，都是跳舞、歌謠、音樂的名手，熟練最上的遊藝，她們一齊跳舞、唱歌、奏樂，宮城充滿了歌謠、音樂的聲響，宛如海上雷鳴。

菩薩見自己的榮光如是之盛，心想：「我若瞧這些夜叉的天女般的美姿，則是自招滅亡，這旺盛的榮光便看不到了吧？我因遵守辟支佛的訓戒，得到了這榮光。」不覺因感激唱出下面的偈語來：

守持辟支佛的良訓，　　剛毅不動，不懷怖畏，
不落夜叉的誘惑之網，　　大怖畏消滅，而得到安穩。

大薩埵〔菩薩〕如是以偈說法。後以正法治國，作布施等善行，依其業報，投生於應生之處。

【結分】

佛作此法話後，把本生的今昔聯結起來道：「那時赴得叉尸羅獲得干權的天子就是我。」

一三三　火燄本生因緣〔菩薩＝鳥王〕

【序分】

此本生因緣，是佛在祇園精舍時，就某比丘說的。那比丘從佛受了業處，前往邊境，在某村附近的森林地方定住下來，那時適逢雨期。在雨期的第一月，他出外托缽時，所住的小舍燒燬了。他因失了住家，非常困苦，遂與信徒們商量。他們說：「曉得了，立刻建造小屋吧。」可是並未著手，三個月便過去了。他因沒有適當的住家，遂不能獲得業處。雨期終了以後，他未曾得到一分業處，便赴祇園來到佛的地方，恭敬地作禮，而後坐在一隅。佛親切地打了招呼，問道：「比丘啊，你順利地得到業處了嗎？」他將經過情形，不論吉凶，從頭細述一遍。佛道：「比丘啊，在前生，畜生也能辨別於自己利或不利，利時就居住下來，不利時就棄了住所遷移至他處。你怎麼不知道那住所對自己利或不利呢？」接著就應他的請求，講起過去之事來。

【主分】

從前，梵與王在波羅奈城治國時，菩薩生而為鳥。他年長後交了好運，成為百鳥之王。那時，在某森林地方的湖邊，有一株枝葉繁茂的大樹。他在那樹的附近，率領一群鳥類棲居著。因那大樹的枝葉伸展到湖的水面，許多鳥棲在枝頭上，常將糞落到水面上去。

那湖中有一個名叫犍陀的龍王居住著。龍王心想：「這些鳥常將糞落在我所住的湖中。

現在從水面上生起火來，燒了那樹，把這些鳥趕走了吧。」他這樣地發了怒，於眾鳥棲宿在樹枝上的夜半，先使湖水如湯般沸騰起來，其次使冒出煙來，最後使發出火燄，高如多羅樹。菩薩見火燄從湖面上衝起，便告大家道：「哦，朋友啊，火能燒物，而水能滅火。然而如今水已燃燒起來，我們不能再留在此地了。非遷到別處去不可。」說著就唱出下面的偈語來：

安穩之地似已有了敵人，　水中冒著煙火，
此大樹上如今已無我們的住所，　走吧，湖已為我們所畏怖。

菩薩如是唱了偈後，便帶領了聽從警告的鳥飛到別的場所去了。而那些不聽菩薩的話、留在那樹上的鳥，終於被焚死了。

【結分】

佛作此法話後，說明四諦。說畢四諦，那比丘證得阿羅漢位。佛又把本生的今昔聯結起來道：「那時聽從菩薩之言的鳥是佛的從者，鳥王則就是我。」

一三四　禪定清淨本生因緣（菩薩＝大梵天）

【序分】

此本生因緣，是佛在祇園精舍時，就法將舍利弗敷衍佛自己在僧迦舍城門所提出的簡單問題之事說的[3]。下面的過去的故事便是。

【主分】

從前，梵與王在波羅奈城治國時，菩薩在森林地方臨終之際，說道：「非想，非無想……」〔中略〕然而仙人們不信菩薩的高足弟子的說明。因此菩薩從光音天降下，站在空中，唱出下面的偈語來：

有想者常苦，　無想者亦常苦。
捨離有想，無想的兩端啊，　等至之樂才真清淨。

菩薩如是說法，講述高足弟子之德，然後回梵天界。於是仙人們始信高足弟子之言。

【結分】

佛作此法話後，將本生的今昔聯結起來道：「那時的高足弟子即是今之舍利弗，那大梵天則就是我。」

一三五　月光本生因緣〔菩薩＝大梵天〕

【序分】

此本生因緣，是佛在祇園精舍時，就長老舍利弗在僧迦舍城門敷衍問題之事說的。

3　參閱本生因緣第五二二。

【主分】

從前，梵與王在波羅奈城治國時，菩薩在森林地方，臨終之際，應弟子們的質問，答說「月光、日光」後，生於光音天。然而仙人們不信長老的解釋。因此菩薩從光音天降下，站在空中，唱出下面的偈語來：

如在此世以智慧　　修無念定。
思惟月色、日光，　　未來當生光音天。

菩薩如是教示弟子的仙人們，講說高足弟子之德，復返於梵天界。

【結分】

佛作此法話後，將本生的今昔聯結起來道：「那時的高足弟子是舍利弗，大梵天則就是我。」

一三六　金色鵝本生因緣〔菩薩＝鵝鳥王〕

【序分】

此本生因緣，是佛在祇園精舍時，就偷羅難陀比丘尼說的。舍衛城有一個優婆塞，以大蒜贈給比丘尼團。並且吩咐司農園的園丁道：「若有比丘尼來，每人贈二把或三把。」後來比丘尼眾常為取大蒜到他家中或農園裡去。卻說，一日，適逢休息日，他家裡已沒有大蒜了。偷羅難陀比丘尼與其夥伴一同到他家裡去，聲言「為取大蒜而來」。他家說：「這裡已沒有大蒜了，請到農園去取。」她便轉赴農園，與其夥伴拿了許多大蒜回去。農園的園丁發了怒，告訴人們說：「這些比丘尼怎麼無限制地拿了許多大蒜回去呢？」少欲的比丘尼眾聽了這話，也動了氣。比丘尼眾更訴諸比丘眾。他們也生了氣，將此事稟告佛世尊。

佛將那比丘尼譴責了一頓以後，向比丘眾隨機說法道：「比丘們啊，貪欲之人對於生身的母親，也是不親切、不順從的。要這樣的人去教化無信心者，使信者的信仰加深，希圖得到未得的施物，既得的施物源源不絕，凡此種種，沒有一件會成功。反之，少欲的人能教化無信心者，能使信者愈加深信，能得到未得的施物，能使既得的施物源源不絕。」又道：「偷羅難陀比丘尼的貪欲，並不始於今日，前生也是貪婪的。」接著就講起過去之事來。

【主分】

從前，梵與王在波羅奈城治國時，菩薩生在某婆羅門的家裡。到了能辨別事理的年齡，娶婆羅門之女為妻，生了三個女兒，名叫南陀、南陀婆蒂、升達利南陀。菩薩死後，妻與三個女兒投靠在別人家裡。

菩薩那時生而為鵝，具宿命智。成長後，羽毛金色，很是美麗。他看著自己的雄大的形姿，心想：「我是死於何處而生在這裡的呢？」立刻了解「是在人類的世界」。其次觀察「我妻婆羅門與女兒們怎樣生活著」時，知道「替別人做事，度著困苦的生活」。因此他心裡想道：「遮蔽我身體的黃金羽毛，具有可以拉長的性質。今後給她們每人一把羽毛吧。我妻與女兒們由此得以安樂過活了吧。」於是他到她們的住處，停在棟梁上。女兒們與妻見了，問道：「喂，你是從什麼地方來的？」他道：「我是妳們的父親。在這世間死後，投身為金色鵝。現在我來與妳們相會。嗣後妳們毋須再被雇於人，過困苦的生活了。我給妳們每人一把羽毛吧。將這毛賣了，安樂度日就是。」說後就給以羽毛而飛去。於是那為妻的婆羅門女就富裕而幸福了。

卻說有一日，那婆羅門女對女兒們說道：「女兒啊，畜生的心是不可靠的。妳們的父親總會有一日不到這裡來吧。這次他來時，將他的羽毛一概拔掉，收歸我們所有吧。」女兒們道：「倘如此做，父親會覺得痛吧。」表示不贊成。婆羅門女性本貪婪，一日，金色鵝來時，便招呼道：「請到這邊來。」等他到了她手邊，就用雙手將他捉住，把羽毛統統拔了下來。因她違反菩薩的意志，用暴力拔取之故，所拔下的羽毛都變成了鶴的羽毛，一根不剩。於是菩薩雖鼓起翅膀，也飛不得了。婆羅門女便將他放入大壺中，給以餌食。可是後來所生的羽毛都是白色。羽翼生成以後，他飛往自己的棲所，不再來了。

【結分】

佛講述此過去的故事畢，說道：「比丘們啊，偷羅難陀比丘尼的貪欲，並不始於今日。前生也是貪得無厭的。那時她因貪欲失去黃金，現在又因自己貪婪之故，得不到大蒜。今後她將喫不到大蒜了吧。別的比丘尼也因偷羅難陀比丘尼之故，同樣地喫不到大蒜了。所以，即使可以多得，也非知適量不可。又，所得不多時，也非如所得甚多一樣地滿足不可。決不可作過分的希望。」接著就唱出下面的偈語來：

須知足於所得，　　貪欲是惡事。

因捕住鵝鳥王，　　黃金遂從她們手中失去。

佛說此事，從種種方面加以譴責，然後規定了「凡食大蒜的比丘尼皆非懺悔不可」的學處。又把本生的今昔聯結起來道：「那時的婆羅門的妻即今之偷羅難陀比丘尼，三個女兒即今之三個比丘尼，而那金色的鵝王則就是我。」

一三七　貓本生因緣〔菩薩＝石匠〕

【序分】

此本生因緣，是佛在祇園精舍時，就「迦那之母」的教誡說的。當時舍衛城有一個優婆夷，叫做「迦那之母」。她因女兒的名字得名，優婆夷是已得預流果的聖聲聞。她把女兒迦那嫁給某村的同族男子。某時，迦那因事回娘家來。住了二、三日後，丈夫遣使者來說：「迦那速歸，務望即叫迦那回來。」迦那聽了使者的話，對母親道：「母親，那麼我得回去了。」母親道：「妳在這裡滯留如此長久，須得帶點土產回去。」就做起糕來。

恰巧那時有一個托缽僧，站在她家的門口。這位優婆夷叫那僧就了座，給他在缽中盛滿了那糕。這比丘回去後，把這事告知別的比丘，別一比丘也來取糕。那比丘又將此事告知別一比丘，別一比丘也來取糕。這樣把糕給了四個比丘。所做的全數糕施完，迦那仍不能回去。迦那的丈夫兩、三次地差使者來。第三次差使者來時，叫他傳言道：「如迦那不回來，我就要迎娶他女為妻了。」然而因了這緣由，迦那到第三次催促後依然不歸，迦那的丈夫便另行迎娶了。迦那接到報告悲傷哭泣。

佛知道了這事，於清晨著衣持缽，到迦那之母的住處來，就了所設之座坐下，向迦那的母親問道：「迦那因何哭泣？」其母答道：「因如此這般之故。」佛乃安慰迦那的母親，說法後離座而起，回到精舍去了。

卻說，因三次做好的糕給那四個比丘拿去，以致迦那不能回至夫家的事，給僧團中知道了。有一日，比丘眾集合法堂，開始談論道：「法友啊，四個比丘三次喫了迦那之母所做的糕，致迦那不能回去。大優婆夷因女兒迦那為夫所遺棄，聽說非常傷悲呢。」這時佛進來問道：「比丘們，你們此刻會集於此，談論何事？」比丘眾答道：「在談論如此之事。」佛道：「這四個比丘喫了迦那之母的食物，使她陷於悲歎，並不始於今日。前生也曾使迦那之母苦惱過，」接著就講起過去之事來。

【主分】

從前，梵與王在波羅奈城治國時，菩薩生在石工的家裡，成長後，巧於鑿石之技。迦尸國某市鎮上，有一個大富豪。他在庫中藏有四億金財產。他的妻亡故後，因對於金錢的愛著之心很深的緣故，轉生為鼠，棲居在寶物庫之上。後來，那富豪的家族都陸續死去，富豪自己也死去，連那村子也消滅了。

那時，菩薩在從前有村子的廢墟，鑿開了石頭雕刻著。那鼠每次出來求食時，見到菩薩，便對他起了愛著心，心裡忖道：「我雖有許多財產，但因沒法使用，這財產也許會喪失的。不如與這人在一處，靠這財產來過活吧。」因此，有一日，鼠用嘴銜了一個金幣，到菩薩那裡來。菩薩見了，用溫柔的言語說道：「哦，鼠啊，你為什麼銜了金幣來呢？」鼠道：「我以此金幣給你使用，也請你給我買肉。」菩薩答應說：「好。」便拿了金幣回家，以別的些少的錢買了肉給鼠。鼠得了肉回到自己的棲所，把肉喫了個飽。以後鼠便每日給菩薩以金幣，菩薩也每日買了肉來給鼠。

卻說，有一日，那鼠被貓捕住了。鼠向貓道：「貓啊，殺我是不行的。」貓道：「為什麼不行呢？我肚子飢餓，要想喫肉了，非把你殺掉不可。」鼠問道：「你的想喫肉，只是一日的事呢，還是每日都如此？」貓答道：「那當然是隨時要喫肉的。」鼠道：「那麼我隨時將肉送上吧，請你放了我。」於是貓對鼠說了一聲「那麼你得小心」，便把鼠放走了。從此以後，鼠將自己所得的肉分作二分，以一分給貓，其餘一分則留作自己享用。

可是，一日，鼠被別的一隻貓捕住了。那時鼠也如以前一樣地對貓說，求貓把他放了。從此鼠便將肉分作三分來喫。既而鼠又被別的一隻貓捕住了，也以同樣的條件而得釋放。從此鼠便將肉分作四分來喫。後來又有另一隻貓將鼠捕住了，鼠也以同樣的條件而獲救，從此鼠便將肉分作五分來喫。自從將肉分作五分來喫，之後，鼠因食物不足，身體衰弱，肉瘦血減了。菩薩見了鼠，問道：「鼠啊，你怎麼瘦弱了？」鼠回答道：「因為這個緣故。」菩薩安慰鼠道：「那麼你怎麼不早告訴我呢？我來救你吧。」

於是菩薩鑿好了一塊透明的晶石，把中間挖空了，拿來吩咐鼠道：「你走入這裡面好了。倘貓來了，不論任何一隻，你用強硬的話罵他吧。」鼠便走進那水晶石中躺著。不久，一隻貓來了，說道：「不給我肉嗎？」鼠對貓罵道：「哦，惡貓啊，為什麼要給你肉呢？你去喫自己孩子的肉吧。」貓不知鼠躺在水晶石中，怒不可遏，便叫「捕住你」，猛撲過去，胸膛撞著水晶石，立時心臟破裂，眼珠幾乎迸出，當場斃命，倒在一旁。其他幾隻貓，以同樣的經過，也都死了。從此以後，鼠就毫無恐懼，每日給菩薩兩個或三個金幣。彼此和洽度日，畢生不破友情，依其業報，各投生於應生之處。

【結分】

等正覺者佛述此過去之事畢，復唱出下面的偈語來：

一隻貓得食以後，　　忽然第二隻貓出現了，

第三、第四也跟著而來，　　但他們都因水晶石碎身而倒斃。

佛作此法話後，把本生的今昔聯結起來道：「那時的四隻貓即今之四個比丘，鼠是迦那之母，鑿製晶石的石匠則就是我。」

一三八　蜥蜴本生因緣〔菩薩＝蜥蜴〕

【序分】

此本生因緣，是佛在祇園精舍時，就一個偽善者說的。其故事與前面猫本生因緣〔第一

二八〕相同。

【主分】

從前，梵與王在波羅奈城治國時，菩薩生為蜥蜴。那時在國境以內的村子附近的森林地方，有一個證得五通的仙人作著非常的苦行，住在一小舍中。村人對那仙人都極尊敬。在仙人不時往來的道路之旁，有一個蟻塚。菩薩〔蜥蜴〕便住在那丘中。他住在此處，常一日兩、三回到那仙人的地方去，傾聽富有教訓、意義深長的話，然後恭敬地向仙人作禮，回到自己的住所。後來那仙人向村人辭行，離開該地而他去了。自那有德的仙人去後，另有一偽善的仙人來，住在那小舍中。菩薩以為「這次來的仙人大概也是有德的」，便到他那裡去。

卻說，有一日，時當暑季，起了不合時季的風暴，蟻從蟻塚中爬出。蜥蜴想喫那蟻，四處匍匐著。村人們出去，捉了許多蜥蜴，用那適於烹調油肥之物的酸醋與砂糖把蜥蜴肉加味烹調了送給仙人。仙人喫著蜥蜴肉，因其味美，生了味覺欲，尋思：「此肉味道極好，究竟是什麼肉呢？」及知道「是蜥蜴肉」，便想：「我這裡不時有大蜥蜴來的，殺而喫其肉吧。」於是仙人把鍋子、酥油與鹽等物放在一邊，又手執木槌藏在黃衣的袖內，坐在小舍的門口，等候菩薩到來，表面上則裝著非常冷靜的樣子。

菩薩打算「今晚去訪問仙人」，便離住處而去，到了將近仙人的居處，見仙人神情十分興奮，心裡忖道：「仙人的神情不若平日坐著時的平穩，他對我，眼色兇險。好生看著吧。」那時菩薩適在仙人的下風之處，聞到蜥蜴肉的氣味了。想道：「這偽仙人現在一定已喫過蜥蜴肉了，一定是因為此肉味美起了味覺欲，想趁我到他的地方來時用槌將我擊斃，把我的肉烹調來喫。」因此之故，他不走近那仙人去，就轉身回去了。仙人知菩薩不近前來，心想：「這蜥蜴一定曉得我有殺心，所以不來。他現在雖不到我這裡來而想回去，我卻不讓他如此。」遂拿出槌來投擲過去。那槌碰著了菩薩的尾尖。菩薩很快地逃入蟻塚，從另一端的洞口探出頭來叱責他道：「你這偽仙人啊，我之所以到你的地方來，是因了以你為有德的緣故。現在我已明白你是虛偽的東西。像你這樣的大惡賊，實不配著此種仙人的服裝。」接著就唱出下面的偈語來：

愚人啊，結髮於你何用，　　皮衣於你何用，
你不是只飾外觀，　　心中充滿了貪欲嗎？4

菩薩這樣地把那偽仙人譴責了一頓以後，便爬入蟻塚去了。偽仙人也就離那場所而去。

【結分】

佛作此法話後，把本生的今昔聯結起來道：「那時的偽仙人即今之偽善者，以前那位有德的仙人是舍利弗，蜥蜴則就是我。」

4　《法句經》第三九四偈。

一三九　二重失敗本生因緣〔菩薩＝樹神〕

【序分】

此本生因緣，是佛在竹林精舍時，就提婆達多說的。相傳，那時比丘眾在法堂上談論道：「法友啊，如果火葬用之薪，兩端都燃燒了，而中央部分受了沾污，那麼不論在森林中或在村子裡都不能再作柴薪用了。提婆達多亦然，他因此解脫之教出家，兩方失敗而遭排斥，其結果遠離了在家的享樂，而於沙門的所作也不能成就。」這時佛來到法堂，問道：「比丘們啊，你們此刻會集於此，談論何事？」比丘眾答道：「在談論如此之事。」佛道：「比丘們啊，提婆達多的二重失敗，並不始於今日。前生也有過同樣的失敗。」接著便講起過去之事來。

【主分】

從前，梵與王在，波羅奈城治國時，菩薩生為樹神。那時某村中有漁夫等住著。卻說，某時有一漁夫，帶了年輕的兒子，手執釣鉤出去，走到平日他們大家釣魚的池邊，投下釣鉤。釣鉤將沉在水中的一段樹根鉤住了。漁夫拉不起來，心想：「一定是一條大魚。差兒子到妻那裡去，叫妻與鄰人吵鬧吧。這樣就沒人會來希冀分配獲物了。」於是對兒子道：「你從這裡回家去，告訴你母親說，已釣到了大魚。叫她與鄰人吵鬧。」吩咐兒子前往。卻說他因拉不起釣鉤，擔心釣鉤折斷，便將外衣脫了丟在岸上，躍入水中去。他由於得魚的貪欲心，這裡那裡地搜索魚兒，撞著樹根，撞壞了兩隻眼睛。丟置在岸上的外衣，被賊偷去了。他痛得心神顛倒了，一隻手掩著眼睛從水中爬起，發著抖去尋摸外衣。

卻說，漁夫之妻在家裡開始去尋是非，她打算「做些出人意料之外的事」，便在一隻耳朵上掛了多羅樹葉，一隻眼皮用鍋煤塗黑了，抱著犬出去訪問鄰右。有一女友見了，便道：「妳一隻耳朵上掛了多羅樹葉，一隻眼皮塗得墨黑，如抱愛兒似地抱著犬，從這家走到那家。唉，妳瘋了。」漁夫之妻道：「我沒有發瘋。妳毫無理由，用惡語侮辱我。喂，拉妳到村長那兒去，叫妳付八迦訶婆那的罰金。」於是口角起來，二人同到村長那兒去了。然而裁判的結果，罰金卻科在漁夫之妻這方面。人們將她綁了起來：「快付罰金。」用笞鞭撻她。

樹神見到漁夫之妻在村中所行的事與漁夫在森林中所遇的災難，站在樹叉間說道：「哦，漁夫啊，你在水中與在陸上所做的事，都是惡事，兩方都歸失敗了。」接著便唱出下面的偈語來：

眼睛失明，衣服被奪，　妻在友家受笞刑，
不論在水中、陸上，　你所做的事都錯了。

【結分】

佛作此法話後，把本生的今昔聯結起來道：「那時的漁夫是提婆達多，樹神則就是我。」

一四〇 烏本生因緣 〔菩薩＝烏王〕

【序分】

此本生因緣，是佛在祇園精舍時，就一個有名的慈善家說的。其事件出在第十二編〈跋陀娑羅樹神本生因緣〉〔第四六五〕中。

【主分】

從前，梵與王在波羅奈城治國時，菩薩生而為烏。一日，國王的司祭官在郊外沐浴，身上塗了香，著了花鬘，穿了上好衣服，回到城市中來。城門的拱門上，有甲乙兩烏棲止著。甲烏向乙烏說道：「朋友，我來將糞撒在這婆羅門的頭上吧。」乙烏道：「莫作此種惡事。這婆羅門是個偉人，使偉人動氣是不行的。他如惱怒起來，會將烏統統殺死吧。」可是甲烏卻說：「無論如何我非這樣做不可。」乙烏道：「那麼你一定就會被發覺的。」說著逕自逃走了。當婆羅門在那城門的拱門下通過時，那烏就如拋花綵般將糞撒在婆羅門的頭上。婆羅門非常憤怒，以致憎恨所有的烏了。

那時有一個管米倉的婢女，在倉門前將米攤開了曬在日光中，在旁看守著，既而睡去了。一隻山羊見婢女睡著了，便跑過來喫米。婢女醒來見到山羊，立刻將他趕走。婢女再睡熟以後，第二隻、第三隻山羊跑到那裡來喫米。婢女三回將羊趕走，心裡想道：「這山羊再三來喫米。曬著的米已被喫去一半，損失自然極重。須使山羊不再來才是。」於是在火把上點著了火，拿在手裡假裝睡熟而坐著，一隻山羊來喫米了。婢女立即跳起來，用火把去打，於是火燒著山羊毛了。山羊因身上燒起來，心想「滅火」而奔跑，躍入接近象廄的有枯草的小屋，去擦身子。火延及枯草，燒了起來，延燒至象廄，象身也燒著了，有許多象負了傷。獸醫無法醫治，乃去稟告國王。

國王向司祭官問道：「師啊，獸醫說不會治療象，你可知道有什麼良藥嗎？」司祭官道：「大王，知道的。」國工道：「求什麼好呢？」司祭官道：「大王啊，烏的血精是好的。」於是國王命令臣下道：「那麼殺烏去採血精。」從此以後，烏相繼被殺，但並不能得到血精。烏的屍體到處累積，所有的烏都大起恐怖了。

當時，菩薩〔烏〕率領了八萬隻烏，住在火葬場的森林中。有一隻烏來，將這次烏族發生大恐怖的事件告知菩薩。菩薩心想：「欲除我同族所遭遇的恐怖，只此一法。我就試行此法吧。」乃行十波羅蜜，由慈波羅蜜引導著，一躍而抵宮城，從開著的大窗子裡飛入，到了玉座之下。時有一男子想將那烏捕住。國王就了玉座，制止說：「捕捉不得。」菩薩凝神行著慈波羅蜜，好一會，然後從玉座下出來，向國王說道：「大王啊，國王應不為樂欲等所囚而行政治。又，應為之事應注意熟慮而後為之。又，現在所行之事，有成就之望者則行，無成就之望者則不可行。倘若國王所行之事本無成就之望，而強要施行，則人民為大恐怖所襲，遂起死的恐怖。司祭官因心中懷恨在說謊語。烏是並沒有血精的。」

國王聽了烏的話大悅，將黃金的精緻的椅子賜與菩薩，叫他坐下。等待著菩薩就席，以百千次精製的油塗在羽毛上，進獻那用金器盛貯的國王自用的美食，又使他飲了飲料。菩薩充了飢而無苦痛時，國王向菩薩問道：「智者啊，你說『烏是沒有血精的』。為何烏沒有血精呢？」菩薩道：「因此緣由。」乃用了響徹天宮的聲音說法，唱出下面的偈語來：

心臟不絕地因恐怖而顫抖，　身為一切世間而痛楚，
烏安有血精，　這是我同族的常態。

菩薩這樣地宣說了理由，又教誡國王道：「大王啊，國王不應不加思慮而行事。」國王大悅，將王權授給菩薩。菩薩再交還給國王，復授國王以五戒，懇求對於一切有情加以保護。國王聽了法話，即允許保護一切有情，並常與烏以食物，於是每天煮米數十斤，加和各種佳味，搗碎以飼群烏，對於菩薩則特別給以國王的常食。

【結分】

佛作此法話後，將本生的今昔聯結起來道：「那時的波羅奈國王是阿難，烏之王則就是我。」

第十五章　避役品

一四一　蜥蜴本生因緣〔菩薩＝蜥蜴王〕

【序分】

此本生因緣，是佛在竹林精舍時，就一個背叛佛的比丘說的。其故事的內容，與〈女顏象本生因緣〉〔第二六〕中所述者相同。

【主分】

從前，梵與王在波羅奈城治國時，菩薩受生於蜥蜴的胎裡，長大後，率領許多蜥蜴的眷屬，住在某河畔的大洞穴中。他的孩子的小蜥蜴，與一隻避役非常親密，遂成了遊伴，說「我來抱你吧」，就將避役摟抱起來。有將他與避役親近之事祕密告知蜥蜴之王者，蜥蜴之王立刻喚兒子來，告訴他道：「唉，你竟在與惡者交際。避役乃賤種，與那樣東西為友是不行的。你如繼續與他交際，則所有蜥蜴的種族，都將被那避役所污辱吧。此後不可再與他交際了。」但那小蜥蜴依然與那避役作著親密的交際。菩薩〔蜥蜴之王〕雖再三勸告他，他仍不能與避役斷絕往來。菩薩覺得「在不遠的將來，因那避役之故，也許會有災禍臨到我們身上。為預防起見，實有豫造遁路的必要。」因令部下在一方造了非常通風的出路。

這時，他的孩子小蜥蜴身體漸漸發育起來了。但那避役卻與以前一樣大小，毫無什麼變化。他屢次地說「摟抱吧」，而爬到避役身上來。這與以前完全不同了，在避役覺得宛如一座小山壓在身上。他開始感到苦惱，心想：「如果他數日間儘是這樣地來摟抱，則我的生命危險了。不如串通獵師，將這蜥蜴一族完全除滅了吧。」

在一個大雨停止後的暑日，蟻穴的羽蟻從穴中飛出來[1]，蜥蜴到那裡來捉羽蟻來喫。那時有一個捉蜥蜴的獵師，為了想破壞蜥蜴的洞穴，一手拿了鋤，一手牽著犬，到那森林中來。避役見了那獵師，心想：「今天我要達到自己的願望。」便走近獵師旁邊，在他面前坐下，問道：「喂，你究為什麼在森林中行走的？」獵師答道：「為捉蜥蜴而來。」避役道：「我知道許多蜥蜴所居的洞穴。你有火與稻草嗎？」說著就領獵師到那裡去了。他對獵師說道：「喂，請將稻草放在這裡，點了火使冒出煙來。在這四周叫你的犬看守著，你自己則拿著大棍棒將那接連出來的傢伙盡行擊斃，使屍骸堆積如山。」他如是教唆畢，心想：「現在讓我來看仇人的結局吧。」於是躲在隱處，只將頭露出了看著。獵師把稻草一薰，蜥蜴被煙所困，從穴中接連飛出來了。獵師將飛出來的盡行擊斃。有從他手邊逃出的，則被犬所捉。於是蜥蜴一族的大滅亡便到臨了。

菩薩覺到「果因避役而生禍患了，惡人誠不可與之交際，幸福決不依惡而生。徒因一隻惡的避役之故，致許多蜥蜴陷於滅亡」，便從遁路裡脫出，唱出下面的偈語來：

與惡人親暱，　不會有真的樂。
反足使自己受災禍，　如蜥蜴族之與避役。

1　在印度地方，據說在雨期開始時，蟻生羽而從巢中飛出的。

【結分】

佛作此法話後，把本生的今昔聯結起來道：「那時的避役是提婆達多，菩薩之子即不聽告誡的蜥蜴之子，是背叛的比丘，蜥蜴之王則就是我。」

一四二　豺本生因緣〔菩薩＝豺王〕

【序分】

此本生因緣，是佛在竹林精舍時，就提婆達多圖謀殺佛之事而說的。某時，有許多比丘集合法堂，就此事紛紛談論。佛聽了說道：「比丘們啊，提婆達多企圖殺我，並不始於今日。前生也曾有此企圖。但他不僅不能殺害我，反而自陷苦境。」接著就講起過去之事來。

【主分】

從前，梵與王在波羅奈城治國時，菩薩投生在豺的胎裡，後為豺王，被許多豺群圍繞著，住在墓地的林中。某時，王舍城舉行熱鬧的祭典。那簡直可說是酒祭，人們任性飲酒。有許多無賴漢帶了許多酒肉來參加，一面叫豔裝的妓女唱歌，一面飲酒喫肉。到了深更，肉已喫盡，而酒則尚有不少餘剩。那時他們中的一人喊道：「拿肉來。」有人應道：「肉已喫盡了。」那人道：「我在時非有肉不可。既然如此，我就到那墓地去，把來喫新的死人肉的豺殺死，拿豺肉來喫吧。」說著就執了大棍棒，走出街道，從間道來到墓地，手持棍棒，假裝死人，仰臥在地上。

時菩薩與豺群一同來到那裡，見到了他，心想：「這不是死人。」打算「試探一下」，便向下風走去，試嗅他身體的氣味。知道不是死人的氣味，心想：「調戲他一下將他趕走。」遂來到他旁邊，咬住了棍棒之端而強拉。那人不但不放開棍棒，卻連菩薩近來都不知道，所以把那棍棒握得更緊了。菩薩稍向後退，說道：「你這人啊，如果你是死人，則我拉棍棒時，你不會握得更緊。你以為你這樣做，我就辨不出你是活的還是死的嗎？」接著就唱出下面的偈語來：

你雖假裝死人而躺著，　　可是拉你的棍棒時，
你牢執不放，　　你以為這樣就能瞞過去了嗎？

菩薩如是高聲唱著，那無賴漢覺得「他已發覺我沒有死」，便站起身來，將棍棒擲過去。可是沒有擲中。無賴漢叫喊道：「糟糕，這回我失察了。」菩薩回過頭去，說道：「啊，你用棍棒擲我，你一定要墮入八大地獄[2]、十六小地獄[3]了。」說了便去。無賴漢毫無所得，空手離開墓地，沿著水溝回到街上來。

2　八大地獄：一、等活地獄；二、黑繩地獄；三、眾合地獄；四、號叫地獄；五、大叫地獄；六、炎熱地獄；七、大熱地獄；八、無間地獄，在贍部州地下五百由旬之處。

3　十六小地獄，係附屬於八大地獄之地獄，即八寒冰、八炎火地獄。所謂八寒冰者：一、頞部陀；二、尼刺部陀；三、頞哳陀；四、臛臛婆；五、虎虎婆；六、嗢鉢羅；七、鉢特摩；八、摩訶鉢特摩。所謂八炎火者：一、炭坑；二、沸屎；三、燒林；四、劍林；五、刀道；六、鐵刺林；七、鹼河；八、銅橛。

【結分】

佛作此法話後，把本生的今昔聯結起來道：「那時的無賴漢是提婆達多，豺王則就是我。」

一四三 威光本生因緣 〔菩薩＝獅子〕

【序分】

此本生因緣，是佛在竹林精舍時，就提婆達多在象頭山自許為佛之事而說的。提婆達多早失禪力，聲名墮地。他自以為「還有恢復的方法」，向佛提出了五項請願。但這些請願全被拒絕了，於是他在佛弟子二長老所率領的教團沙門中，把尚未熟達律法的比丘五百人，帶引到恆河之畔，另組了一個教團，在該地營其獨立自主的教團生活。佛察知那些比丘們的知識已達圓熟的時機，便遣二長老前往。提婆達多見二位長老來訪，非常歡喜，打算「今夜要向他們說法，顯示我佛陀的威儀」，遂自正威儀，顯現如來似的相好，告訴他們道：「尊者舍利弗啊，比丘們尚未疲勞，也不感倦怠。你若欲作法的問答，請與比丘們為之。我因略患背痛，想去伸了手腳休息一下。」就躺下入睡。於是二長老就向比丘眾說法，使他們領悟了沙門的道果，率引他們全體上竹林精舍去了。

拘迦利發見那精舍已空無一人，便到提婆達多那裡，說道：「提婆達多啊，那二長老說服了你的弟子，把他們帶走，只留了一個空精舍了。你為什麼眠著的呢？」說著就剝去他的衣服，用腳踢他的胸部，如蹴瓦礫一般。他口中吐出血來，苦痛得昏暈過去，倒在地上。

佛向長老問道：「舍利弗啊，你去時，提婆達多如何？」舍利弗答道：「世尊，提婆達多見了我們很高興。他為了要顯示佛陀的威相，現作如來般的相好，卻招致了大禍。」佛聽了他的回答，說道：「舍利弗啊，提婆達多模擬我的相好而招禍，並不始於今日。在前生也曾招過禍的。」接著答應了長老的請求，講起過去之事來。

【主分】

從前，梵與王在波羅奈城治國時，菩薩生而為長鬣獅子，住在雪山的黃金窟中。一日，他離開那洞窟，悠然而起，睥睨四方，一聲咆哮，跑向遠處覓食去了。不久，咬死了一隻大水牛，只將其肥美部分的肉喫了，便下山來，行至某湖之畔，飽飲了清鮮之水，然後回到自己的洞窟去。

那時，有一隻豺正在覓食，突然遇見了這獅子，無法逃避，不得已俯伏在獅子的腳下。獅子問道：「豺啊，你怎麼了？」豺回答道：「我願做你的奴僕。」獅子道：「好，你服侍我吧。我給你好的肉喫。」說著就帶那豺回到黃金窟來。從此以後，豺老是取獅子王的殘食過日。不消數日，漸漸地肥大起來了。

一日，獅子王躺在洞窟中向豺吩咐道：「豺，你試出去，站在山頂上，如果見到在山麓遊玩的象、馬、牛或其他任何動物，只要是你所想喫的，你就說：『我要喫他的肉。』向我行一個敬禮，說：『請你顯威光。』如此我就殺而喫其肉，將喫剩的分給你吧。」豺站在山頂上，一經發見他所想喫的各種動物，就回到黃金窟來報告，俯伏在獅子王的腳下，說道：「請你顯威光。」於是獅子便迅雷似地撲過去，縱使是精氣飽滿的象，也結果了他的性命，喫其肥美之肉，然後將喫剩的分給豺喫。豺喫飽了肉，回到自己的棲所來愉快地睡眠。

隨著時日的經過，豺的心漸漸傲慢起來了。他想：「我也有很好的四足，何必每日依人過活呢？從今以後，我也要自己殺了象與其他動物，而喫其肉了。百獸之王的獅子，靠了『請你顯威光』這一句話，竟能殺死精氣飽滿的象。如果我也使獅子對我喊『豺啊，請顯威光』，則我也能將精氣飽滿的象殺死，而喫其肉吧。」於是來到獅子王的地方，說道：「我領受你所殺的象肉，日子已很長久，現在我想自己殺死一隻象，而喫其肉。請讓我坐在你所坐的黃金窟中。你如發見到在山麓徘徊的象，可否請到我這裡來，說一句『豺啊，請顯威光』呢。我別無其他願望。這是我對於你唯一的懇求。」

那時獅子王對豺說道：「豺啊，能殺象的只有獅子族。我敢說，能殺象而喫其肉的豺，這世間是一隻也不會有的。你還是將這樣大的野心打消，喫著我所殺的象肉過活吧。」豺雖經獅子王這樣告誡，卻仍不能放棄他的希望，再三懇求。獅子王因不能拒絕他的要求，遂答應下來，說：「那麼請進我的住家去坐著。」叫豺坐在黃金窟中。

獅子在山麓發見了一隻精氣飽滿的象，便跑到洞窟的入口來告訴道：「豺啊，請顯你的威光。」豺從黃金窟中悠然站起來，睥睨著四方，咆哮了三次，說道：「好，那麼讓我咬住象的面額的性徵[4]吧。」便撲了過去，可是誤摔落在象的腳下了。象舉起了右腳踏住他的頭，頭蓋骨碎為微塵。象乃用腳將他的死骸湊集成一塊，把糞尿撒在上面，然後一聲高叫，逃入森林深處去。菩薩見這光景，說道：「豺啊，快顯你的威光。」接著唱出下面的偈語來：

你的頭蓋碎了，　頭破裂了，
你的胸骨都已成粉了。　現在正是顯你威靈之時了。

菩薩如是唱偈，於天年終後依其業報，投生於應生之處。

【結分】

佛作此法話後，把本生的今昔聯結起來道：「那時的豺是提婆達多，獅子則就是我。」

一四四　象尾本生因緣〔菩薩＝仙人〕[5]

【序分】

此本生因緣，是佛在祇園精舍時，就邪命外道說的。從前有許多邪命外道住在祇園精舍

4 所謂面額的性徵（kumbha）是象到了交尾期，其額的一部分現出某種突起，漸漸膨脹而流出一種臭液來，這是一種性的徵象。

5 本章一四四〈象尾本生因緣〉，日譯所附原名為「Naṅgnṭṭhajātaka」，但全節中有牛尾語，不見有象尾，疑象尾當作牛尾，因未見原典，不敢擅決，姑仍之（漢譯者注）。

的後院，作著種種的苦行。許多比丘們見這些苦行者，或蹲踞以支持身體，或如蝙蝠般從樹枝上掛下，或坐在荊棘上，或以五火[6]焦身，作著種種錯誤的苦行，便來到佛的地方，問道：「世尊，靠著這些苦行，會有什麼利益呢？」那時佛答道：「比丘啊，這種苦行決不能產生善果。據說前生曾有賢人，以為這種苦行可以產生善果，帶了聖火到林中去。然而靠了那聖火供養等等的力，並沒有什麼功德利益顯現出來，因而終於以水澆火，把火熄滅。終於因凝思而獲得神通力與禪定力，生於梵天界哩。」接著就講起過去之事來。

【主分】

從前，梵與王在波羅奈城治國時，菩薩生在西北部某婆羅門的家裡。當他誕生之日，他的父母點了聖火，盛作供養。到了十六歲時，父母喚他近前，對他說道：「兒啊，我們曾在你誕生日，點了聖火而供養。如果你欲過在家生活的話，那麼你得學習三吠陀。若欲赴梵天界，那麼就拿了聖火到林中去，點燃聖火不絕，供養大梵天，以祈求功德，將來能生於梵天界吧。」他答說：「不願在家。」便拿著聖火前往林中，結了小庵，燃點聖火，住在那裡。

有一日，他在某村盡端受了牛的供養，便牽著那牛回庵來了。那時他想：「若以此牛供聖火之神，那是很好的吧？」既而轉念一想：「唉唉，剛巧沒有鹽了。沒有鹽，聖火之神怕不會喫的吧？到村中去討點鹽來，用鹽醃過了供祀聖火之神吧。」他將牛繫在那裡，到村中

6　五火係婆羅門所祀的聖火。一、祭壇火，祭壇南面所祀之聖火。二、傳統火，由祖父世代傳至子孫之聖火。三、供養火，祭壇東面所祀之聖火。四、世間火。五、家庭火。

討鹽去了。

他去後，有一群獵師到那裡來，他們看見了那隻牛，就撲殺、烹調，喫了個飽，然後將牛的尾巴、腳爪與皮撒散在一邊，把喫剩的肉統統收集起來拿走了。那婆羅門回來，見了牛尾等殘物，便傾側著頭想道：「這個聖火之神，連屬於自己的東西也不能充分守護，何能守護我呢？尊敬、供養這聖火之神，並無利益功德可得，自是無益之事。」

他已失去了尊敬聖火之神的心思了，自語道：「啊，聖火之神啊，你連自己之物也守不住，怎能守護你以外的我呢？肉已失去了，這些殘餘的東西，請你忍耐受用吧。」說著就將牛尾等殘物擲向火神，唱出下面的偈語來：

沒有威力的聖火之神啊，　這裡雖有幾多供物，
那不過是牛尾之類罷了。　肉被喫去，
而今已空無所有，　快將牛尾等喫了吧。

菩薩這樣唱畢，澆水將火滅了。後出家為仙人隱士，獲得神通力與禪定力，死後生於梵天界。

【結分】

佛作此法話後，把本生的今昔聯結起來道：「那時滅火的仙人就是我。」

一四五　羅陀鸚鵡本生因緣〔菩薩＝鸚鵡〕

【序分】

此本生因緣，是佛在祇園精舍時，就前妻的愛著說的。其故事也見於〈根本生因緣〉〔第四二三〕中。佛對那比丘說道：「比丘啊，女人是難以守護的東西。即使能夠守護而守護之，但欲繼續守護卻也困難。你在前生能守護女人而曾守護過，但並不能繼續守護下去。現在如何能夠守護呢？」接著就講起過去之事來。

【主分】

從前，梵與王在波羅奈城治國時，菩薩生為鸚鵡。迦尸國有一個婆羅門，飼養菩薩與其弟弟，恰如父親一般。並替菩薩起名為褒多婆達，把他的弟弟喚作羅陀。

那婆羅門之妻品行不端。某時，婆羅門因商事須往遠方旅行，招了菩薩兄弟來，吩咐道：「我不在家時，如果你們的母親有不端的行為，你們須加以阻止。」菩薩答道：「是，父親，如果我們有這能力，自當加以阻止，但若為我們的能力所不及，則除沉默旁觀之外別無他法。」婆羅門委託鸚鵡監督其妻，自己便作長途旅行去了。

從他出發之日起，他的妻的亂行日甚一日。出入全無限制。弟弟羅陀不忍見母親的行為，向菩薩勸告道。「兄啊，父親出發之前，曾吩咐我們說，若母親有不端的行為，叫我們加以阻止。然而現在母親的亂行，只是一日比一日加甚。我們不可不加以阻止。」菩薩道：

「你智慧淺，經驗也沒有，所以說出這樣的話來。實際上，縱使抓住了母親的身子，把她帶了來，也是管不住她的。我們能力所不及的事，怎麼能夠做呢？」接著就唱出下面的偈語來：

羅陀啊，　你連夜半來訪者有幾多也不知道。
力所不及的事莫去想，　拘悉耶女情火熾燃，其欲難遏。

他如是制止羅陀向母親進忠告。於是她於丈夫不在家的期間，任意妄為。婆羅門回來後，喚褒多婆達去，問道：「母親如何？」菩薩據實詳細告知婆羅門，又改了話頭道：「父親啊，你為何要與這樣的女人同居呢？我們現已將母親的惡行完全說出，所以已沒有住在這裡的必要了。」說畢，丁寧地在那婆羅門的腳下行了敬禮，與其弟羅陀同向森林方面飛去了。

【結分】

佛作此法話後，說明四諦。說畢四諦，那不幸的比丘證得須陀洹果。又說：「那時的婆羅門夫妻即今之二人，羅陀是阿難，褒多婆達則就是我。」

一四六　烏本生因緣　〔菩薩＝海神〕

【序分】

此本生因緣，是佛在祇園精舍時，就幾個老比丘說的。他們出家以前，住在舍衛城，都是富豪的家長，互相作著友誼的交際。大家在勵行善事的期間，傾聽了佛的說法，這樣想道：「我們對於家庭生活還有什麼期望呢？假如隨侍在佛左右，加入美的佛的教團而出家，捨離此世的憂患勞苦，多好啊。」於是將一切財產給與子女，拋棄了咽著眼淚的家族，加入佛的教團而出家了。然而他們雖出了家，卻不能遵守與出家人相應的沙門法，因為年老的緣故，也不能如實地修行佛法。雖出了家，卻與在家一樣，在精舍中造了小屋，獨自居住著。不出外乞食，也不到別的地方去，只往來於自己的妻子之家，暗中行樂。

在這些長老之中，某長老有一個舊妻，她照顧所有的長老們。因此他們也將自己所得的食物拿了來。會集於她家中，一同恣意作樂。她也將貯藏著的醬、醬油等物取出來，給與他們。可是她突然患病而死了。因此這些長老們回到精舍來，互相抱住了頭頸，在精舍附近大聲叫喚著說道：「那個優良而親切的優婆夷亡故了。」有許多比丘聽見他們的泣聲，從這裡那裡集攏來，問道：「你們究為什麼這樣哭泣？」他們答道：「有一個朋友，也就是以前的妻，她是個優良、親切的人，而今死了。她一向照拂我們，真是很好。從此以後我們怎能再得這樣的人呢？因此悲泣著啊。」

比丘眾見了他們的狂態，便集合法堂談論起來。「法友啊，長老們互相摟抱著頭頸，在精舍附近叫喚的，原來為了這理由。」那時佛來到那裡，問道：「比丘們，你們此刻會集於此，談論何事？」比丘眾說明理由道：「在談論如此之事。」佛道：「比丘們啊，他們因她之死而悲泣、呼喚，並不始於今日。前生她投生為雌烏，當她墜海溺死之際，友伴的群烏，也說：『我們要汲乾了海水將她救出。』而作無益的努力。那時他們的生命因賢者而得救。」接著就講起過去之事來。

【主分】

從前，梵與王在波羅奈城治國時，菩薩生為海神。那時有一隻烏與其妻一同到某海岸去覓食。該地方適值舉行龍神祭，眾人在海岸設了祭壇，以乳酪、米飯、魚肉、火酒等物供祀龍神，祭事完畢，便各自回家去了。烏來到那祭場，見到了乳酪等祭品，使一同將這些乳酪、米飯、魚肉等大嚼起來，並且痛飲了酒。他們夫婦都喝得酩酊大醉，說是「我們要下海去逛逛」，來到沙汀開始洗澡。一個大浪忽然襲來，將雌烏捲入海中深處。有一條大魚過來啄住她的身體，把她吞食了。雄烏揚聲悲泣道：「唉，糟了，我的妻死了。」許多烏聽到了他的悲泣聲，聚集攏來，齊聲問道：「你究為了什麼而哭泣？」他道：「諸位，我妻在這沙汀上洗澡，被大浪捲去了。」他們聽了這話。便也異口同聲地號啕大哭起來。那時他們之中有作這樣想的。「我們把這海水來處置吧。將水汲出，使海空了，救出我友之妻如何。」這樣一說，他們立即表示贊成，各自用口去滿含海水，汲出於外。可是海水是鹹的，他們的咽喉漸漸地感到渴了，遂站起身來，走到乾燥的陸地上去休息。這時肺部感到疲乏了，口乾渴了，眼睛合攏來倦頹欲睡了。於是他們互相齊聲說道：「唉，只要我們能力所及，自必將海水汲來，排出於外。然而一面汲出一面海水卻滿起來。我們終究不能使海空虛的。」接著就唱出下面的偈語來：

我們的肺疲了。　　我們的嘴乾了。

可是海水並不減少。　　而且愈益增多。

那些烏這樣唱後，仍齊聲說道：「那雌烏實有美好的嘴，有可愛的眼睛，容姿絕美。又有悅耳的聲音。然而被這盜賊般的海所殺了。」浩歎不已。他們這樣悲歎著時，海神出來，現出可怕的形姿，將他們逐走。於是他們才得幸福。

【結分】

佛作此法話後，把本生的今昔聯結起來道：「那時的雌烏是他的舊妻，雄烏是那長老，其他的烏是長老們，而海神則就是我。」

一四七　花祭本生因緣　〔菩薩＝虛空神〕

【序分】

此本生因緣，是佛在祇園精舍時，就一個起不淨之念的比丘說的。佛向他問道：「比丘啊，聽說你心懷不淨之念，真的嗎？」他回答道：「是，真的。」佛追問道：「你究對誰起了這種不淨之念呢？」他回答道：「對於原來的妻。世尊啊，她實在是個美麗而溫柔的女人。我沒有她，是一刻也不能安住的。」那時佛對他道：「她於你是個一無好處的女人。前生你曾因她而受磔刑之苦。而你常為她神魂顛倒，因而命終後墮入地獄。現在你何以還這般愛著她呢？」接著就講起過去之事來。

【主分】

從前，梵與王在波羅奈城治國時，菩薩生而為虛空神。那時恰值波羅奈城舉行迦底加祭的夜祭。各街道裝飾得如美麗的天國，全城人們興高彩烈，作著各種餘興。時有一個窮漢，他只有一襲粗劣的衣服。因屢經洗濯著用。到處都滿了摺皺。

然而他的妻卻帶執拗向他說道：「喂，我想穿了濃染的紅藍華服，再披上外衣，與你一同出去看迦底加祭的夜祭。」男的聽了很窘，說道：「妳怎麼說出這樣的話來？我們窮人能穿了濃染的紅藍華服，悠閒地散步嗎？」那女的嗔怒道：「沒有紅藍的華服，我不出去看夜祭了。請你帶別的女子同去吧。」男的問道：「妳怎麼說出這樣無理的話來與我為難？究竟要怎樣做才能得到紅藍的華服呢？」女的教他道：「男子漢有志氣，什麼事做不來。哪，國王的紅藍園裡就有許多紅藍草啦。」男的道：「啊，妳這個人啊，那地方好比鬼神所管領的蓮池，而且監視極嚴，無論怎樣也不能走近去的。妳不要起這種無理的妄想，還是滿足於現在所有的吧。」女的強勸道：「現在是夜半，黑暗無光。一個男子單身總可去得吧？」他被她如是再三地勸唆，遂為愛情所縛，終於答應下來了。「安心吧，妳勿焦憂。」他安慰了她一番，就在那夜抱著犧牲性命的決心，離了那街，來到國王的紅藍園中，破了籬笆潛入內苑。守衛聽到了破籬的聲音，說：「有賊。」將他圍住，捉住了他的手足，打罵一頓，然後將他綁起來。

天亮以後，他被拉到國王的面前來了。國王命令道：「拉去遊街，並處以磔刑，將他刺死。」於是把他反綁起來，鳴鐘擊鼓，押著遊街示眾，然後用銳利的槍刺他。那苦痛真是難熬。又有一隻烏停在他的頭上，用尖銳如刺的嘴去啄他的眼珠。然而他對於這種苦痛毫不介意，只是一味想著他妻子的事自想：「我不能使妳穿了紅藍的濃染華服，兩手搭在肩上，一同去看迦底加祭的夜景，非常覺得可惜。」唱出下面的偈語來：

烏雖來啄我眼， 我卻不覺得怎麼痛。
不能與穿濃染的紅藍服的妻， 互攜著手，
去看迦底加的星祭， 真是恨事。

他臨終如是悲痛著妻子的事，死後墮入地獄。

【結分】

佛作此法話後，把本生的今昔聯結起來道：「那時的夫妻二人即今之夫妻二人，而在虛空中明見此事的虛空神則就是我。」

一四八　豺本生因緣 〔菩薩＝豺〕

【序分】

此本生因緣，是佛在祇園精舍時，就離欲說的。舍衛城有鉅商之子弟五百人，聽了佛的說法，專心歸向佛教，都出了家，住在給孤獨長者在祇園中所築造的精舍裡修行。可是有一日晚上，他們的心中萌起可厭的煩惱之念來了。他們懊悔自己不該出家希求遠離諸欲煩惱，想再使欲念得到滿足。

那夜，佛即以神通力，放出不可思議的光明，觀察祇園精舍中的比丘眾內心究為何種妄念所囚，看破了他們心中正在萌動的貪愛妄念。佛守護自己的弟子，宛如母親之守護其獨子，獨眼者之珍護其一目。他們朝夕生起欲念時，就立即使之消滅，不使那欲念滋長。因此佛自己想道：「我像那轉輪聖王[7]馳驅，遍歷其國土那樣來幹吧。我今向他們說法，使他們捨離欲念而證得阿羅漢位吧。」

佛從香室中出來，用了甘露似的聲音。呼喚具壽的法寶長老阿難道：「阿難啊。」長老阿難走來向佛禮拜，恭敬待命問道：「世尊，有什麼事？」佛命令道：「阿難，叫那些住在給孤獨長者所建造的精舍中的比丘們全體在這香室前集合。」阿難心中暗想：「如果現在我只召集他們五百個比丘，他們會想到『佛已知道煩惱的妄念在我們的內心萌動』，心裡抱著畏懼之念，對於佛的說法不能發問了吧。所以還是叫他們『一人不剩地去參集』吧。」於是答道：「世尊，遵命。」便拿了鑰匙，來訪各庵室。當所有的比丘眾參集於香室之前時，佛的寶座業已預備好了。佛結跏趺坐其上，端正其身，如聳峙於大磐石上的須彌山。六色的佛的大光明兩兩成對，環繞周圍，那光明普遍放散，其大或如大缽，或如天蓋，或如圓塔，終至到處透徹，如天際閃耀的電光，如動盪大海水底而上昇的朝陽。比丘眾向佛稽首禮拜，圍

7 所謂轉輪聖王，身具三十二相，即位時自天感得輪寶，旋轉那輪寶而征服四方，故稱轉輪聖王。這是古代印度人所理想的人格。

坐四周。佛居其中，如被緋紅的布衣圍繞著一般。

於是佛發出梵音，為比丘眾說妙法道：「比丘們啊，為比丘者切勿起欲覺、瞋覺、害覺，是謂三不善覺。切莫以為內心所起的煩惱無足輕重。煩惱實是大敵。敵雖渺小，卻不可輕視。只要有隙可乘，常至產生破滅之患。所以小小的煩惱萌芽，如果滋長起來，終會產生大破滅吧。煩惱實如毒藥，如搔痛癢，如毒蛇，如雷電，不應執著而應畏懼。瞬間所起的煩惱，也須藉思惟觀念之力，不使在心內停留，要立刻打破他，使如蓮葉上的露珠立即消碎。從前許多賢人，雖極微細的煩惱也必懺悔，不令其在內心再生，全然斷盡。」接著就講過去的事。

【主分】

從前，梵與王在波羅奈城治國時，菩薩生而為豺，住在某河畔的森林中。那時有一隻老象，倒斃在恆河岸邊。那豺於覓食時，發見了那老象的屍體。他非常歡喜，說是「了不得的食物」，來到他的旁邊，先將他的鼻子咬住。但咬去恰如啃鋤頭一般。他唧咕道：「這部分無論如何也不能喫的。」一面去咬他的牙齒。但咬去也如啃硬骨頭一般。其次試去咬耳朵。但咬去如啃淘籮一般。再其次試去咬腹部。但咬去如啃穀倉一般。再其次試去咬足部。但咬去如啃石臼一般。再其次試去咬尾巴。但咬去如啃木杵一般。他唧咕道：「這裡也喫不得。」一壁這裡那裡地尋找，但並沒有可喫的地方。結果找到了那象的肛門。這裡全是柔軟得如糕餅一樣可喫的，而且味極甘美。於是他說：「好容易才找到這身體中最柔軟，最美味的部分了。」便從那裡慢慢地喫進去，終於爬入肚腹，喫到腎臟與肺肝了。當咽喉渴時，就吸他的血，疲憊而想休息時，就將身子躺在象腹中休息。他沉思道：「這象的肚腹，於我實在是舒服的住家。想喫的時候，任意有肉可喫。還有比這更好的事嗎？」他不到別的地方去了，就在象腹內喫著肉過日子。

時間一日一日過去，那屍體被熱風所吹，被灼熱的日光所曬而乾燥起來，皮漸漸地收縮了。豺所爬入的入口，也逐漸收小，腹的內部漸漸黑暗起來，與外界全然隔絕了，屍體乾燥，肉也乾了，血液也完全乾涸了。他失了出口，就恐怖起來，這裡那裡地奔走、衝撞著，瘋狂地尋求出口。他在腹中上下狂奔著，宛如飯米在釜中沸騰一般。

未幾，大雨下降，那屍體受著濕氣而膨脹，回復原狀了，肛門張開，現出星一般的光來了。豺認出了那孔穴，說：「好容易保全了性命。」便從象頭方面回轉來，以猛烈之勢撞突肛門，用頭穿破孔穴，遂得走出到外面。因為屢進屢出之故，他身上的毛都於通過肛門之際脫落了。他一面因多羅樹般無毛的身體感到恐懼，一面繼續進出著。當他停住了坐下來環顧自己的身體時，痛切地後悔起來，覺得：「自己的這個苦痛，並不是任何人所給與的。全是由於貪欲的因緣，才產生這樣的結果的。從此以後決不起貪欲之念了，也不再爬進象的體內去了。」他心中深有所感，唱出下面的偈語來：

不再，　再也不，

爬入象的腹中，　因為因果之報可畏。

唱畢便從那裡離去，不再回顧象的屍體。從此以後，貪欲之心就絲毫不生了。

【結分】

佛作此法話後，說道：「比丘們啊，切勿增進心中所起的煩惱，要時常制御自己的心。」接著說明四諦。說畢四諦，那五百個比丘證得阿羅漢果，其餘或證得預流果，或證得一來果，或證得不還果。佛又把本生的今昔聯結起來道：「那時的豺就是我。」

一四九　一葉本生因緣

〔菩薩＝仙人〕

【序分】

此本生因緣，是佛在毗舍離近郊大林的重閣講堂時，就惡太子離車說的。當時毗舍離是非常繁華的都市。城壁三重，綿亙數里，三面有崇峻的城樓聳峙著。城中常有七千七百零七個國王統治國家。又有同數的太子、將軍、富豪住著。

在這許多太子裡面，有一個名曰離車的惡太子。他的性質，真是凶悍、殘忍、粗暴。忿怒殘害之情，常如毒蛇般發作著。他一發怒，誰也不敢向他進忠告。無論他的父母、親戚、朋友，沒有一人能訓戒他的，因此他的父母等以為「這位太子的性情實在凶悍、亂暴，除佛以外，無人能引導他了」，乃帶他到佛的地方來，稟告道：「世尊啊，這太子確實脾氣粗暴，很易激怒，非常為難。請說好的教訓給這太子聽聽。」佛對那太子說道：「太子啊，人在心中不可有忿怒、粗暴、憎惡之念。不親切的言語，足使血肉之親的父母、兒女、兄弟姊妹、妻子、親戚與朋友抱憎惡與不快之感。身心動搖，像撲過來要咬人的毒蛇，又像躲在森林中的盜賊，又像要吞人的惡魔。來世受生時，將墮入地獄。在現世，易怒的人，縱使他身上裝扮得非常華美，而他的容姿是醜陋的。縱使他的面孔美如滿月，也如太陽所曬焦的蓮華，又如蒙著塵埃的黃金的皿鉢，是醜陋的。世人因醜惡的忿怒之故，或以白刃自戕，或服毒，或自縛，或從絕壁跳下，而死後則墮地獄。有殘害心的人，在現世則被人唾罵，死後也必墮地獄。縱使受生於人界，生後也會生許多疾病。如眼疾、耳疾等，將一一接連而起。倘若去了瞋恚之念，就不會覺得苦了。所以，對於一切有情非有慈心、愛心不可。這樣的人，方可脫地獄等類之苦。」

那太子聽了這個說法，當下就起深切的悔恨之念，並生了慈愛之心與柔順之心了。他滿胸慚愧感激，不能抬起頭來。那情形有如去了毒牙的毒蛇，斬掉了鋏螯的蟹，又如折了角的水牛。

許多比丘們目擊了太子的這種情形，集合在法堂中，專就此事發起議論來，說道：「離車太子的父母、親戚、朋友，在長期間不能忠告訓諭這位惡太子，怎麼佛一言之下便說服了他，使他自己懺悔了呢？這宛如馴象師盡六術制住了醉狂象一樣。佛曾說過一種妙法：『比丘啊，經過馴象師調御的象，是善馳驅的。或在一方，或前或後，或右或左，能自由使之行走。馴馬師、馴牛師之於牛馬也如是。比丘啊，為如來、應供、等正覺者所調御的人，是很易引導的，能嚮導至八方面。他見色為色，乃至如實見色。這叫做瑜伽行無上的人法真實義。』此次對太子所說，不就是等正覺者所說的人法真實義嗎？」

那時佛恰巧走到那裡來，便問道：「比丘們啊，此刻會集於此，談論何事？」比丘眾回答道：「在談論如此這般之事。」佛道：「比丘們啊，我的以一言使他馴伏，並不始於今日。前生也曾有過這樣的事。」接著便講起過去之事來。

【主分】

從前，梵與王在波羅奈城治國時，菩薩生在西北某婆羅門的家裡。長大後遊學得叉尸羅，修習三吠陀與其他一切學藝，卒業後回鄉，暫時過著在家生活。既而因喪了父親，便懷著出家修道之志，終於出家修行，獲得神通力與定力，隱遁於雪山的庵裡。在那裡暫住了一些時候，因為缺乏鹽與其他日用品的緣故，再回到人境，來到波羅奈市街，在御苑中住宿。

次日，他整頓衣裳，正肅威儀，穿上仙人的服裝，入城行乞，遂到了王城的門前。時國王正在高樓凭窗遠眺，見到了他，便很為他的正肅的態度與崇高的威儀所感動，暫時看得呆了。心裡想道：「唉，那仙人實在真是威儀正肅，心意和諧。行時威相殊妙，步步如散布一千黃金，又如獅子王舉步生威，若是世間有領悟正法的人，必就是這種人了。」便回頭去呼喚侍臣。侍臣問道：「大王，有什麼事嗎？」國王命令道：「去喚那仙人來。」侍臣道：「是。」即走到菩薩（仙人）身邊，恭敬作禮，不料把手放在他手中所持的鐵缽中了。菩薩喫了一驚，叱責道：「怎麼？」侍臣答道：「聖者啊，國王召你去。」菩薩拒絕道：「我住在雪山中。國王怎會知道我呢？」侍臣聽了此言，便回去向國王報告。國王覺得自己左右沒有可以談心的伴侶，便命令道：「務須把他請來。」侍臣便再去向菩薩致了敬禮，強陪他到王城來。

國王恭敬地向菩薩行了敬禮，然後張了天蓋，請他在黃金的玉座上坐下，親自執箸供養各種珍味。問道：「聖者啊，你現住何處？」菩薩答道：「大王，我的住處在雪山中。」國王又問道：「聖者啊，此後將到什麼地方去呢？」菩薩道：「大王，我正在找尋雨期安居的地方啊。」國王懇請道：「那麼，聖者啊，就請住在我們御苑中吧。」菩薩也就愉快地答應了。國王立即親備食物供養菩薩，復赴御苑準備香室，建造夜間用室與日間用室，置備沙門需用的器物，吩咐園丁招呼服侍，然後回王城去。從此菩薩便暫住在國王的御苑裡。國王每日必來訪問兩三次。

然而這大國中有個叫做惡太子的王子，性極粗暴凶悍，連國王對他也無可如何。親近之人自更不消說了。大臣、婆羅門、市民雖都勸告說：「王子啊，這樣的事是做不得的，那樣的事是不應該做的。」但那些忠告，只愈增加他的忿怒而已，並不能使之聽從。國王心中暗自思量道：「除這位苦行有德的聖者之外，誰也不能勸誘這太子吧。他一定能好好地訓誡太子的。」於是陪著太子來訪菩薩，說道：「聖者啊，這太子性情實在粗暴易怒。我們無論怎樣也訓誡不得。請以善巧方便教導他。」就將太子留在菩薩的地方，自己回去了。

菩薩偕太子在御苑中四處逍遙著。菩薩偶然發見了一株絍婆樹的嫩芽，便問太子道：「太子，現在你試嚼嚼這樹的嫩葉看，其味如何？」太子即取一葉來嚼，試嘗滋味。說聲

「啊呀」，便將他唾棄在地上。菩薩問道：「太子，味道如何？」太子答道：「聖者啊，此樹如烈性的毒草，現在已經如此。如果將來成長起來，會有許多人喪命吧？」菩薩迅速地摘取了那紝婆樹的葉子，在手掌裡揉碎了，唱出下面的偈語來：

此樹尚是一葉嫩芽，　地上還未添增四葉，
那葉已有劇毒，　倘若成了大樹則將如何？

那時菩薩勸誡太子道：「太子啊，你現在嚼著這紝婆樹的葉子，說是『目前連這樣的小葉，已有這種烈性的毒。長成以後不知將如何』，而將那葉揉碎丟棄了。人們對你，不是抱著與你對此樹的同樣感想嗎？人們將說：『這太子在年輕時已如此殘忍易怒，若長大而為國王，真不知會幹出怎樣的事來？不知我們在他之下將怎樣呢？』奪去你國王的榮位，像紝婆樹一般連根拔起，把你驅逐出國吧？所以不可如紝婆樹那樣，此後要存心寬大、富於慈愛才是。」從此以後，太子就非常謙遜、慈愛而和藹了。他很能體會菩薩的訓誡，父死之後即位為王，作了布施等善行，依其業報，投生於應生之處。

【結分】

佛作此法話後，又道：「比丘們啊，那惡太子離車聽從我的訓誡。並不始於今日。前生我也曾訓誡過他。」復把本生的今昔聯結起來道：「那時的惡太子即離車，國王是阿難，那施教訓的仙人則就是我。」

一五〇 等活本生因緣〔菩薩＝阿闍梨〕

【序分】

此本生因緣，是佛在竹林精舍時，就交惡友的阿闍世王說的。阿闍世王對佛是怨敵，自與不法破戒的提婆達多結了親交，遂致過信了他的虛偽不實的人格。說是「我非恢復他那行將失墜的聲名不可」，費了許多國帑，在象頭山建造莊嚴的精舍，不但如此，且聽從了他的誣言，弒逆那為法王、已得須陀洹初學聖者之位、入聲聞聖眾之列了的父王，自己消滅了須陀洹道之因，而招到了大禍恨。但他聽到了「因此罪孽，大地把提婆達多吞噬了」的事，卻想：「現在大地不會吞噬我嗎？」不絕地為恐怖之念所襲，雖然身為王者，卻連王者的安慰也得不到。他不能安眠，如那受巨鞭抽打的小象一般，儘是恐懼戰慄著，似乎大地崩裂，自己墮入阿鼻地獄去了，又似乎大地來把自己吞噬了，又似乎自己倒墮至熱鐵地獄，正為鐵的刀槍所刺。他真像受傷之雞，恐懼得沒有一刻的安寧。也曾想去參謁等正覺者〔佛〕，懺悔己罪，親受指教。但終因自愧罪業過重，不易與佛接近。

那時適值王舍城內舉行迦底加祭的夜祭。各街道都以燦爛的燈炬莊嚴，恰如天國在地上出現一般。國王被幾多的朝臣、祭司圍繞著，坐在黃金的玉座上。王見了那侍坐在玉座旁邊的耆婆拘摩羅婆契，心中暗忖道：「我與耆婆同到佛那裡去謁佛吧。然而我不便說：『耆婆，我自己不能去，你領我到佛面前去吧。』好，現有一個方便。我假如問：『當此清夜，我們所最應尊崇的沙門、婆羅門是誰呢？誰能使我們起崇敬歸仰之念，慰藉我們苦惱的心呢。』許多朝臣聽了，自會讚頌自己的師父之名，因此耆婆也定必讚頌佛的名字。如此就可與他同到佛那裡去了。」於是就唱出五句詩來讚美夜景：

真是美的清夜啊，　　真是妙的清夜啊，
真是明的清夜啊，　　真是愉快的清夜啊，
真是歡娛的清夜啊。

「喂，當此清明之夜，使我們尊敬而給我們以心的平和的沙門、婆羅門是誰呢？」於是朝臣之中，有的讚稱不蘭迦葉之名，有的讚稱末迦梨瞿舍利，又有的讚稱阿耆多翅舍欽婆羅之名，有的讚稱婆浮陀伽旃那之名，有的讚稱散若夷毘羅梨沸之名，又有人讚稱尼乾子之名。

國王聽了這些答語，只是默不作聲。原來他心裡暗自期待著耆婆大臣的回答。然而耆婆因「想知道國王究竟是否期待著自己的答語」，仍暫時默然無語地坐著。國王忍耐不住了，便問道：「耆婆啊，你何故這樣默不作聲呢？」於是耆婆恭敬地離座而起，向佛所在的方向叉手合掌，遙致敬禮，然後說道：「大王啊，那應供等正覺者（佛）與其弟子一千三百五十人俱在我庵摩羅樹林中，唯有那佛，才有這樣殊妙的名聲哩。」他為王說阿羅漢的九種功德，又進而講有生以來未曾有過的超越一切豫言的佛的威相，然後勸請道：「大王啊，請尊崇那佛，傾聽其法，而質疑念吧。」國王大悅，命令道：「那麼，耆婆啊，你去預備象車。」象車立刻預備好了。國王顯出大王的威相，向耆婆的庵摩羅樹林而去。時佛正在充滿清香的僧庵中被許多比丘圍繞著，王向之遙拜，又隨處見到靜如大海的比丘眾，自語道：「我還未曾見過有這種威相的人哩。」為那莊嚴的威儀所感動，便合掌向僧伽致敬，加以讚美，然後向佛作禮，坐在一隅，就沙門果提出質問。

於是佛舉行二拜讀誦的儀式，為說《沙門果經》。王因此經說，歡喜之念不能抑制，求佛寬恕，離座恭敬作禮，而後退去。國王去不多時，佛向比丘眾說道：「比丘啊，那國王善果之根已絕。比丘啊，若他不為了奪王位之故，剝奪戕害那正直的親父法王的壽命，則他能立時斷欲，捨離諸惡，而得法眼吧。然而他與提婆達多親近，身犯大罪，所以終至失卻了須陀洹果。」

次日，比丘眾集合法堂，開始談論道：「法友啊，阿闍世王身犯大罪，與非戒惡業的提婆達多親近，殺害父王，遂致失了須陀洹。他是給提婆達多破滅的。」那時佛過來問道：「比丘們，你們此刻會集於此，談論何事？」比丘眾答道：「在談論如此之事。」佛道：「比丘們啊，阿闍世王身犯大罪，自陷於大破滅，並不始於今日。前生也曾犯了大罪，自招破滅。」接著就講起過去之事來。

【主分】

從前，梵與王在波羅奈城治國時，菩薩生在婆羅門族大富豪的家裡。長大後遊學於得叉尸羅，修習一切學藝，成為波羅奈城有名的阿闍梨，教授五百個青年。在這些青年之中，有一個名曰等活。菩薩將起死回生的法術傳授給他。他雖受了回生法的傳授，卻還未曾得到解咒之法。一日，他對其他的青年誇耀著自己的法力，深深地走進某森林中，發見了一匹死虎。他遂向其他青年誇口道：「諸位，看我使這死虎復活。」其他青年道：「這怎麼可能呢？」他道：「請諸位好好看著。我一定要使他復活給你們看。」其他青年作告別之辭道：「如果能夠的話，請一試吧。」說著便一齊爬到樹上去了。等活念著咒語，取砂礫猛向那死虎擲去。那虎忽然活了轉來，以猛烈之勢撲來，咬住等活的咽喉，將他咬死，倒在那裡。等活也倒在地上。二者一同並著倒斃了。青年們從森林中逃回來，走到那阿闍梨的地方，將情形詳細報告。阿闍梨教訓年輕的弟子們道：「作惡業，犯禁戒，恬不知恥的人，常會受此種禍患。」接著就唱出下面的偈語來：

人若與惡人親暱，　　給惡人以幫助，
則必致害己，　　猶如等活之於死虎。

菩薩以此偈向青年們說法，作布施等善行，後來依其業報，投生於應生之處。

【結分】

佛作此法話後，把本生的今昔聯結起來道：「那時使死虎復活的青年是阿闍世王，有名的阿闍梨則就是我。」

國家圖書館出版品預行編目資料

生生菩薩世世佛：小部經典本生經／夏丏尊 譯. -- 初版. -- 臺北市：商周出版：城邦文化事業股份有限公司出版；英屬蓋曼群島商家庭傳媒股份有限公司城邦分公司發行, 民112.01
面： 公分.（人與宗教：57）
ISBN 978-626-318-536-4（平裝）
1. 本生經 2. 本緣部
221.86 111020896

生生菩薩世世佛：小部經典本生經

譯　　者／夏丏尊
企畫選書／林宏濤
責任編輯／林宏濤

版　　權／吳亭儀、林易萱
行銷業務／周丹蘋、賴正祐
總 編 輯／楊如玉
總 經 理／彭之琬
事業群總經理／黃淑貞
發 行 人／何飛鵬
法律顧問／元禾法律事務所 王子文律師
出　　版／商周出版
城邦文化事業股份有限公司
臺北市中山區民生東路二段 141 號 9 樓
電話：(02) 25007008 傳真：(02) 25007759
Blog：http://bwp25007008.pixnet.net/blog
E-mail：bwp.service@cite.com.tw
發　　行／英屬蓋曼群島商家庭傳媒股份有限公司城邦分公司
臺北市中山區民生東路二段 141 號 11 樓
書虫客服服務專線：(02) 25007718、(02) 25007719
服務時間：週一至週五上午09:30-12:00；下午13:30-17:00
24 小時傳真專線：(02) 25001990、(02) 25001991
劃撥帳號：19863813；戶名：書虫股份有限公司
讀者服務信箱：service@readingclub.com.tw
城邦讀書花園：www.cite.com.tw
香港發行所／城邦（香港）出版集團有限公司
香港灣仔駱克道 193 號東超商業中心 1 樓
E-mail：hkcite@biznetvigator.com
電話：(852)25086231 傳真：(852) 25789337
馬新發行所／城邦（馬新）出版集團【Cité (M) Sdn. Bhd.】
41, Jalan Radin Anum, Bandar Baru Sri Petaling,
57000 Kuala Lumpur, Malaysia.
Tel: (603) 90578822 Fax:(603) 90576622
email:cite@cite.com.my

封面設計／周家瑤
排　　版／新鑫電腦排版工作室
印　　刷／韋懋實業有限公司
經 銷 商／聯合發行股份有限公司
電話：(02) 2917-8022 傳真：(02) 2911-0053
地址：新北市 231 新店區寶橋路 235 巷 6 弄 6 號 2 樓

■ 2023年（民112）1月初版
定價600元

Printed in Taiwan
城邦讀書花園
www.cite.com.tw

著作權所有，翻印必究
ISBN 978-626-318-536-4